死の所有

死刑・殺人・動物利用に向きあう哲学

一ノ瀬正樹［著］

増補新装版

東京大学出版会

Ownership of Death:

A Philosophy towards the Death Penalty, Homicide, and the Use of Animals

[Expanded Revised Edition]

Masaki Ichinose

University of Tokyo Press, 2019

ISBN 978-4-13-010142-4

増補新装版へのまえがき――「彼岸視点」の襞へ

弔いの場になんど面してきたことだろう。本書を世に出した二〇一一年一月以来、本当にたくさんのことが押し寄せてきて、「死」に対する私の見方も微妙にゆらいだ。まずもって、本書初版の後、本書「まえがき」にその死にゆく過程を描いた「牛若」の同居犬であった「しずか」（実は「牛若」は、「しずか」の娘犬と結ばれ、子犬をもうけているので、「しずか」は「牛若」にとって義母に当たるが）が、忘れもしない二〇一五年四月六日に一六歳五ヵ月の寿命を終えた。「牛若」の死に比して、「しずか」の死は私にとってなんとか受け入れ可能な出来事であった。その六年前に「牛若」の死を経験したこと、そして、一六歳という、犬にしてはまあまあの長命であったこと、そうした事情があったからだ。とはいえ、しかし、いかなる「死」も無限に巨大な出来事であることに変わりはない。「しずか」は、一六歳を迎える以前から、急に水をがぶ飲みするときがあり、獣医に診てもらった。すると、腎臓の機能が弱っていて、クレアチニン値が上がっているという。老齢となった犬や猫に多い症状だという。死にゆく過程に入ってきた、ということだ。なんとも切ない。なぜ、犬というのは、これほど無垢で、高潔で、凜とした存在者なのに、万物の長に祝福されて当然の存在者なのに、こんなにいのちが短いのだろうか。天を仰ぐ。涙が湧き上がってくる感覚。仕方がない。人生は、「仕方がない」の積み重ねだ。湧き上がってくる涙を感覚しながら、医師から処方された腎臓病用の食事を与える毎日となった。それでも、「しずか」は案外に元気で、毎日の散歩を楽しむ日々がしばらく続いた。けれども、である。二〇一五年の二月後半ぐらいからだろうか、明らかに足腰が弱ってきた。散歩が、よたよたとした感じになってきたのである。これは、と私も感じ始めた。三月に入ると、介助なしには散歩に行けなくなりつつあった。庭で日光浴を楽しむのが彼女の日課だったが、庭の一カ所で、ほとんど動きがとれずに、春の日差しを浴びていた。明るく桜めいていく季節なのに、「しずか」のいのちは消え入りようとしていたのである。

私は困惑していた。四月の頭にカナダのバンクーバーにて「アメリカ哲学会」の西海岸部会が開かれ、そこに参加して発表をしてくる予定だったのである。どうしたらよいだろうか。ぎりぎりまで悩むことになった。実は、今回のカナダ行きは、せっかくの機会なので、妻と娘と家族一緒に出かけようと、もともとは計画していたのである。けれど、「しずか」の状況からして、「しずか」をどこかに預けるというのは、到底できそうにないし、したくなかった。三月末になると、「しずか」は、ほとんど動けない状態になってきた。オムツをしてあげた。私は、彼女のオムツを替えてあげるのが、なぜか好きだった。「しずか」が手元に来た、という感じがしたからだ。その後、多少小康状態になった感じがしたので、私は、後ろ髪を引かれるような気持ちながら、「しずか」を妻に託してカナダに向かった。カナダでは、頻繁に「しずか」の様子を確かめた。あれでよかったのか、いまもって分からない。気になって気になって仕方がなかった。四月五日に帰宅した。「しずか」は待っていてくれた。息も絶え絶えに、私を見上げてくれた。もう動けない。「しずか！」、何度も声をかけた。まもなくだろう。私は覚悟を決めた。そして翌日、四月六日、「しずか」を見ていた妻が叫んだ。「早く来て！」。私は、あわてて「しずか」に駆け寄る。少しだけ私を見た、ような気がした。そして、すーっと、息を引き取っていったのである。なんということだろう。しかも、私が外国から帰宅した次の日というタイミングで。まるで、私が帰るまで精一杯待っていてくれたかのように。いや、待っていてくれたのだと、確信した。そんないじらしい、あの愛犬を、この目の前で失ったのである。いや、すぐに、失ったと感じたわけではない。いまのいま、ぎりぎり息きをしていた光景がつーーっと尾を引いて、すぐにでも瞬間前に戻れるかのような、交錯感が生じていた。しかし、時は冷酷である。事態の取り返しのなさは、重く重く迫ってきた。しばらくすると、私は泣いた。「しずか」の亡骸に触れながら、落涙した。彼女の面影を辿り一面のそこかしこに感じながら涙した。終わったのだ。ただ、涙だけがすべてだった。

けれども、私は、やや冷静になってみると、「しずか」の死とは別の、ある思いを抱いた。というより、ある欺瞞性を後ろめたさとともに感じた、というべきか。なぜか。それは、一匹の犬の死（そのように表現したくないという全身の思いに抗して、理論的見地からあえてこう表現する）にそんなに拘泥していて、世界に充満する無数と言うべき大量の「死」に無関心なのではないのか、というそういう思いだ。「しずか」の亡くなったその日一日だけでも、世界では何千万何億という家畜動物が屠殺されている。アメリカの哲学者フランシオンによると、アメリカ合衆国だけでも「私たちは一年間で八〇億匹以上の動物を食用として殺している。概算して、毎日私たちは二三〇〇万匹の動物を屠殺している。すなわち、一時間で九五万匹の動物を、一分間でほとんど一万六〇〇〇匹の動物を、一秒間で二六〇匹以上の動物を屠殺している。世界全体で考えれば、さらに何十億もの動物が殺されていることは言うまでもない」(Francione 2008, p.26)。客観的に言って、これはまことに法外な殺戮以外の何ものでもない。これを踏まえてこう問おう。どこかの国のどこかの屠畜上で殺められる一匹の豚の死と、「しずか」の死と、一体どこが違うというのだろうか。私が言っているのは、死を迎えるに至る経過や、周囲の環境の様々ではない。そうではなく、訪れる「死」そのもののことだ。どこにも違いがないではないか。呼吸をし、運動をし、感情を有し、それぞれの独自の生涯を送っている存在者たちだ。屠畜場だけではない。どこかの山道で車に轢かれて亡くなる狸や狐などの野生動物もいる。いや、哺乳類だけに焦点を合わせず、鳥類や爬虫類や昆虫や魚類など、他種の生物にまで思考を及ぼせば、一日にどれだけの「死」が、しかも外因によってもたらされる「死」が、この世界には到来しているのだろう。そうした注目されない「死」の数は圧倒的に大量だ。そして、彼ら・彼女らの「死」も、動いていたものが運動を終止し、腐敗の過程へと入り来たるという点で、「しずか」や私たちの人間とまったく同等だ。なぜ、私はそうした「死」に目を向けないのか。なぜ感情を寄せないのか。いや、一瞬は思いをよぎらすことはあろう。けれども、怠惰な欺瞞がすぐに支配者となって君臨してくる。脳裏から消え去る、いや、消え去らせてしまうのだ。

同じことは人間に関しても言える。ニュースで報じられる猟奇的殺人事件の被害者。予期せぬような事故や災害による死。著名人の事故死や病死。それらは注目され、人々の関心を呼び、同情や悲嘆を誘う。本書初版が上梓された直後、忘れもしないあの二〇一一年三月一一日、東日本大震災が日本を襲った。津波震災で直接的に亡くなった方々は一万五〇〇〇人にも及び、行方不明者も含めれば一万八〇〇〇人超となってしまった。戦後最大の痛恨の自然災害であった。しかも、なんと言うことか、福島第一原子力発電所が電源を喪失し、水素爆発を起こし、放射性物質が漏れてしまった。放射線被曝をめぐる一大パニックが発生してしまったのである。人々は、放射線問題に目線を集中させ、それによる健康被害が出ないか戦々恐々となってしまった感がある。放射性ヨウ素による初期被曝線量が必ずしも明らかではなかったため、子どもたちの甲状腺悉皆検査が行われ、その結果に一喜一憂し、大きく報道されたりもした。けれども、実は、そうした騒動の中で、災害や事故のゆえに避難をして、その中でひっそりと亡くなっていった方々がいたのである。いわゆる「震災関連死」である。原発事故の当事県である福島県では、事故後八年が経った現在、関連死の数は二二〇〇人を超え、直接死を大きく上回っている。関連死のなかには、将来を悲観したり、精神的にまいってしまったりした結果としての「自死」もかなり含まれる。けれども、放射線被曝問題に比して、震災関連死はさほど注目されなかった。話題に上り、人々に認知されるようになってきたのは、大分後になってきてからであった。これは、考えてみれば不思議なことである。津波による溺死であれ、震災関連死であれ、「死」としては同等である。まして、放射線被曝に関しては、それによる（すなわち放射線障害による）死者などまったく積み重なっていない。線量が、不幸中の幸い、存外に少なかったからである。なのに、関連死以上に、放射線被曝問題に注意が注がれる。なぜ、私たちはこのように歪んだ見方をするのだろうか。

本書二四七頁にも触れられているが、第二次世界大戦中のナチス党員アイヒマンが裁判の場で語ったとされる言葉に、「一人の死は悲劇だが、集団の死は統計上の数字にすぎない」というものがある。大量の死よりも、特異的な少数の、あるいは単一の死の方が、注目される。そうした人間本性の偏りを如実に示す言葉である。実のところ、我が国で交通事故による「死」は年間で三〇〇〇人以上である。つまりは、十年だと三万人以上の方々が交通事故によって殺されている。これは驚くべき死者数ではないだろうか。二〇〇一年九月一一日のアメリカ同時多発テロによるワールド・トレードセンターでの死者数はおよそ二七〇〇人。太平洋戦争の引き金となった日本軍による真珠湾攻撃で亡くなった米国人はおよそ二三〇〇人。それらと比較しても、交通事故死はかなり多い。しかも、残念ながら、一回だけのことではなく、毎年累積している。原発が危険な道具だとしたなら、自動車はそれを上回る凶器ではないか。けれども、私たちは、交通事故には、原発事故ほどの注視を向けない。なぜなのだろう。ごく日常的な事態だからなのか。けれど、同じ「死」なのではないか。身内の出来事だとしたら、家族の出来事だとしたら、「死」はなんであれ悲劇なのではないか。

私は、本書で「彼岸視点」という言葉を導入した。葬儀の際の弔辞などで、亡くなった方に語りかけるときの、あの言語空間が「彼岸視点」が現出する代表である。そういうとき、話者は死者と同じ水準にいる。ある意味で、死者のいる彼岸に自らの身と視点を仮想的に置き、死者に語りかける。そして、私たちはそうした言語的振る舞いを奇妙とは思わない。有意味性を十分承認している。しかし、そうした彼岸視点の発生はまことに恣意的なのである。ある特定の「死」に対しては「彼岸視点」が強力に顕在化するが、他の多くの「死」には潜在的にしか作用しない。いわば、「襞」のように、表に現れる部分と、織り込まれて隠れてしまう部分とがある。このように、「彼岸視点」が襞のようにでこぼこになっていることは、私たち人間に不可避的に伴う事実として（つまりその善し悪しはさしあたり別として）認めなければならないだろう。しかも、そうした「襞」は安定もしていない。ときには、揺れ動き、織り込まれて隠れていた部分に「彼岸視点」がとくに及び、折り目が逆転してくることさえある。いままでほとんど語られなかった過去の人物が、何らかのきっかけで再評価がなされ、突如注目される場合などがそれに当たる。例を挙げれば、幕末に横井小楠が、自身の先祖と考えていた北条時行に対して、その父高時が朝敵とされた汚名を晴らしたとして礼賛を与えたことがあるが、それは北条時行というはるか昔の、それほど頻繁に語られることはない人物に「彼岸視点」を強力に適用し返し、その存在性を襞の奥に織り込まれていた地点から表へと折り返した出来事であったと言ってよいだろう。

けれども、「彼岸視点」を構成する襞の織り込まれ、隠された部分は、単に無関心に留まるだけではない。いわば、織り込まれた底面を下に突き抜け、単に無関心なだけでなく、むしろ負的な関心を注がれることさえある。すなわち、かえって死して当然、むしろ死ぬべきものとして捉えられる部分があるということである。私は、本書初版出版後に、この場面にも論ずべき課題を見いだした。私がここでまず思い描いているのは、駆除すべきとされる動物たちである。狂牛病、口蹄疫、鳥インフルエンザ、豚コレラ、こうした疫病が家畜に発生したとき、私たち人間社会は駆除へと動く。そのとき、駆除される動物たちの「いのち」や「死」は視野から外され、いや、あえて視野から外すべきものとされ、屠殺とは別物の殺戮が遂行される。人間の利益を守るためである。このことは、いわゆる鳥獣害の場合もほぼ同様である。農作物を荒らすシカ、イノシシ、猿など、近年我が国では大きな問題を引き起こしており、農業従事者にとっては死活問題となっている。かくして、それらは害獣として駆除が行われる。駆除をすべきものとして、社会が要請するのである。このように、「しずか」のような愛情を注がれた犬の「死」もあれば、駆除される「死」もある。けれども、いかなる「死」も平等なのである。

私は、ここではそうした私たちのありようについて、意見しない。ただ、事実として、そのような出来事を内包する世界に私たちは暮らしていることを、ここで記し留めたいだけである。本書の主題である「死の所有」の観念は、この増補新装版で加えた「補章」を通して、さらにその意味を重層化させるに至った。読者の皆さんが、本書をよすがとして、「死」についてさらに徹底的に考えていただけたら、著者として望外の幸せである。

補章の初出を示しておく。

「死の害についての「対称性議論」をめぐって――因果概念に照らしつつ」(『武蔵野大学教養教育リサーチセンター紀要 The Basis』第九号、武蔵野大学教養教育リサーチセンター編、二〇一九年三月、pp.105-125)

補章をまとめるに当たって、この既発表論文に対して、発表直後ではあったが、かなりの追加や改訂をした。

本増補新装版を編むに当たって、東京大学出版会の小暮明氏にまたまた大きな恩恵を被った。小暮氏の励ましこそが、この増補版の動因である。また、妻と娘と愛猫にも、私の怠惰な生活態度に対する日頃の忍従へのお詫びとともに、感謝を記したい。そして最後に、初版に重ねて、本書を、いまは亡き愛犬たち、「牛若」と「しずか」に捧げたい。

二〇一九年三月　土浦にて

一ノ瀬正樹

初版まえがき

死ぬことができないなんて、そら恐ろしい。世界にあまた伝承されている不老不死伝説を聞きかじったり、死なないでいるということを想像したりすると、不死であるということの恐怖がじわじわと湧いてくる。日本で言うなら人魚の肉を食べた「八百比丘尼」伝説、外国で言うなら「サン・ジェルマン伯爵」物語とか、ヤナーチェクのオペラに出てくる「エリナ・マクロプロス」の物語などだろうか。そうした不死の人々は、家族や親類がとうの昔になくなってしまっても生き続け、同じようなことを繰り返していく。あるいは、同じような苦しみを味わい続けていく。万一、病気や怪我の痛みや苦しみがそのままで、不死であったなら、どういう人生なのだろうか。それに、周囲の人々にいずれ怪しまれる。なぜあの人はいつまでも生きているのか。孫の世代くらいまでなら言い抜けられるかもしれない。けれども、二百年、三百年と経ち、青年期の知り合いなどすべて死に絶えたとき、どういう顔をして周囲の人に接したらよいだろうか。まさしく不死という地獄である。この点で、生物の条件が現在のままである限り、死ぬこと、死ねるということは、私たちにとっての幸いである。

しかし、死ぬこともまた、恐ろしい。呼吸が苦しくなり、胸が激しく痛み、横っ腹がきりきりと差し込み、嘔吐、吐血、下血、痙攣などが起こる。助けを請いたいけれど、誰も助けることができない。死は、どんなに善良な人々に対しても、一対一の単騎戦で挑みかかり、いかなる援軍をも寄せ付けない。そしておそらく、つねに勝利してゆく。死は、生けとし生けるものすべてに君臨する、絶対の暴君なのである。なので、人々は死を恐れ、少しでも死を先延ばししようとする。健康に注意する、というのは、死への恐怖の体の良い偽装にすぎない。足繁くガン検診に通ったり、ウォーキングをしたり、健康食品を取ったり、こうした人々のごく普通の行動の根底に、死への恐怖を見取るのは、決して哲学者のひねくれた推論なのではない。しごく明白な事実なのである。そして、死ぬことを恐れる気持ちは、死を連想させるものを視界の外に置こうとする傾向としても現れる。私たちの社会は死体を隠蔽する。人間の死体、食用にされる動物の死体。それらは、火葬、加工という仕方で、不可視化されてゆく。そうして、死など出来事としてないかのようにして、日常が営まれていく。

それじゃ、果たして、死は、幸せなことなのか、それとも恐ろしいことなのか。誠実にこの問いに対するには、「分からない」と答えるべきである。なぜか。誰も実際に「死」を経験していないからである。「死」を実際に経験した者は、もう死んでしまっているので、いないからである。私たちは全員、「死」についてはど素人なのだ。つまり、事態はこうである。「死」は、快と苦という相対立する矛盾を包含しながら私たちに重く迫ってくるものなのだけれども、真にはどうなのか分からないという、本質的な不可思議なのだ、と。「死」は、正真正銘の矛盾であり謎なのである。しかも、解けないことが最初から定義づけられている、筋金入りの謎なのである。にもかかわらず、いや、だからこそというべきか、私たちは「死」にとてつもない関心を抱く。文字通り、一生に関わる重大事だからである。しかし結局、そうした関心はいつも空回りせざるをえない。肝心の所が分からないからである。こうして私たちは、「死」について無知のまま、他者の死という間接的な経験を通じて、みずからの死をぼんやりと予感することしかできないまま、取り残される。

実際、「死」には、いま触れた快と苦の二面のように、相対立し矛盾するような様相がコントラストをなして混在しているように感じられる。そういうアンビヴァレントなありようをしている。三つほど列挙してみよう。第一に、「死」は甘美だけれど切ない。「死」が甘美であることは、多くの文学作品が例示している。死ぬことは、あるときには、麗しくもあり、勇壮でもあり、気高い。それに、「死」は苦しみのない安らぎと寛ぎをもたらしてくれる。「死」は、そういう美的な何かとして表象されることがあるのである。だからこそ、人はあるとき、「死」という美に引きつけられ、みずから「死」を迎え入れてしまう。けれども、同時に、「死」は別離であり、悲しみや切なさの源泉でもある。涙する典型をなす。ゆえに、「死」は不幸の極大点として捉えられ、タブー視されもするのである。

そして第二に、「死」は物理的だけれど観念的である。「死」は生命科学の研究対象であり、ものの見事に物理的、あるいは自然的な現象である。死体という物体なしに「死」を語ることは意味をなさない。「死」は生理の終止であり、腐敗の開始である。しかし同時に、「死」は観念として機能する。いや、観念としてしか機能しない、とさえいえるかもしれない。というのも、「死」は、訪れる前に私たちに誘惑や恐怖を与えるという形で観念的に作用するのであって、実際に訪れてしまったら、おそらく、何もなくなってしまい、何も感じなくなってしまうだろうからである。

さらに第三に、「死」は生々しいけれども不確実である。「死」が生々しいのは、血まみれの戦死した屍を思い起こすならば、言を加えるに及ばない。「死」は死体という現前するなまの物体的事実に端を発する。けれども、「死」という現象の中身は、死体を前にしても、よく分からない。意識はどうなったのか、心はどうなったのか、ほとんど何の手掛かりもない。不確実なのである。だからこそ、宗教が生まれ、死後の世界が語られもするのである。

＊

この謎と矛盾に縁どられた「死」について、私自身、自分の考察の本格的な対象にしようと自覚し始めたのは、母の死がきっかけであった。それ以前から、「死刑」の問題については特別の関心を抱いてはいた。だが、母を看取ってから、「死」についてさらに深く問い、考え、自問するようになった。そして、徐々に、「死の所有」という考え方を軸にして、一つの道筋を描けるのではないかと考えるに至ったのである。本書は、この「死の所有」という観念について、死刑、殺人、生命倫理（安楽死、遺伝子操作など）、戦争、動物利用（動物実験や肉食）といったトピックに沿いながら論じる書物である。その際私は、全体を「涙の哲学」という大きなテーマのもとで論じようと思う。しかし、この「涙の哲学」というテーマは、私が、母の死とは別の、もう一つの出来事に面したことによって立ち上がってきたのである。それは、愛犬の死である。こういうと、何だ、と笑う人がいるかもしれない。当然だろう。一匹の犬が死んだところで、何の変哲もない。けれども、私個人には、とてつもない衝撃だった。これは一種の病理なのかもしれない。しかし、そのことを本書を促した事実として言及しておくことは、読者諸賢に本書の内容を理解していただく一つの手掛かりになるかと思い、ここに少し触れたい。結局、書物もまた、一人称の動機づけからしか立ち上がらないのである。

その犬（柴犬）を私は「牛若」と呼んでいた。彼が来る前に雌の雑種の先住犬がいて、彼女を私は「しずか」と呼んでいたので、彼女と同居する雄犬なので「牛若」と名付けたのである。牛若は、柴犬の典型のような犬で、飼い主にはよくなついたが、べたべたする感じではなく、野武士のような犬であった。ただ、先住犬のしずかよりも若く、体軀も小さく、劣位の犬だったと思う。けれども、元気いっぱいに毎日散歩に行き、健やかに暮らしていた。異変が現れたのは、忘れもしない二〇〇九年六月一二日、牛若の十歳の誕生日の当日であった。夕方散歩から帰ったとき、突然嘔吐したのである。犬は、狼時代の名残で、子どもに食べ物を与えるため、しばしば吐き出す。そういう習性の一過的な現れだろうと、そのときは思った。けれども、どうも様子がおかしい。あまり食べず、その後もしばしば嘔吐する。獣医に連れて行き、詳しく調べてもらった。結果、腸の一部が詰まっていて、食べ物が通過していないということが分かった。緊急手術が必要だということで、一も二もなくお願いした。手術は六月二四日に行われた。切り取った臓器の一部を生検に出す。その検査結果を七月一日に知らされた。腸の腺ガンだという。かなり進行しているとのことであった。飼い主は覚悟を決めなければならない。しかし、牛若自身は、手術後はよく食べられるようになり、少し体重も増えたりしていたのである。七月の時点では、彼は、これまで通り散歩にも行き、元気だったのである。その間、抗がん剤の投与などもしたが、かえって副作用が出てしまい、投与は二度だけで終わりにした。それ以外に、プロポリスやフコイダンなど、サプリメントなどを与えていた。

けれども、時間は否応なく経過し、自然は彼を召還し始めた。八月に入ると、体重が減少してきた。食欲も徐々に落ち、八月半ばには、散歩中に嘔吐した。八月後半になると、もはやリードで引いて散歩には連れて行けなくなった。だが、排泄はしなければならない。私が抱きかかえて、外に連れ出すことにした。やせ細った身体を抱き上げる気持ちはたとえようがない。自然の流れと観念しても、涙が止まらない。九月に入ると、一切食べもせず、水も飲まなくなった。口に入れると吐いてしまうので、牛若もそれを回避したのだと思う。もはや、時は来たのだろう。自然に任せよう。しかし、衰弱しつつも、私を見上げる無垢な目を見て、少しでも何かしてやりたいと思う。毎日私は涙した。五十年も生きてきたけれど、牛若と別れることを思うと、すべてが無に帰すと感じた。何でもしてあげようと思った。彼の介護のために休職してもいいとさえ思い詰めたのである。これは、人間の家族に対する感覚と著しく異なる。動物は言葉で痛みを伝えることもなく、じっと運命を受け入れるのだが、それがいじらしく、切なく、胸が張り裂けそうになるのだ。父母との別れのときには感じなかった、固有の感覚である。ともかく、私は彼を獣医に連れて行き、栄養や少々の薬物の点滴をしてあげることにした。牛若は、驚くことに、飲まず食わずでも、点滴でおよそ一ヵ月生き延びたのである。

しかし、一〇月に入ると、点滴をこれ以上続けることがあまりに不自然であると考え、いよいよお迎えを受け入れようという態勢になった。実際、安楽死の可能性さえ考えざるをえないような状態になっていたのである。ところが、彼は、点滴を止めると、自分から、一ヵ月ぶりに、水を飲み始めたのである。私は驚いた。牛若、君は生きたいのか、と呼びかけた。そして、一〇月八日、私は試しに牛若にヨーグルトを与えてみようとした。何と、一ヵ月以上、何も食べ物を口にしなかった彼が、ヨーグルトをぺろぺろと食べ始めたのである。驚愕である。私は小躍りした。その前から、サプリメント以外に、漢方薬なども与えていたが、それをもっとしっかり与えるようにした。牛若は、ペイスト状のフードも食べ、排泄も、少しずつ固形のものをするまでになった。私は、窮鼠猫を噛むではないが、いろいろと調べ、キノコの成分を加工した別のサプリメント（ＡＨＣＣ）も与えた。それが功を奏したように、牛若は、奇跡的に、回復してくるように見えた。いや、ＡＨＣＣの投与後に嘔吐は止まったので、たしかにＱＯＬは高まったのである。けれども、生き死にという点では、結局それは三週間ほどの、はかない夢まぼろしであった。一〇月二六日から彼は突然食欲が細り、まったく動けないような状態になった。手足を動かせど、一切立ち上がれない。そして、一〇月二七日、私は書斎にいて、牛若のいる隣の部屋から奇妙な音がするのに気づいた。牛若が鳴いていたのである。その数日前、牛若の声をしばらく聞いてないなと家族と話していたのだが、それに応えるかのように、牛若は二ヵ月ぶりぐらいに声を出したのである。この時点では、私は、愚かなことだが、牛若の回復可能性をまだ少し信じていたのである。だが、必然は曲げられない。翌一〇月二八日、朝起きてみると、牛若はほとんど虫の息だった。もはや止められない。さまざまな自責の念、離別への恐怖。青白い感覚がべっとりとまとわりつく。私はその日出勤したが、今日だ、と覚悟していた。昼食を取っているとき、妻から電話があった。「いま牛若がなくなった」と。手足をゆっくり動かしながら、止まり、そのまま逝ったというのである。世界の風景が一変した。その日の本務校での演習で、私は何をしゃべったか、あまり記憶にない。強く印象に残っているのは、この一匹の小さな柴犬のことを、私は、自分でも信じられないほど深くかわいがっていたということを、自分ではじめて気づいたという悲しく切ない自覚であった。こうして、すべては終わり、静寂が訪れた。

ばかげた感傷、と思われよう。その通りだろう。しかし、このことで私は、「死」の問題をみずからのもとで考えさせられた。涙する、という事態について、繰り返し自問することになった。本書は、こうした私自身の体験を織り込んだ、思索の結果である。謹んで、本書を私の愛犬「牛若」に捧げたい。

＊

本書は、この十年以上、「死」という主題をめぐって残してきた拙論に基づいている。もちろん、全体の議論展開を整えるため、かなり書き変え、書き加えたので、初出とはかなり違っている。また、牛若の死の後に書いた書き下ろしの部分も多々ある。加えて、それぞれの議論はそのつど研究会やセミナーなどで口頭で発表して、たくさんのご意見をいただいたことも記しておきたい。ご意見をくださった方々のお名前をすべて挙げるには数が多すぎるが、それらのご意見は、感謝の念とともに、私なりに咀嚼して、適宜内容に反映させたつもりである。ともあれ、それぞれの章の基となった論文の初出情報を以下に記す。

序　章　書き下ろし

第1章「死の所有（上）――「死刑」という不可能性からの倒錯」（『思想』第九二三号、岩波書店、二〇〇一年四月、四－二八頁）、「死の所有（下）――「死刑」という不可能性からの倒錯」（『思想』第九二四号、岩波書店、二〇〇一年五月、九四－一〇七頁）

第2章「「死ぬ権利」の欺瞞」（『死生学研究』二〇〇三年春号、東京大学大学院人文社会系研究科、二〇〇三年三月二五日、三六－六八頁）

第3章「生命倫理における「主体」――胎児、代理母、クローン、そして死にゆく人」（『応用倫理・哲学論集』第一号、東京大学大学院人文社会系研究科　哲学研究室、二〇〇二年三月、一－四五頁）

第4章　「「殺人」試論」（『論集』第二〇号、東京大学大学院人文社会系研究科哲学研究室、二〇〇二年三月、五一－七九頁）
第5章　書き下ろし
第6章　「戦争をめぐる事実と規範」（『戦争と戦没者をめぐる死生学』東京大学大学院人文社会系研究科・グローバルCOE「死生学の展開と組織化」、二〇一〇年九月、一〇六－一一四頁）
第7章　「動物たちの叫び——「動物の権利」についての一考察」（『応用倫理・哲学論集』第三号、東京大学大学院人文社会系研究科哲学研究室、二〇〇七年三月、一－四三頁）
終　章　「生と死の「分離」と「別離」——認識と死の連関について」（東京大学公開講座七三『分ける』東京大学出版会、二〇〇一年五月、一七三－二〇〇頁）

全体として、序章で本書のスタンスを示し、第1章でまず死刑の問題から論じ始め「死の所有」の観念を導入し、それに基づいて生命倫理、殺人、戦争、動物利用の諸問題を検討し、そして最後に、死と認識論の関連を論じるという流れである。これら全体を通じて、「涙の哲学」というテーマの最初の頁を刻むことを企図したのである。また、本書は、同じ東京大学出版会から以前に刊行された拙著『人格知識論の生成——ジョン・ロックの瞬間』（一九九七年）の続編という性質も部分的には併せ持っている。旧著も参照していただければ幸いである。

本書がなるまでに、多くの方々の恩恵を受けた。どうしても、いくつかの機会とお名前とを挙げておきたい。まず、「死」の問題について考察するに際して、私自身が八年間以上関わってきた、そして現時点ではその拠点リーダーをも務めている、東京大学大学院人文社会系研究科のCOE「死生学」プロジェクトから受けた恩恵と刺激は、なによりも有り難いものであった。死生学初代拠点リーダーの島薗進教授、同僚の清水哲郎教授、竹内整一教授、熊野純彦教授、下田正弘教授には、心より感謝申し上げたい。また、本書ゲラ校正中に、「安楽死・尊厳死研究会」が私の

「死の所有」の議論を検討する機会を設けてくださった。担当者の有馬斉氏はじめ、研究会のメンバーの方々に謝意を表す次第である。そして、本書出版過程の最終段階であった二〇一〇年一一月に、私自身、英国オックスフォード大学に the 2010 Uehiro Lecturer として招かれて連続講義を行ったことも、本書完成の最後の一押しとなった。オックスフォードでの講義のある部分で私は、本書の内容の一部を英語圏の文脈にさらに沿うよう練り直して論じたのだが、その際多くの刺激的な反応をいただいた。それらを多少なりとも本書に反映させることができた。私を招聘してくださったジュリアン・サヴレスク教授に心より感謝申し上げたい。さらに、本書の執筆に際して、東京大学出版会の小暮明氏から多くの助言と励ましをいただいた。執筆中、小暮氏からは、最初の草稿の段階で、戦争について論じなくていいのですか、という鋭い突っ込みをいただいた。まさしく痛いところを突かれた。実は私自身、本書の企画当時から、「死」について極力全方位的に論じようという目論見のもと、戦争論を組み入れるという方針を立てていたのであるが、問題のあまりの巨大さ、困難さゆえにそれを断念していたのである。けれども、たしかに、戦争について一切触れないというのは、『死の所有』と題する書物として決定的な欠損であるに違いない。そこで、小暮氏の強いご示唆にも応じる形で、第6章に、短いながらも、戦争問題についての私の現段階での問題意識の表明を挿入することにした。この第6章は、上記初出情報からも示唆されるように、グローバルCOE「死生学」プロジェクトでのワークショップにおけるコメントに基づいたもので（とはいえ相当に書き加えはしたが）、いわば今後の私の研究の方向性を短く素描した小論であるにすぎず、他の章での議論のあり方とはいささか異なってはいる。しかし、何とか、さわりだけでも戦争論を組み込むことによって、「死」についての哲学的問題について極力広くカバーしていくという、もともとの編集方針はさしあたり貫かれたはずである。戦争の問題についてさらに本格的に切り込むことは、他日を期したいと思う。ともあれ、こうした経緯のことも含め、小暮氏には、本書成就へのご助言に対して深くお礼申し上げる次第である。また、私のかつての教え子であり、現在は東京大学出版会のスタッフとして本書の装丁などに尽力していただいた、澤畑塁氏にもここに謝意を記したい。そして最後に、私事ながら、執筆を見守ってくれた妻りつ子、牛若亡き後も私を癒してくれる愛犬しずか、愛猫みやに、感謝したい。こうして、多くの方々からの恩恵のおかげで、本書はここにいま誕生したのである。

願わくば、読者の皆さんの思索のよすがとなりますように。

二〇一〇年一二月

一ノ瀬正樹

目次

序章　「涙の哲学」に向けて
――「死」の誕生

1　泣くという作用

「男の子ならば泣くな」。私の少年時代、こんな倫理観がまだ流布していた雰囲気があった。直接親に言われた記憶はない。武士の物語や英雄譚を通じて、自然とそんな風に感化されていったのであろう。戦の場で、肉親や郎党の屍を乗り越えて、涙を流すどころか、なおも相手に立ち向かう日本中世の武士たちの姿に、私は幼い憧憬を抱いていた。自分や自分の係累のいのちさえ顧みず、疑うことなく潔く一途に何かの価値を求めてゆく気概。その気高さ。死が、殺人が、斬首が、腹切りが、そして血塗られた骸が、それらが介在する壮絶な情景が、凄惨なものでありつつも、いのちの自然、あるいはいのちの自然なはかなさを、伝えているかのように子ども心に直覚していたのかもしれない。もちろん、正確には、こうした倫理観や気概を私に伝えたのは、男子だけではない。武家社会に生きる女子もまた、男子と運命をともにして、いのちをかけて敵に挑んだり、自決していったりした。壇ノ浦の平家の一族もそうだった。とくに私は、『太平記』の時代の、鎌倉北条氏の東勝寺における集団自決の話を知ったとき、心底身震いがしたものである。女子や子どもも含めて、北条高時以下、北条一族八〇〇人強が同時に自決したという。この壮絶な情景に恐怖しながらも、私は、何か高貴な潔さを感じもしてしまったのである。当然ながら、真に日本中世の武士たちのありようが私が見取った通りであるかどうかは分からない。私の感覚はあくまで歴史物語から得たものであり、そしてそこには、文学的装飾が入ってもいたと推測される。しかし、そこに気高い高貴さのようなものを感覚してしまったというのは事実なのである。不可思議な感覚である。

無論のこと、こうした日本の武士たちの生き様への憧憬を二一世紀の我が国にそのまま持ち込むのは滑稽だろう。日本国憲法で基本的人権の尊重が謳われ、殺人は重い犯罪として規定されている。まして、男の子なら泣くな、といった倫理観はおそらく性差別の類として糾弾されもするだろう。こんなことは誰もが周知している。けれど、これまた不思議なことに、現在でもなお、日本中世を扱った映画、ドラマ、書籍は相応に耳目を集め、それなりの繁栄を維持している。戦国武将が十代の若者の注目を集めることさえあるという。もしかしたら、いまもまだ、「男の子ならば泣くな」といった類の倫理観が現役として通用しているのかもしれない。まさか、恥を受けたなら切腹して果てたい、と念じている人が現代人のなかにいるとは思えないが、それにもかかわらず多くの人は、武将の潔い死や、義士の仇討ち物語などに依然として心引かれるのである。

けれども、事実を言えば、武士とて、男子とて、涙する。戦闘の最中には涙するいとまがなかったとしても、一旦時間ができれば、愛する者の死を深く悲しみ、落涙する。当然であろう。私も、「男の子ならば泣くな」という教えを守ることは到底できなかった。悲しくて泣き、切なくて泣き、感動して泣き、現在に至った。逆説的だが、涙することなく勇敢に戦に向かう武士の物語に感動し、それに涙することもままあるのである。しかし確かに、男性であれ女性であれ、むやみにところかまわず涙を流すのは憚られる。電車に乗っていて感動的な物語を読んでいたとする。あるいは、亡くした家族を深く想うとする。泣きそうになる。涙が浮かんでくる。でも、こんなところで急に泣き出したら、周りにいる人は変に思うだろう。本を閉じたり、上を向いたりして、涙が溢れるのをこらえる。服の袖でそれとなくぬぐったりする。いわば、ある種の生理現象と格闘するいじましい努力である。

しかし、多くの人々が実感として賛同してくれると思うが、泣いて落涙するというのは、ひとつのカタルシス（浄化）の体験であって、それ自体一種のすがすがしさを伴う。感動の涙の場合はいうまでもない。感動を涙とともに受け止め、身を洗い直すように震わせ、自らの身体を貫かせる。しかし、同じことは、真に悲しくて泣くときにも当てはまるのである。涙を流すことで悲しみが癒えるわけではない。悲しみの対象である出来事が帳消しにされるわけではない。悲しくて胸がつぶれそうになるのを、ほんの一瞬せき止めるだけなのである。けれど、たったそれだけでも、浄化作用として働き、泣く人のいのちを維持させてゆくのである。これはまことに絶妙な作用であると言わねばならない。

2 「涙の哲学」のプログラム

このように考えてくると、泣く、涙する、というのは大変に興味深い現象であることに思い至る。一見相反するような要素が、網の目のように絡まり合って生成してくる現象だからである。あるいは、相反するような要素の、ちょうど端境のところで発生してくる振る舞いだからである。いくつか指摘してみよう。まず、涙は生理現象であり、その瞬間に発生して、心の働きで抑えることがしにくいという面を持つ。実際、「涙を禁じえない」などという表現もある。この観点からは、涙と自律神経の関係、涙の化学的成分の分析、といった自然科学的な探究の方向性が生まれてくるし、実際そうした研究は少なくない。けれども同時に、落涙にはその対象があり、対象への認知が必要である。その意味で、内省的な現象であるという側面もある。上に述べたように、戦のまっただ中では涙することなどないが、一呼吸置いて、事態を冷静に認識したときに私たちは肉親の死などに涙するものなのである。あるいは、死罪に決まった肉親を前に涙する場合、それは、刑罰という人為的な制度についての知識に促された涙にほかならない。

こうした事情は、涙は、生理現象であると同時に、内省的な認識に基づく行為である、という二重性をもつと表現することもできるだろう。実際、すでに例として触れたが、「涙をこらえる」という行為を表す表現は十分に有意味である。こらえることが行為ならば、反転して、涙することにも行為性が伴うはずである。あるいは、ひるがえって、日本中世の武士のように（涙することがあってもおかしくない場面で）涙することなく振る舞うことも、涙するということの行為性を裏面から射影しているのだと、そう言ってもよい。いずれにせよ、つまり、涙には、自然現象と人為現象の双方が入り交じっている。この点は、こうも記述できよう。涙は、自然な感情の生理的反映であると同時に、認識に基づく個人の意志の帰結でもある、と。[1] そして加えて、涙が感情を反映するという場面に限っても、そこには相反する二面が混合されている。すなわち、感情のいわば本体として感情を発現しているという側面と、すでにカタルシスという言葉で示唆したように、感情を解消してゆくという側面との、この二面である。この点も注目してよいだろう。

このような考察は、涙の、さらにその融合的なありさまを暴き出していく。すでに指摘したように、涙するということには対象に対する認識が伴われている。ここに肉親が死体となっているといった、事実に関する理論知である。美しい風景に感動して涙する場合なども、涙と理論知のつながりを示す例になるだろう。しかし同時に、涙には実践的含意が濃密に巣くっている。冒頭に触れた「男の子ならば泣くな」といった、態度や徳に関する倫理観が涙には伴いうる。同様な事情は、自然な病によるのであれ、人為的な死罪によるのであれ、死にゆく本人や身近な人々がその運命に涙するときにも妥当しよう。そうした場合、自然やいのちのあり方への諦観や無常観、社会的制度への暗黙的な服従といった、かすかながらも倫理的な意味合いを帯びた態勢が涙には染みこんでいるからである。あるいは、理不尽な仕方で引き起こされた悲劇に涙するときには、怒りや復讐の念がそこに込められもしよう。つまり、涙することには、理論的な事実知の側面と、実践的な倫理的態度との双方が、混入し合っているのである。

これほどまでに「涙」が多面的な融合態であるならば、哲学的な思索をここから始めることには何か生産性があるのではないか。もしかしたら涙を出発点とすることで、自然と人為、精神と身体、理論と実践、知識と行為、瞬間と持続、といった伝統的な哲学の対比に縛られることなく、柔軟な問題設定をすることができるのではないか。少なくとも私は、ここには哲学を一つの指針の下で展開する可能性があると感じるのである。もちろん、涙を哲学の核に置くなど、青臭いセンチメンタリズムの極みではないか、と言われよう。然り。そういう面は確かにある。しかし、かえって私はむしろ、センチメンタリズムを哲学は引き受けなければならないのだとも言っておきたい。感傷は、私たち人間の感情の事実であり、文化の大きな源なのだからである。とはいえ、これは決してセンチメンタリズムの哲学だけを提唱しようとしているのではない。涙が自然現象・生理現象であることを踏まえ、しかも場合によってはそこに復讐の念を読み込むことも射程に入れているのだから、ここには確たるリアリズムの血脈が流れてもいるのである。こうして、「涙の哲学」というリサーチ・プログラムが浮かび上がってくる。無論、これは「涙」をいつでも直接的に考察の本体とするというわけではない。涙するという状況にまつわる事態に哲学の諸問題を引きつけて論じてゆくということであり、涙はいわばシンボルとしてそこに機能していくのである。

3　死という喪失

では、「涙の哲学」は具体的にどのような形で展開することができるだろうか。私が思うに、それは、「喪失」の体験を軸にして、そのありようを分析していくことによってではなかろうか。私の直観では、涙することには、悲嘆、哀切、感動、など多様性があるとはいえ、根底にはこの「喪失」の観念が働いているように感じられるのである。というのも、感動して涙する、という場合も、自然や人生のはかなさ、やがて消え去り喪失されてしまうものへの想い、それが作用していると捉えられるからである。ニュースで自己犠牲的な人命救助の話を聞いたとしよう。私たちは感動して、涙するかもしれない。そうした涙は、そういう自己犠牲を伴う道徳的な振る舞いがうたかたのものであり、常ならざる事態としてたちまちに消え去ってしまう、というこの世界のはかないありようへの切なさがもたらしていると、そのように理解することができると私は感じるのである。このように「喪失」を核とすることは、悲嘆、哀切に関しては言うまでもない。大切な人や物を失ったとき、愛する者と別離するとき、そうしたときに悲嘆や哀切の感情が生まれ、私たちは思わず落涙するのだからである。だとすれば、まずは「喪失」の観念を主題化すること、これが「涙の哲学」の第一の課題でなければなるまい。

私が本書において追求したいのは、「死」という事象のいくつかの側面に焦点を当てて、「喪失」の観念の分析を果たし、よってもって「涙の哲学」の最初の頁を刻むことである。おそらく、「涙の哲学」における「喪失」観念の分析の手掛かりとして「死」を主題として立てることには異論はないだろう。「死」が喪失の一つの典型であると解されていることは間違いないからである。私は「一つの典型」と言う。というのも、「死」だけが喪失概念を成すものであるとは考えないからである。「物」を失う、「若さ」を失う、「健康」を失う、「時間」を失う、これらもまさしく「喪失」にほかならず、落涙の対象に十分になりうる。けれども、しかし、「死」が「喪失」の観念に馴染むことは疑いない（もっとも、誰にとっての、何の喪失なのか、という点で論ずべきことはある。これにまつわる論点については第5章で論じる）。

しかるに、この「死という喪失」という観念は、多面的な融合態としての「涙」を扱う哲学にまことにふさわしく、実に融通無碍の多様性を持ち、確実性がなく、捉えにくい。しかし、そうした不確実性に侵された捉えにくさを持つ、ということが「死という喪失」の本性的なありようなのである。そして、この「死という喪失」の不確実な捉えにくさ、それを積極的にそれとして受け止めて、そのありようを分析していくことこそが、私の本書の目論見なのである。

この序章では、以後の本論の議論へとスムーズに思考の道筋がつながるよう、「死」にまつわる不確実な捉えにくさについて、核心的だと思われる二点についてさしあたり指摘しておくことにする。

第一に指摘したいのは、死は喪失として観念されるけれども、それは必ずしも全面的に消滅することとして理解されるわけではないという、この点である。いのちが終止し、死んだとき、そのいのちの主体はなくなる。いままでいたとしても、死んだときに、それは非存在となる。もちろん、これは「無」と同じではない。いままで存在していたのに、突如なくなってしまうということであって、最初からないわけではない。これはおそらく、「喪失」という観念の論理的含意なのではなかろうか。喪失というのは、何かを喪失することであって、したがって喪失以前にはその何かがあったこと、何かを所有していたこと、これがロジカルに含まれているはずだからである。けれども、そうはいっても、「死」が非存在であることは動かしがたい。もっと正確に言おう。「死」が訪れたとき、その死んだ主体はいなくなる、非存在になる。これは「死」という言葉の文法である。なぜなら、死んだ後も存在を維持していたならば、実は死んでいないことになるからである。もっとも、そうならば、果たして「誰が」死んだのか。「誰が」というところに充当する存在者は何なのか。そう問いたくなるだろう。これは「死のメタフィジックス」と呼ばれる領域の出発点となる問いである。この点については、すでに触れたように、第5章で主題的に論じる。

4　パースペクティヴの反転

いずれにせよ、「死」は当事者の非存在をもたらす。しかし、だからといって、当事者のすべてが何もかも消えてしまったというように感じられるとは限らない。無論、死の訪れとともに、当事者が消えたと観念されることは確かにあるだろう。蚊をたたいて殺したとき、死体は残れど、ぶんぶんうるさい蚊という存在は消えたと解されよう。もはや消滅したのである。あるいは、自分にとって縁遠い存在者の死は、文字通り「消滅」として捉えられることもあろう。けれども、いのちが死したとき、とりわけ過去のそのいのちに接してきた、残された者の目には、全部が消えたとは到底感じられない。死体のことを言っているのではない。いや、もちろん、死体は一つの重大なよすがにはなる。死体や、そして死にいったありさまの光景を介して導かれてくる、そのいのちの、過去の存在性の残り香のようなもの。その存在性の響きのようなもの。それが、むしろかえって生き生きと、重厚感を持って新しい相貌のもとで立ち現れてくるように感じられるのである。死んだ後で、その人のその人性が、ああこの人はこういう存在だったのかという思いが、はじめて味わう重みでもって如実に迫ってくるという感覚である。こうも言えよう。死んだとき、その死んだ者のリアリティが、その者が生きていたときとは別な仕方で、生きていたとき以上に近しく、新しく誕生してくる、と。そう、「死」が誕生してくるのである。何と切ない誕生であろうか。けれども、やはり新しい感覚の誕生なのである。

これは、つまり、「なくなる」ということそれ自体が、積極的な意味づけのもとでリアリティを獲得するということである。このことは、いわゆる「否定的性質」(negative properties) の問題と関わる。「否定的性質」とは、「何々ではない」という否定形で表される性質のことで、きわめて多様な外延をなす。それはたとえば、「青色でない」、「海外に行かなかった」、「当選しなかった」などなどといった性質のことである。この「否定的性質」については、古来さまざまな問題点が指摘されてきた。「否定的性質」は別の「肯定的性質」に翻訳されるのではないか、「否定的性質」は現実性を持たないのではないか、「否定的性質」は「肯定的性質」と違って因果的機能を持たないのではないか、などなどである。(2) この論争にはいまは立ち入らない。ただ、私がここで注目したいのは、私たちの感覚として、「欠如」あるいは「不在」と表現される事態は、まさしくそうした否定的ありようとして、私たちの認識に影響を及ぼすことが（常にではないけれど）ままあるという、その事実なのである。「躊躇がない」という事態は、「躊躇する」という事態と並列しているときには、単に「果断である」ということにすべて翻訳されない形で、まさしく「躊躇がない」というあり方として、意義を持つ文脈というものがあるだろう。「出席していない」（欠席している）もこうした点を例証する。これを、具体的な肯定的ありようとして、別のこれこれの場所にいる、と表現しても、それが「出席していない」という表現と完全に同じ働きをすることはないだろう。

私は、死んで「なくなる」、死んでしまって「存在していない」、という事態にも同じことが当てはまると思うのである。こうした否定語を介した理解の仕方は、「死体がある」とか「遺骨がある」とかの肯定的表現には置き換えられない仕方で、私たちの態度に力を及ぼしてくる。このことは、ゲシュタルト心理学でいう「図」と「地」の用語でも例解できるだろうか。いわゆる「反転図形」と呼ばれる図形の場合、これまで「図」であったものが、次のときには「地」へと反転し、これまで「地」であったものが「図」へと反転してくる。壺に見えたり、二人の人が対面している姿に見えたりする、「ルビンの反転図形」が有名だろう。これまで背景として、いわば対象「ではない」という仕方で引っ込んでいたものが、あるときを境に突如として、それ自体が対象となって表に現れてくるのである。

しかし、よく考えてみると、この例解は正確ではないかもしれない。「死」の場合、あくまでも「なくなっている」、「いなくなっている」という欠如態を本質的に保持しつつ、つまり対象性という「肯定的性質」を持つことが定義的になく、にもかかわらず、濃密かつ積極的なリアリティを持つに至るからである。とすれば、むしろ、「穴」は存在するのか、という奇妙な問いをめぐる現代メタフィジックスの議論から例解した方がよいかもしれない（加地 2008 を参照）。こうした問題設定において、かりに「穴」に何らかの積極的な存在性が帰せられるとしても、それはやはり「穴」なのであって、「何もない」空洞であるという性質を保持し続けるからである。「死」も同様に、ある種の「欠如態」または「不在性」として、リアルに立ち現れてくるのである。それに実際、「死という喪失」は、心にぽっかりと穴が空いてしまった、というようにも表現される。「穴」と「死という喪失」は、実は本来的な連関を有しているのかもしれない。

さらに、こうした、「死」の「不在性」としてのリアリティは、「穴」の問題と同様に、「静寂の知覚」という、近年論じられ始めた「音の哲学」(philosophy of sound) の核心的トピックに引き寄せて、それと対応的に理解することができるようにも思われる。この点については、ロイ・ソレンセンが興味深い論考を残している。ソレンセンによれば、静寂 (silence) は、単に何も聞こえないということではなく、何かを聞くという知覚経験なのであって、しかし同時にそれは「音の不在」(the absense of sound) という否定的な欠如態として性格づけられなければならない(3)。ソレンセンはこのように言う。「音の休止は、ドーナツの穴がドーナツに依存しているように、音に依存している」(Sorensen 2009, p.132)。先ほど触れた「穴」の問題が「静寂」の問題とパラレルに捉えられていることが、ここから窺える。ということは、もし「穴」の存在性が「死」のリアリティと結びつくとするなら、「穴」にたとえられる「静寂」のありようも「死」の問題と関わりゆくと考えてよいはずである。そしてさらにソレンセンは、静寂が無限に継続するという事態の理論的可能性さえ認めている (Sorensen 2009, pp.132-133)。であるならば、「静寂」は「死」という事態と単に関わりゆくだけでなく、むしろ「死」と本質的な連関を有すると言ってよいのではなかろうか。なぜなら、「死」もまた、一度訪れたならば、無限に継続していくからである。加えて言えば、第7章で詳しく触れるように、存在者のパーソン性は「声」を核心にもつものと捉えることができる。だとすれば、パーソンの「死」は「声の喪失」でもあることになる。その限り、「死」は「静寂」にほかならない。「死」と「静寂」とは、予想される以上の、本来的な結びつきを持つと言ってもよいだろうと思う。

いずれにせよ、「死」は「なくなること」という不在性・欠如性なのだが、そうした否定的あり方として積極的なリアリティを持っている。より正確に言うならば、「静寂」の場合と同様、「死」のリアリティは、その存在者が「生きて活動していた」ということとの対比のもとで、それに対する否定としての積極的なコントラストのもとで、現れてくると、そう言うべきであろう。すなわち、その存在者の「生」を軸として立てられていたパースペクティヴが、「死」を境にして急遽反転し、「生」の否定という影のような様態でしかなかった「死」を軸にして、つまり「死」という不在性を軸にして、新しい眺望を開くのである。しかし、ここで強調しておかなければならないが、こうしたパースペクティヴの反転は、あくまでも、その存在者の「生」に対するパースペクティヴがあらかじめ開かれていたということを前提している。したがって、関心をついぞ抱いたことのない存在者の「死」については、パースペクティヴの反転が生じることはない。では、しかし、どういう基準で、反転が生じるか生じないかの境界が分かたれるのか。そこには、鮮明な境界線はない。ここに、「死という喪失」の不確実な捉えにくさの第一のポイントがある。

5　人称の交錯

さて、「死」についての不確実な捉えにくさについて、第二に指摘しておきたいのは、「死」に際して「人称の交錯」が起こるということ、この点である。まず、「死」を論じるときに、一人称と他人称とを注意深く区別しなければならないことは明らかであろう。一人称の「死」は自分自身の「死」であり、これは定義的に経験不能であり、おそらく厳密には指示も言表も不可能かもしれない。したがって、これまで論じた「死という喪失」や「なくなること」のリアリティは、決して一人称の死に関してではない。一人称の死に関して、そのような言説は本来的に不可能だからである。しかるに、これに対して、他人称の「死」とは、すなわち、他者の死のことであり、それは、日常的とまではいえないにしても、決してまれなことではない現象である。つまり、他人称の死は、私たちにとって経験可能であり、実際多々経験しているのである。もっとも、他人称の死は、基本的に、「三人称」の死として現れることが普通である。他者の死を、いわば観察者的に知覚するとき、それが三人称の死が現出するモデルとなる。果たして

「死」を見ることができるのか、という認識論的な問いもありうるが、ここでは「死体」を見ているときをそれとして表象して差し支えない。では、しかし、「三人称」に対して、「二人称」の死とはどういうものなのか。それは経験できる現象なのだろうか。

このように問いかけることによって、「死」という現象をめぐる奇妙な事実が浮かび上がってくる。前節で私は、関心をついぞ抱いたことのない存在者の「死」については、パースペクティヴの反転が生じることはないと述べたが、当然ながらそれは逆に、関心を抱く、身近な存在者の「死」については反転が生じるということである。では、反転が生じて、死んでなくなったことのリアリティが現れてくるとき、私たちはどういう態勢になるのか。さまざまな形がありえるだろう。あのときああしてやればよかったのに、というように自分を責めるということもあるだろう。あるいは、何か他人の落ち度や故意（事故や犯罪を想起せよ）によっていのちを失ってしまったという場合には、その他人への非難の感情がふつふつと湧き上がるかもしれない。しかし、もう一つありえる態勢は、死んだ、かつての存在者に語りかける（とりあえず本章では「死者」と呼ぼう）、というものだろう。苦しかったろうね、いまは楽になったかい、幸せな一生だったかい、などなどと私たちは死者に語りかけようとする。このように死者に語りかけるとき私たちに顕現している「死」のありよう、それこそが「二人称の死」にほかならない。

けれども、冷静に考えてみれば、これは不可思議な態度であると言わねばならない。死者に語りかけるなどということは、不可能なことなのではないか。不合理なことではないのか。確かに。死が非存在として捉えられている限り、死者に語りかけるというのは、語りかける相手のいない、にもかかわらず誰かに語りかけているという体裁を取った、不可解な言語行為であるというべきだろう。けれども、私たちはしばしばこれを行う。死体を前にして、死体を撫でながら、死者に話しかける。これを狂気と思う人はいないだろう。してみれば、これを単にばかげたこととして一蹴せず、それを事実として受け止め、その意義を解明する、という方向に思考を向けてもよいのではなかろうか。本書は、いってみるなら、こうした方向の思考を展開した書物なのである。そしてそれは、いうまでもなく、「涙の哲学」にふさわしい主題である。死者に語りかけることは、涙することとしばしば相即しているからである。

さて、では死者に語りかけるという言語行為において、一体何が起こっているのか。これは恐ろしく複雑な現象である。しかし、一つ確実に言えることがある。それは、こうした言語行為が何らかの意味において有意味性を持つには、語り手が死者と同じ世界、同じ次元に立っている、という想定が必要だということである。これは、もし死者がすでに死んでいるというロジカルな含意を認めた上で考えるならば、語り手もまた死者の世界に身を置く、という表象であると理解されなければならない。これはどういうことか。私が思うに、ここには、死者として理解している相手の「二人称の死」の脇に、自分自身が死者の世界に入っているという限りでの「一人称の死」が仮託的に併置されていると、そう解するべき事態なのではなかろうか。それはすなわち、語り手の自分が仮想的に死者の脇に寄り添うことで、つまり、仮想的に死ぬことで、死者への語りという言語行為の有意味性が確保されていると、そういうことである。言い方を換えれば、ここには、ある意味で偽装的な仕方で、「二人称の死」と「一人称の死」とが交錯しているのである。しかも、こうした死者への語りかけは、すでに触れたように、しばしば死体、遺骨、遺影などを前にして行われる。そして、こうした死者の物的な遺物に付きそう「死」は「三人称の死」である。だとすれば、死者への語りという言語行為には、「二人称の死」と「一人称の死」のみならず、しばしば「三人称の死」もまた介在していると、そう述べなければならない。「死」をめぐる「人称の交錯」はこのように重層的に積み上がる。死者への語りかけが涙することとともになされる場合、その涙は、いわば人称性の蝶番の役割を担っているのではなかろうか。

考えてみれば、こうした「人称の交錯」という事態は、まことに「死」というものの不確実な捉えにくさをさらに一層助長している要素だと思われる。というのも、先に触れたように、存在者が死んで「なくなること」によって不在というリアリティが発生し、いわば「死」が誕生するのであったが、それは同時に、リアリティを受け取る者が死者に対して語りかけることによって、「死」への没入を促すことにもなるのである。まるで、「死」が前面に現れてきながら、同時に、現れる場それ自体が「死」へと引き寄せられていくという、だまし絵のような事態である。ここには、生者と死者の端境が現れていると言ってよいかもしれない。誕生と没入というこの二つのベクトルは、こうしてすれ違いながらも、相まって「死という喪失」という特異な現象を形作っていくのである。

このように、死の誕生と死への没入との間に不確実な捉えにくさが顕現するが、それだけでなく、「人称の交錯」それ自体にも不確実性が色濃くつきまとう。死者への語りかけという事態について上で論じてきたわけだが、実は、こうした語りかけがいつでも「二人称の死」を表象する形でなされているとは限らない。単なるモノローグであるかもしれないし、形式的な儀礼であるかもしれない。あるいは、「二人称の死」という表象もおぼろげで部分的なものでしかないかもしれない。では、どのような、どの程度までの表象を「二人称の死」と見なすのか。これが「二人称の死」の表象だ、という絶対の標準はないと言わなければならない。しかも、「二人称の死」の表象は、時間の経過とともに揺れ動き、生成消滅もしていくだろう。残るにしても、「三人称の死」へと変質していってしまうだろう。こうした所に、「死」にまつわる不確実な捉えにくさの第二のポイントがある。

しかし、いずれにせよ、「死」を「語りかけ」と結びつけて理解することには十分な理由がある。すでに触れたように、「生」の主体たる「パーソン」は本来的には「声」の主体である。よって、「死」は「声の喪失」でもあると捉えうるのであった。しかるに、「喪失」という体験は、他面において、失ったものを回復したいという心の底からの希求でもある。したがって私たちは、「死」という「声の喪失」という事態に面して、そうした事態に抗い、失われた「声」を回復しようと、慟哭し、語りかけ、呼びかけるのではなかろうか。そうした見果てぬ夢を追いかけるのではなかろうか。もちろん、自覚的に、死者の「声」を回復させようと、死者に語りかけるという場合はあまりないかもしれない。そうした文脈のもとで涙しながら呼びかけるということはないかもしれない。けれども、すでに見たように、涙することには自然的・生理的現象という側面もある。目にゴミが入ったときに涙する場合、人は自覚的に、ゴミを洗い出そうとして涙するわけでもあるまい。それと類比的に、死者に語りかけるとき、私たちは、たとえ自覚はなくとも、自然な生理レベルと同等なほどの本有的な衝動のもとで、死者の「声」を回復させようという振る舞いへと実は促されているのだと思われるのである。実際の涙は、語りかけたり、慟哭したりして、死者に「声」を届かせ、そのことで死者の「声」を回復させようとする振る舞いからしたたり落ちる、文字通りの余滴なのかもしれない。

6　彼岸視点／現世視点そして「死の所有」

果たして私は、哲学の議論として、明晰性を保持しつつ論を展開してこられただろうか。正直冷や汗が出る。けれども、こうした綱渡りはどうにも不可避なのである。そもそも、私自身、「死」を一人称的に経験したことがない。誰も同じである。一人称の「死」を経験した者がいる、という主張自体が自己矛盾的なものだからである。なので、「死」についての議論は、どうしても素人の域を本来的に越え出られないのである。いってみるなら、テニスという競技をずっと観察してきただけで、いきなりウィンブルドンの試合に参加するようなものである。よくよく考えてみれば、無謀すぎて、冷や汗を通り越して、かえって開き直って落ち着いてしまうくらいである。しかるに、これほど超越的な主題であることが最初から分かりきっていながら、人々は「死」を話題にする。いや、「死」は人々の話題の核心にあるとさえ言ってもよいくらいである。哲学を行う者として、これほどまでにポピュラーで、なおかつ不可解な主題に挑まないわけにはいかない。

以上で論じたことをまとめて、なおかつ、本書のタイトルである「死の所有」という概念についての地図を示すことで、序章を終えることにしよう。前節で論じたように、私たちは死者を前にして涙し、死者に語りかけることがある。この場合、語り手は死者と同じ次元に立っている。つまり、死者の世界に、仮想的にではあれ、没入している。私は、以下本書において、こうした、「死」へと没入していて、死者への語りかけという行為が有意味だと考えられる観点を「彼岸視点」(the hereafter point of view) と呼ぶ。これに対して、死者はもはや存在していないということを額面通りに受け取って、生者の世界だけに限定して物事を見て語る観点を「現世視点」(the mundane point of view) と呼びたい。たとえば、社会福祉や選挙権といった話題は、「現世視点」から語られている典型的なトピックである。これまでこの序章で述べたことを、こうした用語を用いて総括してみると、こうなるだろう。ある存在者が死んで「なくなると」、パースペクティヴが反転し、「死」が誕生してくることがあるが、それは同時に、私たちが「彼岸視点」を取り、死者に語りかけ始めることでもある。しかし、そうした事態の厳密な輪郭づけは本来的にできない。そういう不確実な捉えにくさを「死」は胚胎しているのである、と。

私の本書での主張の出発点となるのは、こうした「彼岸視点」を原初的に促してくるのは、一般的な文脈での「死刑」の正当化の場面である、というものである。一般に、刑罰は犯した犯罪に対する応報的均衡によって正当化される。犯罪抑止効果とか教育効果などに基づく目的刑の考え方を採ったとしても、私たちは、犯罪を犯した当人に刑罰を科すという点を認める限り、実質的に応報刑の考え方の基本を受け入れている。しかるに、殺人などの重罪の場合、他人のいのちを奪ったのだから、自らのいのちを差し出して償わなければならないとして、死刑が応報的均衡の観念のもとで正当化される。これが、ごく一般的な死刑の正当化の論理である(4)。けれども、少し冷静に考えれば、こうした正当化は支離滅裂であることが分かる。そもそも、いのちを差し出す、いのちをもって償う、ことなどできるのか。単に死ぬ、ということではなく、いのちを差し出す、いのちをもって償うということには、どういう特異性があるのか。それに、いのちを差し出すということは、他の誰かがいのちを受け取るということである。一体誰に差し出すのか。そして、いのちを受け取るとはどういうことか。受け取った人は二つのいのちを持つことになるのか。謎が積み重なる。要するに、「いのちを差し出す」なる表現は実は論理的にいって文法違反の表現なのである。

では、なぜ「いのちを差し出す」とか「いのちをもって償う」とかの、混乱した表現を、混乱しているという自覚なしに多くの人たちは死刑の正当化に使用できると考えるのだろうか。それは、やはり、存在者がいのちを終止して死ぬとき、何かが差し出されるという実感があるからであろう。そして、それによって償いが何らか達成されているように感じられているからであろう。では、何が差し出されると考えるべきだろうか。いのちが差し出されるのではなく、「死」が差し出されると、そう考えてみたらどうだろうか。確かに、いのちが差し出されるというのは、どう考えても支離滅裂だが、「死」が差し出されるというのは、実感を反映しているように感じられる。というのも、存在者が死んだとき、死体が眼前に現れ、「死」という情景が私たちに迫ってくるからである。この事態は、「死」が差し出される、あるいは、「死」をもって償う、と記述してもよいように感じられるのである。しかるに、存在者が死んだとき、その「死」が差し出されるなら、その存在者は死ぬ前から「死」を持っているのでなければならない。持っていないならば、「死」を差し出すことはできないはずだからである。つまり、「死」が差し出されるという表象を事態的にしている限り（事実そうである）、すべての存在者は、生前から「死」を所有していると考えられなければならないのである。かくしてここに、「死の所有」の観念が出現してくる。実際そうした観念は、いつでも自由に死ねるという態勢を所有することであるとか、自分が死ぬことを媒介して他者に働きかける力を有していることであるとかなど、いろいろに理解可能であろう。そして、おそらくこのような「死の所有」の観念が機能しているからこそ、応報的均衡の考え方にのっとって死刑が正当化されるように一般に感じられるのではないか。すなわち、殺人を犯した者は、他者の「死の所有」、つまり自由に自分で死ぬことを選ぶ権利を侵害し喪失させたのだから、殺人の加害者もまた、応報的均衡の帰結として、自らの「死の所有」を喪失しなければならない、つまり当人の自由ではない強制的な仕方で死刑に処せられなければならない、というように。

けれども、「いのちを差し出す」に比べれば実感を反映しているとはいえ、そして死刑の応報的正当化のロジックをとりあえず提供できる機能を持つとは言え、やはり「死の所有」という観念もまた、完全には私たちの文法に沿うことができない。だいたい、死を所有するという考え方はそれ自体奇妙である。そもそも、死を所有しているとは、死んでいることなのではないか。それに、百歩譲って、「死の所有」を奪われることによって死ぬのだと仮に認めたとしても、何かを喪失したり剝奪されるということは、そうした喪失や剝奪を被る主体が存在していないと意味をなさないはずである。つまり、「死の所有」の観念を認めるということは、死んだ後も、その死んだ存在者が（何かを奪われた）主体として存在し続けるという、破格の想定を含意してしまうことになるのである。かくして、ここに、「死の所有」の観念に伴って「彼岸視点」が導入されてくる道筋が現れてくる。「死の所有」の観念は、死んだ存在者が何らかの仕方で存在し続けていて、それに対して私たちは働きかけることができる、という見方を許容するからである。ただ、にもかかわらず、私たちは、一般的には、こうした破格の帰結を伴う「死の所有」の観念を実質的に用いて死刑を正当化しているというのが実態である点、これも押さえなければならない。

要するに、私たちは、「いのちを差し出す」という観念でもって、死刑を一般的かつ素朴に正当化しようとするとき、実際的には「死の所有」の観念に訴えているのであり、しかるに、そうした「死の所有」の観念は破格的な「彼岸視点」をも導いてくるということなのである。そして、このように死刑の問題を介して導入される「彼岸視点」が、私たちのほぼすべての日常的な出来事にかすかに巣くう「罪と罰」の構造を通じて、さらに普遍化され、多様な文脈に浸透していく。このことの機微を洗い出してゆくことこそ、本書の主題にほかならない。

こうした「死の所有」についての記述は、本書で繰り返し現れる。最も基本的で重要な論点なので、私は繰り返しを厭わなかった。そうすることで、私の意図が読者の皆さんに明確に伝わり、それによって「涙の哲学」の第一歩を踏み出せたとするなら、本書の目的は達成されたことになる。

では、まず、ことがらの本丸とも言える「死刑」の問題の検討からはじめよう。

第1章　死刑不可能論
──死刑存廃論に潜む倒錯

1　死という逆説

私はすでに、両親も恩師も、そして愛犬も亡くしている。涙はいまだ乾いていない。

死の後で、その者の存在性が重みをもって露わとなってくる。その者がどんな者であったかが分かり、そして、生前のさまざま言動の意味が理解されてくる。だから、死ぬ前には、その当事者にさえ、自分がどんな存在者であるのかは本当には分からない。自分が何を意図しているのかは分からない。死こそが決定的な出来事なのであって、すべては死を起点にして遡及的に確立されてくる。死は、それに先立つ過去の生の物語のはじまりなのである。こうした時間の反転構造が、人間存在、いやあらゆる生き物に宿っていることを、以前から私は感覚していた。奇妙な感覚だと思いつつも、それがゆえに私は、現在の自分の体験は、自分が死んだ後、あるいは自分が死ぬ間際に、回想していることにほかならないのではないか、という想いに幻惑されることさえある。少なくとも、このような死への感覚があったために、私は、時間が過去から現在そして未来へと流れる、という常識をそのままで受け取ることは簡単にはできなかったのである。時間は、むしろ、死から逆向きに遡ってくるというべきなのではなかろうか……。

こうした根源的な次元の思索を惹起するほど、死は圧倒的に重大である。そして間違いなく、その重大性の核心に

「私の死」がある。「私の死」へと収斂してくる限りにおいて、「私の死」の意味を縁どり「私の死」のリアリティを高めると思われる限りにおいて、他者の死もまた重大なものと受けとめられるのである。だから、「私」に近しい他者の死は、人間であれ動物であれ、体の変調をきたすほど重い。身近な他者の死という喪失は、私の生の部分的喪失にほかならず、それゆえ「私の死」への一階梯なのだと感じられるのである。それに対し、縁遠い他者、たとえば昆虫や雑草の死は気にもとめられないだろう。けれども、事態がこのようであるなら、ここにすでに死という重大事の逆説性が巣くっているといわなければならない。死という問題の根幹をなす「私の死」は、それ自体は決して現前せず、つねに未知であり続け、単に他者の死によって輪郭づけられるにすぎないからである。いや、それどころか、理論的にいうなら、「私の死」が生起するのかどうかさえ確定していない。だからこそ、不老不死の夢が語りうるのである。さらには、（第5章で論じるが）「私の死」がそもそも生起しうる出来事なのかどうかにさえ疑問が提示されうる。こうして、死とは本体が規定的に不在の問題なのであり、よって、いつもどうどう巡りをし、一歩も前に進まないかのような観を呈する宿命の下におかれざるをえない、そうした問いである。私たちは、つねに死へと迷い込んでいるのだ。

こうした事情のゆえに、死にまつわるさまざまな問題に対して、私たちは独特な不確定性を感じるのであろう。本来は、「私」の存在を確定する「私の死」こそが問題であるはずなのに、それが不在のまま、それを論じる、つまりは、問題は本質的に不確定であらざるをえないのである。逆の言い方をするなら、死を「論じる」という文脈においては、問題が不確定的であり続ける、ということが自然な状態なのである。「自殺」、「安楽死」、「脳死」といった死をめぐる問題群にいくばくか想いを馳せただけで、そうした状況を確認できよう。これらの問題群は、真には「私」に生起する事態として考えてはじめて実質と重みをもちうるはずなのに、死んでいない「私」がいわば三人称的に論じるしかない。いってみるなら、定義的に、青二才のご託にすぎないのである。かくして、そこには絶対に拭いきれ

ない不確定感が漂う。これらの問題群に対して、どう考えるべきか、本来的に結論づけられないのである。(1)

しかし、では、「殺人」はどうだろうか。これは、むしろ、道徳的にいって、「私」に生起する事態として容認すべきではない。すなわち、「私」は「殺人」をなすべきではない、そして同時に、「私」が「殺人」の被害者として死ぬこと、これは道徳秩序の不均衡であり償われなければならない。このように、「殺人」についての言説には、少なくとも規範的には紛れはなく、確実性がある。しかるに、「殺人」という事象が「死」に関わることは動かしようがない。そうであるなら、死にまつわる問題には不確定性が本来的に伴う、という私の把握は誤りではないか。そのような反論があるかもしれない。けれども、このような反論は明白に浅薄である。なぜなら、宗教上の理由による戦争時や、凶悪殺人犯の犯行現場などのように、「殺人」がむしろ正義と見なされる場合が現にあるからである。人々の記憶に残っている事件の一つだが、二〇〇〇年五月三日、十七歳の少年が九州でバスジャック事件を起こし死者を出した。それに対して、その後、なぜ警察は犯人を現場で射殺しなかったのか、という世論さえ巻き起こったのである。「殺人」は、場合によってはなすべきだ、と思われている。つまり、「殺人」についての言説は決して確定的なものではなく、明らかに不確定なゆれがあるのである。そして、こうしたゆれも、「私」が「殺人」された、という核心に位置すべき事態が規定的に不在であることに由来する。「殺人」された、ということが実はどういうことなのか分かっていないまま、「殺人」を論じなければならないことになっているからである。さらには、病苦や生活苦のため家族の将来を悲観した上での「心中」のように「自殺」と「殺人」が連続する事象もあるし、「安楽死」が「殺人」へと結びつきうることは鷗外の『高瀬舟』以来よく知られている。ならば、「自殺」や「安楽死」の問題の本来的な不確定性はそのまま「殺人」へと連続している、といえるのではなかろうか。こうして、「殺人」の意義もまた、死にまつわる問題として、不確定的にゆらぎゆくのである。

2　死刑の迷宮

ところで、「殺人」が正義である、あるいは少なくとも合法的である、と見なされる場合について先に言及したが、そうした場合がもう一つあるように思われる。「死刑」の場合、である。「死刑」は、事象として「殺人」であること、さしあたりこのことには全く紛れがない。犯罪という前提となる条件を思うがゆえに[2]、「死刑は殺人である」という命題を認めることに抵抗を感じる人は、「死刑」や「殺人」という概念をかなり観念的に捉えている人である。もっとも、そうした人がいるということは、「殺人」の意義もまた不確定的にゆらぐ、という先の私の主張の傍証にもなってはいる。しかし、そうした人の持つ観念はあまりに多くのことを先取りしてしまっており、議論の出発点としては到底採用できない。磔、斬首、釜ゆで、ギロチン、銃殺、絞首、電気椅子、ガス室、致死薬注射、こうした古今の死刑のありさまをあたかも執行人の立場にたったかのようにリアルに想い描く想像力を発揮するならば、それが残酷かどうか、正義かどうか、という理論的議論にいわば生理的に先立って、「死刑」という名のもとで事態的には「殺人」が生々しく遂行されていることを理解できない人はいないのではなかろうか。議論を出立させるニュートラルな地点を求めるとき、「死刑」が基本構造として「殺人」であること、これを原点に据えることは決して的外れではないように思われる。実際、先に「殺人」が正義と見なされる場合の例として、凶悪殺人犯に対する犯行現場での警察による射殺に言及したが、それをある種の現場処刑として、「死刑」の範疇に入れることも可能だろう。

　けれども、もし「死刑」が「殺人」であるという言い方が承認されるならば、そして、「殺人」の意義は不確定的にゆらぎゆくという先の私の主張が受け入れられるならば、結局、「死刑」の意義もまた本来的に不確定であらざるをえないという、そうした帰結が導かれることになる。こうした帰結は、哲学の論ならではの、ある深みをもっている。「死刑」の問題を「死」一般の問題性と結びつけ、しかも、議論の帰趨が不確定であることが事柄の真相であると喝破すること、このような論の道筋は、死刑は存置されるべきか廃止されるべきかという二者択一の議論状況に鑑みるとき、死刑論としては意表をつくものであろうからである。現実の状況を眺めるならば、死刑存廃の論争が、とりわけ先進国中で死刑を存置している日本とアメリカにおいて、ほとんどデッドロックに乗り上げたかのような一進一退の膠着状態に陥り、真の決着をみないまま、すでに存在している死刑制度が既成事実というあり方で存続しつづけていることは、事実として認めないわけにはいかない。日本において、死刑について職業上どうしても考えざるをえない、いわゆる死刑に関する「意識階層」、すなわち検察官や裁判官や弁護士など、の間では、死刑廃止はかなり有力な考え方であるようだが[3]、いかに廃止論が専門家に支持されようと、死刑について取り立てて考えたことのない人々が形成する「世論」は存置論へと傾く。おそらく、廃止論の議論展開がどのようなものであろうとも、「世論」という形で現れる存置論は、人を殺したのだから自らの生命を差し出して償うべきだ、人殺しの権利を殺された人以上に重視するなどとんでもない、といった素朴な応報観念のもと、いわばアプリオリに死刑賛成なのであろう。そもそも廃止などということを話題にすることそれ自体が理解不能である、という感覚が一般にあるように思えるのである。死刑論における「世論」の意義は必ずしも明確ではないが、少なくとも日本で、政府が死刑を存置していることの理由として挙げている最大のものが「世論」である以上[4]、これを軽視することは絶対にできまい。また、アメリカにおいても、レイマンやナサンソンなどの張る死刑廃止論の強力な論陣に対して、ヴァン・デン・ハーグがこれまた一歩も引かない強固な死刑賛成論を展開している。私には、しかし、こうした論争の膠着状態は、単に死刑の存置論と廃止論が対立しているということではなく、むしろ死刑論の不確定性という根源的な事態の反映であるように思えるのである。

要するに、私が論じたい主題は、このような、「死刑」は「殺人」であり、よって「殺人」の意義にまつわる不確定性は「死刑」にも本質的にまとわりつくという主張、すなわち、「死刑」の意義が確定せず死刑論争が迷宮化することはかえって必然なのだ、とする主張を検証することなのである。というのも、私は、こうした迷宮性へと宿命づけられているはずの死刑論の、現在の論争一般のあり方について、根本的な疑念を抱いており、その疑念の所以を自分なりに明確化したいと考えているからである。そして同時に、「私の死」という根本的な不確定性の事由以外にも、死刑論の迷宮性をいわば必然的に促さざるをえない一つの不可思議な考え方が人間の思考に潜んでいるという、そうした現実の深層的事態をも見届けてみたいと思う。以下、議論を展開するにあたって、私は、次の三つの前提に立つことをあらかじめ表明しておきたい。

（1）日本やアメリカにおける現在の死刑制度、あるいは刑罰制度一般が、法的にいって、近代的な「人権」や「人格」概念にのっとっていると性格づけられていること、あるいは少なくともそうした近代的概念と積極的に整合すると見なされていること、これを第一に前提する。これは実際、日本に関しては、日本国憲法第一一条、第一三条などの基本的人権の尊重、第三一条の罪刑法定主義の宣言[5]、の二種の条文を結びつけるならば、容易に確認できる。この第一前提により、たとえば、日本の現在の死刑制度の正当化根拠として、穢れの思想、古代律令制の考え方、封建時代の武士社会の通念・武士道、などに訴える議論は考慮外とする。換言するなら、そうした伝統的な考え方にこそ日本の死刑制度の根拠があるということを積極的に論じる議論に対しては、以下の私の議論は効力をもたないだろう。けれども、私の感覚では、上記の伝統的考え方に現れる日本人の精神傾向が現在の死刑制度に関与していることは大いにありそうだとしても[6]、それはあくまでも感情の事実としての背景にすぎないのであって、公式には「人権」や「人格」の概念が基盤となっているといわざるをえないと思うのである。いや、法治国家としての定義上、そういわなければならない。合衆国憲法に関しても、背景をなす（フロンティア・スピリットなどの）精神傾向がどうあれ、同じことが確実にいえる。

（2）近代的な「人権」や「人格」の概念の源泉および範型がジョン・ロックの哲学にあること、これを第二に前提する。ロックに先立って活躍した、グロティウスやホッブズやプーフェンドルフなどの思想も近代的な「人権」や「人格」の概念を理解するのには必須であり、またそれらがロックの哲学に大きな影響を与えたことも事実だが、歴史的にいって、ロックが提示した「人権」や「人格」や「抵抗権」の議論こそが近代社会の思想的基礎となったと述べることには大きな間違いはないと思う。というのも、トマス・ジェファーソンが起草した「アメリカ独立宣言」がロック哲学の影響下にあることは周知の歴史的事実であり、よって、それに学んで作成された「フランス人権宣言」にもロック哲学が染みとおっていると考えられるからである。[7] もっとも、近代的な「人権」や「人格」の概念の源泉をカントまたはヘーゲルに求めるという立場も可能ではあろう。そうした立場から論じた場合は、以下の私の議論とは展開が異なることになるはずだが、その可能性については本書では触れない。なお、誤解を避けるために一つ付言するなら、この（2）の前提を立てるからといって、私は決して、今日の人権思想が隅から隅までロックの考え方に合致していると主張するものではない。人権思想の発祥地である西洋においてもロック以降さまざまな展開があり、現在の人権概念理解はロック自身の捉え方とずれが生じていようし、まして日本での人権概念理解においてはロックの見方が受け継がれているとは言い難い。ということはつまり、この前提（2）を立てながら議論を展開するということは、現在の人権概念理解に対して、人権思想の原点に実験的に立ち返って反省し直してみようという趣旨で、一つの申し立てを行うということにほかならない。

（3）日本においてもアメリカにおいても、死刑存置論であれ死刑廃止論であれ、「死刑」は刑罰の一つであると理解された上で論争が展開されているということ、これを第三に前提する。死刑存置論が「死刑」を刑罰の一つと捉えていることは論理的に自明だが、死刑廃止論もその点は同様であろう。死刑廃止論は、「死刑」は人を殺す生命刑だから、「死刑」は残虐な刑罰だから、「死刑」は犯罪抑止効果が期待できないから、「死刑」に関する誤判は取り返しがつかないから、死刑執行人に不当な苦痛を与えるから、などの理由で死刑廃止を求めるわけだが、それらはすべて「死刑」が刑罰の一つであることを概念的に踏まえた上で、そうした刑罰の不都合を申し立て廃止を求めているわけである。それに、多くの死刑廃止論は「終身刑」を死刑の代替刑として提示しているが、代わりの刑を探るという論の成り行きそれ自体、廃止論者もまた概念上は「死刑」を刑罰の一つとして捉えている証左であるといえるだろう。

3　人格に対する所有権

さて、以上のような前提にのっとって死刑論の迷宮性について論じる場合、まずは、ロックの「人権」や「人格」の考え方について確認しておくことが不可欠となる。私はかつて自著においてこれらの問題について詳述したが（一ノ瀬 1997）、ここで改めて、現在の文脈に見合う形で、その要点を確認してみることにしよう。

ここで問題となるロックの考え方は主として『統治論』（『政府二論』）第二論文で展開されている。ロックは、この本のなかで、国家権力の根拠とそのあるべき内実について論じるが、その際、国家や政治社会が形成されていない状態のことを「自然状態」と呼んで、そこからいかに国家が生成してくるかを検討していく。「自然状態」について、ロックはこう述べる。

それは、完全に自由な状態であり、各人は、他人に許可を求めたり、他人の意志に依存したりすることなく、自然法の範囲内において、自分の行為を律し、自分が適当と思うままに自分の占有物と人格（Persons）を処理することができる。（Locke 1960, 2nd Treatise, Section 4）

このような言い方に対して、こうした「自然状態」は理論のために要請された単なる虚構にすぎないのではないか、と批判することはできない。というのも、しばしばそういわれるように、国際法の実効性の乏しさを考えるなら、現在でも国家間の関係はほとんど「自然状態」であるといいうるからである。しかしロックは、「自然状態」が無法状態であるとは捉えていない。先の引用に明らかなように、そこには「自然法」が機能していると考えられている。では、「自然法」とは何だろうか。ロックは『自然法論』のなかで、「自然法」とは「理性自身が宣言するところの、人間本性の土壌に確固として根ざして存続する、確定された永久の道徳規則である」(Locke 1954, p.198) と規定する。こうした「自然法」規定に対しては直ちに多くの疑念が突きつけられるが、今はそれは措くとして、ここではまずもって次のことに言及しておきたい。ロックは『統治論』全体を通じて「自然法」を根本概念としてつねに最大限に重視し、「自然法」に従った人間のあり方をいかに実現するか、をこそ論じようとしていたこと、したがって、国家や政治社会が成立して人定法ができた後でも「自然法」の基本性は絶対にキャンセルされない、むしろかえって「自然法」を実現することこそが社会の義務であると考えていたこと、これである。このことは、たとえば、次の発言に明瞭に現れている。

> 自然法の義務は、社会において終止することなく、むしろかえって多くの場合、一層厳密となり、人定法によって衆知の刑罰が付加され、それを遵守するよう強制するのである。このように、自然法は、万人に対し、つまり立法者に対しても他の人々に対しても永遠の規則として存在する。(Locke 1960, 2nd Treatise, Section 135)

それゆえ、自然法に律せられた自然状態において保全されるべき事柄は、国家や政治社会が成立した後でも保守されねばならないことになる。

そのようにつねに保全されるべき事柄とは、先の「自然状態」の規定に従うなら、占有物と人格を処理する資格であるといってよいだろう。けれども、占有物はともかくも、人格を処理する、というのは奇妙な物言いではなかろうか。そもそも人格とは処理したりしなかったりできるものなのだろうか。もっともな疑問である。しかし、実はこのことの理解こそがロック哲学の根幹に関わっている。人格を処理する、という語り方は、「所有権」(property) 概念についてのロック固有の捉え方に根ざした表現なのである。では、ロック固有の「所有権」の捉え方とは何か。それは、あまりに著名な次の記述にあますところなく示されている。

大地とすべての人間以下の被造物はすべての人間の共有であるのだが、しかしすべての人間は自分自身の人格に対する所有権 (a *Property* in his own Person) を持っている。これに対しては、本人以外の誰も権利を持っていない。彼の身体の労働 (The *Labour* of his Body) とその手の働きは、固有に彼のものであると言ってよい。それで、自然が準備しそのまま放置しておいた状態から彼が取り去るものは何であれ、彼はこのものに自分の労働を混合させ、そしてこのものに何か自分自身のものを付け加え、そのことによってこのものを自分の所有とする。(Locke 1960, 2nd Treatise, Section 27)

人格とは所有権の起点あるいは母体であり、人格に属する労働によって所有権が拡張されていくという考え方、いわゆる労働所有権論、これがロック固有の所有権理解にほかならない(8)。言い換えるならば、人格とは所有権の生成する場所であり、そのような意味で、所有権は人格の要素となるとき発生する、という考え方である。ということは、つまり、人格は、個々の要素としては所有される対象であり、同時に、総体としては所有の主体である、と述べることができるだろう。このことを踏まえて、「自然状態」についての先の引用を眺め返すならば、おそらくその文脈においては、「占有物」ということで所有権の対象的側面を、そして「人格」ということで所有権の主体的側面を指し示そうとしていたのではないか、ということに思い至る。人格は所有権の主体でもあり対象でもあるのだが、その両面が所有権概念には伴っているという事情を照らし出すため、人格という言葉の主体をにおわす通常の響きに寄せて、あえて「占有物と人格」という対比でその事情を示唆しようとしたのであろう。いずれにせよ、自然状態においても社会状態においても保全されるべき事柄とは、結局は、人格として生成する所有権、これであると、そう述べなければならないことが分かる。

けれども、人格を所有する、というのは奇妙な言い方ではないか。実際、人格がそれについての所有権を語りうるものであるとするなら、人格を消費したり、人格を譲渡したり、といったことが可能でなければならなくなるが、それはあまりに不可解な考え方ではないか。しかし、こうした受け取り方は、おそらく、人格を何らか実体的なものと捉える、というデカルト的予断にひそかに導かれていると思われる。しかるに、次節でも触れるが、ロックの人格理解は、まさしくそうしたデカルト的実体の考え方を自覚的に批判する形で展開されているのである。ならば、まずは、人格を実体とする考え方を脇において、ロックの言い分を把握しようと努めるべきだろう。実際、そうするならば、人格の消費や譲渡といった事態も決して理解不可能なわけではないことに気づく。私たちが、社会生活を健全にうまくやっているという状態を享受していることは、人格をそのつど使用したり消費したりしていることだと解すことができるし、他人のために自己の能力や技能を用いて奉仕したり、自己の容量を駆使して報酬を得ていることは、人格を譲渡したり交換したりしていることと見なせるのではなかろうか。そうであるなら、「自分自身」の存在様態としての「人格」は、現実には、自存する生成消滅しない精神的実体という形而上学的な意義を担うものではなく、そのつど変容し生成消滅する実践的な動態として機能している概念であるといいうるのである。

4　人格と生命の相違

このようなロックの人格理解は、人格の概念が実践的な次元で現実に機能している、という実在感に由来している。そうした実在感を突き詰めていくと、所有権概念による説明が当を得たものになる、というのがロックの着眼だったのである。ロックはこのように析出される人格概念そのものについて、もう一つの主著である『人間知性論』のなかで詳しく展開している。ロックは、同一の人格とは何か、という問題に即して、まずこのように述べる。

同一性を正しく想念し判定するには、同一性が当てはめられる言葉がどのような観念を指示するのかを考察しなければならない。というのも、もし人格（Person）と人間（Man）と実体（Substance）とが三つの異なる観念を指示する名前だとしたなら、同じ実体、同じ人間、同じ人格、というのはそれぞれ別個な事柄であろうからである。
(Locke 1975, Book 2, Chapter 27, Section 7)

実体の同一性と人格の同一性が区別されることは、ロックが人格を実践的次元において把握しようとしていたことを如実に物語る。実体が私たちの現実の時間的な営みと独立の自存的な基体ならば、実体は、実践的なターム、たとえば、自由、良心、責任、刑罰、などとは概念的に無縁となるはずであり、したがって、実践のなかで把握される人格とは厳に区別されねばならない。これが、前節でも触れた、デカルト的実体概念への自覚的批判となることはいうまでもない。ロックにとって、「自分自身」である「人格」は、デカルト風の精神的実体、つまりは霊魂、とは全く別物であった。「魂」は、人格を論じる舞台ではミスキャストなのである。

さらに注目すべきは、ロックが人格と人間を区別したことである。ロックにとって、人間とは生物的概念なのであり、「ある姿形をした動物の観念以外のなにものでもない」(Locke 1975, Book 2, Chapter 27, Section 8)。それゆえ、人間の同一性も生物の同一性と同じ仕方で「同じ体制の身体」(Locke 1975, Book 2, Chapter 27, Section 6)に訴えて理解される。ならば、人間と人格が概念的に区別されるのは明白だろう。実践的なタームの帰属先は、動植物と同じ次元での生物的身体そのものではありえないからである。ロックはこの点を裏書きするのに、身体が異なり、よって人間としては異なっても、人格としては同一であると見なすべきような事例、今日いうところの大脳移植や大脳分割などにまつわる「パズル・ケース」と同趣旨の事例、が想定可能であることに何度か言及している(Locke 1975, Book 2, Chapter 27, Sections 14-15)。

では、実体や人間と区別された人格の同一性のありかはどこに求められるべきなのだろうか。そのことは、次のロックの記述から端的に読み取ることができる。

> 私の考えでは、人格とは思考する知的な存在者であり、理性を持ち反省を行い、自分自身を自分自身として、つまり異なる時間と場所において同じ思考するものとして考えることのできる存在者である。そしてそれは意識(comsciousness)によってのみなされる。……この意識にのみ人格同一性が存する。(Locke 1975, Book 2, Chapter 27, Section 9)

「意識」、これこそが、人格を実践のなかで生成する概念として実体や人間から選り分ける分水嶺なのである。「意識」されないものは現実の交流や対話のなかにもたらされず、よって実践には関与できない、したがって実践的概念である人格の生成にも寄与しない、これがロックの把握であった。そして、この「意識」は、ロックのいわゆる「観念の方法」（The Way of Ideas）を根底から支える概念でもあった。というのも、実はロックは、「観念」もまた「意識」されなければ存立しえない、と捉えていたからである（Locke 1975, Book 2, Chapter 1, Section 11 et al）。ここから、ロック認識論のキーワードである「観念」と「人格」との連続性が、ひいては「観念」と「所有権」との本来的な関わりが、見越されることになるが、その点については別の機会に論じたし[9]、ここでの主題をはずれもするので、触れないでおく。ただ、死刑論のような切実な議論領域であっても、結局それが、当の問題をどう認識するか、という思考のあり方の問いへと至らざるをえない以上、哲学的な認識論は思いのほかに本質的にそうした議論領域にも関わっているのだということ、このことだけ一言しておこう。

ところで、人格を所有するという考え方について不可解さを感じるのは人格をデカルト的実体と捉えるからではないか、という点を先に指摘したが、実はそのような感じを促す把握としてはもう一つ考えられる。それは、人格を生命や身体と同一視する、という把握である。先に引用した「人格に対する所有権」のテーゼ（Locke 1960, 2nd Treatise, Section 27）のなかで、そうした所有権が「身体の労働とその手の働き」へと直ちに結びつけられていることが、容易にこうした把握を促す。そして、このような把握に立つ限り、人格に対する所有権を文字通りに認め、よって人格は譲渡や交換が可能である、とすることに強い抵抗を感じるに至るのである。生命や身体を譲渡することなど許されてはならない、特にロックの依拠する自然法の有効圏内では許されてよいはずがない、なぜなら、ロックは自然法の数少ない明示化できる項目として「自己保存」と「人類保存」を挙げているし（Locke 1960, 2nd Treatise, Section 11 et al）、自然法によって保全されるべき所有権を「生命、自由、財産」（Life, Liberty and Estate）（Locke 1960, 2nd Treatise, Section 87 et al）と総括しているのだからと、そう思われるからである。しかも、ロック自身、生命や身体つまりは人格は譲渡されえない、と明言さえしているように解される。ロックはこういう。

> 人間は、自分自身への生命への権力を持っていないのだから、協約によるにせよ、彼自身の同意によるにせよ、自分自身を他人の奴隷にすることはできないし、また他人の絶対的で恣意的な権力に自分自身を委ねて、他人の好きなように生命を奪われることもできない。(Locke 1960, 2nd Treatise, Section 23)

けれども、ロックの主張を理解するには、たとえ人格は譲渡されえないと認めたとしても、所有権についての文脈から譲渡や交換の概念を抜き去ることはできないし、人格に対する所有権のテーゼを勝手に取り除くこともできない。かくして、人格は譲渡や交換はできないが、その他の財物は譲渡や交換ができる、として所有権概念のなかに位相差を設ける理解が促されることになる[10]。

しかしながら、生命を他人に委ねて自分を奴隷にすることはできない、という主張から、人格は他の財物のようには譲渡されえない、という理解を導くことは端的に誤りであるといわなければならない。なぜなら、生命や身体は、ロックにおいては、人格と同一ではないからである。実はこのことは、いま引用した二三節の発言のなかの、「人間は、自分自身の生命への権力を持っていないのだから」という述べ方にもすでに明示されていた。生命や身体は、各人が所有権を持っているところの人格とはカテゴリー的に異なっているのであり、生命や身体への所有権は不可能なのである。次の二四節でロックはこう述べる。

> いかなる者も、自分が自分自身のうちに持っていないもの、つまり自分自身の生命を支配する権力を、他人に譲り渡すことはできない。(Locke 1960, 2nd Treatise, Section 24)

つまりは、自分自身の生命や身体に対しては、もっと厳密にいうなら、自分自身の生命や身体を支配して破壊したり破壊される危険にさらしたりすることに対しては、私たちはそもそも権利を持っていない、したがって持っていない権利を他人に譲渡することもできないという論理、それがここには流れていたのである。こうした論理が、生命それ自体は神による被造物であり、私たち生命体自身が、たとえ自らの生命であろうとも、それの所有を主張しうるものではない、というキリスト教的生命観と調和しゆくものであることは間違いない。つまり、私たちが所有権を持つ人格と、所有権を持たない生命や身体、この区別がここでのポイントなのである。ということは、逆にいえば、所有権を持つ人格に対しては、他の財物と同様に、譲渡や交換が可能であるということにもなるはずである。そう、実際、可能なのである。ロックは、自分自身を他人に売ったというユダヤ人は奴隷になったのではないかという反論を想定して、こう記した。

しかし、これは単に苦役のためにすぎないのであって、奴隷になるためではないことは明らかである。というのも、明白なことだが、売られた人格（the Person sold）は、絶対的で恣意的で専制的な権力に従属したのではないからである。（Locke 1960, 2nd Treatise, Section 24）

こうして、私たちが所有権を持つ人格は実際に売買あるいは譲渡や交換が可能であること、それに対して生命や身体はそもそも所有権をもてないこと、よって人格と生命・身体とは峻別されるべきこと、これらが確認された。人格に対する所有権という考えに対する抵抗感は、こうした論点を見過ごした、ある種の予断に導かれていたのである。

けれど、ロックは所有権を「生命、自由、財産」と規定していたのではなかったのか。その通りである。しかし、ここでいわれている「生命」は、生命や身体の機能や能力を利用したり譲渡・交換したりする場合に関する「生命」である。このことは、所有権の確立原理として「労働」が指定されていることから了解される。労働する機能や能力、労働によって獲得されたり交換されたり（つまり報酬を得たり）する機能や能力、それが所有権の語りの内実をなしている。そうである以上、「生命」に対する所有権もまた、そうした労働概念と見合うような、機能や能力に関わると見るべきだろう。「自由、財産」についても同様なことがいえる。所有権とは、労働に規定される限り、機能的な、それゆえそのつどそれぞれの文脈でのみ顕在化するような時間的な、ある性質なのである。それに対し、自己の生命や身体を破壊し消滅させてしまうことを許すような所有権は断じて認められない。というのも、自己の生命や身体そのものの発生はいかなる労働によっても達成できず、労働概念とは規定的に無縁であり、よって所有権を帰しうる範囲外だからである。(11)

以上の議論が、『人間知性論』での人格と人間との峻別の議論と直結していることは、もはやいうまでもない。ロックの人格概念は、首尾一貫して、生物としての生命的人間と切り分けられることによって、その姿が描出されていたのである。よって、ロックのいう「person」（人格）を「body」（身体）と同一視することは断じて避けなければならない。そして、このように理解される所有権および人格の概念が、今日「人権」と称されるものにほかならないこともまた、もはや明白であろう。ならば、「人権」のタームには、本来、生命や身体そのものは含まれていなかった、ということがここで確認される。また同時に、そうした「人権」が労働によって確立されるとされていることから、「人権」は万人に生まれながら備わっている、というしばしばなされる物言いはきわめてミスリーディングであることにも気づく。(12)「人権」は、労働という努力によって獲得されるものなのだ。幼児などの弱者とされる存在の「人権」は、過去においてそうした権利を獲得してきた先人の労働のたまものであるし、いまでも、それが犯されないよう監視する（おもにはその保護者の）労働によって保持されているのである。ともあれ、以上のことをピュシスとノモスという古い二分法を引き合いに出していうなら、濃厚にノモスである「人権」に対して、生命や身体はピュシスに強く寄り添う一種のありよう、いわば「人権」を語る環境として、捉えられていたと、そういえよう。こうした捉え方は、先に触れたようにキリスト教的生命観に強く対応するものではあるが、「いのち」は自然の賜物である、という素朴な直観のレベルで押さえる限り、相応に普遍的な説得力を持っているのではなかろうか。

5　所有権の喪失としての刑罰

ところで、ロックの議論の出立点であった「自然状態」には、所有権つまりは人格の概念の基盤が胚胎されていただけではなく、もう一つの重大な権利の領域も宿されていた。『統治論』の最初の部分での次の発言を見てみよう。

万人が、他人の権利を犯したり、相手に危害を加えたりすることを制止されるように、そして平和と人類保存を願う自然法が遵守されるように、自然状態においては、自然法の執行は各人の手に委ねられている。それによって各人は、その法の違反者に対して、法の侵害を防止する程度に刑罰を加える権利を持つ。というのも、自然法は、もし自然状態においてその法を執行し、無実のものを保護し、違反者を制止する権力を持つ者が一人もいないとしたら、そうした場合のこの世界での人間に関する他のすべての法と同じように、空しいものとなってしまうからである。(Locke 1960, 2nd Treatise, Section 7)

所有権を導く自然法は、まさしく所有権を導くがゆえに、同時に、所有権を正当に維持するための刑罰権をも織り込むことになる。こうした刑罰権がなぜ自然法に含まれていなければならないか、その根拠としてロックが言及するのは、第一に、いま引用した箇所からも明らかなように、法は執行されなければ無意味だ、という考えである。実際、この考え方が、私たちが政治社会形成に同意する動機ともなる。自然法が所有権を導くものである限り、自然法の違反とは、すなわち所有権の侵害にほかならない。そして、ロックのターミノロジーのなかでは、所有権の侵害とは人格の侵害、要するに、他者の人格を攻撃することであると考えられる。ロックはこうした状態を次のように記す。「他者の人格に対して暴力を用いること、あるいはそのような暴力の意図を宣言することは、救済を訴えるべき共通の優越者が地上にいないところでは、戦争状態（the State of War）になる」（Locke 1960, 2nd Treatise, Section 19）。こうした戦争状態に陥ったとき、当事者たちは、訴える場所をこの地上に持たない自然状態にある限り、天に訴える（an appeal to Heaven）しかない（Locke 1960, 2nd Treatise, Section 20）。しかし、こうした仕方でつねに首尾よく戦争状態が終結するわけではない。自然状態では、確立された衆知の法、裁判官、執行権力、の三つが欠如しているのであり（Locke 1960, 2nd Treatise, Sections 124-26）、それは戦争状態終結そして各人の所有権の維持にとって大いなる不都合となるからである。かくて、各人は「自然法に対する罪に対して彼自身の個人的な裁きを実行し刑罰を加える、という自らの権力を放棄する」（Locke 1960, 2nd Treatise, Section 88）ことに同意することによって、政治社会を形成するに至るのである。

さて、自然法が刑罰権を保証する根拠としては、法は執行されなければ無意味だ、ということ以外に、さらに二つのことが挙げられる。人類保存という自然法の基本項目を実現するため（Locke 1960, 2nd Treatise, Section 8）、外国人に対する刑罰を正当化するため（Locke 1960, 2nd Treatise, Section 9）、この二つである。もっとも、これら三つの根拠は、人類保存を実現するには、自然状態においてすでに自然法を執行する刑罰権がなければならず、それは自然状態からの根本的な権利であるゆえ、政治社会における外国人にも及ぶ、というように人類保存という理念に結局は集約されると考えられる。けれども、少し考えてみるならば、人類保存の実現という理念だけでは、違反者を処罰するという意味での刑罰権は必ずしも導出されないことに気づく。自然法の侵害がいま現に生じているとき、あるいは侵害は終わったが侵害者が危険な存在であり続けていると見なされるとき、そうしたときには、侵害者を制止し束縛することが人類保存に確かに結びつくが、侵害が終わってすでに危険性が認められないときには、たとえば、侵害者ではなく、侵害者の家族を処罰したほうが、長期的には、多くの人に所有権侵害の不利益を痛感させ、人類保存を一層よく実現するかもしれないからである。けれど、ロックは、不正な戦争の場合でさえ、戦争加担者の家族に刑罰を及ぼしてはならないとして、刑罰は侵害者当人にのみに科せられるべきであると確言している（Locke 1960, 2nd Treatise, Sections 182-83）。ならば、侵害者当人を処罰するという仕組みを明確に引き出すための、別の論理が必要になろう。それは何か。それは、他者の所有権侵害による所有権の「喪失」（Forfeiture）という考え方である。

ロックは、不正な戦争、つまり不正な所有権の侵害、を鎮圧した征服者の権利について、次のように記している。

征服者の側に、想定しうる限りの正義が認められたとしても、征服者は、被征服者が喪失したはずのもの以上のものを奪う権利を持たない。被征服者の生命は征服者の思いのままであり、また、その用役と財を奪って自分が受けた損害の賠償に当てることができるが、その妻子の財を取り上げることはできない。（Locke 1960, 2nd Treatise, Section 183）

このように、侵害者に刑罰を科しうるのは侵害者が所有権を喪失して、被害者が賠償されることによる。というより、所有権の喪失すなわち賠償というのが刑罰にほかならないのである。ただ、ここでは、そうした喪失は、生命の能力にまで及ぶ全所有権の喪失のように聞こえるが、すべての侵害が全所有権の喪失に至るわけではない。『統治論』第一論文のなかで、子どもの世話を怠り、子どもを他者に売り渡した父親について、こう述べられる。

父親はおそらく子どもに対する支配権をある程度喪失するだろう……その父親は、おそらく、両親を尊敬せよ、という命令のなかに含意されているたくさんの義務を子どもに求める権利を喪失したのである。(Locke 1960, 1st Treatise, Section 100)

このように、部分的な所有権の喪失もまた想定されていたのである。かくして、これらから、ロックの喪失概念に関する基本的着想を整理することができる。すなわち、侵害者当人の所有権の喪失は被害者が受けた損害と釣り合っており、被害者は最大その「侵害者の所有権の喪失＝自分の所有権の損害」分の賠償を受けることが可能であるということ、これである。

けれども、刑罰とは、被害者個人への賠償にすべて尽きるものではなく、社会全体における正義や安全と深く関わるものなのではないか。確かに。そしてロックもまた、こうした理解に対応する議論を展開していた。ロックは刑罰を次のように規定していたのである。

賠償と制止という二つだけが、一人の人が他の人に合法的に危害を加えることのできる理由であり、われわれはそのことを刑罰と呼ぶ。(Locke 1960, 2nd Treatise, Section 8)

そして、この二つの刑罰権についてロックは次のように特徴づける。

この二つの別個な権利のうち、一つは罪悪を制止し、同様な罪悪を予防するために犯罪を処罰する権利であり、この処罰権はだれにでもある。もう一つは賠償を受け取る権利であり、これは害を被った当事者だけに属する。(Locke 1960, 2nd Treatise, Section 11)

では、このような制止権と賠償権という二つの刑罰権のテーゼは、喪失と賠償によって規定されていたはずのロックの刑罰概念と整合するだろうか。私は十分に整合すると思う。ここでいわれている制止権とは、現になされている侵害行為、あるいは侵害行為後にも持続する危険性を万人が制止できるということであり、基本的に、緊急的で一時的な権利である。ならば、それはあくまで賠償権行使の環境を整えるにすぎない処置であるといえるからである。もっとも、刑罰が所有権の侵害に発するという基本構造からするなら、制止権が賠償権のなかへと本来的に吸収されゆくべきありさまを跡づけることができる。すでに見たように、所有権は労働によって確立されるものであった。けれども、労働しさえすれば何でも所有できるかというと、ロックはそう考えなかった。今日「ロック的但し書き」(Lockean proviso)[13]と呼ばれている条件のもとでのみ、労働は所有権に結びつくとされていたのである。共有のものが他者にも十分に残っているならば、労働を混合したものを損傷したり浪費したりしないならば（損傷や浪費は他者の持ち分を奪ったことになる）、という二つの但し書きがそれである。いずれも、他者を考慮したものであることは明白である。であるなら、実は、労働とは、単なるフィジカルな運動にすぎないわけではなく、むしろ、他者の存在をつねに考慮するという働きを本来的に包含すべき、観念的な思考活動であると理解されねばならないだろう。すると、こういえることになる。私たちが所有権を持ちうる人格や財物というのは、本性的に、他者との相互性のなかに巻き込まれているのであり[14]、それゆえ、他者と観念的な次元で共通に関与しうるもの、たとえば、制度、思想、理論、安全性、伝統、希望、などに対しても所有権のタームを帰しうるのだ、と[15]。ならば、特定の他者の所有権に対する侵害は、制度の安定性や社会の安全性を損なうものである以上、社会の人々の共通な所有権の侵害でもあることになろう。すなわち、特定の他者の所有権の侵害における被害者は、その特定の人だけではなく、侵害者以外のすべての他者であるともいえるのである。かくして、自然法の侵害が生じたとき万人に認められる制止権は、やはり被害者に認められる刑罰権の一種なのであり、結局は賠償権へと吸収されゆくのである[16]。

いずれにせよ、刑罰は、近代において、徹頭徹尾「所有権」つまりは「人格」の概念に即して規定されていた。所有権の喪失すなわち賠償、これが近代的な「人権」思想における刑罰概念の原義なのである。この場合、喪失と賠償とは厳密に結合している。喪失は、実は、賠償することではじめて成り立つからである。そして、喪失にせよ賠償にせよ、所有権の問題である限り、それは内実としては労働にほかならない。近代において刑罰は、労働の概念を焦点としながら、思いのほか明晰で首尾一貫した形で提示されていたのである。

6　死刑の残虐性と恣意性

さて、以上の近代的「人権」概念の理解を踏まえて、死刑論へと踏み出してみよう。死刑制度は歴史的にずっと存置されてきたので、存置論からは大きな論点は生み出されにくい。それゆえ、以下、廃止論の主な論点を順に検証するという形で、死刑論と「人権」概念との相関へと分け入る道筋をつけてみよう。

第一に、死刑は残虐であり、非文明的なので、廃止すべきだ、とする議論がある。日本では、日本国憲法第三六条において「残虐な刑罰」が禁止されているが、問題は、死刑（日本の場合は絞首刑）が残虐な刑罰に当たるかどうか、という点である。このことに関して言及すべき有名な判例は、昭和二三年三月一二日の最高裁判所で下された判決である。それは、広島地裁および広島高裁で出されたある殺人事件への死刑判決に対して、弁護人が死刑は残虐なので違憲であると申し立てて上告したが、その上告趣意に対して出された判決である。そこではこう述べられている。「刑罰としての死刑そのものが直ちに同条における、いわゆる残虐な刑罰に該当するとは考えられない……将来もし死刑について火あぶり、はりつけ、さらし首、釜ゆでの如き残虐な執行方法を定める法律が制定されたとするならば、その法律こそまさに憲法三六条に違反するものというべきである。前述の如くであるから、死刑そのものをもって残虐な刑罰と解し、刑法死刑の規定を憲法違反とする弁護人の論旨は、理由なきものといわねばならぬ」[17]。絞首刑は合憲だ、という判決である。これに対し、死刑は明白に残虐な刑罰なので違憲であると明言した木村亀二[18]や、昭和二六年に東京高裁に絞首刑の残虐性の鑑定依頼を受けて「残虐な刑罰である」と結論した正木亮[19]など、反論者は枚挙にいとまがない。

また、アメリカの文脈においても、たとえばレイマンは、死刑は観念としては応報刑の考え方により正当であり正義であるとしながらも、死刑は、激しい苦痛が与えられる点、他者の支配下に置かれる点で、レイプや殴打暴行と同じカテゴリーに属すおぞましい刑であり、非文明的である、と論じている（Reiman 1995, pp.293-301）。これに対し、ヴァン・デン・ハーグは、死刑制度の存続は文明の進歩に反する、というレイマンの議論は「文明」や「進歩」の恣意的な定義に基づくのであり、文明の進歩に反するとき死刑が存続するので、死刑は文明の進歩に反する、といった循環論法にすぎない、と応じた。そして、もし拷問が抑止効果が著しくあるとするなら拷問さえ許容されるはずだとしつつも、現実には、銃殺刑が尊厳ある処刑法として最善だろう、と論じた（van den Haag 1995a, pp.328-31）。さらにハーグは、古代の人々にとって苦痛は議論を決定づける重大ポイントではなかったが、近代平等思想や麻酔の発見などにより受け取り方に変化が生じ、たまたま私たちは苦痛に鋭敏になったにすぎないのであって、そうした変化は道徳的・文明的進歩とは関係ない、とも述べた（van den Haag 1983, p.215）。また、一九七七年のオクラホマ州での導入により近年一般化した致死薬注射処刑（Lethal Injection）についていえば、これはそもそも死刑執行の苦痛を少なくするための近代的かつ理想の処刑方法として採用されたものである。けれど、これに対してもレイマンは、そうした注射刑は身体的苦痛を減じる代わりに他者に隷従しているという感覚を増大するので、人間的な刑罰とはとてもいえないと述べている（Reiman 1995, p.299）。かくして、最近では、レーザー光線による処刑、あるいは死刑囚自らが毒薬を飲むという、ソクラテス流の毒薬（自殺）死刑などが、最善の処刑法として議論の対象になってきたようである

（斎藤 1999, p.225）。

こうした論争状況を近代的「人権」概念に照らしたなら、どのように判断すべきだろうか。残虐な刑罰が行われ、社会に殺伐とした雰囲気が蔓延するなら、私たちは希望をもち精神的に健康な生活を送りうるということへの所有権が侵害されたことになる。したがって、そうした死刑制度が存在するということは、それ自体が犯罪である。そして、私自身の感覚からすれば、どのような死刑執行方法も戦慄を覚えるほどおぞましい。自分が死刑囚だったら、自分が執行人だったら、自分が立会人だったら、自分が死体の始末をする役目を負う者だったら、絞首刑にされ、大小便を失禁し、鼻血を出し、目玉の飛び出た苦痛にゆがんだ死体を目の当たりにしたなら（大塚 1993, pp.67–68 参照）、そうした想像を少しでも働かせたならば、死刑執行の場に漂う嫌悪すべき雰囲気をリアルに推測できない人などいないのではないか、とさえ思う。けれども、事実として、残虐かどうかの判定には一律な基準がない。先に引用した昭和二三年の最高裁判決は絞首刑を残虐ではないと判断していたわけだが、実はそこには補充意見が付され、「ある刑罰が残虐かどうかの判断は国民感情によって定まる問題である。而して国民感情は時代と共に変遷することを免れないのであるから、ある時代に残虐な刑罰でないとされたものが、後の時代に反対に判断されることも在り得ることである」[20]とされていた。残虐性の判断は可変的であり、日本の絞首刑も将来残虐だと見なされることがありうると示唆されていたのである。事態がこのようである限り、「人権」思想はこの問題に対して「もし残虐ならば」といった枕つきの仮言的な判断しかなしえないだろう。いや、社会の人々が共通に所有権を持つ「安全性」の維持という観点からすれば、仮言的な判断さえなしえず、かえって多少の残虐性が死刑に求められるということさえありうるかもしれない。宮本倫好の伝えるところによると、現在のアメリカでは、政治家は、選挙中に死刑廃止などと言おうものなら、当選はおぼつかなくなるというような風潮だという（宮本 1998, pp.3–8, 162–69 参照）。かの国の犯罪事情がそうさせているのだろうが、こうした現象は、死刑を含む刑罰全般に厳格性、そして結局は多少の残虐性、がまさしく「人権」

思想にのっとって求められている、と解することも一面で可能かもしれない。

第二に、死刑には本質的に恣意性が伴うので、正義とはいえない、とする議論がある。この恣意性を根拠として死刑廃止を強く訴えるナサンソンによれば、こうした恣意性は、どのような犯罪が死刑に値するかを判断する場面、死刑に値する犯罪を犯した者の一部だけが現実に処刑される場面、の二つの場面に現れるとされる（Nathanson 1995, p.313）。第一の場面の恣意性は、日本でいえば、無期懲役・死刑選択の偶然性の問題として捉えられる。菊田幸一が詳論しているように、量刑の科学化、死刑選択の基準の確立、は試みられたことはあるが、人間の行為を自然現象と同じように類型化することは困難であり、さらに、計量化できない事項こそ死刑か無期かの判断に決定的な役割を果たすとさえ思われる以上、自然科学的な手法で偶然性を回避するというプログラムは望み薄であると、まずは考えられる（菊田 1999, pp.196-243 参照）。ただ、私自身は、こうした計量化への批判は、責任能力などを重視する現行の刑事システムを維持する限りにおいて妥当であるにすぎないと考える。第5章でも触れるが、私は、刑法システムを根本的に組み替えることにより、かなりの程度、刑法に関して計量化の理念は達成できると踏んでいる。もちろん、完全にコンピュータによって量刑が確定できる、などという主張をしようとしているのではない。しかし、少なくとも、刑事政策における恣意性や主観性を極力排し、判決や量刑をより客観的に行えるよう、計量化や科学化を試みることに非難すべき点はないという、その点を強調したいのである。これは、いわゆる「法（廷）科学」（forensic science）の手法を拡張してゆく、という路線である。とはいえ、現状においては、いずれにせよ、恣意性が存在することは否定できない。また、この場面での恣意性は、特にアメリカでは、恣意的であるがゆえに犯罪評価に無関係な要素、たとえば人種差別、が判決に影響することを許してしまうように作用しがちである。ナサンソンは、黒人が白人を殺した事件のほうが白人が黒人を殺した事件よりも死刑判決を受ける確率が高い、というバウアーとパースの統計を紹介している（Nathanson 1995, p.314）。次に、第二の場面の恣意性は、死刑に値する類似の犯罪を犯したのに、ある人は実際に処刑されるに至るが、別な人は、うまく逮捕を免れたがゆえに、あるいはまさに裁判の恣意性のゆえに、処刑されないですんでしまう、という問題性にほかならない。ナサンソンは、このような二つの恣意性は不正義であるとし、死刑廃止を訴えるのである。もっとも、第二の恣意性はまさしく「モラル・ラック」(moral luck) の問題であり、死刑に限らず、私たちの日常のほとんどの場面で発生してしまう恣意性ではあろう。

もちろん、こうした廃止論に対しては、いま触れた「モラル・ラック」の偏在性の論点にも関わるが、それではすべて刑罰一般を廃止すべきことになるではないか、恣意性からする廃止論は死刑そのものを扱った議論ではないのではないか、という反論がすぐに考えられる。第一の反論に対してナサンソンは、死刑は極刑であり特別だし、死刑を廃止しても何も変化はないが刑罰一般を廃止したらカオスに陥る、と答える。また、第二の反論に対しては、死刑は必ず制度を伴うものであり、恣意性からする廃止論はそうした死刑制度の本質的欠陥を突いたものである、といった趣旨で応じた (Nathanson 1995, pp.319–23)。けれども、こうした議論に対して再びヴァン・デン・ハーグは、恣意性や差別の問題は犯罪者の有罪性とは無関係であり、恣意性があるからといって現に犯罪を犯した人の有罪性が減少することはないし、犯罪をうまくやりおおせる人がいても他の人の罪を免じるべき根拠にはならない、と批判を加えた (van den Haag 1995a, pp.332–33)。ナサンソンは、ファインバーグの「非比較的正義」(noncomparative justice) と「比較的正義」(comparative justice) との区別を援用し、ハーグの議論は非比較的正義に基づくが、比較的正義が意義をもつ場合も多々あり、死刑はその場合にあたる、とも論じた (Nathanson 1995, pp.310–11. See Feinberg 1980, pp.297–338)。

このような恣意性の問題に関して、近代「人権」思想はどのような決着をもたらしうるだろうか。答えは、第一の残虐性の議論に関する場合と同様に、玉虫色である。なによりも犯罪者を犯罪に見合う形で罰するという正義が現に執行されていることへの共通の所有権が優先的であると判断されるなら、恣意性については、できるだけ改善の努力をしながら結局は必要悪として目をつぶりつつ、死刑を存続させたほうがよい、とされよう。けれど、「比較的正義」つまりは平等性という正義を維持することへの共通の所有権のほうが重大であると解されるならば、凶悪犯罪を現になした人を減刑してしまうことに目をつぶりつつ、恣意性を必ず伴うところの死刑は廃止したほうがよい、という見解に導かれるだろう。すでに見たように、ロック由来の人権思想の原義に照らすならば、刑罰は所有権の「喪失＝賠償」として規定され、所有権の核に「人格」があり、そして「人格」は法廷用語（forensic term）として捉えられているのだから（Locke 1975, Book 2, Chapter 27, Section 26）[21]、刑罰と所有権の言説は裁定・判決に集約されるそのときどきの決定に依存的に揺れ動くしかないのである。しかも、そもそも事柄が「死」に関わる以上、1節で述べた不確定性がまとわりつくことは必定であるともいえるであろう。

7　誤判と抑止効果の問題

さて、第三に、誤判可能性からする死刑廃止論が考えられる。この論点は、わが国でも団藤重光の廃止論の展開によって非常によく知られたもので、かなり強い説得力をもつ。団藤はこう述べる、「死刑廃止論の理由づけにはいろいろの論点があります。しかし、他の論点については賛否が論者の立場によって岐れてきますが、誤判の問題だけは、違います。少々の誤判があっても構わないという人はいても、誤判の可能性そのものを否定することは誰にもできないはずです。その意味で誤判の問題は死刑廃止論にとってもっとも決定的な論点だとおもうのです」（団藤 1995, p.96）。無実の者が誤判のゆえに死刑を処刑されてしまうことはおそらく誰が考えても不正義だが、そうした可能性が本来的につねにある以上、死刑は廃止されねばならない。この明快な論、これがここでのポイントである。アメリカでも同様な認識がなされており、ラデレット、ビダウ、パトナムは「無実のものを処刑してしまう危険こそ、死刑に対する最も強力な反論の一つであるし、一つであり続けるであろう」と断じた（Radelet, Bedau, and Putnam 1995, p.143）。そして、こうした誤判可能性を踏まえたとき、取りうる道筋は二つだけであるとする。第一は、誤判の原因を取り除く、あるいは少なくとも誤判をまれなものとし、死刑を最も重大な事例のときだけに特別に用いる刑として存置する、という道筋であり、第二は、誤判の危険を減じるためにこれまでなされた以上のことをなすことの不可能性を受け入れ、不可避の誤判から帰結しうる最悪の害を、いかなる者も処刑しないということによって消去する、という道筋である。彼らは第二の道筋を採り、死刑廃止を訴える（Radelet, Bedau, and Putnam 1995, pp.146–47）。

けれども、ラデレットらのいう第一の道筋を模索する人もやはりおり、たとえばデイヴィーズは、強盗、レイプ、暴行を繰り返し、何度も前科を重ねた挙句に、ついに殺人を犯してしまった犯罪者に限って死刑を適用することは、それ自体決して不正義とはいえず反対する人はいないだろうし、そのプロセスからして誤判の可能性も限りなくゼロに近い、という提言をしている（Davies 1995, pp.219–21）。また、例によってヴァン・デン・ハーグは、誤判についても死刑支持論の立場から刺激的な発言をしている。彼の論点は二つある。第一は、誤判の問題は死刑そのものの問題ではなく、裁判手続きの問題であり、死刑存廃には関わらない、というものであり、第二は、死刑の犯罪抑止力という益と誤判可能性という害を比較考量するなら、死刑を存置して抑止力を効かせる益のほうが大きい、とする議論である（van den Haag 1995b, pp.126–27）。これらの議論は誤判からする廃止論を反駁できているだろうか。デイヴィースの議論に対しては、ついに殺人を犯してしまったという事実認識に関する判決の部分に再び誤判可能性の問題がまとわりつくのではないか、と述べねばなるまい。暴行を繰り返す者であっても、必ず殺人を犯すとは無論いえないからである。また、ハーグの第一の論点についていえば、死刑は制度として存在し、制度には手続きが必ず伴う以上、そもそも死刑そのものと死刑に至る裁判手続きとを峻別することが重大な誤りではないか、と述べたい。ハーグの第二の論点については後ほど触れよう。

しかし、では、誤判可能性からする廃止論は全面的に受け入れられるべきかというと、やはりいささか腑に落ちない点がないわけではない。誤判可能性の議論は、構造上おそらく、死刑に値する犯罪があることを理論的には認めていると考えられるので、そのことを前提していうなら、この議論は、凶悪事件の現行犯で逮捕され、しかも多くの目撃者がいるというような、まず誤判可能性がないような犯罪についても、誤判がありうるので極刑にはしない、と論じることになるはずだが、それは論法としては行き過ぎであると感じられるのである。もちろん、目撃者の知覚が錯覚ではないと断じることはできない、といった哲学的懐疑は理論的に提出可能だが、それは裁判制度それ自体を不可能にしてしまう。よって、責任能力などの問題を別にすれば、少なくとも行為のレベルで、誤る余地のない明らかな仕方で犯罪行為が（しかも死刑に値する犯罪行為が）認定される場合は存在するといわねばならない。そうした場合に関して、誤判可能性からする廃止論はやや強引である感じを免れないのではなかろうか。そして実を言えば、近代「人権」思想にのっとるならば、誤判というのは当事者にとっては不当な所有権の侵害そのものであるから、これは死刑存廃以前に、それ自体重大な「犯罪」である。よって、まずは、誤判という司法による犯罪を正当に裁くシステムこそが求められてしかるべきである。誤判があったことが分かった、遺憾なことである、では到底すまされる問題ではないのだ。司法とは、つねに自らが「犯罪」を犯すかもしれないという瀬戸際に立った、真剣勝負の場なのである。

第四に、死刑の犯罪抑止効果は明確には認められない、とする議論がある。すでに触れたように、死刑支持者のヴァン・デン・ハーグは、誤判可能性の問題に対して、誤判の害よりも抑止効果の益のほうが大きいとして、死刑制度を擁護した。その発想は、死刑に代えて終身刑を提唱する論者に対する、次の痛烈な揶揄からはっきりと窺うことができる。終身刑の「信仰者たちは、もし殺人者が処刑されたならば無実の犠牲者の生命が救われるであろう、ということが確かだとしても、無実の犠牲者の生命よりもむしろ有罪判決を受けた殺人者の生命を保全することを選ぶのだろう」(van den Haag 1983, p.275)。殺人者の生命と、死刑が行われず抑止効果が働かずに殺人事件の被害にあう無実の犠牲者の生命との、二つを秤にかけて、どちらが重大か考えてみよ、と迫るのである。この問題は、まずは統計的な事実の問題として論じるべきであろうが、すでによく知られているように、そうした統計的研究が何度も試みられたにもかかわらず、死刑に抑止力があるのかないのかは明確になっていない。一九七五年に計量経済学者エールリッヒが、一回の死刑執行で七人から八人の可能的殺人犠牲者の生命が救われている、とする論文を発表したが(Ehrlich 1975, pp.397–417)、その後、統計の取り方に対してなど数多くの反論がなされ、結論は不明確なままである。それゆえ、一九八九年には国連において「(死刑の抑止効果を立証しようとする)これらの研究は、処刑が終身刑より大きな抑止力があるということを科学的に証明できなかった。このような立証は今後も行われそうにない」という結論さえ出されている[22]。

また、レイマンは、現代社会では、人々はすでに多くの死の危険にさらされているにもかかわらず、それほど重大に考えていない、よって、死刑という遠い死のリスクがさらに加わったところで、それを避けようとする効果はほとんど期待できない、と論じた。レイマンが念頭においているのは、アメリカでの警官による現行犯の犯人の射殺、さらには私人による銃の事件による犠牲、シートベルトをしない場合の交通事故死のリスク、などである(Reiman 1995, p.304)。交通事故死などについて、同様な論点が日本にももちろん当てはまるだろう。さらに、死刑の抑止効果を効用計算によって立証するという目論見に対して、コンウェイが提出している論点も注目される。コンウェイは、死刑が抑止効果をもつかどうかに関する確率を考慮して期待効用を計算した場合、必ずしも死刑を存置すべしという意思決定に至るとは限らないと論じたが、そうした議論の根底には、死刑支持者が殺人者の生命と無実の犠牲者の生命とを秤にかけるとき、あるトリックが巧妙に遂行されている、とする把握があった。すなわち、死刑支持者は、殺人者と無実の被害者双方について「現実」の死を比較しているが、それは間違いであって、殺人者については現実の死だが、無実の被害者については、未来の抑止効果に関わっている以上、「可能的」死として扱うべきだ、という把握である（Conway 1995, pp.266-70）。こうした把握は、当然ながら、犯罪抑止効果に基づいて死刑を存置することは、殺人者の死という代金を払って行うある種のギャンブルになってしまうという論点、ひいては、人間を道具のように扱うことになってしまうという論点、を促すであろう。これらの論点は、刑罰を威嚇力によって正当化しようとしたフォイエルバッハに対して、それでは人を犬のように扱うことになってしまう、としたヘーゲルの古典的な論評にまさしく対応している[23]。

こうした厳しい反論に対して、ヴァン・デン・ハーグは、死刑の抑止効果が統計的に確証できないという点を認めながらも、刑を厳しくすれば抑止力が増すというのは一般的な観念なのだから、むしろ死刑廃止論者こそ抑止効果がないということを示す挙証責任があるとする。また、抑止力からする死刑支持論が評判が悪いのは、犯罪は貧困やスラム化などの原因を除去すればなくなるという単純すぎる図式が信じられているからだが、実際の犯罪は欲求とコストの複雑な兼ね合いから生じているので、コストを高くすることは（そのコストの面において）確実に抑止効果をもたらしているとする論点、そしてさらに、抑止力というのは長期にわたる視点から判定されるべきであるという論点、などが挙げられている（van den Haag 1995b, pp.129-34）。

こうした論争状況に対して、近代的「人権」思想は何を語れるか。まず確かに、凶悪な犯罪は安全性という人々の共通の所有権に対する明らかな侵害であり、したがってそうした侵害は賠償されねばならない。「人権」概念に照らすなら、抑止効果の問題はこうした安全性に対する所有権の問題にほかならない。問題は、死刑がそうした賠償にあたるか、という点である。まず、おそらく、犯罪者が凶暴であり続けているならば、そうした者を処刑することは、安全性を回復することにつながるといえるだろう。けれども、もはや収監され凶暴性をそがれた者についてはどうだろうか。そうした者を処刑することで、それ以前よりも安全性が増すといえるだろうか。かえって、おとなしく従順にしている者を処刑してしまったことで、後味の悪さが社会に伝播し、快適に健康的に暮らすということへの共通の所有権が侵害されることになりはしないだろうか。もっとも、そうした場合でも、将来の他者の犯罪に関する抑止効果は相応に期待できよう。将来の他者の犯罪に関する死刑の抑止効果・威嚇効果は、私の感覚では、統計的にどうあれ、間違いなくあると思う。あらゆる犯罪に死刑を科す、という制度を想定してみるならばそのことは容易に分かる。万引きして死刑に処せられるならば、万引きは劇的に減るに違いない。けれども、このような抑止効果があることが、同時にびくびくして暮らさなければならないことにつながるのならば、それは逆に私たちの所有権の侵害となり、ひいては死刑制度が存在すること自体が「犯罪」の一種になってしまうかもしれない。それでは元も子もないであろう。このように、「人権」思想は、死刑の抑止効果の議論に対して、安全性への所有権と快適に暮らすことへの所有権との比較考量を求めるはずである。

8 安楽死や自殺への結合可能性

さて、以上、主たる死刑廃止論の論点について検討してきたが、その他にも傾聴すべき論点は多々ある。たとえば、死刑に関するアンケートに基づく「世論」は、質問の仕方に誘導される傾向が大であり、死刑存置の根拠にはできない、といったことがいわれる（菊田 1999, pp.41-58）。この世論に関して興味深いことは、二〇〇四年に行われた内閣府による世論調査で死刑存置を支持する割合が八〇パーセントを越えていた（二〇一〇年の世論調査でも死刑支持の割合は依然として八〇パーセントをはるかに越えていた）にもかかわらず[24]、二〇〇九年になって裁判員制度が発足するに当たり実施された世論調査（産経・FNN合同世論調査）においては、自分が裁判員として死刑を選択できるかという問いに対して「選択できる」と答えた人の割合が四八・八パーセントとなり[25]、がくっと減少している点である。

私が推測するに、もし自分が執行人として死刑を執行できるかという問いについて世論調査をしたならば、さらに「できる」という答えの割合は減少するのではないだろうか。こうした激減の根底には、凶悪な犯罪者は憎らしいので死刑にするべきだが、実際に自分が死刑判決を下したり、死刑執行人になったりするのは避けたい、という想いが潜在していると想像される。しかし、もしそうならば、これは大変に欺瞞的な事態であると言わなければならないだろう。これは、議論の構造として、第7章で論じる肉食の問題に似ている。小学校などの教育現場で豚の屠殺の実習が提案されても、大抵は反対に遭い、実現しにくい。動物を殺すこと、殺すのを見ることは誰もいやだからである。おいしい肉は食べたい、けれどもそれを作るプロセスには目をつぶりたい、でも食べたいので自分ではない他の誰かに隠れてやってもらいたい。ここに欺瞞が存在することは疑いようがない。アナロジーが完全に成り立つかどうかは定かでないが、死刑についての世論からも同様な欺瞞が一部読み取れるように思われるのである。

また、いま触れた死刑執行人に即しても死刑廃止論が申し立てられることがある。すなわち、死刑執行人は職務とはいえ事実的な殺人をなさねばならず、大きな苦悩を抱えることになるが、それは不当である、よって死刑は廃止されるべきだ、という議論である。誤判可能性からする廃止論の場合にも確認したことだが、死刑は結局は現実の制度としてあり、そして現実に執行されるということを伴ってはじめて機能するのである。そうであるなら、執行人の苦悩の問題は死刑そのものとは関係ない、と述べることはできない。死刑がある以上、執行人は必ず必要なのである。ならば、執行人の観点において決して正当化できないような著しい不正義が生じるのであるならば、それは死刑制度そのものの不正義であるといわねばならない。大塚公子の詳細な報告は、執行人が置かれる立場の尋常ならざる悲惨さの迫真に迫るもので、リアリティに満ち、多少の想像力がある人ならば死刑という制度の暗部を感じ取ることが絶対にできるだろう（大塚 1993 参照）。実をいえば、私自身は、あらゆる死刑廃止論のなかで、この執行人の苦悩からする廃止論に最も強い説得力を感じた。仕事として殺人をする、しなければならない、という殺人への自発性と勤勉性を課せられる立場に自分が立ったことを想像することは、誤判によって受動的に処刑される、という立場に立ったことを想像する以上に、はるかにおぞましい。誤判の犠牲者はまだしも自分の正当性を堂々とアピールできるが、執行人は、真面目に職務を果たして、そしてそのことを晴れ晴れと誇ることができない。本当は犠牲者なのに、勤勉な公務員であらざるをえない、この転倒したあり方、ここには底知れない恐怖の構造があるのではなかろうか。

けれども、こうした私の（もしかしてセンチメンタルな）感じ方は必ずしも一般化はできない。アメリカは、一九六七年以降事実的に、そして一九七二年の「ファーマン事件」での死刑違憲判決以来は判例的に、死刑が停止されていたが、一九七七年に死刑が復活することになる。その復活第一号が冷酷な殺人鬼ゲアリー・ギルモアの死刑執行である。ギルモアは、処刑に躊躇する当局に対して、自分の死刑執行を断固として主張し、しかも銃殺刑という西部の伝統的な刑を望んだのである。紆余曲折を経た後、ついにギルモアは本人の希望通り銃殺刑に処せられることになるが、その際市民から射殺志願者が募られた。しかるに、これに対して、宮本倫好の伝えるところによれば、「人間を撃つチャンスなど滅多にない」と希望者が殺到したというのである（宮本 1998, pp.178–82）。そもそもアメリカでは、死刑執行人は敬遠される職業であるどころか、かえって人気のある職業とさえいえるのであり、たとえばミシシッピー州の死刑執行人ドナルド・ホカットには、町の人たちはいつも「いい仕事をしてくれよ」と声をかけるのだという（宮本 1998, pp.160–62）。国家が正義として死刑制度を存置しているならば、それに参画することはかえって道徳的にも善のはずであり、また、死刑に犯罪抑止効果を期待しているならば、それを公開することも当然積極的になされるべきである。少なくともこの点で、死刑存置国であるアメリカは、執行人に対する市民感情からしても、また死刑のテレビ中継が検討の対象になるという点からしても、そのようなことは全く想像不可能であるようなもう一つの死刑存置国日本よりも、はるかに首尾一貫しているというべきであろう。

このように、犯罪が多発しているような状況のもとでは、死刑存置論は現実に優勢となる傾向がある。この場合、死刑存置論に最大の説得力を与えていると思われるのは、被害者およびその遺族の感情についての論点であろう。死刑廃止などというが、それでは殺された被害者の無念さはどうなるのか、被害者の遺族の苦しみはどうなるのか。犯罪者の立場ばかり慮って、被害者サイドの事情を無視・軽視するのでは、犯罪をなしたというそもそもの発端に対して相応の眼差しを注いでいないことにならないか。被害者の遺族の側に立った場合、家族と交流し心の糧を得るということへの所有権を殺人によって侵害された点で彼らもまた純然たる被害者なのであり、その悔しさと怒りは人間として自然であって、犯人が生きながらえていること自体が許せないと思うのはもっともなことである。けれど、復讐やあだ討ちやリンチが積極的に認められるならば、そうした社会は法治国家どころではなく、限りなくアナーキーなものになりかねない。ならば、死刑という形で国家が遺族の気持ちを合法的に慰撫することは、十分な正当性を持つのではないか。死刑を人類と獣類とを区別する分岐点としての倫理刑と位置づけ、死刑制度を永久に存在する恒星にたとえて存置論を展開した重松一義は、死刑は被害者とその家族の被害感情を満足させる国の代行行為である、という論点を承認している（重松 1995, pp.18, 29-35）。確かに、こうした被害感情は十分に普遍化可能であるようにまずは思われ、実際、犯罪被害者の「怒り」（anger）に道徳の基礎があるとして、死刑制度を支持する議論を展開している論者さえいる（Berns 1988, pp.85-93）。

けれども、私はこうした被害感情の論点に対して、まずは、素朴な疑問を感ぜざるをえない。一体「誰」の被害感情の話をしているのか。被害者とその遺族。だが、それはおかしい。遺族はまだしも、被害者の被害感情とは何か。それは存在しないのではないか。というより、殺人事件の被害者とは、殺された者のことであって、事件当時には被害「者」であったとしても、刑罰について話題にしている時点ではもはや死亡しており、そもそも被害「者」とはいえない。つまり、厳密にいって、死刑が話題になるような殺人事件の場合、直接の被害「者」は規定的に存在しないのである。ならば、被害「者」の感情などあろうはずがない。さらにいえば、被害「者」の「人権」もないはずである。少なくとも、被害「者」の感情や「人権」に関する訴えを裁判の時点で確認することは不可能である。にもかかわらず、直接の被害「者」の感情や「人権」を問題にしうると感じるとしたら、それは、ある種の虚構が介入しているからなのではないだろうか。おそらく、死刑存置論の文脈では、殺された過去の時点で被害者当人は絶対に恐怖や無念の感情を抱いたに相違なく、そしてそうした感情はいまもそのまま実在している、といった感情の絶対化と実体化とでもいうべき虚構が働いているのだろう。しかし、感情の主体である本人が死亡している以上、そして事柄の主題が犯罪と刑罰に関する現実世界での人定法である限り、冷静に考えて、こうした感情の実体化は純然たる虚構にすぎない。したがって、実際問題として、被害者感情の問題とは、ひとえに殺された人の遺族の感情の問題なのである。けれども、もしそうなら、ひるがえって、一体どのような資格で遺族は死刑を望むことができるのだろうか。遺族は被害を確かに受け所有権を侵害されたといえるが、殺されてはいない。ならば、なぜ遺族は、死刑という、どう考えても自らが受けた所有権の侵害をはるかに上回る刑罰を求めることができるのだろうか。被害感情が語られるとき、私はどうしてもこのような原初的な疑問を払拭することができないのである。この根源的な問題点は第5章で主題的に取り上げる。

さらに、遺族の被害感情の内実に踏み込むならば、それが決して単純ではないことは容易に想像できる。遺族の怒りの感情というが、それはつねに、犯人を殺したい、ということに結びつくのだろうか。遺族の被害感情の本旨は、間違いなく、殺された家族を返してほしい、ということだろう。しかし、それは叶わないので、せめて犯人に同じ苦しみを味合わせたい、ということになるのだろう。確かに被害にあった当初はそうだと思う。けれど、そうした報復の感情はどんな遺族の場合もつねに継続するとは考えられない。犯人の処遇よりも、家族を失った後の生活の維持のほうが切実な問題であり、そのために奔走しなければならない遺族も多い。そうした遺族にとって、犯人が処刑されるかどうかはそれほど重大事ではなくなる可能性がある。むしろ、家族を失ったことによって生じた困窮をこそ救済してほしいと思うだろう。それに、犯人が処刑されることで何が得られるだろうか。そんなに晴れ晴れとした気持ちになるだろうか。すべての遺族がそうした気持ちになるとは限らないだろう。実際、どうせ殺された者は戻ってこないという絶望から犯人の処刑に関心を持たない遺族や、思想的、宗教的信条から、犯人の処刑を求めない遺族もいるようである。

この点に関して、中山千夏の分析は鋭い。中山は、被害者の遺族は死刑を求めるはずだ、というのは第三者の見方なのであって、実際に処刑が行われて胸がスカッとするのは観客だけなのだ、と喝破する。死刑支持者は、こうした観客の立場に立って、遺族の代わりに死刑を求めることが遺族を慰撫することだと頭から思い込んでいるので、遺族の被害感情の複雑さに目を向けることが少なく、遺族補償の問題を真剣に論じない。むしろ、死刑廃止論者のほうが、遺族補償の問題を主題的に考えていこうとしている、というのである（中山 1996, pp.77-111）。もちろん、厳密にいえば、遺族以外の人々も、犯罪によって安全性に対する共通の所有権を侵害されたのだから、ある意味で被害者であり、賠償を求めてよい立場にある。よって、犯人の処遇に対して第三者の見方が入り込むこと自体はむしろ正当である。しかし、いうまでもなく、第三者の受けた被害は、殺された被害者本人やその遺族の受けた被害よりははるかに軽く、死刑まで求めるのは理に合わないというべきだろう。

かくして、被害感情に照らしてさえも、いつでも死刑が正当化できるとはいえないことが理解されてくる。けれど、そうはいっても、犯人を殺したいという強い感情を抱き続ける遺族はありえない、ということには全くならない。被害感情の論点以外で考えてみても、これまで検討してきたことから分かるように、死刑廃止論は決定的な説得力を持っているとは言い難く、死刑を支持する多くの人々がいるという事実は何とも重い。なぜだろうか。やはり、死刑は「殺人」に関わり、そして、1節で述べたように、「殺人」ひいては「死」の問題には本性的に不確定性が伴う、それゆえに、死刑に関する考察も不確定的に振幅する、と理解すべきなのだろうか。実際こうした理解は、事実的に例証されているようにさえ思われる。注目すべきは、再び宮本倫好によって、アメリカの病理として報告されている事例である。宮本によれば、「死刑を希望するがゆえに、死刑罪を存置している州で死刑該当罪の殺人を行うケースがかなりある」。自殺願望があるゆえに殺人を行い死刑になろうとする者がいる、というのである。「自分は臆病で自殺できないから、州の手で殺してもらう。そのための殺人業だ」と語った犯罪者、ミネソタ州とアイオワ州で殺人を行い「ミネソタには死刑がないが、アイオワにはあるので、アイオワで裁判してほしい」と述べて、「死刑制度が殺人を誘発する例」として引用された事例など、その異常さには仰天する。もっとも、日本でも近年この種の自暴自棄的な凶悪犯罪がしばしば生じていることは周知のごとくであり、もはや驚くに値しないのかもしれない。いずれにせよ、このような犯罪者を致死薬注射処刑で死刑に処するとするならば、当人たちにとって「死刑は州がスポンサーの安楽死」と表現されることさえあるのである（宮本 1998, pp.187–90）。死刑の存置が、犯罪抑止ならぬ「犯罪誘発」の効果をもってしまっていると解しうる状況である。しかるに、このように、死刑が「自殺」や「安楽死」と結びつきうるとするならば、「自殺」や「安楽死」に決定的にまとわりつく不確定性が死刑にも宿命的に絡みついていくと、そう捉えることには十分な理があるように思われてくる。

9　死刑存廃論から死刑不可能論へ

以上の議論によって、死刑論には不確定性が不可避的に伴ってしまうという、最初に見越されていた論点が、具体的な係争点に近代的「人権」概念を照らし合わせることによって明らかになったように思われる。死刑廃止論と死刑存置論は、「死」を与える刑罰をめぐって、つまりは本質的に不在でしかない問題をめぐって、対峙し合っているのであり、それは結局「死」を与える刑罰のゆらぎゆくさまを相補的に確証し合っていることになると、そういうるのである。しかしおそらく、現実的には、こうした不確定性に巻き込まれながらも、そのつど探究を深め、議論を重ね、その時点で最善と思われる道筋をつけていくしかないのだろう。それに実際、「人権」の基礎をなす「労働」は、努力して思考することを含意していたのであった。その意味で、以上のような議論はそうした「労働」の手がかりとしての意義をもちうると思う。しかしながら、死刑論には迷宮性と不確定性がつきまとうので議論を積み重ねていくしかない、というのは、確かに現実的であり公正な述べ方ではあると思うが、それが事柄の真に成りゆく果てであるとするなら、結果的には著しく偏向した事態を招くことにも思い至らなければならない。というのも、このような論じ方をすることによって、現に存置されている死刑制度が既成事実という身分でもってなしくずしに存置され続けることになるからである。論争の決着がついていないのに、一方の側だけが採用され実践され続けるというのは、道徳的にいって、不可思議な事態であろう。

けれども、私は、実際問題として前節までの議論のような仕方で論を深めていくしかないことを認めつつも、将来の問題設定の転換を期待して、より理論的に厳密な視点から、全く異なる方向性の議論を提示したいと思う。それは「死刑不可能論」と呼ぶべき議論である。すなわち、人権思想を前提する限り、死刑は、存置されるべき、あるいは廃止されるべき刑罰なのではなく、そもそも概念として矛盾しており、不可能である、とする議論である。「死刑」などという刑罰は、「結婚している独身者」、「円形の三角形」といった概念が成り立たないのと全く同様に、成立不能なのである。そうであるなら、前節で触れたような死刑と自殺・安楽死との結合可能性もまたありえるはずがない。すなわち私は、ロックにおいて芽生えた近代的「人権」思想は紛れもなくこの「死刑不可能論」を明示していたと考えているのであり、本章で私が主張したい本旨はまさしくこの「死刑不可能論」にあるのである。それゆえ、「基本的人権の尊重」を前提し、その上で、死刑が「人権」思想と整合すると考えられているとするなら、それは正真正銘の欺瞞であり、そのような欺瞞性は早急に明るみにもたらされるべきであり、そうして理論的に首尾一貫した司法制度の構築に向かうべきであると訴えたい。たとえば我が国に関して言えば、現在の日本国憲法を最上位の規範とする限り、国家が死刑という名のもとで行っている仕業は、ともかく廃止されればそれでよいようなものではなく、それ自体が重大な犯罪である疑いがあるのである。私は、哲学的観点からして、存廃論から不可能論へ、それが現在ただいま早急に考慮されるべき死刑論の道筋であると確信している。

死刑不可能論を根拠づける論点は、大まかに三つある。それらはすべて、刑罰は犯罪者の所有権が「喪失」されることによって所有権の「賠償」として成立する以上、刑罰には所有権つまりは「人格」が定義的に関わってくるという、ロック以来の近代的「人権」概念の根幹から一直線に帰結するものである。第一は、そうした刑罰の核にある「人格」は「意識」されることによって確立するが、「死」は規定的に「意識」されえないものなので、「死」はそもそもからして所有権にも「人格」にも無関係であり、よって「死」は刑罰になりえない、という論点である。要するに、近代的「人権」概念において、刑罰とは、罰を受けている当人が罰を受けているということを自覚できるところに成立根拠があったわけである。現行の刑事システムにおいては、心神喪失や心神耗弱といった精神的疾患がある犯罪者に対しては刑罰を科さない、あるいは刑罰を減じる、というのは（その是非はいまは別にして）事実として今日でも通用している考え方だが、それは明らかに、刑罰は当人が「意識」できるものでなければならない、という原義に対応している。刑罰だと当人が「意識」し理解することができない精神状態であるなら、刑罰は成り立たないという発想である。まして、「死」はそもそも「意識」がなくなることであり、したがって概念的に刑罰になることは到底不可能であろう。これに対しては、死刑のポイントは「死」そのものというよりむしろ、死を迎えゆく過程の苦しみにあるのであり、それはもちろん当人に生々しく「意識」されるのだから、刑罰として十分に通用する、といった反論が考えられる。しかし、この反論は直ちに斥けられよう。というのも、この反論に従うと、死を迎えゆく過程さえあれば、最終的には実際に処刑されなくとも死刑という刑罰が成立することになってしまうが、それは明白に不合理だからである。死を迎えゆく過程の苦しみが死刑の内実を形成しているように思われたとしても、実はそれは、実際に処刑された後にはじめて、過去に遡及することによってそのような苦しみの意義を際立たせているにすぎないのであって、やはり死刑に関しては、あまりにも当然ながら、当人が死ぬことが本質的であると考えられているのである。かくて、死刑は刑罰ではない。よって、死刑という名のもとで行われている出来事は、「死刑という殺人」なのではなくて、徹頭徹尾純然たる単なる「殺人」なのである。

「死刑不可能論」の第二の根拠は、非常にシンプルであり、最も核心的な論点である。すなわち、ロック以来の近代的「人権」思想においては、「人格」と生命・身体そのものとは厳密に区別され、「人格」には所有権が帰せられるが、生命・身体はそもそも所有権概念とは無縁なものであったので、所有権の「喪失＝賠償」として規定される刑罰の名のもとに、生命そのものを失わせ「死」をもたらさせることは概念上できない、よって死刑は不可能である、これである。このことは4節で詳論したことから容易に了解してもらえるだろう。所有権、そしてそれによって規定される刑罰は、「労働」に由来するものなのに、生命・身体そのものはそもそも当人の労働によって獲得できるようなものではもともとない。それはピュシスに属す、賜物なのである。よって、厳密には、生命や身体そのものとは、もともと所有していない・所有できないものなのだから、奪われることはできず、喪失や賠償のタームとはカテゴリー的に全く異質なのである。私たちは尻尾を失うことはできない、なぜなら私たちは尻尾を持っていないからである。人権思想のもとでは、同じことが生命にも当てはまるのである。かくて、生命を奪う刑罰として解される死刑は、語義的に矛盾しており、不可能である[26]。

「死刑不可能論」の第三の根拠は、死刑は所有権の侵害を受けた被害者に対する「賠償」可能性を消去するものであり、それはかえって刑罰の意義に反する、よって死刑は刑罰どころか反刑罰である、というものである。この論点も、近代的「人権」思想の内実に照らしてきわめて自然な考え方であることが了解されよう。この場合、所有権の侵害を受けた被害者ということで意味されるべきは、私的な所有権の次元では、殺された人の遺族および死刑囚の家族であり、共通の所有権の次元では、安全性に対する共有の所有権を侵害された社会の人々である。死刑囚の家族に言及するのは唐突かもしれないが、殺された人の遺族が家族と交流することへの所有権を侵害されたがゆえに被害者であるのと同様に、死刑囚の家族も、社会から偏見を受けずに平穏に生きることへの、そしてやはり家族と交流することへの、所有権を不当に侵害された直接の被害者であることは論をまたない。よって、死刑囚は、本来は自分の家族に対しても「賠償」をなすべきなのである。しかし、そうした「賠償」を根こそぎ不可能にしてしまうのが死刑にほかならない。「賠償」が刑罰の原義である以上、死刑は刑罰ではないといわなければならない。

この第三の根拠の背景をなす考え方には、一見奇妙な側面がある。それは、殺された直接の被害者本人が考慮から抜き落とされている、という側面である。これはどういうことだろうか。端的に答えて、死者はいない以上、死者にはもはや「人権」がないと考えられているのである。このことはすでに被害感情について論じたときに示唆されていた。私の見るところ、これもまた「人権」思想のきわめて特徴的な発想の顕現するところであって、死者は、死んだ時点で所有権や人権のカテゴリーから外れるのである。これは、決して殺された者の「死」を無駄死にと見なすことではない。私が推測するに、むしろ、殺された者をもはや絶対に「人格」と見なさず、そこに所有権も被害感情も帰さないとすることによって、「人権」思想は、殺人事件の被害者の生前の「人格」に対して最大限の敬意を払おうとしているのではなかろうか。なぜなら、もし、「死」こそがその人の一生を遡及的に決定づける、という私が冒頭で述べた論点を踏まえた上で、すでに死んだ者の「人格」を認め、そこに怒りや無念さの被害感情のみを帰するならば、結局は、死んでしまった者の「人格」と一生を殺された無念さで塗りつぶし、ついにはその者の生前の「人格」を冒瀆することになってしまうと思われるからである。「人権」思想は、死者を冷淡に扱うことによって、死者を厚く弔うのである。もっとも、同様な論点は、もっとストレートに導くことができそうにも思われる。すなわち、殺されてしまった人はすでにいない以上、直接の被害「者」は存在しない、よって、殺人という加害行為は成り立たないのだから、死刑という刑罰も不可能であると。同じ論法で、死刑によって刑罰を受ける受刑「者」も、死刑が執行されたときにはいなくなってしまうのだから、存在しない、よって、死刑という刑を科すという事態が不可能なのだ、とも論じることができそうである。実は、これは近代人権思想とは別口の、もっと伝統的な議論の系列から帰結する死刑不可能論の申し立てであり、かなり慎重な検討を要する。これについては第5章で詳しく検討しよう。

ともあれ、しかし、このような論の道行きに対しては、次のような反論が考えられよう。逆に、死者の「生命」に対する所有権が認められているからこそ、死刑が意味をなしているのだ、と。すなわち、殺人事件の犯人は他者の「生命」を不当に奪った、だから自分の「生命」を喪失し、賠償として差し出すのだ、というわけである。けれども、このような捉え方は二重の意味で成り立たない。まず、「生命」の所有という「人権」思想から明らかに外れた考え方を持ち出している点で混乱を犯しているし、次に、「生命」を差し出す、という言い方が意味不明であるという点においてである。一体、「生命」を差し出すといったって、誰にどのように差し出すというのか。死ぬことは「生命」がなくなることであって、「生命」が譲渡されることではない。当たり前のことだが、死とは、生命が消えることなのである。消えるものはどこにも差し出されようがないのである。「生命」は、絶対的に、所有権概念と無縁なのである。

ところで、「人権」思想の原点をなすロック自身は、死刑についてどのように論じていたのだろうか。この点については近年いくらか論争があり、ロックは死刑を積極的に容認していたとする解釈と、死刑の適用を極力制限する見解を抱いていたとする解釈とが対立した(27)。しかし、こうした論争においても、ロックが死刑は可能であると考えていた、という把握は共有されていた。そうした把握を促したのは、たとえば、次のようなロックの発言である。「そのような犯罪者は、神が人類に与えた共通の規則であり尺度である理性を放棄し、一人の人に不正な暴力と殺害を加えることによって、全人類に宣戦布告したのであり、それゆえ、その者は、人間がそれとともに社会生活を送ることもできず、安全を保つこともできないような野獣の一種であるライオンや虎のように殺されてよい」(Locke 1960, 2nd Treatise, Section 11)。このように確かにロックは、特定の人を殺害した者は殺されてよい、と記している。けれども、この引用文を改めて読むならばすぐ気づくだろうが、ロックは、殺人者は危険な野獣のように殺されてよい、と述べている。つまり、興奮して人に襲いかかるライオンや虎が殺されるのは仕方がないのと同じ意味において、殺されてよい、といっているのである。これは、私が思うに、刑罰として死刑を加えられてよい、ということでは全くあるまい。危険な野獣を殺すのは刑罰であろうはずがない。刑罰は「人格」にのみ関わるからである。危険な野獣を殺すことは、要するに、「駆除」である。したがってロックは、危険な殺人者は、野獣と同じくらい危険と見なされたときには、もはや「人格」ではないので、野獣と同じように「駆除」されてよい、と述べていると解するのが妥当だろう。これはロックの「人権」思想とはほとんど関係ない。緊急避難とか正当防衛と呼ばれているような、きわめて原初的で非制度的な生物としての自己保存反応のことにロックは触れているだけなのだ。実際、そのように解するならば、その他の所有権や「人格」に関わる議論とスムーズに整合するのである。いずれにせよ、一つ確認できること、それは、「人権」思想において死刑は不可能だけれど、危険な野獣の駆除と同じ状況・同じ次元で人間を駆除することは承認されていたということである。それは、たとえば、マシンガンを乱射して無差別殺人をしながら街中を歩くような者に対して、社会の安全のためにその者を駆除してよい、といった含意である。もちろん、どこから「人格」でなく野獣になったか、という判断は難しく、こうした駆除に際しては、駆除した側が殺人罪に問われる可能性がつねに残るという緊迫した状況が現れる。しかし、そもそも所有権と刑罰の問題は「労働」の問題であり、そして「労働」とは突き詰めれば思考活動にほかならない。つまり、私たちは、自分たちの所有権を問題にするとき、いつも思考していく義務を負わされる。絶対のものはなく、そのつど考えて判断していくしかないのである。少なくとも、駆除のように緊急的な場合に関しては、とっさに判断して実践していくしかないのだから、そのつど性は本質的であるといわねばならないだろう。

さて、では、「死刑不可能論」の立場では、凶悪殺人犯はどのように処せられるべきなのだろうか。凶悪殺人犯が他者の所有権をかなりな程度侵害したこと、これはおそらく否定されない。したがって、それに見合う「賠償」をせねばならない。どのようにか。これまでの議論からして、重く過酷な「労働」によって、という答えが自然に導かれるだろう。重く過酷な「労働」によって、遺族や自分の家族に「賠償」し、同時に、社会の人々にも「賠償」していくのである。「労働」の中身は、フィジカルなものであったり、観念的なものであったり、いろいろありうるが、何らかの意味で努力を要する苦役であり、そして結果が被害者へと何らかの形で還元されるものでなければなるまい。私たちが被害感情に重きをおくならば、鉄の鎖で束縛した上での野外肉体労働を科すことさえ社会的合意をえられるかもしれない。この点で、島田荘司が言及している「ホフマン方式」は一つのアイディアであろう。殺された被害者が一生をまっとうしたと仮定して稼いだ額を算定して、その額を国家がまず遺族に払い、囚人が懲役労働によってその額を国家に返済していく、という方式である[28]。これに対して錦織淳は、それは刑事と民事という別のものを混同している、と応じたが（島田・錦織 1998, pp.375–77）、もはや明らかなように、近代的「人権」思想は今日いうところの刑事と民事をむしろ積極的に統合しているところに特徴があったのであり、それに対して刑事と民事の区別を持ち出すのは、少なくともここでの文脈からすれば、やや本末転倒ではなかろうかと思われるのである。ともあれ、近代的「人権」思想にのっとって刑罰を捉えていく限り、制度的・技術的な困難は現時点であるにせよ、「労働」という刑罰の原義へと回帰しようとすることが求められていると、そう私は主張したいと思う。けれど、どうしても凶悪な犯人を許せない、生きながらえさせることは容認することができない、そのように大多数の人が思い、その思いを実現することが何よりも社会の優先事項だと判断されるならば、もはや「人権」思想を放棄し、近代以前の社会観を何らかの形で復権させる、あるいは全く別な社会観を構築する、といった道筋しかないのではなかろうか。そのような道筋の選択可能性を私は否定はしない。しかし、そうした選択肢の追求を検討することは、別の一書が必要だろう。

ただ、この全く別の選択可能性への言及のついでに、一点だけ述べておこう。それは、私の死刑不可能論と死刑廃止論との違いについてである。死刑不可能論が死刑存置論と相容れないのは明白に見えるが、死刑廃止論とはどう違うのか。ここではっきりと、不可能論と廃止論が異なることを明示しておきたい。まず第一に、廃止論は端的に死刑を廃止すべきだとする定言的な主張であるのに対して、不可能論は仮言的な主張であるという点に本質的な相違があると強調したい。すなわち、不可能論は、基本的「人権」の思想を受け入れるならば、死刑という刑罰は語義矛盾であり、不可能であると、そう主張するのである。このことにはいくつかの含意が伴う。たとえば、もし我が国が基本的「人権」の思想ではなく、別の倫理観、たとえば日本中世の武士の倫理観、武士道、のようなものを基本に据えるモラルを法的に採用するならば、死刑が不可能になるという帰結を直ちに導くことはできないことになる。実際、日本中世の歴史では、城が落ちるときに城主が自決することで臣下を安全に降伏させるとか、切腹、斬首などが状況によっては名誉ある、あるいは潔い、処遇であると見なされるとか、そのような捉え方があった。そうした倫理観のもとでは、死刑は、基本的「人権」思想のもとでの場合とは全然異なる意味づけを持つはずである。積極的に存置すべきだということにもなりうるだろう。私が思うに、日本が、国連の度重なる死刑廃止の勧告にもかかわらず、死刑を存置し続けていることの背景には、基本的「人権」の思想ではない、日本の古く伝統的な精神風土の名残が影響しているということがあるのではなかろうか。私自身、まったく個人的には、恥ずかしい振る舞いをして、大きな迷惑を他者に加えてしまったならば、潔く斬首されるのも悪くはないなとさえ思うことがある。死刑不可能論は、廃止論と違って、逆に、死刑存置論と結びつく理論的可能性を裏面に見越してもいるのである。とはいえ、公式には、私たちは日本国憲法のもとでの法治国家に暮らし、そこでは基本的「人権」思想が建て前となっている。それを貫くなら（実際貫くべきであるという事態のなかに私たちはいる）、死刑は不可能であると直ちに認めるべきだ、というのが不可能論の主張である。人権思想を謳いながら、死刑を存置し続けるというのは欺瞞である。しかるに、その欺瞞を避けながら、なおかつ死刑をどうしても維持したいというのならば、最も合理的な道は、憲法を改正して、基本的「人権」の尊重という思想を憲法から除外することである。こうした言い方は過激に聞こえるかもしれない。しかし、実はそれほど無茶苦茶な主張でもない。すでに述べたことから明らかなように、人権思想はもともとキリスト教に沿って発生してきた西洋由来の思想である。よって、キリスト教の下地がないところでは本来根づきにくいはずなのである。「権利」とは労働し苦労して獲得されるものである、という原義がどれほど日本人のなかに浸透しているだろうか。浸透しているとはいえないのならば、そこには事実上の欺瞞が発生してしまう危険がある。この点を暴き出すことが死刑不可能論の眼目である。

その他、廃止論は死刑を刑罰の一種として承認した上でその廃止を言い立てているのに対して、不可能論はそもそも死刑を刑罰とは認めない、という点でも本質的な相違がある。また、もし廃止論の根底に現に生きている生命を尊重するという思想が流れているのだとしたら、いささかの疑義がある。そうした生命尊重の見方は、おのずと、戦争で犠牲になる人々への眼差し、実験や食用として殺められる動物たちへの目線、そうしたものが必然的に伴わなければならないはずだが、必ずしも死刑廃止の運動はそうはなっていない。私自身、死刑廃止論に少なからぬ距離を感じてしまう所以である。

10　「死の所有」の観念

しかしながら、以上論じてきたことがいかに正当であったとしても、多くの人々は事実上依然として、近代以前の社会観などにではなく、まさしく近代的「人権」思想にのっとった上で、死刑という刑罰が少なくとも概念的に可能であると感じ続けるであろう。そして、6節から8節までに跡づけたような文脈のなかで、死刑の存置と廃止を論じ続けるのではなかろうか。つまり、「人権」思想において刑罰が「人格」とその所有権の「喪失＝賠償」として規定されることを確認してもなお、死刑はそうした刑罰の規定にそのまま当てはまるという感覚が払拭されないように思われるのである。なぜだろうか。なぜそのような理論的不合理が受け入れられてしまうのだろうか。直ちに想像できるのは、死刑に該当するような殺人事件の犯人は他者の「生命」を奪ったのだから、その「賠償」として自分の「生命」を差し出すべきだ、という論理である。けれども、すでに触れたように、この論理は冷静に考えて意味不明である。死ぬことは「生命」が消滅することであって、したがって死ぬことで「生命」を差し出すことなどできないからである。

では、なぜ死刑が所有権の「喪失＝賠償」の図式にのると思われるのだろうか。私は、「生命」の「喪失＝賠償」という表現のもとで、ある種の倒錯的な観念が虚構されているからなのではないかと、そう思う。「死の所有」という観念、これである。人が現に死んだとき、「生命」が差し出されたという感覚にはリアリティが実際ない。「生命」など差し出されようがない。むしろ、残された人々に「死」が差し出された、と描写するほうがはるかにリアリティがある。そうした差し出された「死」とは、死体という情景であったり、その人への切なく生々しい追憶であったり、その人の不在による存在感、虚無感、安心感などだったり、「死」を想うことへの重たい誘発であったり、いろいろな形に解釈されよう。しかるに、そうした、「死」が差し出されるという感覚、それが発生することで、翻って、だったら生きているときにも「死」を所有しているはずだ、という論理が生成してくる。実際確かに、私たちは生きているときからすでに「死」を所有している、と考えることはできなくはない。それはおそらく、いつでも死ねるという姿勢の所有であったり、死を介して周囲に影響を及ぼせる能力の所有であったり、いろいろに解釈できよう。実際、「死んでやる」という言葉で周囲の人々をコントロールする事例など、日常的に珍しいことではない。いずれにせよ、私たちは、死刑が刑罰として成り立つと感じながら、それと並行的に、「死の所有」の観念をいわば捏造し、そのことで死刑概念の可能性を確保している。人々はつねに「死」を所有し、そして殺人者は他者の「死の所有」を奪ったがゆえに、死刑という形で「死の所有」を差し出すことを求められるのだ。死刑という不可能性を転倒させるため、「生命を差し出す」という表現を倒錯的に裏返し、「死の所有」の観念を虚想すること、このような影の道筋が死刑のリアリティを支えている。こうして、死刑という不可能性との相互性のなかで「死の所有」という虚想が立ち現れるのである。(29)

こうした「死の所有」の観念は倒錯であり、たとえ「生命」を差し出すという論法よりははるかにリアリティがあるとしても、死刑に照らしてはじめて現れる破格の幻想である。死刑については、被告が犯した罪は「計り知れない」から、「死をもって償ってもらうしかない」、量刑を行おうにもものさしが届かないから、死をもって償ってもらうしかない、といったことがしばしばいわれる（島田・錦織 1998, p.278）。そうした死刑理解には、死刑は「死の所有」という幻想によって規定されているので、現実には計り知ることはできない、といった事情が反映されていると考えることができるのではなかろうか。死刑は破格な倒錯的幻想であり、計り知れない領域に属すのである。その点でいえば、死刑存置論が死刑と他の刑罰を連続させているのに比して、死刑廃止論は明らかに死刑を特別視しているので、死刑という問題の本質に触れようとする態勢にはあるといえるだろう。けれども、実をいえば、「死の所有」の観念には、倒錯であるがゆえの陥穽が忍び入っている。というのも、「死の所有」の観念をそのまま受け入れるならば、当人が死んだ後も、「死の所有」を譲渡した者という形で所有主体の概念が要請されてしまうように思えるからである。所有主体が完全に消滅したならば、「死の所有」を差し出すといっても、それは実は遺物にすぎないのであって、

「差し出す」という譲渡概念が有効であるためには、さらに死後の所有主体つまりは「人格」を仮構するという、二重の倒錯を犯さなければならない。このことの何が陥穽かというと、このように死後の「人格」を仮構してしまうと、死刑が「極刑」という身分を失いかねないからである。死刑は、所有権の一部を差し出す刑であって、他の刑罰と身分上同列になってしまいかねない。すなわち、極刑としての死刑を可能ならしめるための概念装置として「死の所有」が虚想されたのに、まさしく「死の所有」を虚想することによって極刑としての死刑の地位が危うくなるという、救い難い背馳を招くのである。したがって、やはり「死の所有」という幻想を捏造してさえ、死刑は根源的に不可能であるといわざるをえないのではなかろうか。ちなみに、もちろん、ここでは同時に、殺された被害者も損害を受けた主体として死後も存在していると仮構されていなければならない。そして、そのことは、殺された者は実は死んでいない、というもう一つの背馳へとやはり結びつくのではなかろうか。序章での言葉を使うならば、死刑は「彼岸視点」を罪刑という「現世視点」に立つべき現実の場に導入する、破格の制度であるがゆえに、概念的撞着を招く宿命のもとにあるのである。

　ところで、死刑ではなく、普通に死ぬ人の場合は、どのように考えられるだろうか。その場面では、「死の所有」という倒錯は無縁なのだろうか。私は、死一般に関して「死の所有」の観念がひそかに染み渡っていると感じる。私の考えでは、「死の所有」の観念は死刑という不可能性との連関のもとではじめて現出するものであった。しかるに、通常の私たち相互の交流においても、死刑とはいわないまでも、うっすらとした仕方で罪と罰の概念がよどみ漂っているとはいえないだろうか。他者を憎み、他者を軽視し、そして他者に憎まれ、他者にないがしろにされたり、そうした人間関係の日常的な亀裂は罪と罰の概念へと融合していくのではないか。「原罪」、「人は生まれながらにして罪深い」、といったキリスト教の観念はそうした事情の一つの現れだと思う。ならば、人が普通に死んだときにも、罪と罰の概念が入り込み、死んだ人の罪責、周囲の人の死者に対する罪責、といった契機が混入してくるはずである。

そして、そうした事情を媒介して、普通の死の場合にも、「死の所有」という実情よりも重大な観念がひそかに染み入ってくるのではなかろうか。だから、私たちは、普通に人が死んだ場合、その人の「死の所有」が差し出されたと感じて、重い存在感を受けとめざるをえなくなる。その人自身の罪、その人への私の罪、それらが感じられ、それゆえ罪と罰にまつわるタームが忍び入ってしまうのだとしても、死刑のときに差し出されるべき「死の所有」まで譲渡される必要性はない。にもかかわらず、突然、「死の所有」が差し出されたと感じるのである。こうして、私たちは、いわば無償に近い形で差し出された「死の所有」に対して、とまどい、何かそれに見合う補償を返さなければいけないと感じる。祈り、読経、レクイエム、これらが生まれるのは、このような文脈なのではなかろうか。「死の所有」の観念は、このように、文化や宗教のなかで積極的な機能を果たしているように思われる。そして、こうした文化的営みが、序章で論じた「涙の哲学」の考察範囲に入ることが明らかである以上、「死の所有」の観念は「涙の哲学」の展開にとって重大な道標となるはずである。

私が思うに、以上のような、死刑という不可能性から「死の所有」の観念を導いてくる私たちの思考様式の深奥には、私たちを支配する最も根源的なある傾向が宿されている。私は1節で、「死」が遡及的にその人の一生の物語を確定する、という趣旨のことを述べた。つまり、死ぬまではすべては不確定であり、死んだ後に意味が回顧的な仕方で確定されるのである。他方でしかし、私たちには、自分に関してにせよ他者に関してにせよ、生に確定性と安定性を求める傾向が強固にあるといわねばならない。文字文化、決定論的考え方、そして二値論理への固執などはそうした傾向の最たる現れであろう。しかるに、「死」をすでに所有しているという考え方は、現に死が到来してしまっているということを含意する。ならば、こうした含意をもつ「死の所有」の観念は、「死」が一生を確定するのである限り、私たちの生活に確定性と確固たるリアリティをもたらすはずだろう。すなわち、「死の所有」の観念を倒錯的に虚想することは、私たちの本来の思考傾向に照らす限り、ある意味で自然な帰結ともいえるのである。このことを、本章冒頭に示した死の問題の本質的不確定性に照らし返すならば、次のようにまとめられる。死にまつわる問題は本来的に不確定なのであり、それゆえ、死刑の問題も不確定になりゆくのは必然に思えるが、そうはいえない。なぜなら、人権思想を踏まえる限り、そもそも死刑という概念それ自体が不可能だからである。しかし私たちは、確定性への志向という自然な性向に由来する「死の所有」の虚想によって、死刑概念の可能性を一種のイリュージョンとして確保する。つまり、いささかねじれた事態ながら、死刑の問題が不確定になりゆくという錯覚の根底には、「死の所有」という結局は確定性への志向に根差す根源的な倒錯が存していたのである、と。けれども、犯罪と刑罰のシステムのなかにこうした倒錯をそのまま持ち込むことは断じてできない。犯罪と刑罰の概念は、本来的かつ規範的に「現世視点」に立ち、不確定性のなかで生きる私たちの現実のあり方に眼差しを注ぎ、それを律し、それを受け入れることへと向かっている[30]。決定論的かつ確定的に理解されがちのピュシスではなく、不確定的にゆらぎゆくノモスとしての私たちの現実、それが刑罰の働くべき領域なのである。ならば、そこに、確定性への志向に由来する「死の所有」の観念を混ぜ込め、死刑を概念的に可能ならしめることは、多くの国の現行の人権尊重を謳う法制度のもとでは、断じて許されざる倒錯であり錯誤であるといわねばならない[31]。死刑は不可能であること、これが、「死」の不確実性と人権概念との共振が奏でる、「涙の哲学」の響きなのである。

次に、以上の議論を踏まえて、「安楽死」の問題と「死の所有」の観念との絡み合いを主題化してみることにしよう。

第2章 「死ぬ権利」の欺瞞
——安楽死の陥穽

1 死者のパラドックス

「誰が死んでいるのか」。幸いなことに、私はこれまで一度もこの問いかけを文字通りの意味で発したことがない。けれども、間違いなく、この言葉を述べた人々が歴史上たくさん存在する。戦争の渦中にいた人々、犯罪に何らかの形で遭遇した人々、遭難を捜索した人々、行き倒れた人を調べる警察官、交通事故の現場に居合わせた人々、こうした人々は、死体のごろごろ転がっているなか、おそらくは緊張と恐怖の交錯するさまざまな文脈から「誰が死んでいるのか」と問うたはずである。では、この問いの意味するところをあなたは理解できるだろうか。もちろん理解できるに違いない。現実の歴史のなかでリアルに機能してきた問いかけなのだから、理解可能な日本語であることはいうまでもない。しかし私は、ここで少し立ち止まりたいと感じる。ある文が現実に使用されてきたということは、その文の含意が自明であることを保証しないし、その文が放射する広がりが万人に意識されていることも保証しない。いやそれどころか、その文が理解可能であることも実は必ずしも確実とはいえないように思える。ときには、語彙としても文法的にも取るに足らないほど単純かつ基本的な（に見える）表現のなかに、人間のものの見方のゆがんだ深淵が垣間見えることもあるのではないか。「誰が死んでいるのか」、Who is dead? この問いかけこそ、まさしくそうした種類の表現に思えるのである。

私の感じているとまどいを説明してみよう。「死んでいること」は生きていないことだから、人が死んで「死んでいる」という状態になったなら、そこには生きている人は存在せず、あるのは、死体、むくろ、である。つまり、生きている人が消えてしまった亡骸という物体である。しかるに、「誰」、who、とは何を問う疑問詞なのか。もちろん、物ではなく「人」を問うときに使われ、しかも大抵は固有名詞をもって答えられる言葉である。では、そのような「人」とは何か。私の日本語スピーカーとしての直観からすれば、それは、名前を持ち、したがって特定の文化圏を背景にもって、社会的な文脈に現に巻き込まれている存在者、すなわち「人格」（person）を表していると思われる。実際、人格としての私たちが念頭に置かれていないときには、私たちに関しても、「誰」という疑問詞は使われない。人間の身体がドアの開閉のじゃまをしているとき、そしてそれが外から見えないとき、「何がじゃましているのか」と問われることを思い起こせばよい。では、死体となった亡骸は「人格」だろうか。確かにそうした亡骸は「人格」だった。そして、「死んでいる」ではなく、「死ぬ」という言葉を使うなら、確かにその誰か（人格）は過去のある時点で「死んだ」。これは歴史的記述として何の問題もない。けれど、死体となったいまはどうか。私は、死体は「人格」ではないと思う。というより、私たちは事実として、死体を「人格」として扱っていない。過去「人格」だったという点で他の物とまったく同じには捉えないけれど、もはや人口を構成する一人としては算入しないし、福利厚生を考えてやることもないし、選挙権も与えない。親しい人の死体に関しては主観的にはいろいろな感情や記憶が混入するだろうけれど、その場合とて、死体と生きた人格との区別ははっきりとつけられている。無論、生死の境目は曖昧であり、よってどちらとも言い難い境界線事例はある。それゆえ、後にも触れるが、そうした曖昧性のゆえに「ソライティーズ・パラドックス」（Sorites paradox）が発生し、逆理に陥る理論的危険性はあるが、しかし、そうはいっても、生者と死体の区別を一切しない、という状況は想像不能である。してみれば、「誰が死んでいるのか」という問いかけは明らかに奇妙だというべきだろう。死んでいる人はもはや「誰」でもないからである。「死者」(dead person, dead people)、という言い方にも同様な事態が顕現している。死ぬ者、はありえても、死んでいる者、など存在しないからである。[1] こうした論点は、第5章にて「死後表現」(posthumous expressions) や「死無害説」(the harmlessness theory of death) といった主題に沿ってもっと一般的に展開されることになる。しかし、さしあたりいまは、上に指摘したような、「誰が死んでいるのか」という問いかけや「死者」という言い方に関して発生する奇妙な事態にのみ注意を向けたい。こうした事態は「死者のパラドックス」と呼べるだろう。ここから議論を起こすことにしよう。[2]

2　安楽死論争の構図

ここで私が焦点を合わせたいのは、いわゆる「安楽死」(euthanasia) の問題である。安楽死の問題こそ、「死者のパラドックス」がねじれた仕方で食い込んでいる典型例だと思うからである。そしてまた、安楽死は現代の私たちにとって切実な問題でもあると思うからである。人は誰も老いる。あるいは、人は誰も病気になりうる、事故に巻き込まれうる。その結果、直ちに死ぬのではなく、自分自身で自分のことが出来ない状態で他者の介護のもとで生存しなければならないという、そういう状態になりうる。そうしたとき、治癒不能な身体疾患に伴う身体的痛みや精神的な絶望感のゆえに、または、自分を介護する家族の負担を憂慮するがゆえに、これ以上の生存は耐え難いと感じるときがあるかもしれない。いや、必ずそう感じる人はいるはずだし、私自身のこととして考えても、そう感じるだろうと思う。安楽死が問題として浮上するのは、そうしたときである。

最初に、概念の整理をしておこう。安楽死 (euthanasia) とはギリシア語に由来する言葉で、原義としては「良き死」を意味する。したがって、もともとは、どのような仕方・経過であれ、「良き死」であれば euthanasia と呼ばれる（See Humphry and Wickett 1986, p.3）。けれども、今日の用法では、もう少し限定的に用いられている。そうした今日的用法にのっとって述べるなら、まず第一に、安楽死と自殺は、共通点もあるが、まったく同じではない、という点に注意したい。死に至らしめるという人間の意図によって、そしてそれが死ぬ当人にとって何らかの積極的意味を持っているという了解のもとで、死が引き起こされるという点ではどちらも同じだが、自殺は当人が自分で意図的かつ直接に死を引き起こすことであり、しかも、そうした意図を促す理由に制限はない。厭世思想、借金苦、宗教的信念、何であれ、自分が自分の死をもたらすならば自殺の概念は当てはまる。それに対し、今日問題とされている安楽死は、当人ではなく第三者の手によって、しかもあくまでも医療の対象となる傷病が理由となって、患者が死に至らしめられる。[3] この意味で、末期の患者などが医師に自殺の手助けを求めるという、いわゆる「医師による自殺幇助」（Physisian Assisted Suicide）は自殺と安楽死の境界線上の事例といえるだろう。これから分かるように、自殺と安楽死は同じではないが、連続はしている。実際、当人が死にたいという意図を持っていて第三者の手で死に至る場合は、安楽死であり自殺でもある、と理解されることはありえよう。第二に、安楽死にも、死に至る当人の意図がどう関わるかで二つの場合がある。当人が、これ以上の生存が耐え難いという状況に陥って、死にたいという意図を表明して安楽死に至る場合と、当人の意図の確認ができない状態のときに、第三者の当人にとってよかれという判断のもとで安楽死に至る場合とである。後者は、障害を持って生まれた嬰児、意図表明が出来ない重い障害を持つ人、意図表明がないまま昏睡状態に陥った人、などが安楽死させられるケースのことである。また、重篤な疾患を持つペットの安楽死もこれに当たるだろう。第三に、安楽死の実施方法のあり方によって、二つの場合が分けられる。すなわち、「殺すこと」（killing）と「死なせること」（letting die）の区分である。「殺すこと」とは、医師が致死薬注射をしたりして直接的に患者の死を生じさせる場合であり、「死なせること」とは、呼吸や栄養を補助する生命維持装置を取り外したり、あるいははじめから装着しないことにより患者を死に至らしめる場合である。こうした文脈での「殺すこと」は「慈悲殺」(mercy killing)とか「積極的安楽死」(active euthanasia)などとも呼ばれる。とりわけ、患者の意図表明があった上での「殺すこと」は「有意的安楽死」(voluntary euthanasia)と呼ばれることがある。また、「死なせること」は、「消極的安楽死」(passive euthanasia)と呼ばれたり、日本では「尊厳死」と呼ばれることもある。さらに、死を早めることを承知で痛みを取り除く劇薬を与えることも「死なせること」として分類されることが多い。

このように解されている安楽死に関して、何が論争のポイントとなっているのだろうか。ここでは三つの係争点にそれをまとめてみたい。第一に、安楽死が道徳的に是認されるという主張の根拠にまつわる係争点が指摘できる。そうした根拠として、当人が死にたいという意図を表明する場合については、死ぬ者自身の「自律」(autonomy)あるいは「自己決定」(self-determination)が挙げられる。すなわち、私たちは「生命への権利」(the right to life)を持っており、したがって自律的な自己決定によって自分の生命を自由に扱うことができるのだから、安楽死も道徳的に認められるとされる。このような自律や自己決定の原理に基づく安楽死の要求は、安楽死支持者たちによって「死ぬ権利」(the right to die)という、反転した一層強い概念として提示されもする。[4] もっとも、「生命への権利」の思想が人工妊娠中絶への反対運動を通じて「生命の神聖性」(sanctity of life)の考え方とリンクしていく場合には、「生命への権利」と「死ぬ権利」が微妙に対立することもある(See Humphry and Wickett 1986, pp.169-76)。いずれにせよ、こうした「死ぬ権利」に基づく議論の道行きが果たして正当かどうか、それが論争をもたらしている。また、当人がそうした意図を表明していない、表明できない場合には、「生命の質」(quality of life)が根拠として挙げられるが、そうした考え方が承認できるかどうかも重大な論争の種である。これらは根拠に関わる問いであるゆえに、最も基本的で重い問いである。

第二に、「殺すこと」と「死なせること」にまつわる道徳的是認の程度に関する論争が依然として激しく行われている。すなわち、一方で、患者自身の意図に基づいて、生命維持装置の使用を差し控えたり、それを取り外したり、死を招く痛み緩和治療をしたりして、患者を「死なせること」は道徳的に許容できるが、積極的に致死薬注射などで「殺すこと」は容認できない、とする見解がある。こうした見解は「因習的見解」(the conventional view) あるいは「差異テーゼ」(the different thesis) などと呼ばれる。他方で、「殺すこと」と「死なせること」は行為の道徳的類型として何の違いもないし、延命装置を外した後発生する数日あるいは数時間の激痛を放置したままで「死なせること」は、かえって「殺すこと」よりも残酷で人間の尊厳に反するとして、「死なせること」を認めるなら「殺すこと」も当然許容すべきだとする立場もある。こうした論争は、いずれの立場を取るにせよ、現実の医療現場で、違法か合法か、意図的か不可避的か、などは別にして、「死なせること」は実際に行われてしまっているという実践的事実を前提している。これに対して、「殺すこと」と「死なせること」との単純な区別をすることはできないとした上で、いま述べた前提的事実に抗して、だから「殺すこと」も「死なせること」も両方とも拒絶すべきなのだ、とするオダバーグのような立場もある (Oderberg 2000, pp.71-75)。いずれにせよ、この問題は、刑法学でいうところの「作為」(commision) と「不作為」(ommision) の区別と絡めて論じられることが多い。また、特に、痛み緩和措置が死を招くケースに関して、「意図」(intention) と「予見」(foresight) の区別という行為論的問題がしばしば話題になる。

第三に、安楽死を合法化した場合の帰結についての論争がある。それは、安楽死法が認められると、医師によって乱用される危険がないか、要介護状態に陥った人が安楽死を求めるよう心理的に強制されることにならないか、といった危惧に対する論争である。たとえば、マクリーンとブリトンのような「医師による自殺幇助」推進論者によれば、確かに介護されている患者が欲張りな親類などからの心理的強制を感じて意に反して自殺幇助を願い出るという危険があるとしながらも、自殺幇助の根拠はあくまでも当事者個人なのであり、そうした要件が明確に満たされていることを確保するためにも、むしろ合法化して法による介入ができるようにすべきなのだ、とされる（McLean and Britton 1997, pp.12-15）。これに対して、安楽死先進国オランダでのデータに基づいて、患者の意図に基づく安楽死として扱われているけれども、現実には患者自身の明確な意思表示なしに行われた安楽死はかなりの数に上るとして、安楽死合法化による乱用の実際的危険を訴える論者もいる（Callahan 1992, p.330）。

3　「殺すこと」と「死なせること」

以上、おもな三つの係争点をピックアップしてみた。このうち、第三の帰結に関する論点は、原理的な問題というよりも技術的あるいは政策方法論上の問題へと傾いているので、さしあたりいまは追求しない。ここでは、第一の根拠の問題と、第二の程度の問題に絞って以下議論を展開したい。まずは、第二の「殺すこと」と「死なせること」にまつわる問題をやや立ち入って検討してみよう。

「殺すこと」（積極的安楽死）と「死なせること」（消極的安楽死）とを区別する「因習的見解」は、公的な機関の声明などにしばしば明瞭に現れる。たとえば、「世界医学協会」（the World Medical Association）の一九八七年の方針表明では、次のように述べられている。

> 安楽死、すなわち、患者の生命を故意に終わらせるという行為は……非倫理的である。このことは、しかし、医師が患者の願いを尊重して、死の自然的過程を許容し、疾病の経過がその末期的局面へと至るままにすること、これを妨げるものではない。（Kuhse 1996, p.248）

こうした見解の背景には、どのような考え方があるのだろうか。「殺すこと」と「死なせること」の区別を止めて、安楽死を全面的に合法化すべきだとする、安楽死推進の走りでもあり急先鋒でもあるジェイムズ・レイチェルズは、なぜ論敵たちはこうした因習的見解を提唱するのか、それを支える思考法は何か、と問い、彼らはこう考えているのではないかと推測する。消極的安楽死の場合、医師は死を引き起こすような何ごとも行っておらず、患者はすでに被ってしまっている傷病によって死ぬにすぎないのに対して、積極的安楽死の場合は、医師は直接死を引き起こして、患者を殺すのであり、ここに重大な相違がある、と（Rachels 1975, pp.229-30）。確かにそうだろう。尊厳死を望むという患者の意志を尊重して最初から延命措置を行わずに「死なせること」と、患者の意志に従ってたとえば青酸カリを注入して「殺すこと」との間に相違があると私たちが何となく感じるとき、レイチェルズが推測するように、死の「原因」に対する異なった認定がそれを促していると思われる。しかしレイチェルズは、こうした素朴な感じ方が道徳的に根拠を持たず、かえって有害であると主張する。いくつかの論点が挙げられているが、そのうちの二つはすでに前節で触れた。すなわち、一つは、積極的な延命治療を控えたり止めたりすることは、患者をある期間苦痛のなかに放置することになり、それよりも致死薬注射で即時的に死に至らしめた方がずっと人間的だ、という論点である。もう一つは、「死なせること」もまた不作為という、それ自体一つの行為であり、その行為が死を引き起こしているのだから、「殺すこと」と道徳的な違いはない、というものである。確かに、病院に担ぎ込まれた瀕死の患者に対して、どういう理由にせよ、まったく何の治療も行わない、しかも積極的に行わない、というのは確かに医師の義務を故意に果たさないという、それ自体一つの立派な意図的行為なのだ、といわれれば、その通りだといえそうである。

しかし、レイチェルズが挙げる論点として、その後の論争を導くことになったのは、彼の挙げる思考実験に基づく議論である。レイチェルズは、「殺すこと」と「死なせること」との比較をするためには、「殺すこと」と「死なせること」という点だけで異なっていて、他の点ではまったく同じ条件の二つのケースを比べてみればよいとして、次のような二つの事例を思考実験として提示する。

（第一の事例）スミス氏は、彼の六歳のいとこが死んだならば、巨額の遺産を相続する立場にいる。ある夜、スミス氏は、その幼いいとこが入浴しているときに、浴室に忍び込み、いとこを溺死させ、事故のように見せかけた。
（第二の事例）ジョーンズ氏は、いとこが死んだならば、やはり六歳のいとこが死んだならば、巨額の遺産を相続する立場にいる。ある夜、ジョーンズ氏は、いとこが入浴しているところに忍び込み、溺死させようとした。しかし、ジョーンズ氏が浴室に入ってきたとき、ちょうどいとこがスリップして頭をぶつけ、お湯のなかに落ちてしまった。ジョーンズ氏は喜び、必要ならばいとこの頭をお湯に押し込めるよう構えながら、見ていた。すると、いとこは、もがいた後、自分で溺れ死んでしまった。それは、まったくの事故であり、ジョーンズ氏は見ているだけで何もしなかったのである（Rachels 1975, pp.228–29）。

いうまでもなく、第一の事例が「殺すこと」に、第二の事例が「死なせること」に対応する。しかるに、レイチェルズは、スミス氏もジョーンズ氏も、同じ動機、同じ目的、同じ行動を取ろうとしたのだから、どちらかが他方よりも道徳的に非難されるべき度合いが大きいということはない、と主張する。実際、ジョーンズ氏が法廷の場で、「自分は見ていただけで何もしていない。殺してなどいない。ただいとこを死なせてしまっただけだ」と自己弁護したらどうか、と問いかけ、そうした弁護が道徳的倒錯であることは間違いない、と断じる。「殺すこと」が「死なせること」よりも悪いことのように思えるのは他の条件や背景のゆえであって、上の二つの事例から分かるように、「殺すこと」と「死なせること」それ自体の相違はないのであり、よって「因習的見解」は誤りであると、そうレイチェルズは提言する。(5)

こうした議論は安楽死問題の根底に分析のメスを入れたものとして、大いに傾聴に値する。しかし、微妙な論点に関わるので、直ちに反論が加えられた。たとえばネスビットは、レイチェルズの二つの事例は「殺すこと」と「死なせること」の同等性を示すことに失敗していると指摘する。スミス氏とジョーンズ氏が同等に非難されるべきであると思われるのは、両人とも個人的利益のために他者を殺そうと準備したからであって、そもそも二つの事例は最初から道徳的非難可能性に関して同じだったのであり、「殺すこと」と「死なせること」の区別に対しては何ら明らかにするものではないと、そういうのである。そして、そうした欠陥を免れた形でレイチェルズの第二の事例を修正した。すなわち、「ジョーンズ氏は、彼のいとこが浴室でスリップして溺れかかっているときに、たまたま側にいて、自分が助けなければいとこは溺死してしまうこと、およびいとこが死ねば遺産が入ってくることに思い至り、死なせてしまった。けれど、決して彼はいとこを殺すことを準備はしていなかった」というシナリオである。ネスビットは、この場合のジョーンズ氏とレイチェルズの第一の事例のスミス氏とを比べたならば、スミス氏の行為のほうがジョーンズ氏の行動よりも道徳的に一層悪いと述べる。その理由として、隣人として考えた場合、スミス氏風の人物は危険だが、ジョーンズ氏風の人物は、確かに私たちが危機に陥ったときに助けてくれないかもしれないが、それは石や木と同じで、私たちに積極的に危害を加える危険はなく、スミス氏に比較すれば一層好ましい、という点を挙げる（Nesbitt 1995, p.234）。これに対して、安楽死推進者クースは、ネスビットの議論は「行為の善悪」と「人物の善し悪し」とを混同していると応じたのであった（Kuhse 1998, p.237）。

4 「殺すこと」へのためらい

さて、では、こうした論争に対して何を述べるべきだろうか。通常この問題は、すでに触れたように、「作為」と

「不作為」という区別に照らしながら――「殺すこと」と「死なせること」とが作為・不作為の区別に一対一では対応しないとされるときも含めて――行われることが多い。しかし私が見るところ、理論的な意味では、この問題は「殺すこと」という概念の捉え方にかかっているように思う。第4章で論じることの先取りになるが、「殺す」あるいは「殺人」という概念は、しばしば、拳銃で撃ったりとか、ナイフで刺したりとか、毒を注射したりとかの定型的な行為のみを連想しながら論じられがちだが、概念としては実は大きな幅を持つ。そのことは、まずは、死を引き起こした「原因」という観点から考えるなら了解しやすい。私が友人にインドを描いた映画を見せたら、その友人がインドの魅力にとりつかれてインドに渡って、熱病にかかって亡くなったというとき、その友人の親は、私が友人を殺したとして私を恨むかもしれない。向かい側の道を歩く知人に気づいて、私が大声で呼びかけたところ、知人は何か勘違いして反対側に急に急ぎ足で行こうとして、車に轢かれて亡くなったというとき、私は知人を殺してしまったという感覚を持つかもしれない。しかしもちろん、こうした事例は刑法的には「殺人」には、いや「過失致死」にさえ、ならないだろう。けれど、これと同等なほど当該の死に対して間接的であっても、「殺人」や「過失致死」と見なされる場合もある。人を指図して殺害行為をやらせる人は、当の死に対しては、友人に映画を見せた私や知人に呼びかけた私と同じくらい、あるいはそれよりも、物理上は間接的である。にもかかわらず「間接正犯」として刑法的に処罰される（地下鉄サリン事件の主犯を想起せよ）。

何が違うのか。動機のあるなしか。けれど、映画に感化されやすいのを利用して深謀遠慮のもとに友人の殺害を私が狙っていたならどうか。知人が私と似た声の人物に恐喝されているのを私が知っていて、私は彼に死んでもらいたいので、それを利用してわざわざ車がとばす道で知人に声をかけたとしたならどうか。これに対し、いや、動機だけで片が付くわけではない、動機と死の間の関係が一般的に期待されうる因果関係になければ罪とはならないのだ、などといっても解明には結びつかない。一般的な因果関係とは何か。インドで亡くなった友人の性格からして、あの映画にのめり込む確率は最初から相当に高かったといえるならどうか、などなど、疑問はつきない。つまりは、何が「死」をもたらしたのか、「死」の原因、に関して、確実性をもって確定することなどできないのである。[6] 換言するなら、「殺人」とは、客観的事実でも自然現象でもなく、脚色されたお話なのである。実際、「罪刑法定主義」というリーガルマインドの基本は、法なくして犯罪なし、ということであり、したがって犯罪とは法による一種の虚構だと事実上見なされているといってよい（本書第4章1節を参照）。ならば、「殺すこと」と「死なせること」との区別とは、あくまでも脚色空間をどう構成するかということにすぎず、絶対の峻別などありえないし、もしそれがあると強弁するとしたら、それは理論的には虚言である。この限り、「殺すこと」と「死なせること」との区別の恣意性を糾弾し、「死なせること」と見なされていることが許容されている以上、「殺すこと」とされている事態も許容すべきだと、そう迫る安楽死推進論者の議論は首尾一貫しているといえる。

同様な論点は別の角度からも確認できる。「殺すこと」とは「死」に至らしめることである。しかし、お分かりのように、いつ人の「死」が訪れたというべきなのか、生と死を境界づけるときとはいつなのか、曖昧ではっきりしない。おそらく生物学的には「死」とは一定期間中に漸次進行するプロセスなのだろう。よって、「いつ」死が訪れたのか、という問いはミスリーディングなのかもしれない。とはいえもちろん、完全な疑いなき「死」として認定できる状態はある。ミイラ状態の体を生きている人とは誰も言わないだろう。そこまでいかなくとも、通常「死」の判定基準と認められている条件（呼吸停止・心拍停止（血圧降下）・瞳孔拡大など）あるいは数値を満たすならば、それは完全な「死」と見なされる。そして私は、このように死を判定する数値に注目するとき、古典的な「ソライティーズ・パラドックス」（sorites paradox、「連鎖式のパラドックス」ともいう）がここに生じると、そう述べたいのである。[7] たとえば、死の判定基準として「血圧」をとってみよう（もちろん他のもっと適切な数値があればそれでよい。要は死を判定する数値であればよいのである）。かりに「血圧」が降下し続けて「ゼロ（水銀柱で〇ミリメートル）」

になったときは文句なしに「死」だと定義するとしよう（「ゼロ」になって五分間経過することというように定義してもよいが、議論の構造は同じなので、簡潔のため時間のファクターは無視する）。しかるに、「死」がプロセスとして成立してくることを考慮する限り、血圧〇が疑いなく死であるなら、血圧〇・〇〇一もやはり「死」であると考えて差し支えないだろう。〇・〇〇一は〇とほとんど変わらないし、実際血圧が〇・〇〇一になったら、先の定義による限り、死んだと同じだからである。しかるにそうであるなら、血圧〇・〇〇二も、「死」と認定される血圧〇・〇〇一の状態とほとんど同じなのだから、やはり「死」と考えられる。こうして、血圧値がいくら上がっても、たとえ血圧一〇〇の状態だとしても、「死」だと見なされなければならなくなる。「死」に関して、こうした「血圧」に即した「ソライティーズ・パラドックス」に陥る議論構造が認められる限り、当該の患者が完全な「死」に至った後で遡及的に考えるならば、致死薬注射をしたときと延命装置取り外しをしたときとで、ともにその後で血圧降下が続いたのならば、患者を「死」へと至らしめたという点で原理的な差はない。延命装置取り外しをした後でゆっくりと血圧が下がってこようと、致死薬注射の後で突然に血圧降下が始まろうと、同じである。このことは逆に、ウイリアムソンが「ソライティーズ・パラドックス」一般について強調した言い方を援用して、こう言い換えられよう。いつ何ごとを契機として「死」が生じたのかについて私たちは「無知」でしかない、と（See Williamson 1994, esp. pp.185–215）。

こうした議論が空論のように思えるなら、別の仕方で類似の着想を述べ直してみよう。原因と結果は時間的空間的に接触していなければならない、という考え方は大抵は認められる。ならば、「死」の原因も「死」と接していなければならない。してみれば、延命装置取り外しの場合はもちろん、致死薬注射の場合とて、そうした行為は「死」の原因とはいえない。なぜなら、致死薬注射をした後、それが体をめぐり、心臓などに達して臓器の働きを阻害するに至るまで多様なプロセスを辿らねばならず、注射の行為は直接「死」に接してなどいないからである。厳密にはむしろ、そうした薬物に対する身体の反応構造が「死」の原因なのだ、と述べたほうが正当かもしれないのである。少なくとも、そうした原因指定の可能性は否定できない。それに実際、原理的には、注射の後で何らかの処置をすれば「死」には至らないこともありうる。そうした処置可能性が現実味を帯びている場合には、「死」の原因はむしろそうした処置の準備を怠ったことに求められる文脈さえ成立しうるだろう。(8) そうであるなら、延命装置取り外しも致死薬注射もともに「殺すこと」には当たらない。よって、こうした議論の流れからしても、「殺すこと」と「死なせること」を区別せずに安楽死を推進する議論は道理に適っているといえる。

けれども、ここで気を付けなければならないのは、「殺すこと」の脚色性や「死」の曖昧性にのっとった「殺すこと」と「死なせること」との同質化の議論は、理論的可能性として、あるいは理論的逆説の可能性として、展開されているということである。実際私は、「死」の曖昧性の議論を「ソライティーズ・パ、ラ、ド、ッ、ク、ス、」の一つとして導入した。当然ながら、「殺人」が脚色性に彩られているからといって、「殺人」という事象が消えてなくなってしまい、他人をナイフで刺そうが拳銃で撃とうが「殺人」にはならないなどということがあろうはずがない。「死」は曖昧だからといって、連鎖的にすべてが死人になってしまうからといって、生きている他者を死人として扱ってよいはずがない。そうしたことが現実には不可能なのに、理論的にはそのようなことが帰結してしまうからこそパラドックスなのである。したがってむしろ、パラドックスの帰結によって説得力を獲得する安楽死推進論は、そうした自らのあり方によって、自らの不健全性を暴露してしまっているのだと言うべきではなかろうか。いかに安楽死推進論が、巧妙な思考実験を通じて、「殺すこと」と「死なせること」の同質化、あるいは「殺すこと」の「死なせること」以上の道徳性を論証しようとしても、「因習的見解」の核をなす直観、「死」へのコミットメントをどこかで限界づけなければならないという直観、そしてそれは当事者の意識の上では「殺すことへのためらい」として現れるが、それにはやはり相応の理由があると思わないではいられないのである。(9)

そうした理由を探るためにも、いよいよ、2節で挙げた三つの係争点のうちの、第一のもの、すなわち安楽死の根拠に関わる論点を検討してみよう。すでに触れたように、安楽死推進を主張する人々が、その根拠として挙げるのは、自分の「生命への権利」に対する「自律」あるいは「自己決定」である。たとえば、熱心な安楽死推進論者クースはこう述べる。「私は、他の条件が等しいならば、医療実践における意思決定は患者の最善の関心に基づくべきであるという見解を取る……判断能力のある患者は、痛みからの自由とか機能を保持するとかなどの、安寧に対する関心をもっている。しかし判断能力のある患者の関心は、単なる安寧をはるかに越えたところまで伸びている。判断能力のある患者は自律あるいは自己決定に対してこそ主たる関心をもっているのである……自律に対する尊重は、私の考えでは、生命を縮める可能性のある痛み緩和処置、そして安楽死をも導く。自律の原理にしたがって振る舞う医師は、自発的安楽死を実践したときでさえ、道徳的に悪い行為をしたことにはならない」(Kuhse 1996, pp.253-54)。そして、無用な延命処置に対して、患者が自己決定によってむしろ安楽死を求める権利は、ジョセフ・フレッチャーの一九六〇年の論文(Fletcher 1960)の影響もあって、「死ぬ権利」と一般に呼ばれるに至っている(10)。そして、このことは、「権利」である以上は社会あるいは医療の側が権利遂行を果たさせてあげる「義務」がある、というように医療それ自体の質の変容を促すような含意も伴いうるだろう(11)。

さて、まず確認すべきは、「生命への権利」、あるいはクースの言い方だと「安寧に対する関心」、こうした概念が議論の根底をなしていて、それの拡張形として安楽死を要求する権利そして「死ぬ権利」が導入されているという点である。こうした「生命への権利」は、まずは、痛みからの自由などという表現から分かるように、「身体」への権利として現れる。実際上、近代以降の人間社会において、法的に、したがって医療的にも、自分自身の身体に対する権利は最も基本的な権利として認められてきたといってよい。「自分自身の身体に関してなされることを決定する権利、これは新奇な司法的概念などではまったくない。アメリカ慣習法そして合衆国憲法はすでに長きに渡って、身体的な侵犯や干渉からの自由を承認してきたのである」（Humphry and Wickett 1986, p.218）。そして「死ぬ権利」もまた、こうした流れのなか、身体を自由に処分する権利として捉えられている。いま私は、「身体を自由に処分する」という言い方をしたが、こうした「処分」という表現からも窺われるように、身体への権利は「所有権」（property）の一つにほかならない。獲得したり、使用したり、処分したり、放棄したり、交換したり、譲渡したり、というように自分の外部にあるものが何らかの条件によって付いたり離れたりするとき、「所有権」のタームは用いられるからである。実際、私たちは自分の身体を所有している、という言い方は日常感覚としても受け入れやすいように思われる。私たちは、筋力トレーニングによって頑強な身体を「獲得」するし、身体の労働力を「使用」して賃金を得るし、自分の髪を切って「処分」したり「放棄」したりするし、自分の血液を「譲渡」したり「交換」したりするからである。そして、こうした身体への所有権が、安楽死を論じる文脈では類比的に、「生命への権利」ひいては「死ぬ権利」へと連なっていく。「安楽死支持者によって描かれるアナロジーは、所有権とのそれである……こうした議論に通常見いだされる前提は、生命への権利はまさしく所有権の一種である、なぜなら私たちは私たちの身体を所有しているのだから、というものである」（Oderberg 2000, p.55）。加えて、所有権が問題として最も顕在化するのは、なによりも所有権の侵害の場合であり、「殺すこと」を事柄の核心にもつ安楽死はまさしくそうした侵害の問題にきわどく接しているので、所有権概念がここで導入されるのはまことに自然であるという、そういう事情もある。こうして、自分の身体や生命は自分が所有しているのだから、自律的な自己決定によって自分の生命の扱いを決められるのであり、場合によっては自発的安楽死を求めることができるのだ、とする論理が生成してくるのである。

けれども、このような議論は、シンプルで理路整然としているように見えるが、実はそれは深く突き詰められていないからにすぎず、やすやすと受け入れられるものではない。いくつか指摘すべき点がある。まず、「自律」あるいは「自己決定」について述べておこう。私は、他の機会にも述べたが（一ノ瀬 2001, 序章参照）、自分だけの考慮によって自己責任のもとで自分のことを決定する、といった自律なるものは端的に不可能であると考えている。そもそも、私たちが何かを決定するときに根底に携えているさまざまな価値観、それらはどのように身につけられたのだろうか。たとえば、「散りぎわは潔く」とか「終わりよければすべてよし」とか「人に迷惑をかけずに逝くべき」といった考え方が安楽死を願う患者の心の底にあるかもしれない。しかし、そうした考え方が好ましいという価値観は、その人個人の決定によるというよりも、その人を幼少時代から取り巻いていた大人や社会環境による刷り込み、あるいは洗脳による、といったほうが実相に近いのではなかろうか。そのように受動的に刷り込まれ植え付けられたことが動因となっている決定を「自律」的な「自己決定」などと、そんなおめでたいことを果たして言えるのか。おそらく、冷静に考えるなら、「自律」というのは、概して、自由の概念を介して「責任」概念と結びついている。つまり、逆に言うなら、「責任」を帰しうる事態が自律概念としておおよそ理解されているのだと思われる。しかるに、「責任」とは、当人というよりも第三者が、場合によっては当人の意識を超えるような仕方で（トラック運転手の巻き込み事故のような、本人が気づかないうちに起こしている事故の過失責任などを思い起こせ）、当人に帰属するものであり、その意味ですでにして「自己」なるものを定義的にはみ出ている。したがって、そうした「責任」と連動的に理解される「自律」とは、何層もの他律的背景のもとでの「責任」が語りうるような仕方での、当人のあり方にほかならないと、そういうべきだろう。そうした「自律」を文字通り当人だけの「自己決定」だと見なして、当人の安寧や幸福といった事柄だけに問題を集約してしまうのは、明らかに矮小化でありごまかしである。あまりに軽率である。

おそらく、こうした私の見解は、現代の自由意志論や責任論の文脈からも対応する考え方を引き出すことができる。

それは、ゲーレン・ストローソンが言うところの「基本的議論」(the Basic Argument) であり、それによれば、究極的な道徳的責任という概念は不可能であるとされる。すなわち、もし人が自分の為すことに対して真に責任があるならば、その人は自分がどのようであるか、つまり、自分のありように対して真に責任があるのでなければならない。しかるに、人は、自覚的かつ理性的な仕方で、自分の現在のありようを選択したと述べることは実際できないゆえ、真の究極的な道徳的責任という概念は不可能なのだ、という議論である (Strawson 2008, pp.319-320)。実際確かに、私たちは私たち自身のありようを完全に自己決定することはできない。なぜならば、私たちは、生物的条件とか、親の経済状況とか、幼児教育といった、たくさんの、自分にとっての偶然事や道徳的運に取り巻かれているが、しかし、それらは自分にとって偶然事であるにもかかわらず、私たちの人格性や性格に本来的に影響を与えてしまうものだからである。であるならば、ある行為者に対してある行為の責任を判断する際には、本人の一人称的申し立てを超えて、三人称的観点から、多くの客観的な要素を考慮しなければならないのであり、そしてそのとき、究極的な責任や自律的自己決定をその行為者に帰属させることはできないはずなのである。かくして、人々を文字通りに自律的で自己決定することができる存在と見なすという捉え方は厳に廃棄されなければならないだろう。

こうした自律的自己決定論がはらむ難点は、カラハンによっても別な仕方で糾弾されている。カラハンは、一般に安楽死にまつわる自己決定論は、患者当人の自己決定に最大の力点をおく、というより、患者自身の自己決定のみに焦点を当てる、という構造になっているが、それは事実認識としてそもそも誤っている、という。なぜなら、純然と自己のみに関わるように見える自殺の問題だったら、自己決定ということも少なくとも議論の対象になりうるが、安楽死はそういう問題ではまったくなく、他者の道徳的かつ物理的な援助を必要とする点で、原理的に他者を巻き込む問題なのだからである。「安楽死は決して自己決定のみに関わる問題ではない。それは、二人の人、すなわち、殺される人と殺す人との間の相互的かつ社会的な意思決定の問題なのである」。そしてカラハンは、私の自分自身に関することの自己決定の権利は、果たしてどのような根拠によって他者である医師へと移転されうるのか、どうやって私の権利から彼の権利へと移行が達成されるのか、と問いかける。かくてカラハンは、私の「生命への権利」を他者に委譲して、私の命を絶ってもらう、という観念はいまだ誰も正当化に成功していない未決の考え方だ、と述べる(Callahan 1992, p.328)。確かに安楽死は、当人だけでなく、実際にそれを遂行する医療関係者、そしてそれを見守る家族にまで、重大な波紋を投げかけないではいない。ならば、そうした事態を無視して、「自律」的な「自己決定」とだけ述べてすましているのは、深刻な理論的欠陥である。先に「死ぬ権利」を遂行させてあげるという社会や医療の側の義務の可能性について触れたが、なぜそうした義務が生じるのか、そのメカニズムについては理論的に必ずしも明らかではないし、それだけでは実は片寄ってもいる。というのも、そうした義務だけでなく、社会や医療の側の権利、医師の権利、それも必須のファクターとして考慮しなければならないと思われるからである。つまりたとえば、医師が、患者や患者の家族の安楽死要求に際して、医師自身の信条に従ってその要求を拒む権利といったものも(少なくとも)考慮のリストに入れるべきだと、そう私には思われるということである。安楽死に関する自律的自己決定論がそうした必須要件を等閑に付しているなら、「自己決定」ということを取り違えている、「自己決定」の倒錯を犯していると、そういうべきなのではないか[12]。

6　所有権の捏造

さて、自分の権利をどうやって他者に委譲するか、といういま触れた論点は、自己決定と「死ぬ権利」に基づく安楽死推進論に対するもう一つの根本的な問題点へと連なっていく。すなわち、所有権概念と絡めて「死ぬ権利」を導くことに対する疑念である。そしてそうした疑念とともに、本論冒頭で述べた「死者のパラドックス」へと議論が回帰していくのである。ともあれ以下、三つの論点を挙げてみよう。

第一に、所有権概念の原義に照らして、生命それ自体への所有権は認められない、よって「生命への権利」も「死ぬ権利」も根拠を欠く捏造にすぎない、という論点を挙げたい。私が念頭に置いているのは、第1章と同様、ジョン・ロックの労働所有権論である。前章でも触れたように、ロックの所有権論が近代社会の、あるいは近代人権思想の、根底をなしていて、「アメリカ独立宣言」や「フランス人権宣言」に大きな影響を与えたことはよく知られている。そして、現在の議論水準のなかでも、ノージック『アナーキー・国家・ユートピア』の問題提起以来、ロックの所有権論が現代正義論のなかでヴィヴィッドな提言として議論の対象となっていることも確かである。ならば、まずはロックの所有権概念に目を向けて、「死ぬ権利」について理論的な検討をすることは無駄ではないだろう。ロックの所有権論については私はかつて自分の理解を展開したし（一ノ瀬 1997, 第Ⅲ部参照）、本書第1章でも相応に論じたので、ここでは必要最低限の確認にとどめる。ロックの原着想は次の歴史的に有名な所有権概念規定にほぼ尽くされている。「すべての人間は自分自身の人格（person）に対する所有権を持っている。これに対しては本人以外の誰も権利をもっていない。彼の身体の労働とその手の働きは、固有に彼のものであるといってよい。それで、自然が準備しそのまま放置しておいた状態から彼が取り去るものは何であれ、彼はこのものに自分の労働を混合させ、そしてこのものに何か自分自身のものを付け加え、そのことによってこのものを自分の所有とする」（Locke 1960, 2nd Treatise, Section 27）。人格（パーソン）への所有権と労働によって、すべての所有権が確定されていくとする考え方である。もちろんロックの議論はそれほど単純ではなく、労働を混合して所有権が成立するためにクリアすべき条件、「ロック的但し書き」（Lockean proviso）と呼ばれる条件、も展開しているが、ここでは最重要のポイントだけを確認しよう。すなわち、ロックはこうした所有権概念の規定にのっとって、人格に対しては所有権は語れるが、身体・生命に対しては所有権はそもそも語れないとしている点、これである。ロックはいう、「いかなる者も、自分が自分自身のうちにもっていないもの、つまり自分自身の生命を支配する権力を、他人に譲り渡すことはできない」(Locke 1960, 2nd Treatise, Section 24)。なぜか。それは、既述のように、自己の生命や身体そのものの発生はいかなる労働によっても達成できず、労働概念とは規定的に無縁であり、よって所有権を帰しうる範囲外だからである。そうであるなら、「生命への権利」とか「死ぬ権利」というのは、それが所有権とのアナロジーで理解されている限り、ナンセンスな概念だ、ということになる。そうした捏造された所有権概念にのっとった安楽死擁護の議論は、少なくとも権利や人権の概念の原義に鑑みるとき（そしてそうした原義は依然として権利概念の核をなしていると考えられる）、砂上の楼閣にすぎない。したがって、こうした事情にもかかわらず、何の理論的障壁をも感ぜずに「死ぬ権利」を言い立てる人々は、権利概念の核心的意義を誤解しているか、あるいはいわゆる西洋の人権概念とは別種のまったく新たな権利概念を提起しているかの、いずれかであると考えられねばならない。しかし、どっちにしても、「死ぬ権利」という名称は著しくミスリーディングであろう。

もちろん、しかし、ロックの所有権論だけが所有権概念理解の絶対の権威なわけではなく、「コンヴェンション所有権論」など他の有力な考え方もあるし、ロックの議論はいかにも古く、労働だけにすべてを根拠づけるというのは現実の所有権の錯綜した状況からすると空論に聞こえる、といった反論がすぐに提起されるだろう。確かにそうだろう。私も、ロック由来の所有権理解や権利概念理解が唯一の権威とは主張するつもりはないし、ロック以降の歴史のなかで、権利概念や人権思想はさまざまな変容を遂げてきたことも間違いない。西欧人でさえ、現在では、ロックの権利概念や所有権正当化の議論に違和感を覚える人がいるだろう。しかし、ここで私は、少なくとも哲学的な見地から理論的に検討した場合、ロックの議論は現代においてもかなりの説得性があるということを述べたいのである。実際、そもそも「労働」という概念は広い含みをもっており、そうしたことを踏まえて理解するなら、ロック流の労働所有権論は現在の文脈に置き直しても決して捨てたものではないし、「コンヴェンション所有権論」をも包含しうると、そのように考えられる。「労働」は、どうも労働所有権論の話をするときには肉体労働のようなものと同一視されがちだが、実は努力・苦労などの概念と連動し、しかも濃密に文脈負荷的である。思考すること、計画すること、整理すること、規定すること、場合によっては（モデルにとっては）微笑むこと、これらも「労働」になりうる。だとすれば、そうした「労働」によって所有権が生成してくるというのは、むしろ私たちの常識なのではないか。たとえ「コンヴェンション」のような暗黙の認定が所有権の根拠になるのだとしても、それが根拠になると検討して承認したり、それに訴えたり、そうした「コンヴェンション」に従おうとしたりすることは「労働」になりうるのである。私は、いわゆる不労所得でさえ、その発端やその維持に対する「労働」によって理解することができるのではないかと思っている(13)。少なくとも、所有権一般に関して、「労働」がその大枠での把握を促すキーコンセプトになりうることは疑いない。ならば、ロックの議論は、歴史的という以上の実質的意味があるのであり、それゆえ、生命の所有は不可能である以上、「死ぬ権利」は無定見な欺瞞として斥けられる、という議論の道筋が成立してくると思うのである。

さて、第二に私は、第一の論点の延長線上にある論点として、「生命」それ自体は譲渡できない、よって所有権概念を「生命」に適用することはできないので、「死ぬ権利」は成立しない、と述べたい。このことは、ロックの議論とはまったく独立に主張しうる。どういうことか。「死ぬ権利」が所有権概念にのっとって「生命への権利」の一つの行使として理解されていること、そして、所有権概念が「譲渡」を本来的に含むこと、安楽死はそうした「死ぬ権利」という所有権の第三者（おもに医師）への一種の譲渡として理解できること、ここまではよいだろうと思われる。しかるに、「生命」を丸ごと「譲渡」する、というのはどういう事態だろうか。私が素直に考えるに、もしこのことが真に成立しているとするなら、当人以外の誰かがもう一つの「生命」を受け取るのでなければならないのではないか。「譲渡」というのは、譲渡されたものがあって、それを誰かが受け取る、ということではないのか。誰かが二つの「生命」をもつことになる、すなわち、「生命」を譲渡された者は死んだ後でもう一度生きることができる、ということではないのか。しかし、こうしたことは不可能であり、意味をなさないことは言うまでもない。よって、「生命」を譲渡することなどそもそもできないのである。ならば「死ぬ権利」などあろうはずがない。「死ぬ権利」、それは正真正銘の捏造であり、欺瞞的概念である。

オダバーグもこの「譲渡」にまつわる論点に触れている。オダバーグは、「生命への権利」や「死ぬ権利」が所有権とのアナロジーで論じられていることを確認し、さらに所有権のホールマークは譲渡可能（alienable）であるという性質にあると押さえた上で、譲渡可能性という点で生命と他の所有物とでは本質的な相違がある、と論じる。他の所有物に関しては、あれやこれやの特定の所有権の譲渡をしても、所有権全体は保持されるのに対して、生命の場合は、そもそも一つしかないので、あれやこれやの生命を譲渡して生命全体を保持することはできず、いつも全体の譲渡になってしまう、という重大な相違がある。よって、所有権全体は譲渡不可能なので、生命は譲渡不可能なのだと、そう展開するのである（Oderberg 2000, pp.55–56）。私は、しかし、この議論が結論的に私自身のものと同じになるとしても、多少違和感を感じないではいられない。というのも、オダバーグは生命の譲渡はつねに生命全体の譲渡になってしまうと考えているが、私は、日常的な言葉遣いからして、生命の全体ではない部分的な譲渡というのは相応に有意味だと思うからである。母親が赤ん坊に授乳するとき、輸血するとき、肉親に生体肝移植をするとき、徹夜で献身的に看病したりするとき、そこに生命（力）の部分的な譲渡が生じている、と表現することにさほど奇妙な点はないのではなかろうか。食物を食べること自体、生命の部分的な譲渡なのだとする物言いもさしあたり可能である（第7章参照）。そうであるなら、生命の譲渡はいつも全体の譲渡になってしまうので譲渡不可能なのだ、というオダバーグの論立ては必ずしも十全な説得性を持たないだろう。やはりむしろ、生命全体の譲渡という概念それ自体、譲渡されるものが存在しないし、譲渡先が特定できないので、意味不明な概念なのだと、そう言うべきなのではあるまいか。

さて、最後の第三の論点に移ろう。こう論じたい。「権利」という概念は、それを行使してその結果を享受できるということを含意していると考えられるが、「死ぬ権利」の場合、権利を行使して結果を享受できる者が存在しない、よってここに「権利」という概念を当てはめることはできない、と。そして、にもかかわらず「死ぬ権利」という権利概念を主張するなら、まるで死んだ後で権利行使の結果を当人が享受しているかのように表象していることになり、まさしく「死者のパラドックス」に巻き込まれてしまう、と[14]。権利概念が結果の享受を含意するという点については、現に使用されているあらゆる権利概念がその証左となろう。所有権についていえば、消費したり、譲渡したりできるからこその所有権なのであって、もし、実際に消費や譲渡をしようとしたときに必ず所有主が消滅してしまうことになっているとしたならば、最初から消費や譲渡ができないということにほかならず、よって実は所有「権」ではなかったというべきだろう。もちろん、こうした言い方に対して反例が提出されるかもしれない。たとえば、遺言を残す権利はどうなのか、と。なかなか難しい問題だが、おそらくそれは、有効な遺言を残すということは生前に完結する行為であって、その意味で結果を享受できると、あるいは、遺言は当人だけに関わることではなく、他者も当事者として関わっているので、結果を享受する人は存在する、などと答えられるだろう。いずれにせよ、「死ぬ権利」に関しては、権利を行使した後でその結果を享受する人が定義的に存在しないことは明らかである。それなのに「権利」として言い立てるのだとしたら、序章の言い方を使うならば、「権利」というきわめて「現世視点」に限定された概念を用いながら、実際は「彼岸視点」を密かに導入して、もはや誰でもない死者があたかも結果の享受をしているかのように見立てることになる。「死者のパラドックス」がここに食い込んでいるのである。

こうして、そもそも「死ぬ権利」は不可能であることが分かった。そのような権利概念は、矛盾した、捏造された、欺瞞なのである。よって自律的自己決定と「死ぬ権利」に基づく安楽死推進論は厳に拒絶されなければならない。まして、「死ぬ権利」のさらに急進的な展開形としてときどき主張される「（お年寄りなどについての）死ぬ義務」の概念など、理論的には虚妄としか言いようがないだろう。(15) 私は、「死なせること」を受け入れつつも「殺すこと」にはためらいを感じるということには相応の理由があるのではないかと、4節末尾で述べたが、それは、そうしたためらいには「死ぬ権利」という概念に対する直観的なうしろめたさが反映されているからだと、そう診断することができるのではなかろうか。

7 「死者のパラドックス」から「死の所有」へ

けれども、厳密に言えば、「殺すこと」へのためらいもまた、「死なせること」へのやむなくの容認との組み合わせのもとでそれが現出しているとするなら、理論的には欺瞞に陥っていることは同じである。なぜなら、「死なせること」も結局は、当人の生命は当人のものなので当人の希望通りにしてあげよう、といった思考様式に導かれているのであり、ソフトな仕方にせよ、「死ぬ権利」にコミットしていると思われるからである。つまり私は、「死ぬ権利」に結局は基づくのである限り、積極的であれ消極的であれ、いかなる安楽死も理論的根拠を欠いていると考えるのである。しかし、そう述べた上で、あえてこう問わなければならない。このような理論的難点があるにもかかわらず、なぜ人々は「死者のパラドックス」に容易にはまり、「死ぬ権利」などという概念が有意味だと感じてしまうのだろうか。「死ぬ権利」がいかに欺瞞的な概念であると理論的に解明できたとしても、私たちが現実にそうした概念を使用している（ように思っている）ことは事実として認めないわけにはいかない。哲学者・倫理学者でさえ、何らかの錯覚にはまってか、「生命への権利」や「死ぬ権利」を持ち出して、安楽死擁護の議論を展開したりしているのである。事実問題として、このことの記述的な所以が問われてよいだろう。

このことを解明するために、まず、なぜ「生命」を譲渡する、というものの捉え方が理解可能なように思えてしまうのか、と問うてみよう。おそらくそれは、人が死んで生命を失うときに、同時に何かが他の人に与えられるという実感があるからであろう。この実感は間違いなくリアリティがある。けれども、その与えられるものは「生命」そのものでは断じてありえない。すでに前章でも触れたように、人が死んだとき、「生命」は端的に消滅するのであって、どこにも与えられようがない。それに、「生命」そのものが譲渡されるということは、それを与えられた人が二つの生命をもつという不条理にほかならないからである。では、何が与えられるように思えるのだろうか。「死」が与えられる、というように考えることはできないだろうか。「死」という情景が、あるいは、死体が、死んだ人の存在感が、死んだ人への尽きない想いが、死への恐怖が、もしかしたら死へのあこがれが。そうしたものが他の人に与えられると解することができるのではないか。少なくとも、「生命」が与えられるとするよりは、「死」が与えられるとしたほうが一層実感に適っている。だとするなら、翻って、私たちは生きているときから「死」を所有していることにもなるはずである。それはたとえば、いつでも「死」ねるという能力であったり、「死」の世界と交流できるとする表現（演技？）能力の所有かもしれない。すでに死んだ人と語り合えるという想像能力かもしれない。いずれにせよ、そのように私たちは生きているときにすでに「死」を所有していて、死んだときにそうした「死の所有」が他の人に与えられると、そう考える道筋が可能なように、少なくとも文学的に可能なように、思えるのである。私はこの「死の所有」の考え方を、第1章で死刑論の文脈で導入した。というより、死刑を論じる文脈からこそ「死の所有」の観念が立ち上がってくるのだと、そういう仕方で導入した。他者の生命を奪った者は自分の生命を差し出さねばならないという、応報的な死刑の正当化は、生命を差し出すという観念がナンセンスなゆえに断じて成立しないのだが、にもかかわらず死刑が応報的に正当だと人々が捉えてしまうのは、私たちは生前から「死」を所有しており、だから他人のそれを勝手に奪った者は自分の「死の所有」を差し出さねばならないという、そうした裏の論理がはたらいているからではないのか。それが私の死刑論のポイントであった。

けれども、ここで直ちに断固として確認しておかなければならないのは、いま「文学的」という表現を使ったことからも分かるように、こうした「死の所有」の観念は、「生命を差し出す」という観念よりは実感にはるかに適うとしても、やはり純然たる虚構であって、実体性をもたない考え方であるということ、これである。実際、死を所有するなどというのは、突拍子もない。字義通りに解するならば、死を所有していることは死んでいることになるはずなのに、そうでないことを意味しているわけだから、理解しがたい観念であるといわざるをえない。それに、つじつまも合わない。人が死ぬとき「死の所有」を他者に譲渡するというが、譲渡した後、その人はどうなってしまうのか。消えて無くなるのか。しかし消えてしまうとしたら、譲渡という概念は意義を失うだろう。すでに述べたように、譲渡のような所有「権」は、その権利遂行の後の結果を享受できるという様態を含むはずなので、譲渡の後で主体が消えてしまうわけにはいかない。つまり、「死の所有」の観念がともかくも有効に働くためには、死んだ後もその人は何らかの仕方で主体として存続しているのでなければならない。けれども、そう考えることは、死んだ人は死んでいない、というように等しいだろう。「彼岸視点」を持ち込むということである。しかし他方で、こうした考え方が「死者のパラドックス」にそのまま適合することは明らかだろう。すなわち、「死ぬ権利」にのっとって安楽死が正当なように思う思考様式の背景には「死者のパラドックス」に巻き込まれている事態があるが、それは実は「死の所有」という、それ自体フィクションでしかない観念を何らかの仕方で受け入れてしまっているという私たちの心のあり方が促す事態にほかならないということ、これが私の主張なのである。

確かに、たとえ虚構であれ、一旦「死の所有」の観念を認めるなら、私が指摘した「死ぬ権利」にまつわる難点は表面上氷解するように思われる。死者と対話するという想像能力が「死の所有」の一側面と見なされるならば、そうした想像能力はなにがしかの「労働」によって達成されるものかもしれない。そして、「死の所有」の譲渡と、そうした譲渡の結果の享受もまた、すでに述べたように「死の所有」の観念によって確保されるからである。けれども、繰り返しになるが、これは虚構にすぎない。安楽死の問題があくまでも現実社会における合法化如何ということに関わっている限り、「死の所有」の観念に訴えることは断じて避けなければならない。つまり、近代的所有権概念、そしてそれと連動する近代人権思想にのっとる限り、安楽死は、積極的であろうと消極的であろうと、合理的根拠をもって容認することは到底できない。道徳的正当化などいかなる仕方によっても不可能なのである。換言するならば、いかなる安楽死も犯罪でしかない。したがって、それでもどうしても、苦しみを訴え自らの死を願う人を前にして、医師としてであれ家族としてであれ、安楽死がなにがしか認められてもいいのではないかと感じるその感じを無視できず、すくい上げたいというならば、欺瞞なき合理的な道は二つしかない。

一つは、すっぱりと近代人権思想を切り捨てて、「死者のパラドックス」がパラドックスではない世界観、「死の所有」の観念を文字通りに受容できるような世界観、それを受け入れるという道である。たとえば、日本中世の「武士道」のような世界観、すなわち、生命を惜しまず死ぬことが潔く、それが死後の自分や自分の家系の名誉につながる、したがって、ある場面ではむしろ死ぬこと・殺されることが道徳的に推奨される、いやそれどころか、いつでも死に臨むという態勢（常住死身）でいることが規範であるような世界観である。これは、死後の本人の名誉が著しく重んじられている限りで「死者のパラドックス」をパラドックスではない仕方で受け入れていることになるし、「死」を生前からいわばアイデンティティの要として使用していると言える限りで「死の所有」の観念を字義通りに実践している立場である。無論、日本中世の武士たちが死後の世界の存在を字義通りに信じていたかどうかについては、疑問がありうる。ここで私が触れているのは、生存中に彼らが抱いていたであろう、死を恐れず、むしろ死に向かうことを道徳的に潔いものとするという倫理観のことである。しかしながら、いずれにせよ、こうした中世的世界観のようなものを復興させて、それを全面的に採用するというのは、（多分）現実的に困難だろう。

ならば、残されているのは一つである。安楽死に関与するときに、私たちはそれが犯罪であることを自覚し覚悟して行うということ、この道である。[16] もともと「死ぬ権利」などという考え方は私たち近代社会が受け入れている法も道徳も越えている。現状の法や道徳のなかでは犯罪と見なされるしかない帰結を促す考え方なのである。こうした結論がどうしても受け入れられないと感じるとしたら、あるいはこれは、近代人権思想そのものの欠陥が安楽死問題を通じて露呈していると、そういうべき事態なのかもしれない。こうした論脈を追求することは、思考に値する道筋だと思う。しかしいずれにせよ、現段階で、以上の議論に沿って私が建設的に述べうる唯一のことは、安楽死は犯罪であることを踏まえた上で、それに対する刑罰の体系を工夫していくべきではないかという提言だけである。私は、しかし、こうした述べ方が現状での私たちの常識的直観に反しているとは思わない。[17] やはり、私たちにとって、安楽死はきわめて特殊な、かなりきわどい行為であると感じられているのではないか。遂行の前後に、落涙を抑えられないような、極限の行為なのではないか。そうした直観の理由を探り出してみること、そしてそうした観点から「涙の哲学」の深化を果たすこと、それが本章において私の意図したことだったのである。[18]

次章では、いわゆる生命倫理全般に関して、「死の所有」の観念を突き合わせ、「涙の哲学」のさらなる展開を試みることにしよう。

第3章　生命倫理と死ぬ主体
——胎児、代理母、クローン、そして死にゆく人

1　伝統と変化の交錯

二一世紀を迎えた現在、哲学・倫理の研究や主題は新しい相貌を急速に帯び、ダイナミックな変化を遂げつつある。問題としては伝統的なものとつながっているのだけれど、問いの立て方が以前では考えられないような様式になってきているのである。そうした動向は、基本的に、哲学・倫理の議論に対して進展著しい現代科学の手法や知見をぶつけるところから発生している。たとえば、「自由意志」の問題に対する、脳科学の知見をもってする一つの問題提起がある。これは、アメリカの脳科学者ベンジャミン・リベットによって報告された実験結果にもとづく問題で、「自由意志」という哲学の古典的なトピックに対して、奇妙な傾斜でもって疑問を投げつけている。すなわちリベットは、私たち人間が何らかの行為（手を上げるとかボタンを押すとか）を意図して行おうとするとき、その身体的動作に対応する「準備電位」（readiness potential）と呼ばれる脳内活動が実際の動作の約五〇〇ミリ秒前に発生するが、動作主体の人間が自分自身の動作意図を「意識」するのは「準備電位」の後の、実際の動作の約二〇〇ミリ秒前である、という実験結果を得たのである（E. g. Libet 1999）。リベットはこう記す。「自由で随意的な動作のはじまりは、脳のなかで無意識的に開始されているように見える、しかも、その当人がどういう動作をしたいのかということを意識的に

自覚するよりもずっと前に、である。だとすれば、随意的な動作を遂行するとき、果たして意識的意志にはどのような役割があるのか」(Libet 1999, p.51)。なぜこうした問いが生じるかといえば、行為を自律的にコントロールする、という点に自由意志の意義が定位されるとするならば、意識的意志は、準備電位に先行されている以上、自律的なコントロールをなしえていないように考えられるからである。しかるにリベットは、準備電位が生じ、続いて意識的意志が発生した後に、私たちは当該の身体的動作を「中止する」(veto) ことができる、しかもそうした「中止する」という意思決定の内容に対応する先行的な無意識作用はないのだと報告し、よって、自由意志はこの点で確保される、と論じ及んだのである (Libet 1999, pp.51-54)。

このリベットの議論は多くの哲学者を刺激し、活発な論争の起爆剤となった。しかし、哲学の自由意志の問題について多少なりとも通じている人々の視点からすれば、基本的な疑問がいくつか直ちに湧いてしまうだろう。自由意志の問題を手を上げるなどの単純な身体的動作に局限して解明できるのか、準備電位・意識的意志・身体的動作の間の時間差が直ちに相互の因果的関係に翻訳できるのか、そうした因果性は決定論的なのかどうか、決定論と自由意志の両立性をめぐる議論をどう処理するのか、あるいはより根本的に、準備電位それ自体の「原因」は何なのかという問いを追求しなくてよいのか、など。もちろん被験者の内観報告を用いた方法論の信頼性への疑問も湧くだろう (詳しくは一ノ瀬 2010b を参照)。ここでは、しかし、リベットの議論の検討をしたいのではない。伝統的な哲学や倫理の問題が、現代科学の知見や自然科学的方法論と突き合わされ、それと交錯することで、伝統が揺り動かされ、思いがけない仕方で変化してゆく、その一例として言及したかったのである。同様なことは他にもいくつも指摘できる。ジョシュア・ノーブなどが提起している「実験哲学」(experimental philosophy) の動向なども、そうした新しい変化を象徴する事態の一つだろう。自由意志や責任などを含む伝統的な哲学の問題系に対して、思考実験や統計的調査(!)などの手法をぶつけて、いわば哲学の脱構築を図る試みである (See Knobe and Nichols 2008)。こうした新しい変化が、どのような方向に向かい、伝統的な問題群に対してどのような解明をもたらすか、それはいまだオープンであるといわざるをえない。しかし、少なくとも、こうした変化とともに、伝統的問題の隠れていたアスペクトが露わとなってくるといった帰結は間違いなく期待できるのではなかろうか。

2　主体性の交錯

このような期待は、生命倫理や環境倫理といった応用倫理系の議論に対しても当てはまる。もちろん、一九七〇年代からすでに提起されていた生命倫理の問題はすでにしてクラシックであり、新しい変化というよりむしろそれ自体が伝統となっている、といった見方も可能かもしれない。けれども、たとえば生命倫理に関していえば、そうした問題の背景をなす医療技術の発展は日進月歩であり、著しいスピードで問題の性質がほとんどつねに「新しい」ものへと変容してゆく。伝統的な哲学・倫理の問題そのものは概念的・理論的な本性をもつが、生命倫理の問題系は技術の展開と本質的に結合しているので、ダイナミックな相貌を本来的に帯びるのである。同様なことは環境倫理にも妥当するだろう。ただ、ここで私は、そうした変転著しい応用倫理の問題それ自体を検討したいのではない。前節で触れたように、私は、生命倫理などの議論そのものの持つ問題性というよりむしろ、それ以上に、そうした議論が伝統的な哲学の問題系に対して及ぼす影響やインパクトにこそ焦点を当ててみたいのである。

さて、二〇世紀後半以降、医療・生命に関して、それまでの人類が対面したことのなかった新しい局面が顔を現し、切迫した倫理的問題系を形作っていることは、誰の目にも明らかである。こうした問題系は、病気論・健康論やパターナリズムやインフォームド・コンセントなどの概念や手続きに関わる一般的主題を除けば、私が見るに、「生殖」、「遺伝子操作」、「死」、という三つの場面にさしあたり区分けし整理することができる。第一に、生殖医療の技術をどこまで進めて適用してよいのか、生物的および法的な親子関係のねじれに対して私たちの社会は今後どのように対応すべきか、こうした問いに無関心でいることは、実際問題として、これからはできないだろう。こうした問いは、間違いなく、私たちの周囲の身近な交流のなかにも現実に浸透してくるからである。さらに第二に、人間の遺伝子についての研究の進展は著しく、人間のクローンの作製、遺伝病のかなり正確な予見ひいては予防や治療、治療ならぬ増強（エンハンスメント）などが技術的に可能となり、そうした技術への積極的期待と同時に、懸念や不安定要素もまた顕在化している。私たちは、そうした遺伝子操作技術に対して、神の領域を侵すから行使すべきでない、と述べるだけではすまない状況にすでに立ち至っている。そうした技術の恩恵を強く望む人がおり、技術を与える側の医師や学者も技術の使用を、単なる探究心や功名心からかもしれないにせよ、やはり強く願っているからである。この遺伝子についての問題場面は、優生主義や受精卵への（性質や能力の）エンハンスメントとして主題化するときには、先の生殖についての問題場面と融合してゆく。また第三に、人間の死についての新しい問題、すなわち脳死や安楽死の問題、がやはり医療技術の高度化によって特有な仕方で生み出されてきたことももはや常識であろう。人間の死が、以前には考えられなかったような次元で、利用や操作の対象となってきたのである。死の問題については、それを受精卵や胎児の「死」にも適用できるとするなら、先に触れたような遺伝病を持っていることが出生前診断によって判明したけれども治療ができないような、そういう胎児を死なせる、いわゆる「選択的人工妊娠中絶」という現代的な問題もトピックの一つとして挙げることができよう。というより、胎児に関するさまざまな現代的問題は、生殖、遺伝子操作、死、という三つの場面を貫く、今日の医療倫理・生命倫理の一つの集約点をなしていると、そういったほうがよい。そして、これらの問題系すべてに渡って、ひとたび限界だと感じられる境界を越えて技術使用を認めてしまうと、結局は際限なく多くのことを正当化することになってしまうという、いわゆる「すべり坂理論」（slippery slope argument）がさしあたり当てはまる構造が認められ、それがゆえに技術使用を極力抑制したほうがよいという消極論もつねに存在するのである。環境に関しても同様に、技術革新や生活様式の変化によって新たに人類が直面することになった倫理的問題があり、とりわけそれは、現代に生きる私たちと後の世代の人々との間の「世代間倫理」という形の新たな道徳領域をもたらしたこと、このこともいまでは広く知られるようになった。

このような現代の倫理的問題は、ある意味で明らかに新しい。問題の原因となる技術、問題を彩る相貌、問題の学際性、どれをとっても、二〇世紀前半までの人類が慣れ親しみ、そして社会の基盤を形成してきた近代の道徳や倫理の問題設定と比べて、スタイルを一新させている。そして、その深刻さもまた私たちにとってはじめての度合いであるかもしれない。しかし、私は、現代の倫理的問題の新しさは、もっと根本的な次元において検証すべきだと思う。それは、道徳や倫理の「主体」の概念の大きな変化、あるいは大きな揺れ動き、である。この点にこそ、現代の倫理的問題が伝統的問題群に対してもたらす最大かつ核心的なインパクトがある、というのが私の見立てなのである。さしあたりここでは、生命倫理に焦点を当てて論じることにしよう。

しかし、その前にまず、近代の道徳や倫理の問題設定の大枠を押さえておこう。あえて極限まで簡略化していえば、近代以降の道徳や倫理の議論においては、問題の「主体」は、「社会生活を現に営んでいる理性的思考ができる自由な責任主体」であったと、そう要約することができるだろうと思う。簡単にいえば、生存する分別ある大人、それが道徳の主体だったのである。こうした主体性は、一個の「個人」としての自由な責任主体かつ権利主体であり、それは伝統的に、「人格」（person）と呼ばれてきた（もっとも、「個人」と「人格」とは厳密には簡単に結びつかない。両者は出自の異なる概念だからである（一ノ瀬 2008a 参照））。「人格」は、自律的な個人として自由に自己決定できる存在であり、互いにそうした存在性を尊重しながら、つまり他の「人格」の自己決定性を犯さないようにしながら、相互に交流するべきであるとされる。すなわち、近代以降、道徳や倫理は「人格」をめぐって、もっと正確にいえば、「人格」間の対人的関係性をめぐって、つまりは、一対一の「人格」間の交流に基本場面を定位しながら、展開されてきたのである。[1] 危害の加害者と被害者という関係性がその典型的な問題場面であるといえよう。このことは逆に、「人格」とは見なされえない人間、たとえば、まだ生まれてない人（胎児）、子ども、理性的思考力を失った人、情動や欲求だけで行動する野獣のような人、精神を患って自由であるとはいえない人、死んでしまった人、などについては、そうした人々を当事者とする道徳や倫理は言説不可能であることを意味する。少なくとも、倫理の核心的主題とはいえないことになる。しかるに、私の理解では、今日の生命倫理において事情はかなり錯綜化してきている。現存する「人格」という個人を主体とするだけでは対応できない事態に明らかに立ち至っている。異なるステージの主体性が、揺れ動きながら交錯しつつ、新しい問題系を生みだしていると、そのように感じられるのである。どういうことか。

3　代理母と親概念の変容

最初に、主体性の交錯という事態を、「生殖」に関わる生命倫理の問題に即して簡単に検証してみよう。子どもを持つことが私たちにとってどのような意味を持っているか、これにはさまざまな考え方がありうる。血筋を継承させるため、老後の面倒を見てもらおうという漠とした期待のため、にぎやかで明るい家庭を手に入れたいため、人並みの人生を送りたいため、自分の果たせなかった夢を託すため、夫婦のきずなを強めるため、あるいは単に子どもが欲しいため、または単に子どもができてしまったので、など、いろいろな場合がすぐに想像できる。しかし、ここで注意したいことは、一般的にいって、子どもを持つことがきわめて大きな正の価値を持つものとして捉えられているということである。確かに、障害児をもつときや、父親のサポートが得られない子を産むときなど、子を持つことが負的に解せられる場合もあるが、実はそれとて、健康で恵まれた子どもを持つという正的な模範型に照らして負的なわけで、おそらく、子どもを持つことがポジティヴであることの傍証にこそなれ、それを反証するものでは決してない。子どもを持つことは、政治的にそれを推奨する政策がしばしば取られるほど、明白に価値あることと位置づけられているのである。

こうした事情のなかで、いわゆる不妊症はいきおい一種の病気と見なされることになる。病気というのを、当人に何らかの自覚的症状があり、日常生活に何らかの支障をきたすものとするならば、不妊症は病気ではない。当事者にとって、日常生活に格別の不都合をもたらさないからである。けれども、かつてマスターベーションが病気であるとされていたことからも窺われるように（See Engelhardt 1974）、突き詰めて捉え返していくならば、病気概念は歴史的・文化的な負荷を受けている。当人が痛いかどうかではなく、制度的にそれを負の異常な状態と認定するかどうかが、病気かどうかの基準なのである。実際、生理痛や運動後の筋肉痛など、痛みがあっても異常ではなく正常とされる場合もある。さらに、病気は、治療法の開発によって作られる、という事情もある。技術が進み、身体の状態が厳密に調べられ、それへの対処法が見出されると、それ以前には治療の対象とはされていなかった状態も治すべき病気とされてしまう。今日、脳ドックでの検査技術が進み、全く自覚症状のない若い世代の人たちに脳梗塞が発見され、病人とされてしまう、というのはこのことを端的に象徴している。(2) そして、子を持てないという不妊症は、子を持つことが全的に正の価値を持たされていること、さまざまな生殖技術の開発によって不妊症と診断されても子を持つことが可能になってきたこと、これらからして、ほぼ必然的に、病気とされ、当事者に対し、治療すべきだという圧力が少なくとも心理的にかかりがちとなる。ここには確かに倫理的な問題として論ずべき主題があり、それが、「生殖」に関わる生命倫理の問題の根底にある種の陰りを与えていることは間違いない。

しかし、とりあえずいまは不妊症に対する生殖技術の中身を問題にしていこう。いまではよく知られているように、不妊治療には、生殖プロセスに直接介入せずに自然妊娠を促すような（それゆえ倫理的に特に問題の生じない）通常の医療行為と同レベルの処置以外に、大きく二つのタイプのきわめて人為的な治療法がある。「人工授精」と「体外受精」である。「人工授精」は、男性の精液を女性の子宮に注入する方法であり、技術的には比較的単純なので、非合法的に医師の手を借りずに当事者の女性が行ってしまう場合さえある。たとえば、レズビアンのカップルが子どもを欲しいと思い、知り合いの男性から精液をもらって、自分で子宮に注入するような事例がかつて報道されていた。また、「体外受精」は、女性の卵子を卵巣から採取し、男性の精子と体外で受精させ、受精卵を子宮に入れる方法である。これらの方法に対しては、自然な妊娠プロセスに対する作為的な介入を行う不遜な行為なのではないかという反応がありうるが、そうした素朴な反応はもはや現実に即していないので別にしよう。こうした不妊治療が現代特有の倫理的な問題をもたらすポイントは、なによりも、精子と卵子、そして子宮の持ち主の組み合わせが多様になりえるという、この点にあるのである。

「人工授精」に関しては、妻が夫の精液を子宮に入れる場合（artificial insemination with husband's semen, AIH と略）と、夫でない男性の精液を入れる場合（artificial insemination with donor's semen, AID と略）とがある。さらに、ＡＩＤには、（1）夫の側の男性不妊の解決策として行われる場合と、（2）独身女性が未婚のままで子どもを持ちたくて行う場合と、（3）妻の側の不妊の解決策として当事者の夫の精子を使って第三者の女性が行う、いわゆる「代理母」（surrogate mother）の場合がある。このうち、（1）と（2）の場合は、「精子ドナー」が必要となる。そして、「体外受精」（in vitro fertilization, IVF と略）についても、精子の持ち主、卵子の持ち主、使用する子宮の持ち主、が妊娠を望む当事者自身かそれとも第三者かに応じて、理論的に八通りの場合がありえる。その八通りのなかには、「精子ドナー」によるもの、「卵子ドナー」によるもの、精子と卵子は当事者のものだが子宮だけ第三者のものを使う、いわゆる「借り腹」（rental womb, host mother）によるもの、精子は当事者のものだが第三者の卵子と子宮を使う「代理母」の場合（つまり「代理母」には人工授精型と体外受精型の二つがありえる）、が含まれている。(3)

「借り腹」と「代理母」を合わせて、広義に「代理母」と呼ぶ場合もあり、それゆえ、これらの生殖技術は「代理母」に象徴されるといってよいだろう。こうした最新の生殖医療に対しては、もちろん、安全性や成功率を高める技術革新がつねに試みられ実用化されている（受精卵凍結や顕微受精など）が、倫理的な問題を孕む要因は、あくまで精子・卵子・子宮の組み合わせの多様さにある。

では、何が問題なのか。いくつかの懸念がすでに提起されているし、実際的な問題も生じている。たとえば、精子提供や卵子提供が過度に商業化することへの懸念、治療費が高額なのに成功率が必ずしも高くないがゆえの患者に対する搾取、優生思想の生じる余地への懸念などであり、いわゆる「ウォーノック勧告」以来、こうした問題を審議する機関が社会的に要請されている。[4] しかし、ここで私が何といっても注目したいのは、これらの生殖技術によって生まれてくるであろう子どもについての、おそらく全人格的といってよいほどの、アイデンティティの問題である。一体自分は誰の実子なのか。血統主義をとるならば、子どもの父母は精子と卵子の持ち主である。しかし、「自分のお腹をいためた子」という表現があるように、直接産んだ人を母とするという直観（多くの場合それは法的規定でもある）に従えば、少なくとも、子宮を用いた人が母である。あるいは、夫婦の正式の合意による妊娠・出産は、どのようなやり方であるにせよ、その夫婦の実子であるという理解もあるだろう。すると、もしこれらの基準を曖昧なままにして心理的にすべて併用するならば、極端な場合、精子ドナー（遺伝的父）と法的実父という二人の実父、卵子ドナー（遺伝的母）と借り腹主（子宮母）と法的実母という三人の実母、がいるという感覚が生じるはずである。あまり強調されないことだが、私個人の感覚としては、もし自分が新しい生殖技術によって生まれてきたとするなら、誰のお腹・子宮から出てきたかということがとても気になり、子宮母に対してかなり特別な感情を抱くと思う。なにしろ、人のお腹に入ってその人の絶対の庇護を受ける時期など、後にも先にも一回だけであり、それは「私」という存在にとってあまりに大きな関わりであると感じられるのである。だから、子宮だけしか関与しない借り腹の主も、私はある種の母と見なされるべきだと考えるのである。しかし、今日では、さらに事情は錯綜しつつある。状態のあまりよくない卵子に、受精能力を高めるため、そこに別の（大抵は若い）女性の卵子の細胞質を注入して、もともとの卵子の核と別な卵子の細胞膜とでできた卵子を使って体外受精させる、という方法（卵子若返り法と呼べる）がすでに米国で実施され、それによって生まれた子どもは、精子の持ち主、卵子核の持ち主、卵子細胞質の持ち主、という三人の遺伝子を受け継いでいる、という報告がなされた。(5)こうなると、精子・卵子・子宮という三項ではなく、精子・卵子核・卵子細胞膜・子宮という四項が関わってくることになり、原理的には、八通りどころか一六通りの組み合わせが可能になる。ならば、子どもは誰の実子か、という問題はさらに複雑怪奇になりうるだろう。実際、極端な場合には、二人の実父と四人の実母を持つ子どももありうることになるのである。この問題は、精子の機能の分担、人工子宮の開発、などといった理論的可能性が現実のものとなるならば、一層迷走化していくだろう。それとともに、子ども自身にとって、自分のアイデンティティが真に不明なものになりかねない。これは、人あるいは「人格」という概念にとって、かなり重大な動揺をもたらすのではないか。

そして、このことは、裏返すならば、「親」という概念が変容を迫られていることにほかならない。よって、私たちは、現代の生殖技術を用いて子どもを得ようと思うときには、親としての自分自身のステイタスが流動的なものにならざるをえないこと、そしてそれゆえに、そうした境遇のもとに生まれなければならない子どもの「人格」あるいは人生をリアルで独立な判断要素として考慮すべきであること、こうした事態を見据えなければならない。すなわち、ここには、まだ現存していない不在の「人格」が道徳的な考慮に独立の項として参加している、参加すべきである、という構造が生成している。子を持ちたいと思う当事者が主体として自己決定するしかない問題なのに、当事者だけで自己決定してはならない、というきわどい構図が浮かび上がっているのである。道徳における主体が、伝統的に、現存する一個の個人であるとされてきたとするならば、ここでは、将来の子どもという不在の主体が本質的に問題に交差し、そのことによって道徳的な主体性の揺れが顕在化していると、そういってよいのではなかろうか。

4　遺伝子の共有

ところで、不妊治療には、これまで触れたもの以外に、もう一つの破格なやり方がありえる。人間のクローンを作ること、これである。クローンとは、未受精卵から核を取り除き、その代わりに当人あるいは別な人の体細胞の核を移植して、化学物質や電気ショックを利用して元の未受精卵と融合させ、できた胚を培養し、女性の子宮に戻して、子を産むことであり、できた子は体細胞の持ち主と全く同じ遺伝子を持つことになる。この技術を使えば、夫の精子と妻の卵子の双方に問題があるような不妊の夫婦でも、夫の体細胞を使って夫と全く同じ遺伝子を持つ子どもを得たり、あるいは妻の体細胞を使って妻と全く同じ遺伝子を持つ子どもを得ることができるのである。クローン技術を使った不妊治療は、すでに、社会的な合意形成に先立つ形で抜け駆け的に試みられようとしている。こうしたクローン技術による不妊治療には、それ以外の不妊治療とは異なる固有な問題性があるだろうか、あるとしたらそれは何なのだろうか。この問題を手がかりに、生命倫理の第二の問題系「遺伝子操作」へと論を進めていこう。

その前にまず、簡単に状況と概念を整理しておこう。トゥーリーの記すように(6)、医療的にクローン技術を適用する場合には二つ考えられる。第一は、将来の疾患に備えるために臓器バンクとして臓器のクローンを作る場合であり、第二は、精神を持つ人間のクローンを作る場合である。第一の場合については、そもそも精神を持つ人間個体は発生しないので、道徳的問題はまず生じないと考えられる。私の感覚では、この文脈でのクローン技術の適用は、癌治療の一つである「活性化自己リンパ球療法」の場合と構造的に同じであり、リンパ球療法が何の倫理的問題もなしに認められている限り、臓器バンクのためにクローン技術を適用することにも問題はないと思えるのである。「活性化自己リンパ球療法」とは、がん患者の血液からリンパ球を体外に取り出して、がんを抑える免疫反応をつかさどるT細胞を培養し数を増やした上で、患者の体に戻す、という方法である（江川 2001 を参照）。この方法が、体細胞を取り出して、そこから特定の臓器をクローン技術によって作り出し、元の持ち主が病気になったときその臓器を戻してやる、というやり方に酷似していることは明白である。よって、臓器バンクのためのクローン技術は、再生医療として、積極的に実用化を推進していくべきであろうと私は考える(7)。

しかし、第二の、人間のクローンを作る場合は、事情が違う。これに対しては、ごく大まかにまとめてしまえば、二つの反論がある。一つは、クローン技術はまだ安全性が確認されておらず、クローン人間の健康も保証できない、という反論であり、もう一つは、人格の尊厳を犯す、という反論である。このうち、第一の安全性に関する反論は、間違いなく現状においては的を射ている。私の直観では、クローン人間はいわば究極の近親相姦による子どもであり、健康体で長寿といった状態に至る可能性は通常よりはるかに低いと見積もるのが妥当だと思う。実際、柳澤桂子は、クローン人間は、普通の生殖細胞が通る減数分裂というチェックや修復の過程を経ていないので、クローン人間の作製によって悪い遺伝子が淘汰されずに残り、異常をもったり薄命の子どもがたくさん生まれてくるのではないかという懸念を表明している（柳澤 2001, p.106）。しかし、この点は、今後の技術革新によって改善が期待できるので、この反論の有効性はとりあえず暫定的である。さらに、第二の人格の尊厳性に関する反論についていえば、これは、クローンを作ることで一つの人格が二個体でき、人格の唯一無二性が失われる、という考え方に基づいている。けれども、加藤尚武が明言しているように、「DNAが同一であれば人格が同一であるというテーゼは根本的に誤りである」（加藤 1999, p.109）。遺伝子決定論を支持する根拠などないし(8)、むしろ、人格のありようは、遺伝的要因と後天的経験と（氏と育ち）の複合的な影響関係のなかで現れてくると考えるのが自然である。ならば、クローンは人格の尊厳を犯すからいけない、という論法は成立しない。確かに、自分のクローンと接することは奇妙な感覚をもたらすだろうが、この点は、一卵性双生児の場合と生物的事情はほぼ同様であり、単に慣れの問題にすぎないといえるだろう。そのほか、クローン人間の禁止論法としては、加藤が記すように、子どもを手段にするのはいけない、クローン人間が差別を受ける恐れがある、優生思想につながる、などといったものがありうる。しかし、いずれもクローンを作ることをつねに全面的に禁止せよ、という帰結を導くものではない（加藤 1999, pp.114-132）。これらに対して、まったく逆に、クローン人間を積極的に作るべきだという見解も提起されている。先に言及したトゥーリーがその代表である。彼は、たとえば、遺伝に関する科学的知識を増大させる、社会に利益を与えうる個体を意図的に作れる、自分自身の過去の経験を生かして自分のクローンを一層満足した仕方で育てられる、不妊治療にきわめて有効である、同性愛者も子どもが持てる、といった論点を提示している（Tooley 1998, Section 4）。

私は、おそらく人類は、以上に見たようなクローン人間作製に関する賛否両論のなかを揺れめぐりながら、結局は何らかの規制のもとでクローン人間を作ることを容認する道筋を取っていくだろうと見ている。おそらくそうした規制として、たとえば、フィリップ・キッチャーのいうような、特定の性質を持つ子どもを意図的に作らない、他の不妊治療適用の可能性がない、といったものがさしあたりは合意を得やすいだろう（Kitcher 1998, p.74）。いずれにせよ、未来社会は、クローン人間が何パーセントか存在する社会になると思うのである。けれど、そのときに最大の倫理的問題となるのは、上に触れたいずれの点でもないと思う。クローン技術によって生まれた人には原理的に遺伝上の親が一人しかいないことになる、あるいは、親概念の捉え方次第では、そもそも親がいないことになるという、こうした変則的事態が現出すること、ここに最大の問題があるというべきではなかろうか。そして、そうした変則的事態は、当人のアイデンティティについて多様な問題をもたらすことになりはしないだろうか。先に、クローン技術を使う不妊治療とその他の不妊治療の違いについての問いを提出したが、その答えはまさしくここにあると思う。もちろん、先に「借り腹」でも不妊治療の単なる依頼主でも実の親と見なしうるという論点を私自身提示したのだから、クローン人間の場合でも、独身女性が自分の卵子と体細胞を使って自分のクローンを作るというケースを除いて、複数の実の親がいるという事態は成立する。しかし、遺伝上の親子関係はやはりそれとしての生物的意義を持ち続けるはずであり、その限り、クローン技術によって生まれた子どもは、他の仕方で生まれた子どもとは根本的に異なっており、やはり破格なのである。クローン技術がそれによって生まれた子どもに与える影響について、たとえば、トゥーリー以外に、クローニングの強力な擁護論を展開しているペンスは、子どもが親を見て自分の未来を知ってしまい「開かれた未来」が閉ざされてしまうとか、社会からの偏見があるだろうとかの反論に言及し、それらを一つ一つ斥けていく。そしてペンスは、子どものアイデンティティの問題にも触れ、一卵性双生児でもアイデンティティに問題が生じないのだから、クローン人間にも問題はない、と断ずる。(9) けれども、こうした議論は根本的にミスリーディングであるといわねばならない。一卵性双生児の双方には紛れもない両親が存在するが、クローン人間には両親どころか、そもそも親が存在するかどうかについて、まさしく紛れがあるからである。この点の識別は、クローニングを論じる場合落としてはならないだろう。

とはいえ、クローン人間作製の最大の問題点が当人のアイデンティティの揺れにあるのだとしたら、そうした問題性としては、クローン人間も他の不妊治療による子どもの場合と同質であるといえる。クローン人間を作ろうと考慮するときに、原理的に遺伝的親が一人しかいない、あるいは親がいない、という特異な境遇に生まれる子どもの「人格」をリアルに想い描かざるをえない、想い描くべきである、という事態がここで現れていると考えられるからである。すなわち、現存していない不在の「人格」が意思決定に独立の項として参加している、参加すべきである、という、先に生殖医療に関して指摘したのと同じ道徳的状況が現出しているのである。こうして、クローン技術によって生まれる将来の子どもという不在の主体が本質的に問題に交差し、そのことによって、自己決定を行う主体が一個の「人格」を越え出てしまう。ここでもやはり、道徳的な主体性の揺れが露わとなっている。

ところで、「遺伝子操作」という問題系には、クローン人間の問題だけでなく、遺伝病の治療、そしてそうした遺伝子情報をどう取り扱うか、といった問題も含まれるだろう。今日、いわゆる「ヒトゲノム解析」の研究が日進月歩の様相を呈し、iPS細胞までもが開発され、生命の、そして多くの病気の遺伝的メカニズムが明らかになりつつある。けれども、現状では、診断はできても治療はできないものがほとんどである。こうした状況のなか、「ヒトゲノム解析」と遺伝子診断によって生じるだろうと懸念される倫理的問題が予想されている。就職や保険加入における差別、治療できない遺伝病の告知による悲痛、胎児段階での遺伝子診断による選択的人工妊娠中絶の増加と優生思想の蔓延、こうした事柄が問題とされるであろうことは、少し考えれば容易に見越すことができるだろう。しかし、ここでさしあたり私が注目したいのは、遺伝子診断によって明らかとなる遺伝子情報をどのように扱うか、ということに関わる主体の位相である。遺伝子概念からの当然の帰結として、ある人の遺伝子の性質はその人の血族の遺伝子の性質をかなりな程度予想させる。すると、遺伝子診断を受けて自分の遺伝子情報を知るということは、同時に自分の血族の遺伝子情報を知ることに結びつきうることになる。ならば、遺伝子診断を受けて遺伝子治療を受けるという決断は、自分という一個の「人格」だけには収まらない射程のなかに投げ出される。自分の身体や病気に関する行為として、本当なら自己決定できるはずなのに、そうはできないのである。こうした問題性は、自分が遺伝子診断を受けようとするときに、自分の血族が「知らない権利」を主張するときなどに顕在化する（加藤 1999, pp.196-197 参照）。すなわち、ここでは、主体性が、個としての「人格」から遺伝子共有体という複数性へと分散しているのである。かくて、遺伝子診断という観点からしても、近代の道徳・倫理における個人としての自律的「人格」という主体性は、思いがけない形で、大きく揺らいでいると、そう解釈できるように思われる。

今日では、「遺伝子操作」をめぐる倫理は、単に病的状態を健康に戻そうとする「治療」を越えて、健康で病気でない状態から能力や外見の点でもっとよい状態にしようとする「エンハンスメント（増強）」という行為に焦点がシフトしつつある。すなわち、たとえば、身長や運動能力、知的能力などの点で優れた人を産み出すため、受精卵・胚の段階で遺伝子操作を施すのである。これはもちろん、そうした能力の増強に対応する遺伝子のメカニズムが解明されることが前提になるし、そして実際そうした解明を目指した生命科学的研究は絶え間なく行われているわけだが、ここでは、そのような遺伝子メカニズムが解明されたと想定した場合の倫理的問題について一言触れたい。私の見るところ、ここにもクローニングの場合と同様な、そうした遺伝子操作によって誕生してくるいまだ不在の「人格」への考慮という問題が発生してくるように思われる。遺伝子操作によって知的能力を増強された人が、成人して、その能力によって大きな業績を上げたとき、その自分の能力が天賦のものではなく、親などの依頼による人為的な操作の賜物だということを心に想起するとき、果たしてどのような感情が生じるか。もちろん、それは人によって、操作の内容によって、さまざまだろう。けれども、もしかしたら、何か晴れ晴れとしない感覚が生じることもあるかもしれない。だとしたら、遺伝子操作をして能力を増強した子どもを作るとき、いまだ不在のその子どもの「人格」を道徳的考慮に入れなければならないのではないか。まして、エンハンスメントが、人間以外の種の遺伝子を人間に導入する「遺伝形質転換」(transgenetics) や、複数の個体の遺伝子をブレンドして一個の個体を作る「キマイラ」(chimera) の技術の適用にまで至るときには、そのような組成のもとで生まれてきたということを自分の宿命として思うであろう、いまだ不在の「人格」について道徳的な配慮を加えなければならないことは明白だろう。ジュリアン・サヴレスクの記すように、「遺伝形質転換」は、たとえば人間の遺伝子を豚の胚に導入して、拒絶反応を引き起こさない臓器を作って、それを人間に移植したり(異種移植 (xenotransplantation))、ＨＩＶに対して耐性のある動物種の遺伝子を人間に移植して耐性を持たせたり、という効用が見込まれている。また、「キマイラ」についても、能力的あるいは容姿的に優れた人々の遺伝子をブレンドした個体を作るということなどが理論的に期待される (Savulescue 2007, pp.7-12)。確かに、見方によってはこうした効用にも一定の価値があるだろう。けれども、そのような次第で生まれてきた当人は自身のことをどう受け止めるだろうか。想像を絶する。だから、そうした想像を絶する状態になるということを、そういう不在の「人格」のありようを、遺伝子操作を行うときに第一に考慮しなければならないのではなかろうか。

5　死にゆく人からの誘引

人間にとって「死」は最大の問題である。少なくとも、「私の死」は最大の謎であって、宿命的に謎であり続けねばならないがゆえに、しかしつねに人をそこへと引きつけるような魔力を持つ謎であるがゆえに、知的活動のなかでの形而上学という学問形態――「死」を哲学的主題として論じることのできる領域――がともかくも永らえてきたといえるだろう。けれどももちろん、「死」はもう少し実際的な場面においてもつねに重要事であった。医学、生物学、犯罪学、そして葬送文化。人類は、つねに「死」と遭遇し、「死」を問い、そして「死」を恐れながらも受け入れ、「死」とともに暮らしてきたのである。そうした知的・実際的の両面にわたっての、私たちの「死」との共生の根底には、「死」そのものは自然で神聖な過程であって、それを畏怖し受容すべきではあっても、人為的に介入したり促したりしてはならない、という規範的把握が大枠において流れていたように思われる。制度的に人を殺す「死刑」の場合とて、実際上、こうした規範的把握の裏返しとして、(他者の死を人為的にもたらしたことの応報として) 迂回的に承認されていたと考えられよう。しかるに、私たちの生きる現代、こうした基本的把握が大きく揺らぎつつある。「死」に介入したり促したりすることがかえって直接的に善である、といえるかもしれないような文脈が、現代医療の現場で生成してきたのである。「脳死」と「安楽死・尊厳死」の場合である。

「脳死」とは、「大脳、小脳、脳幹が壊死に陥った状態で、神経細胞が死滅して脱落している……脳死は不可逆的な状態である。つまり感覚力、思考能力、内的意識、自意識、夢をみる能力がすべて失われていて、人間的能力は完全に消失している……呼吸器をはずせば三〇分以内に心臓の動きは停止する……これとよく似た「植物状態」では、意識は失われているが、延髄の機能が残っているので、自発呼吸があり、飲み込み反射が可能である」（難波 2001, pp.36-37）。もっとも、一九九八年に発表されたD・A・シューモンの論文によれば、脳死になったらやがて心臓も停止するというのは事実ではなく、「脳死」になっても二年や五年、最長で十四年も心臓が動きつづけていた例があるという。また、「脳死」状態の患者は脊髄レベルの反射を越えた自発的な運動——ラザロ徴候と呼ばれる——さえ行うことがあるという、臨床の現場では知られていた事実が外部にも近年漏れ知られてきており、「脳死」のイメージはかなり改変を迫られているといえる(10)。しかし、いずれにせよ、「脳死」がなぜ問題となるかというと、「臓器移植」によってしか治療の見込みのない患者にとって、必要な臓器の格好の供給源になるからであること、この事情は動かないだろう。概念的には「脳死」と「臓器移植」との間に必然的な結びつきはないのだが、現代の医療技術の水準のなかで、現実にはこの二つの問題が結合しているといってよい。つまり、「脳死」に人為的に介入し全的な「死」へと促すことが、別な人の生命を救うことになるという、道徳的にきわどい事態が現代的技術水準のなかで現出しているのである。このような状況で、「脳死」と「臓器移植」に関して指摘されてきた倫理的問題は、そもそも「脳死」を人の「死」といえるかどうか、仮にいえるとしても、臓器を移植してよいという決定は誰がするのか、というものである。それ以外に、脳死の判定基準やガイドラインはどうするべきかとか、レシピエントをどう決めるか、拒絶反応をどう解決するか、といった問題もあるが、それは倫理的というよりも技術的な側面に傾斜した事柄であろう。いずれにせよ、私としては、こうした問題場面における主体性の意味を問いたいので、「脳死」の概念規定や「臓器移植」の是非や手続きそれ自体ではなく、それらに関する意思決定の様態に注目したい。

問題は、「脳死」の決定ではない。「脳死」が一種の「死」である以上、死んだかどうかを決定するのは、そのことについて知識と権威を有する人、すなわち医師、であることは少なくとも制度上は自明だからである。そうではなく、問うべきは、「脳死」した人について「臓器移植」の資源としてよいという決定の根拠、それなのである。これに対して、二〇〇九年の臓器移植法改定以前の段階においては、答えははっきりしているように思われる。「脳死」した当人がいわゆる「ドナーカード」で臓器提供の意思表明をしていること、それが絶対の決定根拠である、と。けれども、こうした問題の解決仕方に対して私は二つの疑義を提起したい。第一に、人間の意思表明というのは、必ずしも一度なされたら変えられないというものではなく、可変的であるという、この点である。確かに、約束や契約というものは簡単に変えることができない。簡単に変えられるとしたら、約束や契約は概念として実効性を失ってしまうのであって、よって、変えること自体にもその段取りについての取り決めが必要であろう。このことは、約束や契約は複数の特定の人格間での相互的意思表明であるという事情に由来する。けれども、「ドナーカード」での臓器提供の意思表明は、基本的に本人だけの意思表明であって、可能的には対人格的な表明ではあるにせよ、相手は全く不特定であり、約束や契約の場合と大きく異なる。ならば、翻意が認められてよい。というより、原則的に本人にのみ関わる事柄に対して、本人がそれへのスタンスを変えていくことを認めるのは、私たちの受け入れている基本的人権の思想のコロラリーであろう。しかるに、「脳死」状態に陥った人は、仮に元気なときに臓器提供の意思表明をしていたとしても、いまこのとき同じ意思をもっているのかどうかを確かめるすべがない。元気なときには臓器提供しようと思っていても、現に死に直面するような危機的状態に陥ったときも臓器提供をしようと思うかどうかは分からない。結婚式を前日にキャンセルする人さえいるのだから、そしてそういう自由は認められるべきなのだから、元気なときの意思を重篤な状態に陥ったときに変えることなど十分にありうるし、それを認めるべきであるといえよう。ならば、そうした確認ができない「脳死」から「臓器移植」の過程には、首肯しがたい側面が間違いなくあるといわなければならない。以上のような論点は、二〇〇九年の日本の国会での臓器移植法改正で制定されたような、一律に「脳死」

を人の死とすることを前提する立場に対しても、依然として妥当するだろう。というのも、「脳死」が一律に人の死であって、本人の意思に関わりなく家族の同意によって臓器提供が法的に可能になったとしても、それでも、「本人が脳死の際の臓器提供を拒否していなければ」という付帯条件が付く以上、本当に脳死になったときにも「拒否していない」という意思が存在しているのかどうか、という点に関して原理的に疑いを差し挟みうるからである。

しかし、こうした私の疑義に対して、そもそも「脳死」は死なのだから、「脳死」に陥った人に意思を確認できようはずがない、だから元気だったときの意思（あるいは拒否はしていないという消極的な意思）を現在の意思と見なして処理することが合理的かつ最善なのだ、とする反論が考えられる。この反論に応じる形で、第二の疑義を述べよう。それは、第一の疑義として述べたことと真っ向から反するようだが、もし「脳死」の人が真に死んでいるのだとしたら、そもそも死んでいる人に意思はない、よって、「ドナーカード」という形で「脳死」の人の意思を問題にするという議論は自己欺瞞もしくは自家撞着であるという、この点である。この論点は、自分の死体は死ぬ前の自分の人格に帰属するものなのか、自分の死体は自分の自己決定が及びうるものなのか、というより一般的な哲学的問題と関わっている。この問題について私は、然りと否という相反する二つの解答が、異なる文脈のもとで与えられると考えている。しかし、少なくともさしあたり、医療現場の考え方および私たちの日常的な強固な直観の一つとして、死人・死体それ自体には意思はない、という把握があることは間違いない。にもかかわらず、「脳死」の人の意思を問題にしうると感じるのは、医療現場の考え方や日常的直観を踏み出た思考法が潜在しているからだと考えるのが、私の論の進め方である。この点については後述しよう。いずれにせよ、私がここで指摘したいのは、「ドナーカード」による意思確認（あるいは拒否意思確認）というこれまでの一般的なやり方は、現実的にそれ以外に仕方がないと思えたとしても、医療としては、概念的に重大な過誤にはまっている恐れがあるということなのである。

こうした危うい状況のなかで、「脳死」の人の「ドナーカード」による臓器提供の意思に基づいて、「臓器移植」に踏み切ったとき、起こって当然の問題が生じる。最終的に踏み切りをなした人、つまり医師や家族、とりわけ家族は、ことが終わった後に、本当にこれでよかったのか、本当にあの人（死んだ人）は自分たちの処置を受け入れてくれたのだろうか、満足して死ねたのだろうか、そのまま自然に死なせたほうがやはりよかったのではないか、といった自問や切ない悔恨の情へと繰り返し揺り戻されるのである。私は、ここには道徳的主体の揺れがまぎれもない仕方で顕現していると考える。すなわち、「臓器移植」を行おう、という医師や家族の意思決定は、まさしく当人たちが（脳死者のドナーカードや生前の意思表明に依拠しながら）自己決定してゆくしかないのだけれども、死にゆく人そして死者の意思や「人格」を観念的に考慮せざるをえないという、そうした構成が露わとなっている。臓器提供を実際に行ったなら、その後で本人はどう思うだろうか、という考慮が入らざるをえない。いわば、死にゆく人に引きずられるような気持ち、死にゆく人からの誘引感、それが問題の根底に流れているのである。近代の道徳や倫理の主体が、個人としての自律的「人格」であったとするなら、やはりここにも、近代的な主体性の揺れが姿を現しているといえるのではなかろうか。

もっとも、「脳死」と「臓器移植」に関して以上のことを指摘しても、あまり実質的な意義をもちえないかもしれない。というのも、難波紘二が明確に述べているように、長期的には、臓器移植は「人工臓器や再生医学などの、より原理的問題が少ない医療により、置換されるべき過渡期の医療だといえる」（難波 2001, p.48）からである。けれど、だからといって、死にゆく人をめぐって道徳的主体性が揺らぐ、という事態が生命倫理において結局は消えてしまう、ということにはならない。「安楽死・尊厳死」という、技術革新によっては決して消失しえない、それどころか技術革新によって一層表面化する、重大な生命倫理上の問題に関しても、死にゆく人をめぐる主体性の動揺がそのまま当てはまるからである。「安楽死・尊厳死」の問題に関しては、そもそも「安楽死」と「尊厳死」の区別と定義にはじまって、きわめて多様な議論がすでに提起されている。安楽死にまつわる核心的な問題点については、すでに第2章で扱った。ともあれ、本章での私の問題意識は生命倫理における道徳的主体性にあるので、問題の内実に関してはここでは、「安楽死」にせよ「尊厳死」にせよ、死期迫った患者自身の何らかの意思に基づいて、延命を旨とする通常の医療の作為的あるいは不作為的な逸脱行為という形で遂行される一種の「自殺」であって、それは、本人ではなく医師などの他者によって間接的に実行されるという点で普通の「自殺」とは異なる、という基本線だけを押さえるにとどめよう。こうした「安楽死・尊厳死」の問題は、以前ならば延命できないような状態でも延命可能になったという医療技術の高度化によってもたらされていること、そしてそうした「死」の操作がともかくも当人にとって善であるといいうるという了解に由来すること、これは明らかである。

いずれにせよ、「安楽死・尊厳死」が当人ではなく他者による最終的な意思決定によって遂行される以上、そうした決定を下した人は、ことの終わった後で、「臓器移植」の場合と同様に、本当にこれでよかったのか、本当にあの人の望み通りだったのか、という自問や悔恨へと揺り戻され、そうした仕方で死にゆく人そして死者へと誘引される。なるほど確かに、「安楽死」の場合は、当人の明確な意思表示が重大なプロセスとして認められねばならないし、「尊厳死」の場合も、いわゆる「リヴィング・ウィル」が絶対に必要とされるだろう。けれども、「安楽死」を求める人の精神状態は、あまりの苦痛・非痛そして厭世のゆえに、必ずしも冷静であるとはいえないかもしれない、という疑いは完全には消えない。そして、「リヴィング・ウィル」については、臓器提供の意思表明と同じく、現在ただいまの「尊厳死」を考慮すべきこの状態に陥った当人の意思が「リヴィング・ウィル」と同じかどうかは、確認のすべがない。確認できるとしても、それもやはり冷静な判断であるとはいえないかもしれない。少なくとも、こうした疑念を完全に晴らすことはできないのである。このような意味で、「安楽死・尊厳死」の最終的意思決定を下す人は、医師としてあるいは家族として自己決定するしかないのだけれども、同時に、死にゆく人そして死者の意思や「人格」を本質的に（しかし観念的に）考慮せざるをえず、そうした死者から誘引される。「安楽死・尊厳死」を実際に迎えたなら、その後で本人はどう思うだろうか、という考慮を混ぜ込まざるをえないのである。ここでもやはり、個人としての自律的「人格」という伝統的主体性は、揺り動かされている。

6　「自己決定」をめぐる係争

しかしながら、以上に跡づけたような道徳的主体性の揺れは、近代以来の伝統的な主体性に対して、全く新たな刷新をもたらす動きであると本当にいえるだろうか。私は、本章の冒頭で現代の哲学や倫理学には現代科学の知見が交差することでダイナミックな「変化」が生じていると述べたが、何か新しい動きや潮流が生じたと考えられ、そこに注目して議論を展開しようとするときには、一度立ち止まって、そうした新しさの根底に流れる伝統的な問題性が本当に変容してゆきつつあるのかという点をチェックしてみるという慎重な態度が必要だと思う。よって、伝統的主体性の新しい揺れ動きのありさまを論じるときにも、伝統的主体性へと一度立ち戻って、新しい動き（とされるもの）との突き合せをしなければならない。つまりは、伝統的に道徳の主体として捉えられてきた「人格」概念、これを、生命倫理の議論のなかで立ち上がってきた、不在の他「人格」、複数の他「人格」、死んだ他「人格」、を包摂し拡散・分散してゆく主体性というあり方へとぶつけてみる必要があるのである。

問題は、「自己決定」というところにある。加藤尚武によれば、最初に生命倫理の問題が自覚され始めたときには、人々は伝統的な道徳の尺度でそれに対処しようとした。その尺度とは、J・S・ミルの『自由論』に淵源する、「他者危害原則」を唯一の規制原理とする「自己決定権」である。これは「他人に危害・迷惑をかけない以上、大人が自分で判断して自分自身のことを決めるのに他人が口出しする必要はないという、個人主義の考え方」（加藤 1999, p.29）と要約される。実際、「インフォームド・コンセント」の徹底化という形でこうした考え方が生命倫理の文脈で展開されてきた。けれども、加藤は、クローン人間や代理母の問題などの今日の生命倫理の課題は、こうした「自己決定権」による自由主義では、正当かどうかについて何らの指針も示せないものであることがすでに明らかになってきたとする。確かに、たとえば、自分のクローンを作ることについて、自分のことなのだから自分で決定できる、とする議論には問題があることは直観的に理解できると思われる。さらにまた、そうした課題に対応するため、「自己決定権」による自由主義に対して、そうした自由な自律的個人の存在を否定する「共同体主義」(communitarian)も現れたが、それも必ずしも有効かつ明確な方向性を示しえていないとして、こう診断を下す。「自由主義の倫理学の限界が目に見えているが、それを乗り越える方法にもまた限界が見えているというのが、バイオエシックスの理論的な現状であろう」(加藤 1999, p.31)。私が上に展開してきた論点は、伝統的な個人概念としての「人格」にのっとる道徳観が生命倫理の現代的課題において大きく揺らいでいるというものである。私は道徳の主体性が変容してきたと論じたのに対して、加藤の議論は、個人としての主体のステイタスは変わらないが、そうした主体概念では現代の問題に対応しきれないと述べているように聞こえる。その限り、加藤の議論は私とは異なる。けれど、私のいう伝統的道徳観を自由主義と読みかえるならば、私の議論は、結局は、自由主義の限界が明らかとなってきたという加藤の指摘と、大筋においては重なるといえるかもしれない。

しかし、こうした論調に対して、難波紘二は強く異を唱える。難波は、「加藤尚武は……「人格論」や「自己決定論」では、生命倫理が直面しているさまざまな問題を解決できない、と主張している。これらの原理の上に、問題は解決されるしかない、というのが私が……一貫して主張してきたことである」(難波 2001, pp.250-51)。難波は、特に「胎児」の問題に注目して論を展開する。胎児の遺伝子治療や「選択的人工妊娠中絶」の問題である。2節で触れたように、私は、「生殖」、「遺伝子操作」、「死」、という三つの軸をめぐって現れる新しい生命倫理の問題は、「胎児」の問題に凝縮されていると考えている。「胎児」がその発生次第に関して「生殖」の生命倫理的な問題の実体をなしているのは明らかだし、また、そもそも男女が互いに配偶者を（しばしば家系や行状を秘密裏に調査したりさえして）選ぶのはある種の「遺伝子操作」であるし、出生前診断による「選択的人工妊娠中絶」はあからさまに「遺伝子操作」というべきであろう。そして、「選択的人工妊娠中絶」が「胎児」に関わる最も重大な案件である限り、「胎児」に関する問題が「死」にまつわる課題へと結びついていることも疑いない。実際、「選択的人工妊娠中絶」がなぜ問題となるかというと、一つには、それが人為的に「死」をもたらすことであるという了解が成り立ちうるからである。単なる物質の廃棄であるなら、さほど重大な問題として浮上しないだろう。かくて、先端的な「生殖」技術を用いて妊娠したが、出生前診断によって「選択的人工妊娠中絶」という形の「遺伝子操作」を行って、「胎児」に「死」をもたらせるべきかについて意思決定しようとしているという、そういう夫婦にこそ、現代の生命倫理の諸問題が集約されているといえる。ともあれ、こうした意味で、難波が生命倫理の問題を論じるときに「胎児」に関する論争に最も精力を傾けていることは、大変に的を射た的確な道筋であると私は思うのである。そして彼は、出生前診断にせよ選択的中絶にせよ、それらの意思決定権は完全に一組の夫婦に与えられていて、そこでの選択の自由を他者は拒否できない、とする。他者や社会にできることは、遺伝学や障害について正確な知識を普及させることだけだ、というのである。難波はこうした主張を、優生学の蔓延や差別の助長という論点によって「選択的人工妊娠中絶」に反対する議論に対して、逆に反論することで補強している。優生学は個人選択に対する国家や社会からの外的強制として機能してきたものであり、中絶についての個人選択とは事柄として連動していない、差別論は、しばしば主張者自身がそれを問題化することによってかえって差別に荷担していることになるような、一貫性を欠いた主張であり、多分に政治的な議論なので、情報が公開されることで改善できる、といった反論点を提起するのである（難波 2001,第7章）。言い方を換えれば、難波の主張はいわゆる「リベラル優生主義」（liberal eugenics）とほぼ重なるといってよいだろう[11]。

このような難波の議論の根底には、人工妊娠中絶や遺伝子操作について社会や国家が統制や強制を行うことへの強い警戒感が流れている。この点は、私も含めて、多くの人がきわめて健全かつ正当な道徳意識として共感できるだろう。けれども、彼の議論を全面的に受け入れるというわけにはいかない。二つ指摘しよう。第一に、私の誤解でなければ、難波が「自己決定」を強調する論理は、煎じ詰めれば、実際問題として「胎児」に関する意思決定は当の夫婦自身が行うしかない、という事実認識に帰着する。しかし、こうした事実から、それが道徳的に正当であるということは直ちには出てこない。つまり、いわゆる「自然主義的誤謬」すれすれの議論のように思われるのである。もちろん確かに、難波の議論には、「自己決定」を重んじる自由主義倫理に対する、事実を越えた肯定的価値評価があり、それは社会や国家の統制や強制に対する警戒と呼応している、ともいえる。けれど、そうした論調は、自由主義は正しいので自由主義は正しいという同語反復に陥っているきらいなしとしない。この論法は、自由主義それ自体の正当性が問題とされてきている、と感じている人々に対しては空振りに終わるだろう。実際、難波は「自己決定権は、自分の都合を優先して考える論理であり、本来そのなかに「社会的弱者の救済」など入りようがない」（難波 2001. pp.173-74）と述べる。けれど、まさしくそうした「自己決定権」の思想それ自体が再考されるべき問題として浮上してきている、という問題提起が生命倫理においてはなされているのではないか。付け加えれば、こうした点に関して、情報公開や知識の啓蒙を持ち出して対処しようとするやり方は、下手をすると、権力構造のなかでの大衆操作や洗脳へも結びつきうるのであり、かえって社会や国家による統制に還帰してしまう危険も否定できない。少なくとも、そうした危険性に対する感受性は備えるべきだろう。さらに第二に指摘したいのは、難波の論法では、私がこれまで論じてきたような、不在の「人格」や死んだ「人格」への考慮という哲学的に繊細な論点が完全に抜け落ちてしまうということ、これである。

7 「人格」概念への揺り戻し

以上のような係争状況に対して相応の整理を与え道筋をつける決め手は、「人格」概念それ自体にあると私は考える。私は、道徳の主体概念が変容し揺らいできたと認識する点で、伝統的な道徳原理が問い直されているという加藤の論調に一定程度同意する。しかし、そうした変容や揺らぎを名指すとき、現代のバイオエシックスの問題においては一個の「人格」による「自己決定」という基準は全面的には通用しなくなってきた、と総括することに対しては、いささか留保をつけたい。こうした総括仕方の根底には、「人格」概念に対するある種の定型的な見方が横たわっている。すなわち、「自律的な個人として自由に自己決定できる存在」という見方である。実際、これまで私も、こうした定型的な見方をさしあたり前提して、それに照らして主体概念の揺らぎを跡づけてきたのであった。けれど、ここで改めて問うてみよう。そもそも、伝統的な「人格」概念とは「自律的な個人として自由に自己決定できる存在」である、と理解してよいものなのだろうか。もしそう理解できないのだとしたら、主体概念の変容とか道徳原理の問い直しという主張それ自体、再考を迫られることになるのではないか。先取りしていうならば、実のところ私は、私が主体概念の変容・揺らぎとして析出した他「人格」の混入という主体のあり方、あるいは加藤が道徳原理の問い直しの必要性を読み取っている状況は、厳密に突き詰めて考えるならば、むしろ伝統的「人格」概念の延長線上に現出している事態であって、その意味で歴史的連続性・継承性のもとにあるのだと、そして、そこにもし新しさが感じられるならば、それはおそらく潜在していたものが見紛うなく露わとなってきたその著しい度合いにあるのだと、そのように考えている。つまり、「人格」の概念、それが依然として問題の中核にあると思うのである。この点で、私の考え方は、「人格」概念の有効性と重要性を強調する難波の立場と、字面上同じことになるかもしれない。けれど、明らかに難波も、「人格」概念に関しては上の定型的な見方に依拠しており、その点で、表面的な対立の構図とは裏腹に、加藤の議論と同じ前提に立っている。私が述べたいのは、その前提は誤りである、あるいは少なくとももう少し丁寧に検証するべきである、ということであり、そのことで現代の生命倫理の問題の哲学的射程を見定めるべきだと、そういうことなのである。

歴史を振り返るならば、「人格」つまりは person の概念は、ラテン語の原義である「仮面」、キリスト教的三位一体説での「位格」としての使用法、などを背景としつつ、近代の重商主義の時代において価値や損害が「労働」で測られるようになったことに伴って、「労働力の商品化」という抽象化を通じて現出してきた人間像を意味するのであり、そうした抽象化が理性に焦点する理想化へと結びつき、「意志」に反映される内面的な理性機能を核とする規定、「理性をもった自由な責任主体」、によって輪郭づけられるに至ったと、まずは大まかにそう考えられる。このことは、「結果責任」から「意志責任」へという責任概念の変容に対応的に理解することができるだろう。(12) もちろん、「人格」概念の背景としては、「persono」（声を出す、反響させる）との連動という側面もあり、その事実はもともと「仮面」が音や声を変声あるいは拡声する役割を担ったことと対応しており、その道筋から「自由な責任主体」としての「人格」へと至るルートもあるのだが、それについては第7章で詳しく触れる。いずれにせよ、第1章でも触れたことだが、こうした近代的「人格」概念が最初に最も自覚的かつ明晰に現れるのがジョン・ロックの哲学であること、そしてそれがその後の人格論の屋台骨をなしてきたこと、これもおそらく間違いない。ヨーロッパ哲学の伝統をプラトン哲学の脚注だとしたホワイトヘッドの発言になぞらえて、「人格」の問題に関する「その後のすべての論述は単にロックについての脚注から成り立っているにすぎない」（Noonan 1989, p.30）と評されることさえあるくらいである。ならば、生命倫理の問題の哲学的意義を見通すには、ともかくも、ロックの人格論へと問題を揺り戻してゆかねばなるまい。しかるに、では、ロックは「人格」をどのように捉えていたのか。いま触れたように、この点についてはすでに第1章で論じてあるが、議論の理解しやすさのため、多少の重複をいとわず、もう一度簡単に私の理解を再確認しておきたい。

ロックは、「私」あるいは「自我」と名指される主体性を「人格」と捉えて、それを「実体」や生物的「人間」から区別する。明らかにロックは、デカルト的「エゴ」（精神的実体、霊魂）とは全く異なった主体概念を展開しようとしているのである。では、そうした「人格」をそれとして確立する契機は何なのか。ロックはこの問題を人格同一性の根拠への問いとして提起し、その根拠を「意識」（consciousness）に求めた。しかし、彼のいう「意識」は、記憶や自覚などの一人称的な心理的事実に還元されるものではない。そのように還元されるものだったら、実際、デカルト的「エゴ」がコギトの作用によって確立されるのと事情は変わらず、せっかく「人格」を「実体」と区別して捉えようとしたロックのモチーフが無意味になってしまう。では、ロックのいう「意識」とは何か。この点を理解するには、ロックが、人格同一性を「意識」によって根拠づけると同時に、「人格」を「行為とその功罪に充当する法廷用語（a Forensic Term）」（Locke 1975, Book 2, Chapter 27, Section 26）としても性格づけたことに注目しなければならない。すなわち、ロックのいう「人格」とは、行為とその帰属を問題とする裁判の場、そこでこそ立ち上がってくるような法的な主体概念なのである。ならば、そうした文脈で持ち出される「意識」は一人称的な心理的事実などではありえない。そうした心理的事実で「人格」が確定し責任が決定されるならば、そもそも他者の手を介した裁判など必要ないし（本人が責任がないと心理的に思っていれば責任がないことになってしまう）、心理的事実が存在しないような犯罪、たとえば過失犯や錯誤犯などは、最初から概念上ありえないことになってしまう。実際ロックは、酔漢の犯した悪事について言及し、酔漢は自分の犯したことを記憶していないとしても、人間の法廷が酔漢を罰するのは正当である、と論じる（Locke 1975, Book 2, Chapter 27, Section 22）。法廷が罰するのは正当だということは、悪事を犯した酔漢は、泥酔し記憶がない状態のときから人格同一性を保っていたことを明らかに意味するが、そうした人格同一性を根拠づけるのが「意識」だというのだから、「意識」が一人称的な心理的事実であろうはずがない。ここでの「意識」とは、裁判の場で法的な責任主体を決定する基準、つまり、むしろ三人称的観点から、そう意識していたは、ず・意識できたはず・意識すべきであった、といった規範的な形で当人に課せられてくる基準、そうしたものであると考えねばならないだろう。こうした意識概念は、「共有知識」を意味する原語 conscientia に呼応し、そこからのもう一つの派生語「良心」(conscience) とも共鳴している。実際ロックの生きた一七世紀には「意識」と「良心」はさほど明確に区別されていなかった、といわれているのである (Noonan 1989, p.53)。いずれにせよ、こうしたロックのいう「人格」の概念が、規範的な「意識」を基準として、行為の帰属先として論じられている点からして、「理性をもった自由な責任主体」という近代的「人格」概念に見合ったものであることは明らかであり、そして、それは実は、裁判に集約される制度のなかで三人称的に決定され現出してくるものだったのである。

のみならず、ロックのいう「人格」は、「労働」あるいは「労働力の商品化」という側面から編成されてきたという近代的「人格」のありようにもぴったりと即応している。というのも、歴史的にあまりにも有名なことだが、ロックは所有権の概念を「労働」によって基礎づけるという労働所有権論を展開したとき、そうした「労働」の基点を「人格」に置いていたからである。『統治論』第二論文の著名な記述を再度引いておこう。「すべての人間は、自分自身の人格に対する所有権を持っている。これに対しては、本人以外の誰も権利を持っていない。彼の身体の労働とその手の働きは、固有に彼のものであるといってよい」(Locke 1960, 2nd Treatise, Section 27)。しかし同時に、「労働」に根拠づけられる所有権は、何であれ労働によって得られた果実は所有してよい、という無制約的なものとはされていないこと、この点も注意しなければならない。ロックは、他者に十分なものが残されている場合に限り、自分の必要分以上を得て浪費・損傷して他者が獲得可能なものを奪ったりしない限り、という、明らかに他者への配慮を指示する制限あるいは但し書きのもとでのみ、「労働」の果実への所有権が認められると考えたのである。いわゆる「ロック的但し書き」(Lockean proviso) である。つまり、「労働」による所有権とは、他者の存在を媒介した、あるいは媒介すべき基本的権利なのである。その意味で、「労働」および所有権の基点である「人格」もまた、他者の存在を媒介した仕方で出立してくるものであると、そう考えねばならないだろう。もっとも、こうした私の述べ方に対しては、ロックの述べているのは、「人格」への所有権は労働による所有権確立の前提であるということであって、それゆえ「人格」への所有権それ自体には「労働」のプロセスは要求されていないのではないか、とする反論がありえよう。しかし、ロックの議論を詳細に検討するならば、「人格」への所有権を他のものへの所有権と区別して別格に扱うべき積極的根拠はない。それどころか、ロックは「人格」の売買にさえ言及している (Locke 1960, 2nd Treatise, Section 24)。ならばやはり、「人格」の生成にも、他のものへの所有権の場合と同様に、労働そして他者の媒介性が根源的に関与していると考えてよい。こうして、ロックにおいて近代的「人格」概念が生成してきたことが明らかである限り、近代的「人格」つまりは「自己」とは、制度のなかで規範的に他者の視点を通じて現れ来るものであると、そう言わねばならないのである。

しかるに、今日の生命倫理の議論のなかで「自己決定」が問題とされ、そしてそうした「自己」が「人格」と重ね合わせられるときに、以上に見たような近代的「人格」の概念のもともとの意義が完全に見失われ、議論がある種の空転に陥ってしまっているように私には感じられる。確かに、近代において「理性をもった自由な責任主体」あるいは自律的個人としての「人格」の概念が成立し、それが道徳における主体となったということ、これは間違いない。けれども、そのような自律的個人は、文字通り自分の内面の心理的なレベルで自分に関わることを決定できる、といった存在仕方をするものではないのである。むしろ、他者の視点からの了解や同意によって、自律的個人と称される存在であると規範的に見なされる、つまり、そのような存在であると見なされるべきであるとされる、というのが真相である。ロックのいう「法廷用語」としての「人格」という把握がそうした事情を最も端的に物語っているが、近代的「人格」概念の確立に深く関わっているもう一人の重要な哲学者カントにおいても同様なことがいえるだろう。カントは、自由を現象界（Phaenomenon）ではなく叡知界（Noumenon）に位置づけて、自由とは統整的（regulativ）な意味で「かのように」（als ob）という仕方で成り立つものであるとした。こうしたロックやカントの議論は、総じて、自由な自律的「人格」は心理的な事実・現象として成立している自己存在なのではなくて、制度や言語などの規範的コードによって生成してくる自己様相である、という事情を明らかに指し示していると、そう述べることができよう。[13] けれど、今日の生命倫理で「自己決定」が語られるときには、これらすべてが忘却されてしまい、「自己」は素朴に内面の心理的事実へと単純化され矮小化されて、その結果ひどく表面的で的外れな論争になってしまっているように感じられなくもないのである。熊野純彦は、生命倫理の議論では「所有」といった基本概念が深く吟味されることなしにきわめて粗雑に使用されているとして、現状に対するまことに正当なる警鐘を鳴らしたが（熊野 2000）、同じことは「自己決定」における「自己」という概念にも当てはまるだろう。というより、成り立ちからして、「人格」としての「自己」はまさしく「所有権」概念と連動しており、「所有権」にまつわる疑念はそのまま「自己」に関わる問題性なのである。

8　「パーソン論」の欺瞞

このような「自己」や「人格」にまつわる生命倫理の議論の問題性は、おそらく、人工妊娠中絶や嬰児殺しを正当化するために提起されてきた（いまや古典的）「パーソン論」に象徴的に現れているといってよいだろう。最初に「パーソン論」を提起したのは、先に名を挙げたトゥーリーである。トゥーリーは、嬰児殺しという問題に向かうに当たって、「人間」と「パーソン（人格）」という区分を持ち込み、「人間」とは単にホモ・サピエンスとしての有機体を表すのに対して、「パーソン」とは「生存する道徳的権利をもつ」存在であると規定する。そしてトゥーリーは、「パーソン」であるための基準として、「自己意識」を持つこと、という要件を挙げ、出産後間もない嬰児はそうした基準を満たさず、よって「パーソン」とはいえないので、そうした嬰児を殺すことは道徳的に承認可能であると、そう論じたのである（Tooley 1972）。こうした「パーソン論」には、理論的に、二つの極端な方向への展開可能性がある。一つは、出生後間もない嬰児以外にも自己意識要件を厳密には満たせない人間——たとえば重度の精神障害者や認知症患者など——がいるが、その人たちを殺すことも許されるとする道筋であり、もう一つは、人間以外の動物やその他の存在者でも自己意識要件を満たせば「パーソン」と見なせ、生存する道徳的権利を有すると捉えるべきであるとする道筋である。第二の道筋については、トゥーリー自身が論文の末尾で言及し、そうした道筋を肯定的に承認しようとしている。しかるに、第一の道筋に関しては、これを認めることはあまりに過激なので、「パーソン論」を説得的に提示したいならば、もう少し私たちの日常的実感に見合った形で「パーソン論」を洗練させていく必要があることは明らかである[14]。

そして実際、そうした洗練化がこれまで試みられてきた。たとえばエンゲルハートは、「厳格な意味でのパーソン」と「社会的な意味でのパーソン」という区分を提出し、後者に関して、自己意識要件を満たさなくとも社会的な実践としてあたかもパーソンであるかのように扱われる人間のことを意味するとして、そこには幼児や精神障害者が含まれるとする。しかるに、胎児はこのどちらのパーソン概念にも当てはまらないのだから、「厳格な意味でパーソン」である母親の何らかの有用性のために人工妊娠中絶を行うことは道徳的に許容される、とする（Engelhardt 1982）。あるいは、ピーター・シンガーは、「理性的で自己意識のあるパーソン」、「感覚することはできるが自己意識のない存在」、「感覚能力さえない生命体」、という三区分を提起して、トゥーリーの議論を改訂してゆく。第一の「自己意識のあるパーソン」は通常の成人からチンパンジーやゴリラまでをも含み、こうした存在のみが生存の権利を明示的に持つとされる。これに対し、第二の「感覚できるが自己意識のない存在」には、多くの動物や新生児、知的障害者などが属し、そうした存在者を殺すことを禁ずる論拠はパーソンの場合より弱くなるが、シンガーはできればこうした存在者を殺すことを止めることが望ましいとする。そして第三の「感覚能力さえない生命体」として胎児が名指され、胎児には意識・感覚能力がないのだから、中絶は内在的価値を持たない存在の生存を終わらせることであるにすぎず、道徳的に何ら悪しき点はないとするのである（Singer 1993, Chapter 4-6）。いずれにせよ、こうした「パーソン論」の発想が、生物的な意味での「人間」と「人格」とを区分し、「人格」の同一性の根拠を「意識」に求めたロックの「人格」論の考え方をストレートに受け継いでいることは明らかである。つまり、装いは新たになったかのように見えるが、本質的に、現代の生命倫理の「パーソン論」はすなわち近世以来の「人格」論の一つの帰結なのである。実際シンガー自身、生命倫理の文脈における「パーソン」の用法は「一七世紀にジョン・ロックによって与えられたその語の定義と整合している」（Singer 1994, p.180）と述べている。

現代においてことさら前面に出てきたこうした「パーソン論」に対しては、十分に理解可能な理由によって人工妊娠中絶を希望する母親や、重度の障害新生児自身とその養育の負担ゆえに延命治療停止を望む家族、こうした人々への配慮からである（蔵田 1998, pp.102-105）、といった肯定的な公式見解風の捉え方も一方でありうるかもしれない。しかし、誰もが感じるように、この「パーソン論」はきわめてドライな割り切り方をばっさりと行うものなので、事柄のデリケートさに即して多くの批判が投げかけられてきた。たとえば、日本の文脈でいうならば、水谷雅彦は、人格論を原理的な規準として尊厳をもった生命とそうでない生命とを具体的に線引きするというそもそもの問題設定に疑義を呈した上で、私たちの現実においては、「パーソン論」に現れるような自己中心主義と、胎児や将来の人間までにも眼差しを向けたエコロジズムに代表される人間中心主義との間の矛盾と葛藤が現出しているのであり、私たちはその前で立ちすくんでいること、これを見据えねばならないと指摘する（水谷 1989, pp.138-46）。さらに、森岡正博は、

「パーソン論」は、生命の価値に高低をつける差別的扱いという、私たちが現実に行っていることにお墨付きを与えるという保守主義（よって倫理的な問題を正面から受け止めていない立場）でしかない、私たちの「身体」と「関係性」が私たちの相互交流において果たす重大な役割に眼差しが届いていない、といった批判点を提出し、「パーソン論」とは、暴力と殺戮が交錯する生と死の現場において、私が「責め」を負わなくていいとする、「責め」の問題を事前に封鎖するための論理体系なのではないか、とさえ鋭利に言い及ぶ。そして、「パーソン論」的リアリティでは捉えられない人間のあり方を、（いないはずの二人称的）他者の到来、他者の現前、という事象に目を注ぐ「他者論的リアリティ」として提起するのである（森岡 2001, pp.109–30）。

　こうした論争によって問題理解の深まりが一定程度達成されていること、これは疑いない。けれども私は、こうした論争の発端をなす「パーソン」すなわち「人格」の概念に関して、基本的な疑問を投げかけないではいられない。「パーソン論」を提唱する側にせよ批判する側にせよ、「パーソン」すなわち「人格」とは「自己意識」に基づいて成立するものである、という了解をともかくも引き受けている。そして、すでに触れたように、確かにこうした道行きはロック以来の伝統的な「人格」概念を継承している。ロックもまた、「意識」に人格同一性を基づけたからである。しかしながら、この場合の「意識」とは何か。すでに論じたように、それは決して一人称の心理的事実に還元されるものではない。そうではなく、他者の三人称的視点を媒介することによって、規範的に、そう意識するべきである、という形で課せられてくるもの、そういうものであった。つまり、裁判に集約されるような制度的・言語的コードのなかで当人に帰属される様相なのであった。あるいはカント的に、「かのように」という形で統整的に目指されるべきものであると、そういってもよい。しかも、こうしたあり方が「所有権」という仕方で具現化されてもいたのである。しかるに、「パーソン論」をめぐる論争、ひいては今日の生命倫理における「自己決定」にまつわる係争においては、この「人格」の他者媒介性および所有権連携性という原義が見捨てられ、「自己意識」といいながら、明らかに一人称の心理的事実に閉塞した形で議論が立てられている。これでは、近代社会が苦しみながら描き出してきた「人格」の概念がまったくもってないがしろにされ、議論の水準が不当に低められていると、そういわなければならない。このことは、なにもロックやカントといった特定の哲学者に訴えなくとも、事柄それ自体に照らして確認することができる。「自己意識」があれば「パーソン」と認められるというが、そもそも「自己意識」があるかどうかどのように分かるのか。どのように決定されるのか。結局は、生物学的・生理学的知見、医療による診断、法規定や判例などに基づく司法判断、といったところに根拠を求めざるをえないだろう。そして、当然ながら、生物学、生理学、医療、法、といったものは紛れもなく制度的・言語的体系なのであり、よってそこには当人の視点を越えた他者の観点が事実としてすでに深く深く染み入っていたのである。そしてしかも、そうした「自己意識」は単にその存在が想定されるだけでなく、規範的な次元で「帰属」される、つまり「所有権」概念との連続性のもとで指定されているのである。もちろん、ここでいう「所有権」とは、現行の法で実際に認定されている所有権・所有物の意ではなく、所有ということを原理的に語ることが可能な様態を意味している。ともあれ、こうした、少し冷静に考えるなら自明である事態を了解しつつ、しかし同時に当人の心理的事実としての「自己意識」を文字通りのものとして言い立てるならば、それは明らかに欺瞞的な議論であるというべきだろう。

9　響き合う「人格」

こうした事情を押さえるなら、「パーソン」つまり「人格」の概念の理解に基づいて単線的に人工妊娠中絶や嬰児殺しを許容する、という議論の道筋は不可能であることが容易に見て取れる。制度的な意味で他者が媒介し、「所有権」のタームが潜在的に関わっているならば、「人格」が成立しているかどうかは、単なる事実問題なのではなく、社会的にどう見なしているかという、多様な視線が入り混じった上でなされる合意の問題になるからである。すなわち、胎児や新生児についていえば、それは当人の「人格」という問題だけでなく、親、親族などの他者の「人格」やそれを構成する「所有権」のネットワークのなかでその価値を考えねばならないということになる。親や親族の「所有権」のなかで人工妊娠中絶や嬰児殺しの是非を考える、という論じ方が当然考慮されなければならないのである。くだけた言い方をするならば、胎児や新生児について、親の持ち物、親族の持ち物、という視点を持ち込むことが求められるということである。ならば、仮に胎児や新生児そのものに「人格」性が認められないとしても、だからといってそれを処分してよい、ということは直ちには出てこない。「人格」の所有物について、たとえば家や車について、その物自体に「人格」性がないからといって廃棄してよいことにならないのと同様である。また、親の持ち物であるならば、親が処分したいと思えば処分できる、ということにもこの場合はならない。胎児や新生児について「所有権」が語りうる領域は、濃淡はあるにしても、親を越えて、親族・血族などへと広がっていると考えられるからである。「まだ意識がないのだから中絶しても悪事ではない」という了解がなされるときでも、それは、そうした人々の広がりのなかで、当人の意識というタームを用いてなされる三人称的合意にほかならないのである。そしておそらく、そうした広がりはその他の人々、とりわけ、こうして人工妊娠中絶などの生命倫理の主題について論じている人――たとえばこの私――にまで及ぶはずだろう。「人格」の概念にのっとる倫理は、今日の生命倫理も含めて、そうした倫理を論じる人というモメントを一つの焦点をなす要素として浮上させるのである。

さらに、「人格」の制度的あり方を押さえるならば、「人格」だから生存する権利がある、ということでさえ、直ちに承認できるとは限らないことが見えてくる。戦争、死刑、正当防衛による殺人、こうした事柄が制度的にともかくも認められているということは、事態的に、「人格」であったとしても生存する権利を認めなくてよい場合があることにほかならないからである。いや、死刑の場合は、むしろ、「人格」であるからこそ生存する権利が認められないのだ、とさえ記述できるかもしれない。死刑については、しかし、第1章で論じた。いずれにせよ、このように問題を捉え返すならば、心理的事実としての「自己意識」に訴えるという、不当にゆがめられた「パーソン」概念を標的にして、それを批判しても、「人格」概念にのっとった倫理を乗り越えることにはならないことが見えてくる。たとえば森岡のように、「パーソン論」を批判して、「他者論的リアリティ」を持ち出すことは、正当な道筋ではあるが、実は「パーソン」＝「人格」の原義を改めて辿り直すことでしかないと私には思えるのである。かえって、「他者」ということで、二人称に収斂するような親密な交流のなかでの他者だけを意味するとしたなら、「人格」の概念――つまりは倫理における「主体」――がまとっている制度的・規範的様態を見落とす恐れなしとはいえないのではなかろうか。脳死した家族が現前するという感覚を尊重するべきだという主張も、個人の内面的な感じ方や感情はその人の「人格」を構成する重要な要素であるという、第三者的な他者をまじえた、その意味で制度的な、了解や合意が背景にあるからこそ倫理的提言として成立してくるのだと思われるからである。かつて小松美彦は脳死の問題に即して、一人の人の死というものが他者へと影響を拡散していく事態に注目し、「共鳴する死」の概念を提示したが（小松 1996）、そうした事態は死に限らない。むしろ、こういうべきだろう。そもそも一個の「人格」が他者と響き合い（先に触れた「persono」との連関を想起してほしい）、そうした共鳴のなかで歌われてくる（生成してくる）のであって、だからこそ「人格」の死もまた余韻として共鳴してゆくのだ、と。

こうして、現代の生命倫理的主題において持ち出される「自己決定」の「自己」、すなわち「人格」は、歴史的ふくらみを無視したあまりに形骸化された貧相な代物であること、そして、かえって、それを批判することで浮かび上がってくる他者との関係性への眼差しは、伝統的な「人格」概念を継承することへと向かっていること、こうした論点が確認された。ならばひるがえって、私がずっと論じてきた、生命倫理における「主体」の概念の変化や揺らぎというポイントも、もう一度根源的な次元で考え直されねばならないように思われてくる。というのも、もともと私は、

「主体」ということで、一般に流通している形骸化された「自己」、すなわち個人としての自律的「人格」、をさしあたり前提していたのであり、ならば、そうした「主体」が揺らいで他「人格」をも巻き込んでいくようになったといっても、すでに先取りして暗示しておいたように、実はそれは変化や揺らぎというよりも、むしろ伝統的な道徳主体への復元なのではないかと、あるいは、伝統的な「主体」概念との連続性の再確認なのではないかと、そう疑われるからである。

そのように問題を整理し直して、改めて振り返るならば、私が「主体」性の揺らぎとして描出した事態は、事柄としては、なにも現代に特有のものではなく、歴史的にいくらでも類型的事態を跡づけることができるようなものであることに気づく。まず、「生殖」に関する問題系で露わとなってきた、道徳的主体への不在の他「人格」の介入という点だが、両親となる人たちが、自分たちの身分や家柄、自分たちの経済状態、自分たちの来歴（犯歴や学歴など）、自分たちの身体状態や遺伝的疾患、などの条件に思いを至し、生まれてくる子どもの将来の境遇を考え、出産するかどうかを考慮する、というのは決して珍しいことではなかったし、いまでもよくあることである。そしてそこには、現代の先端的生殖技術にまつわる道徳的主体性のあり方、すなわち、まだ不在の「人格」を巻き込むという「主体」のあり方、がほぼ同様に確認できるのではなかろうか。また、「遺伝子操作」の問題系で現出してきた、複数の他「人格」へと分散する主体性という様態も、家族や親族・一族あるいは自分の属する集団を意思決定の際に本質的に考慮しなければならない場面が古今しばしば現れることを考えれば、「遺伝子操作」の場合だけに限定される主体性の様態とはいえないだろうと予想されてくる。たとえば、犯罪に手を染めるとき、そのことで負の影響を受けるであろう家族や親族が決断の重要な考慮要素として混入してくる場合は、やはり主体性が複数の他「人格」へと分散しているといえそうだと思えるのである。もっと古くは、「五人組」などの連帯責任の制度、中世の武士たちの血筋や血統への思い、などに沿った場面でなされる倫理的判断も、明らかに複数の他「人格」へ主体性が分散している判断となるはずである。さらに、死にゆく人からの誘引として問題化した、死んだ他「人格」と融合した「主体」のあり方についていえば、悔恨の残るような死別に遭遇した場合にはおしなべて、同様な事態が姿を現しているといえるのではないだろうか。家族として少し配慮してやれば避けられたかもしれない病気や事故であの人は亡くなってしまった、という思いのあるときのように。こうして、現代の生命倫理で露わとなってきた「主体」性の揺れ・変化は、実は、伝統的な道徳的主体の概念、つまりは「人格」の概念、の延長線上に位置づけられる事態であって、歴史的連続性・継承性のもとにあるのだということ、このことが確認されるのである。けれども、そうはいっても、何も新しいものはない、とはいえないだろう。何かが新たに現れたがゆえに、「応用倫理」「生命倫理」としてこれだけ真摯に言挙げされ、私に対して「主体」性の揺れという印象を強く刻印したと、そのように思われるからである。では、何が新しいのか。何が、「主体」性の揺れという形での、ことさらの注意を促したのか。「主体」性の揺れを指摘するという私の議論が、事態的に、深層のレベルで真に名指していたものとは何だったのか。

10　「人格」の実在性

ところで、先に私は、自由な自律的「人格」は心理的な事実・現象として成立している自己存在なのではなくて、制度や言語などの規範的コードによって生成してくる自己様相であると、そう述べた。実際、そうした「人格」概念の理解にのっとって、生命倫理における「主体」性の揺れ（という印象を与える事態）の意義をここまで検討し、問題の所在をあぶり出そうとしてきたのである。しかるに、心理的な事実ではなく、制度的な様相であるということは、言い方を換えるならば、結局は一種のフィクションであると、そう捉えられるのではなかろうか。「自由で自律的な責任主体」としての「人格」とは、人々が共同的に捏造している、壮大な虚構なのではないか。こうした見方は、少し冷静に考えるならば、私たちの直観にも適っている。「自己決定」などというが、そもそも私たちの決定・決断が真に自分のみに発するといえるだろうか。第2章でも触れた論点だが、たとえば、どこそこの大学を受験する、誰かと結婚する、何かの趣味を楽しむ、こうしたことはまさしく「自己決定」による行為の代表だが、そうした行為がすべて自分自身にのみ動機づけられているなどといえるだろうか。おそらく、いえない、と答えたほうが適切である。大学を受験しようとなぜ思ったのか。そうした問いの果てには、一定の価値観を幼少より植え付けられたこと、そのような価値観が通用しているこの社会に生を受けたこと、といった、洗脳、受動の位相が露わとならざるをえまい。結婚の決断、趣味の選択、に関しても同様に、自分ならざるものにいわば誘導されているというあり方が見出されざるをえないはずである。すなわち、私たちは、むしろ厳密には、自律的な「自己決定」によって生活しているというよりも、他者からの支配を被った他律的なありようをしているというべきなのである（一ノ瀬 2001, 序章を参照）。こうした他律的人間観は、キリスト教における「被造物」としての人間把握に通底するものであるし、近代「人格」論においても、ロックが、生命それ自体は当人の労働によって得られたものではないので当人にそれの「所有権」は帰せられない（See Locke 1960, 2nd Treatise, Sections 23–24. また、一ノ瀬 1997, pp.206–07 も参照）、と捉えたとき、そこには明らかに人間の他律性が見据えられていた。また、カントも、現象界において人間は因果的必然性に支配されているので、自由や自律性は叡知界のなかで「かのように」という見なしとしてのみ意味をなす、という論じ方をしているということはすなわち、根底において、現象界に生きる現実の人間が他律的であらざるをえないことを承認しているといえよう。そして、脳科学や遺伝学に依拠して意識現象までも含む人間のあり方全般を理解しようとする、現代のいわゆる「自然主義」的人間観は、究極の他律的人間把握だといえるだろう。だとすれば、こうした文脈のなかで、あえて「自由で自律的な責任主体」という概念を押し出すとしたら、それは何らかの虚構という身分で語られるにすぎない、といえそうではないか。

実のところ、近代以来の「自由で自律的な責任主体」としての「人格」の概念とは、純然たる虚構であって、自由や責任にまつわる課題に真に向き合うのには不適切だ、という見方が刑法学の分野からつとに提示されている。かつて沢登佳人は、「法が期待する人間像は、特定の個人、集団特に階級につごうのよいように作られるものであって……その意味である程度までそのつごうに合わせて好きなように作られるのである。その点を把えて言えば、それは純然たる虚像にすぎない」（沢登 1976, p.24）と断じ、たとえば近代的な罪刑法定主義の基礎理論としてフォイエルバッハの理論を名指し、「完全に自由な意思により十分ゆきとどいた認識・判断推理に基づき、全面的に自分一個の責任で、犯罪をするかしないかを選択しうる、堂々たる理性的人間としての犯罪者像」（沢登 1976, p.81）がそこでは提示されている、と揶揄したのであった。こうした人間観のもとでは、犯罪者は一旦は理性的「人格」として持ち上げられた上で、「明らかに悪い行為を悪いと知りながらあえて犯す、まことに図々しい兇悪漢ないし破廉恥漢、またはだらしないろくでなし、意思薄弱な駄目な奴」として追い落とされてしまうことになるのであり、これは論理のペテン以外の何ものでもないと（沢登 1976, p.82）、そこまで沢登は近代「人格」概念の暗部を指弾したのである。こうした論法は、生命倫理における「パーソン論」や「自己決定権」の議論が「自己」すなわち「人格」の実在を、おめでたいともいえるほど安易に、前提しているのに対し、その全くの対極をなす見方であるといえよう。しかも、「人格」の制度的あり方という、問題の核心に沿った捉え方でもあるように思われる。ならば、現代の生命倫理の議論水準に対して、こうした（考えてみれば至極もっともな）見方をぶつけるならば、ある種のショック療法として、水準の深まりが促されるのではないだろうか。

けれども、私の見るところ、刑法学からのこうした「人格」虚像論は、議論内容を脇において、その発想に注視するならば、「パーソン論」や「自己決定権」の議論などの生命倫理的「人格」論とそれほどかけ離れていない。なぜなら、「人格」虚像論も、「人格」が現実を反映した人間の実像となっているのは、当人の心理的事実として自由意思による自律的選択が遂行されている場合だ、という把握に立って展開されていると考えられるからである。この把握それ自体は、生命倫理的「人格」論にも共有されている。ただ、「人格」虚像論は、こうした自律的選択は実際には成立していないと捉えるがゆえに、自律的「人格」とはフィクションだ、と論じ進めるのに対して、生命倫理的「人格」論では、そのような自律的選択は現実に成立しており、そのことを基準にして倫理的問題に対処するべきだ、と述べられているという、その点に違いがあるだけである。しかるに、当人の心理的事実としての自律性、という観点から「人格」を論じることが根本的に的外れであるとするならば、そうした論じ方の系列に結局は回収される「人格」虚像論も、衝撃的で魅力的ではあるにしても、最終的には受け入れるわけにはいかない。近代が描き出してきた「人格」の概念を、そして私たちが実は現実において依拠している「人格」の概念を、根底において捉え損なっていると、そういわざるをえないのである。

それに、「人格」虚像論にはもう一つ別の理論的困難がある。それは、実在性、リアリティの概念に関わる。そもそも「人格」虚像論は、「人格」概念が制度的なものであるがゆえに、事実ではない虚像だ、とする。こうした議論の根底には、実在とは事実的なものでなければならない、という前提がある。しかし、この前提には根拠がない。制度的あるいは規範的な事柄にも実在性や存在性を語ることができるのはあまりに明らかだからである。次章でも触れるが、日本には国立大学が「存在」する、わが国には独占禁止法が「存在」する、といった語りあるいはオントロジーに奇怪な点は何もなく、そうした制度的あるいは規範的な存在者を虚構にすぎないとするのは、明白に常軌を逸しているというべきだろう。ならば、自律的「人格」が当人の心理的事実として成立していないとしても、それが規範的に他者によって課せられるような存在様相であるならば、そのリアリティが否定されたことには全くならない。それに、私は、「事実」なるものも、突き詰めれば制度的・規範的なものでしかないと考えている。理論負荷性の議論を想い起こすまでもなく、「事実」とは、実はつねに、流通している科学的知見や世界観のなかでのみ立ち上がってくるものであって、「裸の事実」という概念自体でさえある種の哲学理論に依存していると思われるからである。そして、このように捉えるなら、「事実」や、それに特権的に付随しているように思われがちの実在性は、一定の理論や世界観にのっとってその瞬間にその「事実」や実在性を言挙げしている誰か、その意味で、一定の理論や言語という制度的・規範的システムのなかで生きる個人（として第三者によって承認されている者）、すなわち「人格」、へと収斂してくることが理解されてくる。私は、別な場所で、こうした実在性のありようを「制度的実在」と呼んで、そこに実在概念の真相を見届けようとした（一ノ瀬 2001, 特に序章を参照）。実在とはおしなべて制度的なのであり（制度外的な実在など不可能であるということ）、そうした実在性は「人格」へと凝縮されているということ、つまりは、「人格」こそ実在性の究極の源泉であり、実在性の本体であると、このように私は考えたのである。そうした考えは、「人格」の実在性を強く見取ること、そして同時に、そうした「人格」の実在性が制度的・規範的だとすること、この二点において、生命倫理的「人格」論とも「人格」虚像論とも袂を分かっている。

11　死を所有する

以上のことを踏まえて、私は、現代の生命倫理の議論のなかで新しく現れてきたもの、それを最後に指摘したい。それは、伝統的な「人格」概念のなかにすでに含意されてはいたが、今日の文脈でそれが人間の知的活動全体を巻き込むような形で大々的に表面化してきたのであり、しかし、必ずしもそれとして気づかれずに、「主体」性の揺れ・変化という装いのなかに埋没してしまっているかのようなもの、そうしたものである。そして、なぜ気づかれないかというと、上に論じた「人格」の実在性とは正反対に、それ自体としては真に虚構であるとしかいいえないものだからである。それは何か。「死の所有」の観念、これである。前節で、「人格」虚像論を斥けて、「人格」の実在性を強く輪郭づけたのは、この「死の所有」の観念の虚構性を際立たせるためだったのである。

「死の所有」の観念については、すでに第1章と第2章でも論じており、まさしく本書の主題にほかならない。よって、ここでは詳細を繰り返さないが、議論に必要な最小限の要点だけ再確認しておこう。私たちが、表向きであれ形式的であれ、現実に受け入れている近代人権思想、つまりは近代「人格」概念、からすると、犯罪とは他者の「所有権」の侵害であり、刑罰とはそれに応じた侵害者自身の「所有権」の喪失である。しかるに、ロックに即しても見たように、もともと「生命」それ自体に対する当人の「所有権」は認められていなかった。ならば、「生命」の喪失という刑罰、すなわち死刑、は刑罰として不可能であると、そう考えられなければならない。にもかかわらず、私たちは近代人権思想や近代「人格」概念に沿っても、死刑が一つの刑罰でありうると捉えてしまう。果たしてそれはなぜか。この問いに対して、他者の「生命」を奪った者は、自己の「生命」を差し出さねばならないと、そのように犯罪と刑罰の語法に見合う形で理解できるではないか、といった素朴な答え方をしても通用しない。その理由は、第一に、奪うとか差し出すとかは「所有権」に関して語られるが、いま触れたように、「生命」それ自体については「所有権」は帰しえないからである。そして、そうした答え方が通用しないもう一つの理由は、そもそも死ぬこととは「生命」が消失することであって、「生命」を差し出すことではないし、かりに「生命」を差し出すことがありえたなら、一体誰が「生命」をどのような形態で獲得するのか分からなければならないはずだが、そんなことが分かるはずもないからである。「生命」そのものは、徹頭徹尾、「所有権」概念とは無縁なのである。よって、犯罪と刑罰の語法から外れているのである。では、なぜ死刑があたかも刑罰のように感じられてしまうのか。この問題に対して私は、ここには一種の倒錯的観念が生じていて、それを媒介することによって、死刑が、「所有権」によって理解される犯罪と刑罰の語法のなかに取り込まれているのではないかと、そう論じたのである。押さえるべきは、人が死んだとき、その人の「生命」が差し出されたとは言えないとしても、何かが差し出されたという実感があることである。では、何が差し出されるのか。「死」が差し出されると考えることができるのではないか。死の情景、死者への重い思いを誘引する何か、というような形での「死」が差し出された、と。少なくとも、「生命」が差し出されたと記述する（それは金輪際不可能である）よりは、実態的感覚に適っており、リアリティがあるのではないか。しかるに、もしこのように「死」が差し出されるという把握を認めるとすると、人は生きているうちから「死」を所有しているのでなければならないことになる。そうでなければ人は「死」を差し出せないからである。ここに「死の所有」の観念が現れる。しかし、「死」を所有するなどという観念は、たとえ「生命」を差し出すという捉え方よりは実態に適っているとしても、所詮は破格な虚想である。すなわち、人の「死」に際して何かが譲渡されたと感じる感覚には、私たちは、生きているとき、すでに死を所有しているという、そうした虚想が原理的に介在していると私には思われるのである。実際、こうした観念をとりあえず想定するならば、人の生命を奪うと表現される事態は、人の「死の所有」を侵害することとして捉え直され、よって生命を差し出すと表象される刑は、侵害者の「死の所有」を喪失することとして再解釈される。つまり、「所有権」を通じた、その意味で正当な、死刑概念の可能性が観念的に成立してしまうのである。私たちが死刑を一つの刑罰となりうると見なしてしまう根底には、こうした虚想のメカニズムが絡んでいるのではないか。

こうした「死の所有」の観念は、確かに虚想ではあろうが、必ずしも全面的に不合理なわけではない。理解の仕方によっては、実際に、私たちはつねに死を所有していると捉えられなくもない。それはたとえば、いつでも好きに死ねるという姿勢の所有であったり、死への憧憬の感情であったり、いろいろに解釈できるだろう。死者と対話するという感覚や想定、それは、宗教的体験や、人間の霊に関わる表象や想念（霊媒師、霊能者、幽霊などに絡んで）など、古今東西に見出される無視できない人間の営みに現れているが、そこにも「死の所有」の観念を確認することができるかもしれない。というのも、死者と対話できるという感覚や想定は、自分が死者と同次元にともかくも立てる、ということを事実上含意するのであり、それは生きている私たちが「死」というものを所有しているからだ、と解することが可能だからである。まさしく、序章で触れた「彼岸視点」にほかならない。そしてまた、既に触れたように、人が現に死ぬと、特に身近な人が死ぬと、残された者には「死」が差し出されたと、そう表現できるような感覚が生まれる。差し出されるもの、それは、まずは「死体」であり、死者への切ない追憶であったり、引きずられるような誘引感であったり、不在がもたらす静寂感であったり、「死」を思うことへの強いいざないであったり、さまざまに捉えることができるだろう。所有されていた「死」が差し出された、という述べ方は、言語使用として必ずしも全くの詭弁とは言い難い、何らかのリアリティを持つのではないか。少なくとも、繰り返すが、「生命」を差し出すという言い方よりははるかに理に適っているし、私たちの実感にも即しているだろう。無論、それもまた、突き詰めれば一種の倒錯的虚想ではあるのだが。いずれにせよ、こうした「死の所有」という事態を仮定するならば、人を殺すことはその人の「死の所有」を奪うことであり、よって、それへの償いとして略奪した者がみずからの「死の所有」を喪失するべきだ、つまり死ぬべきだ、として死刑という刑罰の可能性が倒錯的に捏造されてくるのである。

　ここで押さえるべきは二点である。一つは、こうした死刑概念の分析から導かれてくる「死の所有」の観念は、決して死刑の場合にのみ現れるのではなく、日常的にも普遍的に現出しうるということ、これである。私たちは、互いの身近な交流において、かすかな憎悪や嫌悪や無視をし合う。このことは、さまざまな宗教や文学、そしてある種の哲学が、感性鋭く抉り出してきたことである。ならば、私たちの交流には、根源的次元において、擬似的であれ、罪と罰の構造が巣食っていると考えられよう。しかしもちろん、こうした構造はつねに表面に現れているわけではない。だが、人が死んだとき、亡くなった人の存在感が前面に剝き出しになり、自分との関係性が露わとなり、深層に宿る罪と罰の構造が表に現れてくる。すなわち、罪と罰という構造が「死」を介して確認されるのである。ここには、死刑の場合とあたかも同様な事態が擬似的あるいは類比的に成立する。こうして、日常的な、身近な人の「死」の場合に、「死の所有」の観念が浮かび上がり、亡くなった人が「死の所有」を差し出し、残された者は無償で「死の所有」を受け取ると感じられることになる。おそらくここには、残された者にとって、「死の所有」という最重大なものを、不当に不均衡な形で差し出され、償われすぎている、という感覚、そしてそれを解消するため自分から何か償いたい、しかし現実にはその償いは達成されないという思い、こうした感情が生起し、死者に誘引され続けるという事態が発生するだろう。私はこれこそ「別離」の感情の正体だと考えている。[15] いずれにせよ、「死の所有」という虚想の観念は、私たちの日常にも浸透していると考えることができる。それは、古今東西にかかわらず普遍的にそうだろう。よって、「死の所有」の観念それ自体は、事態的には、歴史的にずっと継承されてきたと、そう述べてもよい。

さらに、第二に確認すべき点は、以上のように「死の所有」の観念の普遍性と伝統性を確認できたとしても、それでもやはり、それは純然たる虚構であって、確たる実体をもたない観念であり、よって、決して首尾一貫した整合的な内容をもちえないということである。これは先にも何度か触れた論点だが、誤解を避けるために非常に大切なので、あえて強調的に繰り返したい。だいたい、死を所有する、などというのは、突拍子もない考え方である。それに、つじつまも合わない。「死の所有」を差し出すというが、差し出した後で所有主はどうなるのか。文字通り死んでしまい、消滅するのか。しかし、それでは、差し出すという譲渡概念は適用されえず、単なる遺物でしかない。差し出すということが成立するには、差し出す主体が、つまり差し出した後でも存在する主体が、維持されていなければならないはずである。実際、こうした死後の主体性は、死者との対話という、「死の所有」の観念が現れると考えられる典型的場面において、明らかに前提されている。けれど、そうなると、死んだ者は実は死んでいない、という明白な不条理に至るだろう。とはいえ、死者と語る、という表象それ自体は、ある人の心理にとっては、虚構どころかきわめてリアルで生き生きとした体験であり、よってそうした事態が「死の所有」の観念として捉えられるというなら、「死の所有」は実在的な観念であると、少なくともそうでありうるというべきではないか、といった反論があるかもしれない。この反論に対して私は、確かにそういえる文脈があることは間違いなく承認できるが、それでも根源的な虚構性は否定しようがないと、そう答えたい。死者との対話という表象を支える「死の所有」が実在的だというのは、そうした表象が現にリアルに生起しているということ、ひいては表象している主体──「人格」──が実在的だということ、すでに確認ずみの論点を裏書きするだけであって、そうした表象の内実がリアルであることを含意しない。ここでの実在的というのは、演劇を見ているとき、まさに舞台がそこにあり、ドラマが現に演じられている、ということのリアリティと同じである。現に表象が実在的に生起しているとしても、その内実が実在的か虚構的かは、さまざまな制度に依存的にしか定まらない。しかるに、死者が対話相手として実在しているという表象は、意味的には、私たち人間が生きる制度下では、ほぼ論理的不可能事というべき純然たる虚構であろう。死ぬとは、いなくなることであり、この把握が私たちの生活のリアリティの根源なのである。それに、私たちは「死体」を明白に生きた人から区別する。この「死体」への感性も、私たちが「死」を現に生きて実在していることと連続しない、断絶した事態であると捉えていることの証しだろう。ただし、そうはいっても、死者との対話のリアリティがすべての意味で排除されるわけではない。演劇に類比的に述べたことからも分かるように、文化や宗教や文学や芸術という仕方で、私たちは「死の所有」の観念を積極的に意味づけ、表象空間を豊かに広げているのである。

12　「死の所有」の顕現

そして私は、こうした「死の所有」の観念、事実上すでに古来から伝承されてきた世界理解の根底に潜在する捉え方、これが現代の生命倫理の議論のなかで、これまでになく大掛かりな仕方で顕現しつつあり、そうした事態こそがバイオエシックスの言説の新しさ、「主体」性の揺れ・変化という装いで露わとなる新しさ、の真相なのではないかと、そう論じたいのである。生命倫理の三つの問題系のうち、脳死や安楽死にまつわる「死」の位相については、このことを見て取るのはやさしい。死にゆく人、死者、こうした存在者との対話がこの問題次元では浮かび上がってきたと捉え返してよく、それはまさしく「死の所有」の観念を顕在化させる事態にほかならない。しかも、先端的な医療技術という、自然科学の動きと結託しながら、こうした事態が進行しているのであり、この点で、「死の所有」の顕現は、私たちの知的活動の広い部分に及ぶ大々的な出来事であるというべきである。では、その他の問題系、「生殖」、「遺伝子操作」、はどうだろうか。「生殖」の問題系とは、結局は、自分あるいは自分たちの遺伝子を現在の技術水準のもとでどのように扱えるか・扱うべきか、という問題に切り詰められると思われる。ならば、「生殖」の問題系は「遺伝子操作」の問題系へと融合していくと、そういってよいだろう。つまり、この二つの問題系で焦点となっているのは、突き詰めれば「遺伝子」なのである。しかるに、私の感覚では、自分の「遺伝子」を問題にするということは、自分の身体へと受け継がれている膨大な数の先祖の系譜に言及することを必然的に含むと、少なくともそうした必然性が概念的にはあると、そう思われる。石器時代から綿々と伝わってきたＤＮＡ、自らが存続することだけを目指して宿主を操ったとして、「利己的遺伝子」とさえ称される存在者、それらを語ることは先祖を語ることにほかならないといえるのではないか。私は、少なくとも一つの重大な側面として、「遺伝子」の概念にはこうした過去の存在者への「接触」が含意されていると思うのである。私はここで「接触」という。私は、自分の皮膚や髪の毛に先祖の気配や息吹を感じるからである(16)。ＤＮＡとか「遺伝子」という概念は、本来的にそうした表象をいざなう力を持っている。そして、そうした過去からの接触的連なりを帰納的に反転させることで、つまり将来の世代ともまた接触してゆくはずだという表象を通過させることで、未来への連続性がリアルに表象されているのではなかろうか。いずれにせよ、「遺伝子」の概念が先祖への「接触」を表象させるならば、それはかなりダイレクトな意味で死者との交流である。「彼岸視点」が立ち現れているのである。ならば、ここに「死の所有」の観念が顕現していることは間違いない。しかも、「遺伝子操作」という先端的技術によってこそ、この「死の所有」の観念の顕在化が促されているのである。「死の所有」の観念は、これまでそれが現出していた特定の文脈をはるかに越えて、現代の自然科学の先端にまでも浸潤するほど大きな規模で、それゆえかなり明瞭な姿で、顕現している。生命倫理において「主体」性が揺らぎ変化しつつある、という印象の真の正体はこれだったのである。

以上の議論の帰結として、最後に一点だけ記そう。私の提示した「死の所有」の観念のあり方に従えば、道徳や倫理、ひいては人間の相互的交流、に関して、現在の私たちの言説空間では、二つの文脈あるいはモードがあることになる。「死の所有」の観念を純然たる虚構として断固として排除するという「現世視点モード」と、「死の所有」の観念を虚構であるとわきまえつつも、それに寄り添い、その心理的リアリティを受容するという「彼岸視点モード」、この二つである。「死の所有」を排除する現世視点モードは、人間の基本的な生き死ににフィジカルに関わる、文字通りのサバイバルがかかっている場面に適用されるはずである。それは、死んだら消滅する、ということが絶対の共通了解として機能している文脈のことで、法、経済、政治、などの領域はこれに当たる。よって私は、「死の所有」の観念を介在させなければ成立しえない「死刑」は、人権思想を包含する法の領域に属する問題である以上、不可能であると考えたのである。これに対し、「死の所有」を受容する彼岸視点モードは、死者との対話といった表象のリアリティを一定程度尊重する場面であり、すでに何度も触れたように、文化、宗教、文学、芸術などの人文的な領域がこれに当たるだろう。私が見るに、「死の所有」の観念に関するこの二つのモードは、つねに交錯し合い、交互に変換されながら、私たちの交流のありようを構成している。そして、今日の生命倫理にまつわる言説は、まさしく「死の所有」の観念を受容する彼岸視点モードに属するということ、もっと正確にいえば、排除の現世視点モードに律せられるときがあるにしても、全体として受容の彼岸視点モードに色濃く染まっているのだということ、これが私の議論の帰結なのである。先に5節で私は、自分の死体について自己決定が及びうるか、という問題に触れ、然りと否の両方の答えがありうると述べたが、その意味はもはや明らかだろう。基本的人権を基礎とする法的な思考によって表向き律せられている場面、すなわち通常の医療現場や私たちの日常的な相互交流の場合、「死の所有」の観念は排除されており、死んだらその人はいなくなる、という考え方が基本である。よって、死んだ者には意思はない、よって自分の死体について自己決定権はないと判断されるはずである。けれど、「脳死」の場合、「死の所有」の受容のモードに容易に転換し、死んだ者の意思という概念が意味を持ち始め、自分の死体への自己決定権という言説が立ち上がってくるのである。

生命倫理を含むいわゆる「応用倫理」を論じる哲学者・倫理学者は、「応用倫理」が「事実」への参照を不可欠とし、緊急の課題に答えねばならないがゆえに、本質や理論的一貫性を見失いがちだと評され、それゆえに彼ら自身が自己卑下をすることさえあるそうである(17)。こうした世評に対して、私はこう述べたい。上に論じたように、生命倫理は、先端的技術の「事実」に関わるという外面の装いとは裏腹に、本質的かつ濃厚に人文学的な学問領域に属し、そしてその意味で歴史的伝統の連続性のなかに位置づけられる、いやそれどころか、人文学的学問の根底に潜む「死の所有」の観念へと真一文字に迫り、歴史的伝統の一層の充実化を推進しうるものなのだから、生命倫理を論じる哲学者・倫理学者は自己卑下などする必要は毛頭なく、むしろ生命倫理のそうした人文学的あり方を積極的に解明し、哲学や倫理学の本筋に寄与していくべきだ、と。私は、生命倫理において重んじられるべき「事実」とは、まずは、こうした生命倫理の「死の所有」の観念を介した人文学的なありさまのこと、それを指すのではないかとさえ言ってのけたいくらいなのである。また同時に、以上のことは、医療に象徴される現代の先端的技術、ひいては現代自然科学それ自体が、かえって人文学的な性質を帯びざるをえなくなるということも含意するだろう。ならば、私たちが歴史的に継承し、いまそれを現代の文脈でさらに大々的に明るみにもたらそうとしている「死の所有」の観念に自然科学も深く関わり、よって、自然科学にも「歴史」という視点が導入されなければならないと、そうもいえるだろう(18)。こうした視点は、無論、「死の所有」の観念を媒介して、私の構想する「涙の哲学」の一射程ともなっていく。「涙の哲学」は、自然科学の歴史化という、壮大な企図をも臨むのである。

こうして確かに、私たちは、「死」という古い永遠の問題に全方位的に立ち向かうという、新しい局面にいま遭遇している。それは、文字通り死ぬ人格として生きる私たちの、みずからの本質を直視してゆく一つの階梯なのである。

さて、次章から、いよいよ「殺人」の問題へ目を向けてみよう。「殺人」は、本書の核心をなすトピックの一つである。その考察を通じて、「死の所有」の観念の宿す含意をさらに明確にし、「涙の哲学」の射程を一層太く輪郭づけていきたい。

第4章　殺人者の人格性
——虚構なのか適応なのか

1　「殺すこと」の日常性

「殺し」、それは私たちの生活様式である。生命あるものとして相互に存在する限り、このことは避けられない。「涙の哲学」のコアを形成する、この厳粛なる事実の認識から論をおこそう。

「殺すこと」を「生命を絶つこと」と捉え返してみるなら、それが私たちの普段の生活に染み渡っていることは容易に確認できる。「食」の場合が最も明白であろう。私たちは、無機物やミネラルなどの非生命的なものも摂取するが、基本的には他の生命を絶ちそれを食することによって生きるための栄養を摂取しているのである。このことは、菜食についても同様である。よって、菜食主義とは、殺生をするのは避けるべきだ、と申し立てる立場ではない。殺生を避けるという理由以外の動機、すなわち、植物と動物の相違についての特有の捉え方、それが菜食主義の主たる動機となっているのである。さらに、「食」以外の場面でも、私たちはかなり頻繁に「殺すこと」をしている。除草剤を撒いたり、樹木の抜根をしたり、昆虫を駆除したり、車で動物を轢いてしまったり、あるいは飼育できないペットの処分を依頼したり、捨てられた子犬や子猫をそれと知りつつ放置したりなど、「殺すこと」が平均性（少なくとも異常とはいえないこと）のなかに埋没している場面を直ちに列挙することができる。実際、「食」以外の場面でも、

「殺すこと」は私たちの生活の必要事である、と言いうることさえある。家を建てるために植物や樹木を除いたり、安全のために蜂の巣を駆除したり、狂牛病の疑いのある牛を始末したり。けれど、それもやはり厳然として「殺すこと」なのである。「殺すこと」にまとわりつく切なさと、引きずるような後ろめたさの感覚を伴うのである。私自身、家に迷い込んだ蜻蛉を、害虫だと誤解して、殺虫剤で駆除してしまったことがある。蜻蛉が苦しそうに羽をばたつかせていたその光景が目に焼きついている。一体自分は何なのか。一体何をしているのか。べとつくような罪の感触が残る。私は、こうした、通常行われているような、ことさら罪として言挙げされないような「殺すこと」、これを全く射程に入れていない、入れることのできない、哲学や思想を真に信用することができない。

さて、しかし、そうはいっても、人を「殺すこと」、つまり「殺人」は別であって、犯罪としてそれが生じて非難されることはあっても、殺人が平均的な日常性として私たちの生活様式になっているとは到底言えないだろうと、そのような反応が当然考えられる。確かにもっともである。殺人が日常的な社会など、安全性を欠いた集合体であって、そもそも社会をなすことの要件をクリアできなかろうし、そんな社会しか人類が構成できなかったのならば、私たちはこれまで存続できなかっただろうとも思われる。けれども、このような見方は、私たちが犯罪概念として理解している「殺人」にあまりに引き寄せられすぎて、人を「殺す」、という表象の広がりを見過ごしている。人を「殺す」、というとき、拳銃で撃ったり、ナイフで刺したり、といった定型的な行為類型を暗黙のうちに基準としているのである。しかし、人を「殺す」という行為は、概念として一般的に考えるならば、大きな幅を持つ。刑法的に規定されるような、いわゆる構成要件を満たし違法性を持つ有責な行為としての「殺人」だけに、人を「殺す」という概念の意味が限定されるとする必然性はどこにもない。つまり、刑法的な「殺人」には該当しなくとも、「殺人」という行為として捉えられるような事態はいくらでも想定しうるのである。

私がここで念頭に置こうとしているのは、単に、構成要件的には「殺人」だけれども違法性や有責性がないような行為のことではない。もちろん、そうした行為にも目を配るべきなのはいうまでもないし、実際私はそこにも考慮を加えてはいるのだが（一ノ瀬 2008c 参照）、しかし、いまここで私が注目したいのは、そもそも構成要件的にさえ「殺人」とは見なされないけれども、「殺人」として解されうる事態、そうしたものが私たちの日常にはたくさんあるのではないかということ、このことなのである。たとえば、父親が喫煙するような家庭で育った子どもが十代のうちに肺がんで亡くなったとき、学校で友人から無視された子どもが自殺に至ってしまったとき、体型のことで何気なく知人に言った言葉によりその知人が無謀なダイエットに走り生命を失ってしまったとき、同僚に絶えず言葉によるストレスを与え続けた後その同僚が疲労の果て病死してしまったとき、このようなとき、喫煙する父親、無視した友人たち、体型のことを言及した人、同僚にストレスを与えた人、には殺人行為は帰せられないだろう。けれど、ある感受性からすれば、これらは人を「殺した」行いとして理解されることがあるのではなかろうか。そして、こうした場面で適用される「殺人」概念を絶対的に不当なものとして排除する論理は存在しないのではないかと、私は思うのである。おそらく、こうしたことは、「自殺」も自分に対する「殺人」であると概念的に捉えるならば、自分自身に対する態度の場合も当てはまるだろう。不摂生な生活を繰り返して不治の病に罹り亡くなってしまう人、無茶な目標に向かって頑張りすぎて結局死に至ってしまう人、このような人は、確かに首吊りや飛び降りのような典型的な「自殺」をしたとはいえないだろうが、やはり「自殺」してしまったと、したがって「殺人」してしまったというべきであると、そう捉える心性は許容されてしかるべきである。

しかるに、「殺人」概念をこのように捉えることができるなら、私たちの日常には「殺人」がまさしく平均的に蔓延しているといえることになる。親が子に何気なく言った言葉、友人に語った自分の価値信念、自分に自発的に課すノルマ、そうした類の些細な日常の出来事が「殺人」行為となってしまいうるからである。「なぜ人を殺してはいけないか」という問いにどう答えるか、という話題がかつて我が国のジャーナリズムを賑わせたことがあったが(1)、そうした問いかけそれ自体、「殺人」は異常でまれなことである、という認識をおそらく暗黙に前提している。しかし、そうした前提は絶対ではない。「なぜ人を殺してはいけないか」ではなく、「私たちは互いに日常的に殺人し合っているという事実にどう向き合うべきか」という問いを立てねばならない、とする哲学的感性がしかるべき位置を与えられてもよいのではなかろうか。少なくとも、私たちはきわめて頻繁に「殺し」そして「殺人」を平均的日常として行っている、という事実の受け取り方は可能であるし、事実認識としてむしろ繊細なまでに誠実かつ厳粛であるとさえ言いうるだろう。

もちろん、しかし、私はこうした受け取り方をここで全面的に展開しようとしているのではない。私とて、「殺人」ということで、刑法的に規定されるような「殺人」を典型的に表象する。にもかかわらず私が、あえて「殺し」や「殺人」の（可能的）日常性を語ったのは、そうした典型的に表象される「殺人」概念は、いくつかの可能的な受け取り方のなかから、何らかの傾きのもとで人為的・文化的・歴史的に抜き出され形成されてきたものにすぎないという、その点を浮かび上がらせたかったからなのである。言い換えれば、「殺人」という自然現象は存在しない、「殺人」とは人間の行為に関する一つの脚色なのだ、ということ、この論点を指摘したかったのである。このことは、さらに換言すれば、「殺人」とは、エピステモロジーの対象というよりむしろ、メタフィジックスにおいてこそ適切に論じられる主題である、ということになろう。この論点は、私が思うに、「殺人」研究における最重要の原把握であろう。この点を見逃すと、「殺人」を自然科学的にのみ解明することで事足れりとしたり、「人を殺す」という表象の広がりを無視したりして、研究の水準を自ら限定し浅薄化してしまうことになりうるからである。それに実際、そもそも刑法学にしてから、「殺人」（そして犯罪一般）はある種の虚構である、という認識に支えられているといえる。「罪刑法定主義」のテーゼ自体、「殺人」を含む犯罪事象とは（そして刑罰事象も）法があってはじめてそれとして現出するものであって、罪刑を規定する法のないところでは犯罪も刑罰も存在しない、という考え方であり、犯罪や刑罰の人為的あり方、つまりは自然事象ではないという限りでの虚構的あり方、を主張するものである。

こうした局面をもっと明確に提示しているのは、たとえば、ユニークな刑法理論を展開している白井駿であろう。白井は、そもそも犯罪概念は裁判の場において形成されるもの、法実践主体の主観的な観念の産物であり、「国家権力の発動より前に「犯罪は既成である」と考えることはできない……犯罪として観念されているものは、将来において、あるいは犯罪とされるかもしれないものである。それは犯罪へと加工されるかもしれない素材に過ぎず、未完成状態の一社会現象に過ぎない」（白井 1984, p.23）と喝破する。そして「犯罪概念は、特定の人間行動に対して、国家権力を具有する人間が、対象としての人間行動を一定の犯罪へと加工していくプロセス、すなわち、両者の人間行動が複合しつつ、発展していく動態のうちに顕現する」（白井 1984, p.21）と述べ、そうしたプロセスを「可罰化加工過程」と、あるいは現象学的に「意識内被構成物」（白井 1984, p.108）と、表現する。そして、そうした把握にのっとって、こうした過程においては「無」なるものが「有」なるものとして主張され現実化されるのであり、よって犯罪概念形成には偶然性が本来的にまとわりつくと、そうした洞察にまで至っているのである（白井 1984, p.110）。この議論は犯罪一般に対してのものであり、私としては「殺人」とその他の犯罪とは被害者の位置づけという点でさしあたり区別されなければならないと考えているが、それは第5章にて触れることにしよう。ともあれ、このような刑法での犯罪概念の捉え方からしても、私の述べた、「殺人」の脚色的あり方、という把握は決して的外れではないことが窺い知れるだろうと思う。

2　尊厳性を損なう負性のパラドックス

もっとも、確かに「殺人」が脚色された事象であり、よって脚色次第で多様に捉えられうるという偶然性を伴うのだとしても、およそ「殺人」と認定されるときには共通に絡みつく特徴があることも決して見落としてはならない。それは何か。「殺人」には根底的に負性がまとわりついているということ、これである。すなわち、「殺人」に対しては、後悔や罪責感や後ろめたさが行為者に自覚的に生じる場合はもちろんだが、そこまでいかなくとも、少なくとも、行為者あるいは第三者において、できれば避けたかった・避けるべきだった、決して晴れ晴れとしたものではない・晴れ晴れとしたもののはずがない、といった、ネガティヴ性がつねにつきまとうのである。まったくもって刑法的な「殺人」とは無縁な事態であろうとも、あるいは、行為として「殺人」に形式的には当てはまるが違法性や責任が阻却されるような場合であろうとも、当事者あるいは第三者の観点から何らかの程度で「殺人」と見なされるときには、そうした負性が現出する。おそらく、こうした負性は人間以外の生命に対する「殺し」の場合にも伴うのではなかろうか。そうなら、そもそも「殺す」ということ一般が最初からネガティヴな観念なのだと、そういってよいだろう。しかるに、こうしたことは、ひるがえって、「殺人」の脚色的あり方という押さえ方と呼応し連続しているということも気づかれてくる。脚色的で人為的なものであるならば、そこにいわば評価的要素が入り込むことは自然だからである。「殺人」は、「殺人」として理解される限り、生じるべきでなかった行為、あるいは少なくとも、生じないほうがよい行為なのである。つまりは、非難されることへ向かう行為なのである。そして、それがゆえに、「殺人」という問題が個体化され、ピックアップされているのである。この基本的な問題様態に目を注がずに、「殺人」について議論するのは全く空虚であろう。

さて、しかし、ここで負性として取り出されてきた「殺人」のあり方の内実をさらに突き詰めること、これが果たされねばならない。まず、こう問うことから始めてみよう。負性というが、何に対して負的・ネガティヴなのか、と。おそらくそれへの端的な答えは、誰も殺していないというあり方、ひいては「殺人」など犯していない普通の常識人、それが「殺人」の負性の基準として対置されているのだ、というものであろう。ここで普通の常識人とは、決して統計的な平均人物像というものではなく、明らかに規範的な意味づけをもつモデルとして名指されていると思われる。つまり、「殺人」など犯すべきでないことをわきまえている人、そうした最低限度の道徳人・理性人が「殺人」の負性を導き出すゼロ点として想念されているのである。このような人間存在は、おそらく、根底にある規範の含みとしては、単に「殺人」を犯さないという最低限度を越えて、より積極的に善を行っていく能力があるとも想定されており、そしてそうした能力の行使が期待されてもいる。その意味で、普通の常識人とは、結局は、一人一人尊重されるべき位格を伴う人間という、そういう人間把握へと結びついていく概念なのである。このことは、少し格式ばった表現を使うならば、「尊厳ある人格」、そうしたあり方が「殺人」の負性の基準となる規範的人間モデルとして思い描かれているということができよう。すなわち、私が見るに、「殺人」についての研究は、「尊厳ある人格」のあり方を裏面から追求することにほかならないのである。

事態が以上のようであるなら、「殺人」は、いわば規定的に、「尊厳ある人格」を損なう。このことは、殺人をしでかしてしまった者、殺人者、に関してはほとんど自明なように思われる。少なくとも、「殺人」であると見なされる行為をしてしまった者、という認定のもとでは、その者の人格の尊厳性は著しく損なわれ、減少してしまわなければならない。きわめて残酷かつ冷酷な「殺人」などをしでかした人に対する「人非人」という非難語があるが、この言葉には、尊厳性が損なわれる程度が大きく、もはやゼロひいてはマイナス（人でない）というべきほどだ、という意味が込められている。人は、「殺人」によって、他の人を殺してしまうだけでなく、自分という人をも殺しかねないのである。ここまでは、ごく真っ当な理解だろう。しかしながら、実はこのような論の進め方には大きなパラドックスが待ち受けている。そもそも「殺人」の負性とは、「尊厳ある人格」の負的な状態なのであって、「尊厳ある人格」が規範的な概念である限り、負性の度合いが大きくなればなるほど、そうであってはならないという評価、つまり非難、の度合いも大きくなると考えられる。しかるに、「殺人」の負性というあり方は、こうした負性の構造自身を自壊させるモメントを孕んでいるのである。すなわち、負性が著しく、よって非難される度合いが高まったあるとき、もはや「尊厳ある人格」の負的な状態ではなく、そもそも「尊厳ある人格」ならざるもの、人ならざるもの、へと突如転落し、規範の外部に抜け出し、非難の対象となりえなくなってしまうという、このことである。最も非難されるべきはずのものが、非難できないものへとするりと転化してしまうのである。実際、ほとんどの国の現在の法体系では、いかに冷酷かつ残虐な殺人を犯そうと、「尊厳ある人格」という要件を満たさない責任無能力者とされるもの、つまり精神障害者や子ども、は基本的に非難の対象とならない、あるいは少なくとも非難の程度は減じられる。それどころか、あまりに冷酷かつ残虐な殺人を犯すということそれ自体、精神的な障害を暗示し、非難の範疇から外れる、というあからさまに背理的な理解の道筋さえ生じうるのである(2)。

このことは、逆にいえば、非難可能であるためには、負的であろうと、ともかくも殺人者は「尊厳ある人格」でなければならないということを意味する。「人非人」というときの頭の「人」の文字がこの事態を象徴的に表している。「人に非ざる」(非人)存在として非難したいので、人に非ざる「人」という矛盾した表現をせざるをえない、そうしたパラドックス的事態がここに顕現しているのである。しかし、こうした事態は「殺人」に伴う負性の概念からの必然的な帰結であるといえるのではなかろうか。ここでの負性は非難と結託し、非難はいつでも責任や責任能力とタイアップしていくが、責任や責任能力とはそれ自体としては何かを積極的に果たしていく様態、つまり負的ではなく正的なあり方なのであり、したがってこれらの概念連関にははじめから矛盾した相反する向きが内包されていたのである。こうした事情を沢登佳人はこう辛辣に表現する。「犯罪者は一面理性的で自由な人格として持ち上げられ、喜んだ途端に急転直下地獄の底へ極悪非道の亡者として追い落とされてしまう。まさに論理のわなであり、ペテン以外の何ものでもない」(沢登 1976, p.82)。「殺人」によって「尊厳ある人格」というあり方から負的に逸脱してしまった者が、それにもかかわらず「尊厳ある人格」とあえて観念的に見なされた上で、「尊厳ある人格」に対する負性を責められるという、そうした明らかに無理やりの論法、一種の不条理、が確かにここには認められると思われる。けれども、「殺人」の負性が「尊厳ある人格」というあり方を損なう、という理解が胚胎するパラドックス性は、以上にとどまらない。この点を見届けるには、まず、「殺人」が尊厳性を損なう、という事態は、殺した者、殺人者、に当てはまるだけでなく、殺された者、被殺人者、にも及んでいるという、見落とされがちではあるが、考えてみれば当たり前の事実を浮かび上がらせることが大切である。私たちは、無理な延命治療によって生き長らえているような状態を尊厳性を損なう事態と捉えるがゆえに、そうした状態のときに延命装置をはずして自然な死を迎えることを尊厳死と表現している。つまり、死につつあるときの境涯、ここにも尊厳という言葉は深く関わっているのであり、無理な延命治療以外にも、たとえば、拷問死、排泄物たれ流しの監禁死、道端でののたれ死になど、一個の人間・人格としてあまりに惨めな仕方でターミナルを迎えることは、尊厳性を損なう事態として表象される。ならば、「殺人」によって非業の死を遂げる者も、尊厳性を大きく損なわれているということができるはずである。もちろん、殺人者と被殺人者という対比は単純に悪人と善人という対比に重なるわけではなく、むしろ事実としては、最初に他人を殺そうした者がもみ合いや格闘の末にかえって殺されてしまうというケースもままあるので、被殺人者を非業の死を遂げた者として一般的に記述できるのか、という疑問も生じるかもしれない。しかし、そのような場合でも、穏やかさや安定の対極にある血なまぐさい暴力のなかで死に至ったという意味においては、殺されてしまった者の境涯は不幸なものだったのであり、尊厳性に欠ける死に方であったという認定を与えることにそれほどの違和感は生じないのではなかろうか。ならば、総じて、「殺人」によって被殺人者もまた「尊厳ある人格」というあり方を著しく損なわれていると、まずはそう捉えてよい。

しかるに、「殺人」の負性によって被殺人者の尊厳性が損なわれるという、この理に適った把握にもまた、実は逆理の影が忍び寄る。しかしそれは、殺人者の場合のような、負性概念それ自体に潜む背理性から出来するパラドックスなのではない。そうではなく、そもそも、一体「誰の」尊厳性の話をしているのかという、もっと根源的な次元から強力に立ち上がってくる逆理性なのである。私のいいたいのは、被殺人者とは殺されてしまった人のこと、つまり、いまはもういない人、不在の人、のことであり、実をいうならばもはや人ではなく、したがって「誰」でもないもの、そうした不在性でなければならないのであり、尊厳性であれ何であれ、「誰か」に帰属されるべき性質やあり方を本来的に受け付けないものだということ、これである。被殺人者の尊厳性という語り方それ自体が、ある種の矛盾、あるいは欺瞞なのである。このことは、私が見るに、被殺人者の概念からの論理的な帰結とさえいってよいほどの、不可避な含意であろう。というのも、被殺人者というのは必ず「殺されてしまった人」という過去時制で発見されるものであり、したがって発見され、それとして取り出されたときには必ずすでに不在であらざるをえないと、そう思われるからである。私は、この場面でのパラドックス性こそ、「殺人」という問題を決定的に呪縛する、最も根源的な謎なのだと考えている。もっとも、事実として通常は、このような哲学的問題設定には関わりなく、被殺人者に対して「非業の死を遂げたかわいそうな人」という認識がなされ、よって被殺人者は尊厳性を損なわれた死に方をした、と捉えられている。これは果たしてなぜだろうか。このことに注目し、それを解明することがまさしく本書での私の目的の一つなのだが、さしあたり、このようにはいえるだろう。被殺人者の尊厳性についての語りの背後には、過去と現在、被殺人者とその人（の過去）を想う人、こうした視点のありかへの何らかの倒錯が潜んでいるはずだ、と。しかし、倒錯という記し方をしたが、私は必ずしもこのことを虚偽として全面的に斥けるべきだと述べたいわけではない。私は、そうした倒錯性は私たちの思考の根底を形作る、一つの重大なモメントをなしているのではないかと考えているのである。ならば、そうした倒錯性を暴き出すこと、それが、「殺人」という問題の根源、ひいては私たちの思考様式、を真に理解する道筋へとつながるのではなかろうか。これらの点は次章において主題化していく。

3　人格性の神話

しかし、まずは、「殺人」の負性が「尊厳ある人格」を損なう、という捉え方が殺人者側にもたらすパラドックス性について、もう少し掘り下げて検討してみよう。このことは、「自由な責任主体」という近代的人間像の意義を改めて問い返すことを意味する。というのも、尊厳性を伴う「人格」という概念は、近代の文脈では、「自由」と「責任」のタームとともに語られてきたからである。たとえば、カントは次のように述べている。「人格とは、その行為に対して責任を帰すことが可能な主体である。それゆえ、道徳的人格性とは、道徳律のもとでの理性的存在者の自由以外のなにものでもない」(Kant 1968, S.223)。疑いなく、「人格」というあり方は「自由」と「責任」と絡まりながら提出されていた。ならば、殺人者は自らの人格の尊厳性をおとしめる、という理解に巣くう背理性の源泉は、結局は、自由な意志決定のもとで行為しそれに責任を負う主体、という自律的人間像へと焦点されてくるといえるだろう。

こうした「自由な責任主体」という近代の自律的人間像については、刑法学者の佐藤直樹がつとに手厳しい批判を投げ続けている。佐藤が記すところによれば、「自由な責任主体」としての「個人」の概念は一二、三世紀に誕生し、一七世紀以降に明確に確立されたものであって、それ以前にはそのような概念は存在せず、現在いうところの犯罪も刑罰もなかった、という。前近代においては、秩序侵害に対しては、「個人」の事情や意思(刑法では「意志」ではなく「意思」を使うので、この文脈に限ってそれに従う)ではなく単に生じた事柄だけを取り上げる「結果責任」が問われ、さらに同時に、秩序侵害は被害者個人への侵害ではなく、共同体の秩序そのものへの毀損行為と見なされていた。佐藤は秩序を「システム」と表現し、こういう。前近代においては「「責任ある主体」としての「個人」は存在しない。「個人」は共同体という「システム」に埋め込まれる形でしか存在しえず、「犯罪」は「システム」への侵害行為とみなされ、「刑罰」も「システム」への毀損状態の回復とみなされる。だから「犯罪」を犯した「個人」の状況や「意思」については、けっして問われることがない」（佐藤 1995, pp.110-11）。しかしながら、重商主義の時代を迎えた一七世紀になって事態は大きく変わる。犯罪によって生じた秩序侵害が「損害」として捉え直され、罪の値づけ、重さの程度、が経済制度に見合う仕方で導入されることによって、古代以来人類が罪刑に関して抱いてきた原初的原理、つまり「犯罪と刑罰の等価交換」という同害報復の応報原理が、資本主義の論理に吸収されうるような形に焼き直される。すなわち、「刑罰と労働との結合」というモメントの顕在化であり、佐藤は、オランダから発生してきた懲治場での労働刑にその典型を見るのである。けれども、罪に対する労働刑というのは、文字通りの同害報復とは異なり、価値を労働に変換するという抽象の過程を経なければならない。労働とは、価値の抽象化という、観念的な意義を包含する行為なのである。こうした事情のなかで、おのずと、そうした労働をする主体として規定される人間像が現れてくる。佐藤は、パシュカーニスを引き合いに出しながら、犯罪が抽象的人間労働と交換しうると考えるには、「まさに「労働力の商品化」という資本主義における人間の抽象化が前提となる……刑罰は、抽象的人間労働ではかられるようになる。しかもその「刑量」は、人間労働の「時間」に還元されるのである」と記す（佐藤 1995, pp.119-20）。

しかるに、ここで見落とせないのは、こうした「抽象的な人間」像は、ルネサンス以降の近代の理性主義的風潮のなかで、「理性を持った自由な責任主体」という自律的人間・人格の観念へと鋳造されていったことである。抽象化が、理性という正の機能に焦点を合わせながら、理想化の作用と結託していったのであろう。では、こうした人格の観念が犯罪と刑罰の場面で前提されるということは、果たしてどういうことか。佐藤はこの点について、第3章でも引用した沢登佳人の次の記述、「完全に自由な意思により十分ゆきとどいた認識・判断推理にもとづき、全面的に自分一個の責任で、犯罪をするかしないかを選択しうる、堂々たる理性的人間としての犯罪者像」（沢登 1976, p.81）を引いて、そうした理想化された「法言語における人間」が近代の罪刑概念を形作っているとしたのである（佐藤 1995, pp.123-25）。こうした刑法学者たちの論述の底流には、近代の人格概念は人為的な虚構であり、決して実在的なものではない、というネガティヴな捉え方が明らかに流れている。現に佐藤は、近代的な人間観にのっとった現在の刑法体系を「共同幻想」として捉えるという姿勢をつねに保持し、そのフィクション・イリュージョンとしてのあり方を問題化しようとしている。そして、こうした問題設定からすれば、そのような虚構にのっとった刑法体系であるがゆえに、私が先に指摘したような、パラドックスがもたらされてしまうのだと、そういう方向へと論が展開されていくことは直ちに予想されるし、実際そうなのである。いうなれば、殺人者の側に現れるパラドックスは人格性という神話に起因する仮象の問題にすぎないと、そのような仕方で問題が切り詰められているのである（一ノ瀬 2008a も参照）。

以上のような問題の切り詰め方は、確かに、第一に、私自身がすでに論じた「殺人」の脚色的あり方に呼応しているし、第二に、近代における哲学的な文脈での人格概念の生成にも親和していくと考えられる。第一の点についていえば、すでに述べたように、「殺人」なる事象がそもそも脚色的にしかありえないならば、殺人者という主体概念もまたそうした脚色的様態、つまりはある種の虚構性を帯びることになる、と考えゆくのはいかにも自然であろう。「殺人」の脚色的あり方に対応する考え方として先に、「可罰化加工過程」によって犯罪が構成されていくという白井の主張を引いたが、もしそうしたプロセスによって犯罪が構成されていくのならば、犯罪者もまた加工（仮構？）物であり、そうした人工的な概念によって成り立つ刑法体系は確かに一種の「共同幻想」でしかないといえそうである。また、第二の点についていえば、このような虚構としての主体概念は、近代哲学において実質的に最初に「人格」概念を確立したジョン・ロックの議論に馴染むように思われる。ロックの人格概念については、第1章でも触れたように、私は一つの書物として論じたことがあり（一ノ瀬 1997）、詳細はそちらに譲るが、現在の文脈に資する限りでごく簡略にいくつかの基本的ポイントを反芻しておこう。

まず、ロックは「人格」の概念を「実体」や生物的「人間」から明確に区分する（Locke 1975, Book 2, Chapter 27, Section 7）。つまり、「人格」とは、アリストテレス的基体や自然物質を意味するような「実体」でも、生命としての「人間」とも異なる、というのである。では、「人格」とはどのような位相に生成する概念なのか。これに対しロックはこう答える。「人格とは、行為とその功罪に充当する法廷用語（a Forensic Term）である。したがって人格は、法を理解することができ、幸・不幸になりうる知的な行為者にのみ属する」（Locke 1975, Book 2, Chapter 27, Section 26）。「人格」は、自然物でも生物でもなく、裁判の場において現れるような法的な主体概念なのである。そして、こうした「人格」の同一性を決定するメルクマールは「意識」（consciousness）に求められる。「人格とは思考する知的な存在者であり、理性をもち反省を行い、自分自身を自分自身として、つまり異なる時間と場所において同じ思考するものとして考えることのできる存在者である。そしてそれは意識によってのみなされる……この意識にのみ人格同一性が存する」（Locke 1975, Book 2, Chapter 27, Section 9）。ここで「意識」が導入されていることは、理性的に自由な意志決定ができる責任主体、という近代「人格」概念の標準にロックの「人格」概念が適っていることを示している。しかしもちろん、「人格」は法的概念なのだから、ここでの「意識」もそれに沿うものでなければならず、（しばしばそう誤解されているが）記憶や自覚などの心理的な事実に還元されてはならない。

この点は、酔漢の犯した悪事についての次の発言から見て取れる。「おそらく酔漢は自分の為したことを意識しないのだけれども、それにもかかわらず、人間の法廷が酔漢を罰するのは正当である。なぜなら、事実は彼に不利なように証明されるが、意識の欠如が彼に有利なように証明されることはありえないからである」（Locke 1975, Book 2, Chapter 27, Section 22）。「自分の為したことを意識しない」というときの「意識」は明らかに心理的な記憶であるが、ここでロックは、そうした意識は「人格」の同一性の確立には関わらないと述べている。しかるに、「人格」の同一性は「意識」によるのであった。ならば、「人格」の同一性を確立する「意識」とは、心理的な記憶を意味するような一人称的意識とは異なる次元の「意識」でなければならない。そうした「意識」とは、まさしく裁判の場で法的主体性を決定する基準、すなわち、むしろ三人称的観点から、そう意識していたはず・意識できたはず・意識すべきであった、といった規範的な形で当人に課せられてくる基準、そうしたものであると考えられねばならないのではなかろうか。こうした捉え方は、「意識」の原義conscientia（「共有知識」）にも見合っているし、conscientiaからのもう一つの派生語「良心」との類義性ともうまくかみ合うのである。実際、こうした理解の道筋は、ロックが「人格」を所有権の原点として押さえていることとも調和してゆく。ロックはいう、「すべての人間は、自分自身の人格に対する所有権を持っている。これに対しては、本人以外の誰も権利を持っていない。彼の身体の労働とその手の働きは、固有に彼のものであると言ってよい」(Locke 1960, 2nd Treatise, Section 27)。所有権が自然現象としてあるものではなく、高度に社会規範に依存的に成立するものである限り、所有権の端緒であり主体である「人格」もまた自然的事実としてではなく規範的要請として生成してくるものであると、そう考えるのは理に適ったことだろう。ならば、「人格」は、事実としてある存在者ではないという意味において、ある種の虚構であると言いうるのであり、刑法学者たちのいうような「自由な責任主体」のフィクション性という把握と確かに親和していくように思われるのである。また、ロックの「人格」概念は「労働」の基点でもあり、その意味でも、「人間の抽象化」が「労働」を介して成し遂げられていった、とする刑法学からの近代的「人格」理解と合致しているといえるだろう。

4　虚構性の空転

以上のような、「人格性の神話」の暴露、すなわち、「自由な責任主体」概念の虚妄性の指摘と、そうした指摘に基づいて現在の刑法体系の背理性を解き明かしていく道筋は、私の「殺人」理解とも「人格」概念の歴史的生成過程とも合致するというだけでなく、冷静に考えるならば事柄としても大いに説得力がある。そもそも私たちは、自分自身あるいは身近な人たちの言動を振り返ってみて、みずから理性的に判断し決断していくという自律性をつねに備えているなどとは到底いえないし、少なくともここぞという重大な場面だけでもそうした自律性を発揮している、とさえいえないと思われるからである。私たちは、多くの場合、いやほとんどの場合、突き詰めるならば、他人から受けた暗示や示唆、あるいは習慣、感情、衝動、といった、とても自律的とはいえないような外的な力に支配されていると考えることができる。特定の言語を用いている、という最も基本的な事態それ自体、私にとってはすでにして他律的なことであると言わねばならないはずである。(3)まして、「殺人」の場合、かっとなって情動的に犯してしまうことが多々あることは容易に想像できる。とはいえ、私たちは、自律的「人格」というあり方など不可能である、とは決して考えない。やはり、道徳的な表象としては、そうした人格性を望ましいと考え、そうした「人格」でありたいと思う。そう思うように社会的に暗黙のうちに促されている。そのような、いわば近代的「人格」概念に知らずに洗脳され毒された私たちの常識にとって、「人格」概念の虚構性という指摘は確かに一定の衝撃を与えるだろう。少なくとも、「人格」あるいは自律性の観念が道徳や法の確固たる基盤をなすといえるほど明確なものではなく、そこに安住できるなどというおめでたい考えは持てないという警告、それを達成したという点で、「人格」概念の虚構性の指摘は成功している。私たちは、そうした指摘によって「人格」にまつわる問題の複雑性・深遠を知覚できるに至るのである。

けれども私は、こうした「人格性の神話」を暴き出す議論をさらに哲学的に掘り下げていくならば、自滅に至るであろうと考える。そうした自滅の引き金は、虚構性の概念それ自体にある。まず、「完全な自由意志によって推論し、みずからの責任のもとで、犯罪をするかしないかを選択しうる、堂々たる理性的人間」という自律的人間像がなぜフィクションと考えられるのか、と問うてみよう。それへの応答は、前段で触れたように、自分自身や身近な人の言動から冷静に判断するならば、そのように人間は事実的に存在していない、と認識されるからだ、というものであろう。しかし、こうした認識にのっとって自律的人間像を虚構と判断するとき、ひそかに視点の硬直化が忍び込んでいる。理性的に自らを律する、という事態は当人の一人称的な心理的事実の次元で成り立っていなければならない、とする思い込みである。そうした思い込みがあるからこそ、そのような心理的事実を見出せないから虚構なのだ、という議論展開になるのである。けれど、冷静に考えて、これは片寄った予断にすぎない。少なくとも、可能な議論展開の一つにすぎない。つまり、自律性とは事実的次元ではないところで生成し機能している、という可能性にも思いを至すべきなのである。そして実は、先にロックの名とともに触れたことだが、自律的人間像すなわち「人格」概念は、事実的な次元で申し立てられていたのではなく、もともとから規範的次元で問題化されてきたものであり、いわば三人称的視点から、各人はそうした人間たることを目指していくべきだ、という（カント的な意味での）統整的な仕方で語られる理念であったと、そう考える道筋がきわめて有力であると思われるのである。

だいたい、法や道徳というのは規範体系であり、ピュシスとノモスという古い区分を引き合いに出すまでもなく、自然的事実とは別次元で論じられる、というのがさしあたりの原了解だろう（たとえ最終的には事実と規範の区分が解消されるのだとしても）。ならば、そうした体系の基盤をなす「人格」の概念も、その事実としてのリアリティではなく、まずは、その規範的リアリティを問題とすべきである。これに対し、実在性・リアリティは事実的なものにのみ認められるのであって、それ以外は単なるフィクションだ、というとしたら、それは私たちの日常的な言葉遣いに反した強弁だろう。交通ルールが「存在する」、イタリア語の文法が「存在する」、といった規範的なものの存在を名指す語り方に不可思議なところは何もなく、それを幻覚にすぎないとする見解は、その見解のほうがむしろ錯覚というべきではないか。それどころか、実は私は、第3章でも触れたように、実在性・リアリティというものは、事実的なものも含めて、おしなべて規範的・制度的なものとして捉えるべきだと考えており、そうした文脈でリアリティのことを「制度的実在」と呼んできたのである（一ノ瀬 2001 参照）。いずれにせよ私は、「自由な責任主体」概念の虚構性を指摘する刑法学者たちの議論は、議論の端緒としての一定の衝撃効果は十分に認められるものの、せいぜい、一人称的な心理的事実という観点から「自由な責任主体」を捉えることの不条理性を明るみに出したにすぎないのであって、「自由な責任主体」概念の完全なる虚妄性・無効性を示すには至りえていないと、そういうべきだと思うのである。

さらに、先に名を挙げたロックの「人格」概念からも、ここでの虚構性概念の不合理さを別の仕方で跡づけることができる。ロックは人格同一性の基準を「意識」に求め、そしてその「意識」はどうやら三人称的観点から規範的に認定されるものであることがすでに確認されたが、こうした「意識」は、実は、「人格」の成り立ちだけに関わるのではない。ロックの哲学が、思考の対象一般を表す「観念」（idea）という基本用語によって人間の知識の諸相を論じる道筋、いわゆる「観念の方法」（the way of ideas）、にのっとって、近世認識論を創始したことはよく知られているが、そうした認識の素材ともなり本体ともなる「観念」は、実のところ、まさしく「意識」によって生成するとされていたのである。ロックは、睡眠中などの思考していないときにも「観念」はありうるかという問題に対して、「何かが思考し、それについて意識しない、と想念することは困難である。もし眠っている人間の霊魂が思考しつつもそれを意識しないとするなら、私は問いたいが、そうした思考の間、その霊魂は快苦を持つのか、あるいは幸不幸であることができるのか……意識することなしに幸あるいは不幸であることは私には全くもって不整合であり不可能であると思われる」（Locke 1975, Book 2, Chapter 1, Section 11）と、そう述べる。ならば、思考の対象である「観念」、そして「観念」とともに生成してくる知識・認識、はつねに「意識」を伴うのでなければならない。そして、そうした「意識」こそが「人格」を存立させしむるのであった。ということはつまり、「人格」というあり方が現れているところに即ち知識・認識が成立する、ということにほかならない。近代的な「人格」概念は、知識・認識の主体・持ち手をも指し示していたのである。このことは、実は、近世哲学などといわなくとも、知識や認識の事実からしても確認できる。「知的所有権」なる概念がともかくも誕生しえたことからも窺われるように、知識や認識とは人が持ったり持っていなかったりするものであり、しかも、そのことは、「言語」という一定の使用ルール（使用規範）を伴う制度、そしてその背後にある「教育」、などに依存的に現れてくると考えられる。そうであるなら、実際上私たちは、知識や認識の持ち手とは制度的な位相のなかで何かを個人的に所有できる主体であると、そう理解しているはずである。こうした、制度的位相のなかでの私的所有の主体である人間存在、それは、歴史的にいっても日常語の使い方からしても、「人格」と表現するほかないであろう。かくして、「人格」つまり「自由な責任主体」とは知識や認識のあり場所でもある、ということが確認される。私は、こうした知識・認識のありようを「人格知識」と呼んできたのである（一ノ瀬 1997 参照）。

しかるに、事情がそのようであるなら、「自由な責任主体」という概念は加工されたフィクションにすぎない、とすることは、知識や認識全般に虚構性を帰すことにもなる。確かに認識現象のなかには錯覚や虚偽もあり、パラドックスを胚胎する知識（もどき）もあるにしても、そうした事態そのものでさえ何らかの真理性や実在性を言い当てる知識に基づいて、それを基準にして言い立てられていることからして、知識・認識の全体が虚構であるという主張は明らかに奇怪であるし、「自由な責任主体」はフィクションにすぎない、とする認識それ自体にも自己言及的に襲いかかる、自滅的な物言いであると、そういうべきではなかろうか。そもそも、虚構性を指摘することによって何らかの主張や概念を批判するときには、どこかにそうした指摘の基盤となるリアリティが見据えられていなければならない。では、「自由な責任主体」は虚構である、と刑法学の文脈で語られるときには、どこにリアリティが置かれているのだろうか。自然的事実だろうか、それとも、先ほど私が触れたような、一人称の観点からする心理的な事実だろうか。しかし、いずれにしても、そうしたリアリティの位相そのものも、結局は、言語を媒介して知識や認識の形で現れるしかない。「理論負荷性」の考えが明らかにしたように、自然現象とか自然的事実というのは一定の概念群や理論を背景にしてはじめてそれとして取り出されてくる一つの認識以外の何ものでもないし、心理的事実にしても、「これはこうである」という文の形にならなければ単なる漠とした感覚であって事実という身分を持ちえないことを考えれば、やはり言語的な知識の一種と考えなければならない。つまり、「自由な責任主体」概念はフィクションだ、と主張するときにそれと対比的に想定されているリアリティは、実は知識・認識という形で「自由な責任主体」に取り込まれ、フィクション性のなかへ蒸発していってしまう宿命にあるということである。近代的「人格」概念を別にしても、人為的かつ観念的に加工されたものは虚構にすぎない、という主張はもとから足元が危うく、つねに逆に、では人為的・観念的過程を経ていない実在とは何か、という手強い問いに突き当たり、実在性を空虚に強弁するか、すべてが虚構になって自滅するかの、いずれかに陥ってしまう。こうした事態においては、リアリティ・実在性の概念は人為的で制度的なものであると最初から認めて[4]、そのなかで虚構と実在の区別を押さえ直し、さらに、虚構性の真の源泉と意味を全く別のところに求めもすることによって、困難は解消されるだろうと私は思っているが、この点は殺人被害者の問題に即して、「死の所有」の観念を絡めて、次章において別の角度から論じることにしよう。ともあれ、以上、「自由な責任主体」のフィクション性の指摘に対して、規範的実在性が視野に収められていない、虚構性と実在性の区別の解体に陥る、という二点を挙げて批判してみた。すなわち、ここでは、虚構性の空転が生じていると、そう述べることができるのである。

ところで、犯罪と刑罰の事象全体を「共同幻想」という虚構として捉える佐藤直樹は、近代的な「自由な責任主体」という自律的人間観は、今日の奇妙な犯罪の増加に鑑みるに、もはや限界に達しており、現実への対処機能を果たしえないとして、責任概念の適用仕方の変更を提案する。佐藤は、たとえば、一九八〇年に川崎市で起こった、予備校生の男（Ｎ君）が両親を殴り殺したという、いわゆる「金属バット殺人事件」に沿いながら、こう述べる。「この時N君の身体を突き動かしていたのは……市場化＝過剰商品化の「システム」であるとしかいいようがない。「動機」がわからないのはこのためである……近代刑法の原則からいって、「動機」が説明できない以上、N君には「両親の殺害」についての〈責任〉はない。「動機」をもたずに犯罪をおかす者は「人間」ではないからだ。〈責任〉があるとすれば、それは「動機」をもっている「システム」のほうにこそある」（佐藤 1993, pp.69-70）。こうした議論の道筋は、真摯かつ誠実な刑法学者としての洞察が導いたものであり、実際的な刑事政策を見据えた提言として私たちはこれを真剣に受け止めるべきである。私自身も、こうした提言それ自体に対して異議はない。奇妙な犯罪が多発し、犯罪事象への一般的理解が揺らぎ、刑罰制度の意義が疑われつつある現在、そうした現状を社会全体のあり方の問題とリンクさせながら考える視点は絶対に不可欠であるというべきである。けれども私は、そうした提言が、「自由な責任主体」概念をその虚構性のゆえに廃棄する、という論点から帰結するとも思わないし、むしろその論点によって自壊してしまうのではないかと、そう考えるのである。

三つのことを記そう。第一に、「自由な責任主体」という自律的人間像が近代という特有の文脈が生み出したフィクションだとするなら、社会という「システム」もまた私たちの時代の言説空間が生み出したフィクション以外の何ものでもなく、佐藤が記すように、「システムにおける人間」こそが「現実の人間」だ（佐藤 1995, p.125）、といえるほどの特権性をもちえないのではないか、という点である。もちろん私は、だからといって、「システム」を問題にすることはおかしいといっているのではない。そうではなく、虚構性の概念を軸にしてこの議論を提示することには問題がある、といいたいのである。第二に、どのような異常な犯罪であれ、およそ犯罪に対応するときには、まずはそれを実行した者に注目し、犯罪行為を他ではないその者に帰属することからすべてが始まるのである限り、そして、その上でさしあたり動機を探るのである限り、「自由に動機を持ち行為を遂行できる個人」、という概念が少なくとも理念的には活きているのであり、その意味で、「自由な責任主体」という概念を廃棄する必要性も可能性もない、と述べたい。私の理解では、「人格」概念は、突き詰めてそのエッセンスだけを抜き出すなら、「知識や行為の帰属先」なのであり、つまりは、行為や知識が問題となる次元、すなわち私たちの日常における、「誰」という範疇に充当するものである。実際、誰でもない者、たとえば生まれたての赤子、完全にものごとの理解能力を失ってしまった人、死者、には知識や行為はそもそも語義上成立しないといえるだろう。ならば、こうした意味での個人概念、「人格」、を廃棄するというのは、私たちの言語を廃棄するというに等しい不条理ではなかろうか。私は、少なくとも、かつてストローソンが敷いた問題の設定仕方と同じく[5]、「人格」概念は人間の言語の基本的要素だと思うのである。

さて、第三に、第二の点からの帰結として、「自由な責任主体」という概念は、それが日常的な「誰」へと凝縮されるものである限り、決して近代になって突如出現したものではなく、およそ人間が生活している場面には不可避的に機能していたのではないかと、そう述べたい。なるほど確かに、近代以前においては秩序違反に対しては「意思責任」ではなく「結果責任」が問われたのであろうが（佐藤 1993, p.13）、その場合でも、そうした結果を引き起こした「誰か」という形での個人への行為帰属から話が始まっていることは疑いなく、その意味で、「自由な責任主体」という概念と全く無縁ではない。おそらく、近代になって、こうした帰属先としての主体概念に、「労働」の契機が自覚的に結びつけられることによって、「人格」概念が明確な形で顕在化してきた、というのが真相なのではなかろうか。しかし、そうした「労働」への注目とて、creatio ex nihilo（無からの創造）なわけではなく、すでに底流にあったものが表面に現れたのだと考えるほうが正確であろう。歴史はつねに連続しており、前の時代からの来歴を引き受けながら、行きつ戻りつ少しずつ様相を変えていくのである。

かくして、「殺人」の負性が「尊厳ある人格」を損なうという事態に関して、殺人者の側に現れるパラドックス性は、「自由な責任主体」の虚構性に訴える議論によっては必ずしも理論的に十全な解明・解消がなされえないということ、このことが確認されたといってよいだろう。

5　繁殖への衝動

以上に検討した、「殺人」の負性と「人格の尊厳性」をめぐる逆説に対する刑法学の文脈からのアプローチは、人格概念の虚構性という論点からするものであるが、その源を探るならば、犯罪と刑罰という事象それ自体が法的でありノモスに属するという近代刑法学の基本原則、罪刑法定主義、に結局は行き当たるのではないかと思われる。つまり、私の言い方でいうならば、刑法学からのアプローチは、「殺人」の脚色的あり方という原理解にのっとって、それを一貫させようとしたときに出てくる一つの可能な道筋なのである。けれど私は、罪刑事象そしてそれを構成する人格概念のそうした規範的な存在様式を「虚構」と解釈することには理論的な問題があることを上で論じたわけである。しかし、ならば、「殺人」と「人格の尊厳性」をめぐる逆説は解決不可能というべきなのだろうか。そう結論を急ぐ必要はないだろう。というのも、刑法学からのアプローチ以外にも、他の道筋がありうるからである。そのなかで私は、これまでの議論とは基本了解さえ共有しない、徹底して異質な考え方をここで一瞥してみたいと思う。それは、そもそも「殺人」をノモスに属す脚色的なあり方をする事象というようには捉えず、むしろ外的な出来事、換言すれば、ピュシスに属す自然現象あるいは生命現象と捉えて、自然科学的な接近仕方、つまりは生物学を適用した進化理論的アプローチを試みようとする立場である。デイリーとウィルソンによって推進されてきた、進化心理学（evolutionary psychology）による殺人論が、それである。彼らは、さしあたり進化心理学を「現代進化理論によって基礎を与えられた、心理学の理論化」（Daly and Wilson 1988, p.7）と規定し、その主題として「殺人」を取り上げることについてこう述べている。「これほど切羽詰まった行為に焦点を当てることには利点がある。禁止と罰則に直面するにもかかわらず殺しを行う人々は、激しい感情に突き動かされた人たちである。殺しを行うことまで思い至ってしまう事柄とは、間違いなく、人々が最も深く気にかけている事柄に違いない」(Daly and Wilson 1988, p.12)。明らかに一聴に値する興味深い問題設定である。

やや古い事件だが、なぜか私の記憶のなかに切なさとともに強くとどまっている例を挙げてみよう。二〇〇一年八月一三日午後三時二〇分ごろ、兵庫県尼崎市の北堀運河で、水門の点検に訪れた尼崎港管理事務所の男性職員が、人間の腕がはみ出している黒いポリ袋が浮いているのを見つけた。男児の遺体が入っており、尼崎市の小学一年生、勢田恭一君（六歳）と確認された。調べでは、恭一君は、義父（二四歳）と実母（二四歳）、実母と義父との間に生まれた弟（二歳）と暮らしていたが、虐待を受けていたという(6)。恭一君は左側頭部を強打されたことが致命傷となったことが判明。恭一君は、二〇〇一年二月、県西宮こどもセンターに一時保護された際、「母親から回数が分からないくらい殴られた。ゴルフクラブでもたたかれた」などと話していた(7)。兵庫県警は、遺体が捨てられたのは八月七日夜ではないかと見ている。司法解剖の結果、恭一君の胃のなかはほとんど空っぽの状態だったことが分かった、という(8)。その後実母は、「恭一を殴って死なせ、夫と二人で運河に捨てた」と供述しているとのことである(9)。

何ともやりきれない事件である。この事件の詳細な事実関係あるいは法的評価について私自身承知する立場にないが、遺体が人為的にポリ袋に入れられて運河に捨てられたという点から判断して、少なくとも被殺人者の側からすれば、「殺された」というべき状況にあることは疑いなく、「殺人」を論じる現在の文脈に乗せてよいと思われる。しかし、一体なぜ、実の母がいたいけな我が子を虐待し、死に至らしめるのか。この報道に接して、おそらく多くの人が直観的に思うのは、ほかならぬ肉親がなぜ死なせるほどの暴力を実子にふるうのか、ということであろう。けれども、あろうことか、デイリーとウィルソンの進化心理学の立場からするならば、実は、こうした事例は必ずしも珍しいことでも異常なことでもなく、むしろ生物としての人間において当然ありうることだといわれるのである。

しかし、冷静に考えて、理論的にもこれはまことに奇怪な考え方であるように、まずは思われる。進化心理学とは、進化理論の考え方を心理学に適用する学の謂いであり、そうであるなら、いわゆる自然選択のプロセスに訴えて生物の生存と繁殖を説明し、より適応的な形質や種が残されていくという、あのダーウィニズムの理解様式を人間の心理メカニズムに投影していくはずであろう。(10) しかるに、そうした理論が、親が実子を殺す、ということを自然なことと捉えるというのはどういうことか。むしろ、素朴に考えて、親の子殺しは進化の原理に反するのではないか。実際、デイリーとウィルソン自身も、親子あるいは血縁者に対する「殺人」が奇異に感じられることを認める。「これは進化理論の観点からすればきわめて奇妙なことである。いかなる生物であれ、進化してきた心理的メカニズムの究極的な「目的」は、個体の「包括適応度」(inclusive fitness) の向上であると仮定されており、そして、包括適応度とは、その個体の遺伝子のコピーの増殖に対する、その個体の寄与度を示す量だからである……個体の包括適応度は、その個体自身の繁殖によっても、遺伝的近親者の繁殖見込みを増加させることによっても、増大しうる」(Daly and Wilson 1988, p.18)。ならば「進化理論によって基礎を与えられた想像力にとって、自分自身の子どもを殺すことほど驚くべきことがあるだろうか」(Daly and Wilson 1988, p.42)。それにもかかわらず、まさしく進化理論を適用することによって、子殺しは、決して異常心理のゆえではなく、希少な資源を割り当てるときの窮余の合理的決断なのだ、ということが浮かび上がるのである。

デイリーとウィルソンは、子殺しという現象について、人類学的資料に基づく考察と、現代社会の公的な統計データに基づく考察との、二面からの接近を試みている。進化心理学の議論にはじめて接する読者には、かなり刺激的な展開である。しかし、実証的データ分析の根底にある、基本的な発想は簡潔かつ明瞭であるといえる。子どもは子ども自身が繁殖することによって親の適応度上昇に寄与しうる存在だが、人間の子どもの場合、親の世話が長期にわたって必要であるゆえ、多数の子どもを育てることは難しいし、成人できないような条件のもとにある子どもを養育するのは無駄である。したがって親は、限られた資源（体力や財力）のなかでまさしく自分自身の適応度を最大限に上げるため、つまり、適応度の上昇という目的を叶えようという合理的判断のもとで、場合によっては子どもを殺すのだと、そういうのである。デイリーとウィルソンが、子殺しが生じる主たる状況として注目するのは、次の三つである。（1）子どもといわれている個体が本当に自分の子どもであるかについて疑いがある場合、（2）子ども自身の質と生存可能性に問題があり、親の適応度への寄与が期待できない場合、（3）食物の不足、社会的サポートの欠如、上の子を育てる苦労の大きさなど、ある特定の子どもを育てることが無駄になるような外的環境がある場合、の三つである。彼らは、子殺しという現象がほとんど間違いなくこの三つの状況に起因することを、そしてそうした事態がときには社会的に黙認さえされてきたことを、たくさんの歴史的資料によって裏づけようとしている。「子殺しが起こり、合法化されている状況は、子殺しによって行為者の適応度が上昇する見込みが高い状況と、驚くほどよく合致するのである」（Daly and Wilson 1988, p.58）。確かに、進化理論を受け入れるならば、原理的にいって、この三つが子殺しによって親の適応度が上がる場合であるとされるのは当然だろう。ちなみにいえば、（1）の場合はもちろん父親に関してのものであり、このことが、夫婦間の殺人では夫が妻を殺すことが多いことの最大の根拠としても挙げられる。父性の不確かさが、少しでも自分が子どもの本当の父であるという確かさを高めるよう夫を促し、その結果、妻への嫉妬や暴力、妻殺し、を誘引しがちなのであり、姦通の意義に関する男女の非対称性もそこに起因するのだと、そういうのである（Daly and Wilson 1988, pp.190ff.）。[11]

さらに、デイリーとウィルソンは、主にカナダにおける子殺しのデータを用いて、子殺しをする母親の年齢や結婚状況、実の親に殺される子どもの年齢、といった観点から、統計的事実と進化心理学的理解とをすり合わせていく。たとえば、母親の「残存繁殖価」は年齢とともに減少し、繁殖ポテンシャルが少なくなるので、年齢の高い母親にとっては将来の子どもより現存の子どもの価値は高い、つまり逆にいえば、年齢が若い母親ほど将来繁殖する期待がより多く持てるので、同じ条件のもとでは子殺しする率が理論的に高くなることが予想されるのであり、そして実際データもそれを確証する、とされる。また、結婚外の子や父親のサポートが見込めない子どもは、前段の状況（3）に該当することからして、子殺しの対象になる危険が高いと見込まれ、そして実際カナダのデータもそれを裏づける、とも論じられる。さらに、子どもの年齢という点からすると、おおよそ、親によって実子が殺される危険度は、ゼロ歳児で最も高く、年齢とともに減少していくというデータが得られているが、それに対してデイリーとウィルソンは次のように説明する。「このことを期待させる一つの理由は、自然状態において思春期前の繁殖価増大度の最大値は一年未満の時期に現れる、という点である。その上、もし親が子育てを嫌がることが子どもの質や母親の状況などについての何らかの種類の評価を反映した事態だとするならば、そのように進化してきた評価メカニズムというのは、結局は断念されるであろう仕事に親としての労力を浪費するよりも、希望のもてない繁殖行動はできるだけ早く止める、というものになるはずである」（Daly and Wilson 1988, p.75）。

そして、このような思考の道筋に従うならば、義理の親子関係において子どもが殺される危険が高まる、ということが自然に導かれるのは理の当然だろう。実際、アメリカやカナダのデータからしても、義理の親と一緒に住む子どもが殺される危険は、両親ともが実の親で子どもと同居している場合の一〇〇倍以上になるという、驚愕の事実が浮かんでくる（Daly and Wilson 1988, pp.88-89）。義理の親、事実上それは人間においては継父であるが、そうした者にとって、妻の連れ子は、それ自体継父の適応度をまったく高めないし、実子ができたときには実子を成長させる経済的阻害要因にもなるのだから、古今東西の人間社会で継父に虐待され殺されるという事例は数限りないのである。こうした状況下では、実の母親の立場は微妙である。新しい夫が妻の連れ子を妻自身に殺すよう命じる部族があったり（Daly and Wilson 1988, p.85）、あるいは、虐待や放置に連座するか、少なくとも見て見ぬふりをするかのいずれかである（Daly and Wilson 1988, p.91）。ならば、先に挙げた勢田恭一君の場合は、義理の親子関係があったこと、それゆえ恭一君に対する継父のサポートが得られにくいこと、こうした条件が成立していたのだから、実の母親が実子の恭一君殺害に至ったということは、進化心理学的に見るならば必ずしも不思議ではなく、かえって生物としての人間の自然な適応行動の一つである、とさえいってもよいくらいなのである（もちろん、だからといって恭一君殺害が道徳的に正当化されるはずもない。小さな身体で、苦しみのなかで生を終えた恭一君に対して、改めて追悼の意を捧げるとともに、君のことを決して忘れない大人もいるよ、と言葉をかけてあげたい。私はここで完全に彼岸視点に立つ。こうした態度も「涙の哲学」の一部なのである）。

実のところ、子殺しはことさら犯罪として言い立てられるほど重大な悪とは見なされてこなかったこと、それが歴史的に裏づけられることに気づく。わが国でも「間引き」の習慣はそれほど遠くない過去まで残っていたし、デイリーとウィルソンが記すところによれば、たとえば一八五六年から一八六〇年までの五年間に英国のロンドン市だけで乳児の不審な死に関する検死審問が三九〇一件も開かれたし、その頃には、たった一日のうちに五人もの死んだ赤ん坊が市内の公園で見つかったこともあるという（Daly and Wilson 1988, p.67）。こうした事情の背景には、一定の条件下においては子殺しをすることが親の適応度を高めるという、進化理論的にいえば生物として実際にそれを遂行せざるをえないような要因があるのであり、しかも子殺しの場合は、子の死によって本来危害を被るべき親自身が行うことである以上、危害を被る人がいないという、そういう事情も加わって、社会的に黙認されてきたのだと、そのような語り方には確かに強い説得力が伴うように思われる。もちろん、デイリーとウィルソンの理論においては、子殺しに限らず、その他の「殺人」のパターンも、同様な考え方の道筋に沿って、殺人者の適応度を高めることが少なくとも最初のきっかけになっている、という形で生物学的な理解が施されていくのである。

こうして、このような仕方で「殺人」を押さえるならば、先に触れた、「殺人」の負性と「尊厳ある人格」にまつわるパラドックス性は解消される。というのも、進化心理学の立場では、結局は、人間は「人格」ではなく、なによりも遺伝子を次世代に残すための運び屋としての論理に支配された、純然たる「生物」だからである。少なくとも、彼らの理論のエッセンスを突き詰めるならば、人格性は消滅していかざるをえないであろう。そして、「殺人」に関して「人格」概念を介在させなければ、「尊厳ある人格」という問題はそもそも立ち上がらないのである。先に見た刑法学からのアプローチでは、「殺人」や「人格」をノモスに置いて、そしてその虚構性を言い立てたが、進化心理学のアプローチは、最初からノモスなど考慮せず、すべてをピュシスにおいて、「人格」を排除した。つまり、二つのアプローチは、出発点こそ違うが、「人格」の概念を消去していこうとしている点で共通している。ということは、これまで検討した議論は、「人格」に伴う特性、すなわち、尊厳性、自由、責任主体、といったものを無きものとしようとしていると、そういえることになるだろう。しかるに、刑法学からのアプローチについては、そうした方向に実際に進むには理論的に不十全であるということをすでに論じたわけである。では、進化心理学のアプローチについてはどうだろうか。検討を続けていこう。

6　明快性に潜む罠

デイリーとウィルソンの議論は、緻密かつ豊富なデータの裏づけのもとで、「殺人」現象が、生物としての人間の自然な心の持ち方からして十分に理解可能であり、一定の条件下ではむしろ生じて当然とさえいいうる現象であるということを、きわめて明快に示している。私たちの日常的な感覚からいっても、義理の父が妻の連れ子を殺したり、十代の女性が人知れず出産して嬰児を遺棄して殺したり、酒乱の父を子どもが思いあまって殺したりという、こうした事例に接したとき、殺人者に対して何ということをという非難の気持ちを持つと同時に、もし自分が同じ立場だったら、同様な行為をしでかしかねない状態になるかもしれないと想像することもできるだろう。人は、無自覚的にせよ、繁殖への衝動に突き動かされ、適応度を高めるような行為に向かう、だから、「殺人」をなすことが適応度を高めるときには人殺しさえ犯すのだと、こうした説明は、生物としての私たち人間の真理を言い当てた言説として、まことに説得力があるように思えるのである。少なくとも、自分は絶対に人殺しなどしない、といった無根拠で浅薄な自信に対して、人は誰も人殺しをすることがありえる、という冷静かつ客観的な指摘、人間本性を抉り出す指摘、をぶつけている点で、大きなインパクトがある。

けれども、私はこの明快な説得性やインパクトに対してあえて留保をつけたい。いや、説得的に聞こえるからこそ、それが「殺人」理解として一般化されることの危険を回避するため、留保をつけなければならない。私は、彼らの議論は明快だが、その根底には、明快性を得るためにある種の罠に陥ってしまっているという事情が潜在していると思うのである。いくつか論点を挙げたいが、まず第一に、私がいく度も繰り返した「殺人の脚色的あり方」という把握からして、進化心理学の扱っている「殺人」は定型的なもののみにあまりに限定されすぎているという、基本的な問題点を指摘しよう。デイリーとウィルソンは、もちろん、自分たちの主題である「殺人」とはそもそも何なのか、という定義の問題を気にかけていて、意図、未遂、交通殺人、などといった難問があることを自覚している。しかし、彼らはプラグマティズムを掲げ、これらの難問を大きく裁断する。実際に生命を奪った既遂のものだけを「殺人」と見なすと明言し、「殺人」とは「人が他人に向けて行った暴行や、その他の行為（たとえば毒をもるなど）であり、戦争以外の状況で生じ、かつ相手が死ぬに至るものである」(Daly and Wilson 1988, p.14) というまことに鮮明かつ簡潔な定義を与えるのである。これならば紛れはなく、自然科学的に「殺人」を論じるのに適しているし、私たちの日常的語感にも十分に即しているようにも思われる。なによりも、「殺人」という以上、人が死ぬことが含まれていなければならないし、その他の死ではなく「殺人」による死である以上、殺す行為が包含されているに違いないからである。

しかしながら、事態はそう単純ではない。先にも触れたが、こうした定義が一見明快なように思われるのは、「殺人」ということで、刺殺、扼殺、銃殺、といった露骨にフィジカルな事態だけをまずは単純に表象してしまうからにすぎない。しかるに、冷静に考えるならば、たとえ戦争という状況を除いたとしても、私たちが「殺人」という概念で理解している事態はもっとはるかに複雑である。大体、刺殺、扼殺、銃殺、といっても、誰かがそうした行為を他人に金銭によって依頼して遂行した場合はどうなのか。その場合、進化心理学的「殺人」理解に収まるのは、依頼された実行犯なのか、それとも依頼した正犯なのか。もし正犯だというのなら、逆に、実行者の行った行為は「殺人」ではないのだろうか。また、死刑執行人の行為はどう理解したらよいのだろうか。あるいは、二〇〇一年九月一一日にニューヨークで起こったような、宗教的な信仰に基づく殺戮行為はどうなのか。それも適応度の概念によって説明できるのだろうか。さらに、行為と死亡の間の因果関係が問題となる場合も、錯綜した事態が現れる。たとえば、既遂といっても、危害を加えられてから一年後に死亡した場合はどう扱うのか。またたとえば、第一の人物が第二の人物を殺す目的をもってなした行為の後で、第三の人物がやはり第二の人物を殺そうとして第一の人物の行為に有意的に介入する場合など、誰が殺人者なのかが自然現象としては特定しにくい場合、つまり、濃密に法的な判断なしには特定しにくい場合、はどうするのか、といった問題もある。このような場合については、ハートとオノレが詳細に論じている。彼らの例に引っ掛けていうなら、森に潜むある人を殺害するため人物Aが森に火をつけ、その後同じ目的で人物BがAのつけた火にガソリンを注ぎ、結果として森が焼け、狙われた人が焼死した、というような場合である。こうした場合、そもそも「殺人」は誰によって行われたのか。ハートとオノレによれば、有意的行為こそが因果関係の起点をなすのだから、この場合は直近の有意的行為であるBの行為が「殺人」行為であると見なされることになるのだろう（See Hart and Honoré 1959, pp.74-75）。このことは、とりもなおさず、因果関係に対するそうした何らかの法的理論があってはじめて「殺人」行為が同定されるのであって、自然現象として「殺人」があるのではない、ということを意味する。同様なことは、「人物Aが人物Bを打ち倒したその瞬間に、Bの倒れたその場所に樹木が倒れてきてBが死んだ」（Hart and Honoré 1959, p.78）といった、偶発事故が絡む場合にも当てはまるだろう。そうした場合も、法的な基準や判断なしには、「殺人」が起こったのかどうかが決定されないからである。

以上のような点を鑑みるに、デイリーやウィルソンのような方針で「殺人」を規定して論じていくというのは、「殺人」という事象のなかのきわめて限定された部分にのみ当てはまる考察にすぎないことになるか、あるいは、自然科学の装いをしながらも実際は法や習慣などのノモス的な契機のありように応じて内実が変わらざるをえないという不純な科学になってしまうかのいずれかであると、そういわなければならない。進化心理学的「殺人」論の考察対象は、自然科学的であろうとする限り、おそらく、対人的な利害関係が明らかにあり、当事者同士の間の直接的でフィジカルな行為によって、紛れもなくそして間をおかずに、どちらかが死んだ場合、それに限定されているのである。言い換えれば、人間とその他の動物で区別しなくともよいような事例に視点が限られているのである。ならば、穿った見方をするなら、生物的な事象に考察対象を限定した上で、生物学的な見方が当てはまることを主張をしているという、トートロジカルな議論展開の罠にはまっていると、そういえなくもなさそうである。こうした事態はすべて、「殺人」の脚色的あり方という基本線を見落としている、あるいはあなどっている、ことに由来している。だから逆に、限定的な領域にとどまるのではなく、「殺人」一般に関わろうとするときには、そもそも考察対象を定めることにおいて困難に逢着するのである。このことは、しかし、生物事象として「殺人」を扱うことは致命的に曖昧だ、ということではない。そうではなく、「殺人」事象は、脚色に依存するという意味において、本質的に曖昧なのだ、という真のありようを見逃しているのである。とはいえ、無論のこと、人間を生物として押さえて、その視点から人間の諸活動を解明していくという道筋は非常に有意味かつ有望であって、実際大きな成功を収めていることは、今日誰も否定しないだろう。進化心理学のアプローチがもたらす眺望の有効性には私も異議をはさむものではない。けれど、そうした道筋を、単に人間活動のある一側面に関する理解というにとどまらず、一般化し普遍的な人間理解として提示するには、最初の対象規定にあまりに問題がありすぎると、そう私は思うのである。けれど、それでも、私の指摘した難点も丸ごと含めて、すべて「殺人」は進化心理学的に説明できる、とする反論がなされるかもしれない。宗教的な信条、法的あるいは慣習的な視点からの行為の因果関係理解、依頼されて人を殺す者の職業意識、こうした事態も実は進化理論的な仕方でその生成次第を理解できるのだ、という反論である。あるいは、ドーキンス流の「ミーム」まで持ち出して進化理論的理解を拡張していく道もありうるかもしれない。しかし、こうした道行きは私に二つ目の疑念を呼び起こす。

私の挙げたい二つ目の疑念とは、デイリーとウィルソンのアプローチが狙っている到達点にはぶれがある、という点である。彼らはこういう、「私たちの進化心理学的アプローチは、殺人それ自体が「適応」であるという主張を基礎としているのではないということ、この点に注意することは重要である。これから論じるような人間の感情を形成してきた淘汰的出来事において、現実に殺すことが規則的に伴っていたかどうかは何ともいえない」、たとえば「性的嫉妬による「殺人」が犯人の適応度を高めるという主張を仮定してはいないし、実際にかつてそうであったかどうかには関わりない……殺人が人間の進化において重要な淘汰圧であったかどうか、また、淘汰が人を殺すという特殊な意図を形成してきたのかどうか、これらは二つの興味深い（別個な）問いだが、私たちの殺人論は、これらの問いに対する肯定的答えに基づいているわけではない」（Daly and Wilson 1988, p.12）。けれども、このように述べることは二つの問題を引き起こすだろう。第一に、すでに引いたように、進化心理学による殺人研究は「既遂の殺人」を対象とするものであったはずだが、そのことと、実際に殺人があったかどうかは関わりないとすることとは明らかに不整合である。第二に、殺人が淘汰の帰結かどうか関わりない、としてしまうと、進化理論によって「殺人」をどのように説明できるのか、という核心が不鮮明になる。「殺人」は殺人者の適応度を高める行為としても位置づけられうるし、逆にそれは過剰反応であって実際は適応度を低める傾向にあるとも解しうることになってしまう。実際、ごく若く貧しい女性が、自分の産んだ、父親のサポートの得られない嬰児を殺すのは適応度を高めるといえるだろうが、性的嫉妬によって妻を殺したり、つまらない意地の張り合いで殺し合いを仕掛けて殺されてしまう男などは、明らかに適応度を低めていると考えられる。しかし、ならば、進化理論は何を説明しているのだろうか。説明といっても、先に触れた「ミーム」のような概念に訴えるなど、やりようによっては、どうにでも可能な恣意的なものになる危険はないのだろうか。この点は、生物学の哲学の文脈では、「自然選択」(natural selection) と「ランダムな遺伝的浮動」(random genetic drift) との相違をどう画定するか、という問題と絡んでおり、これについては実際、ビーティーのように選択と浮動との間の明確な区別を認めず、連続していると見なす論者もいるのである (See Beatty 1984, 一ノ瀬 2008b も参照)。

デイリーとウィルソンはいう、「私たちは凝り固まった「ダーウィン主義」をテストしようとしているのではない。それどころか、進化理論によって基礎を与えられた想像力は、淘汰がどのようにして心や行動を形成していくかについて、代替仮説をしばしばもたらすのである……進化理論によって基礎を与えられた想像力が代替のシナリオをもたらすことができるという事実には、ばつの悪いことも非科学的なものも何もない」(Daly and Wilson 1988, p.13)。まことに、「想像力」とか「シナリオ」という言葉が示すように、進化理論による「殺人」の理解には明らかに物語性があるのである。このことは、しかし、真には、進化心理学の難点なのではない。というのも、私の考えでは、「殺人」はもともと脚色的なものであり、その点からすれば、彼らの示すシナリオ性は「殺人」概念の真相に見合っているといえるからである。そして、「想像力」や「シナリオ」が機能するとき、そこには文化的・歴史的背景が濃密に関与してくる。物語というのは、まず間違いなく、作者の境涯や受けた教育も含めて、時代や風潮を何らか反映しているものだからである。デイリーとウィルソンは、生物学的知見を考慮せず文化依存性・歴史依存性によって人間の活動を相対化して理解していこうとする学者たちを「生物学嫌い」(biophobia) と呼び、揶揄している。けれど、そのとき彼らは、進化理論もまた歴史的に生成してきた理論であって、彼ら自身がそれをある時代の教育によって修得してきた、という自明な事実を根拠なしに無視している。最終的にそうした事実を無視したほうがよいという帰結に至るとしても、少なくとも、その事実に気づく必要はあるだろう。時代差や歴史性などに気を配り、自分の主張それ自身をもまずは相対化していこうというのは、哲学の議論の基本的な態度だと私は思うが[12]、ならば、彼らのほうこそ、幾分「哲学嫌い」の気味があるのではないかと勘ぐりたくもなる。無論、繰り返しになるが、このように述べることで私は進化理論的アプローチを全面的に拒絶したいのではない。そうしたアプローチがもたらす眺望の広がりは決して無視できない論点を提起しているし、そこでの自然主義的見方には実際的な効用もあり、私自身、後述するように、やや違った仕方ながら、自然現象に焦点を合わせる見方を一部取り入れたいとも考えている。単に、私がここで指摘しようとしているのは、殺人現象のような本来的にノモス的なものを自然現象にすべて還元してしまおうという態度の問題性であるにすぎない。

さて、さらに、もう一つ進化心理学のアプローチによる「殺人」理解に対して向けたい、第三の問題点がある。それは、被殺人者がどのように位置づけられるべきなのか、全く考察されていない、という点である。これは、実は、刑法学からのアプローチの場合も当てはまる問題点である。しかるに、すでに述べたように、私の理解では、「殺人」をめぐる問題性は、殺人者の「人格の尊厳性」に関してだけでなく、被殺人者の尊厳性に関しても立ち上がってくる。というより、被殺人者においてこそ「殺人」のパラドックス性が究極の謎として現れるのである。被殺人者をどう位置づけ理解するか、これこそが「殺人」をめぐる哲学的困難の本丸であり、いうまでもなく「涙の哲学」の主題中の主題である。この核心的な主題は、被殺人者、つまり殺人の直接の被害者とは実際のところ誰なのか、というストレートな問いから論じられなければならない。章を改めて、殺人という問題の核心へと論を進めよう。

第5章　殺された人の非存在性

――「害グラデーション説」の試み

1　「殺された人」への死後表現

殺人の被害者とは誰なのか。これが、前章末に浮かび上がってきた核心的な問題であった。しかし、この問いは、一見ばかげた問いのように聞こえる。その答えはあまりに自明のように思えるからである。殺人の被害者とは殺された人にほかならないではないか。それ以外に誰が被害者だというのか。もちろん、殺された人の遺族や関係者も害を受けるのだから、そうした人々もある意味で被害者と言えることは確かだろう。しかし、ここで私が提起しているのは、殺人の直接の被害者のことである。遺族や関係者はなにものかの喪失という被害を受けているが、彼らは直接殺されてはいない。それどころか実は、すべての遺族が同様な程度に深刻な喪失の被害を受けていると断言はできない。いなくなったときに喪失感を惹起するほどの愛情あふれる家族関係や人間関係がいつでも成立しているとは限らないからである。まして、天涯孤独の人もいるのだから、そうした人が殺された場合には、遺族や関係者がそもそもいないということさえあろう。こうした点からしても、やはり、殺人の直接の被害者とは、その概念の有意味性を認める限り、字義通り、殺された人本人のことを指すと言うべきではないか。

けれども、ここで立ち止まらなければならない。「被害者」とはどういう存在者か。文字通り、害を受けた者。そしておそらく、そうした害の苦しみを訴え、加害者を罰することや害の救済を求めている人。人間以外の動物が「被害者」になりえるかどうかという問題は次章で論じるとしても、少なくとも、「被害者」とは害を帰属しうる存在者であることが概念上の必要条件だろう。利害の主体として存在しないもの、たとえば空想上の存在者とか物理的物体は、社会制度上の問題としては、「被害者」には原理的になりえないはずだからである。しかるに、殺人の被害者についてはどうだろうか。殺人の被害者とは、言葉の意義からして、死んでしまっている。すなわち、殺人の被害者として言挙げされるときには、利害の主体として存在していない。殺人の被害者本人が、受けた害の苦しみを訴え、加害者への罰や害の救済を求めることはない。はて、では、そうした人は果たして「被害者」なのだろうか。というより以前に、そうした「人」として指示することができるのだろうか。確かに、過去において、つまり殺される過程において、その人は存在したし、被害者であったと言えるだろう。けれども、いまはいない。死に去り、消え去ってしまったのである。これはまさしく第２章で「死者のパラドックス」として論じた論点にほかならない。この論点に紛れがないようにするため、本章では以後、「殺された人」とか「被殺人者」という表現を使うとき、「すでに殺された、過去の時点における存在者」ということを意味すると厳密に規定しておく。同じ考えのもと、「死者」という表現も、「すでに死んでしまった、過去の時点における存在者」を意味すると厳密に定義しておきたい。いずれにせよ、これは、言い換えるならば、「死後指示」（posthumous reference）そして「死後述定」（posthumous predication）にまつわる問題の一つである。ここでは二つを総称して「死後表現」（posthumous expression）と呼んでおきたい。すぐに分かるように、死後述定はまず死後指示がなされてのちに現れるので、死後指示が最も基本的な問題を形成する。ともあれ、殺されてしまっていまや存在しない（かつての）人を被害者と捉えるということは、たとえば次のような文を、死後表現に成功した有意義な文と見なすことである。

〈死後表現1〉
「Aさんは、無差別かつ無残に刺殺されてしまって、本当に無念だろう」

この場合、「Aさん」は死後指示であり、「本当に無念だろう」はAさんという死者に対する死後述定である。なるほど、私たちはこうした表現を理解するし、事件の報道などでもこの種の表現は使用される。Aさんの家族や同僚ならば、むしろリアリティをもってこうした文を語り、受け止めるだろう。けれども、死後表現に対するこうしたある種自然な受け取り方から、「死」というものの深い問題性が垣間見えてくるのである。

無論、死後表現のすべてが同様の問題性をもたらすとは限らない。たとえば次のような文は、〈死後表現1〉に比べて問題性は少ないと感じられるだろう。

〈死後表現2〉
「仲恭天皇は明治三年に天皇として認められた」

仲恭天皇とは、鎌倉時代の承久の変時に順徳天皇に譲位されたが、すぐに幕府軍に敗れ、廃帝となり、諡号さえつけられていなかった天皇である。それが、明治になって諡号が冠され、正式な天皇と位置づけられたというわけである。こうした死後表現は、歴史的記述が理解可能であるという常識からして、さしあたり問題なく了解可能であろう。こうした死後表現はいろいろな文脈で発生する。実際、被殺人者に関しても、〈死後表現2〉のような、容易に受容できる文が可能である。たとえば、

〈死後表現３〉

「室町幕府第一三代将軍足利義輝は剣聖将軍としてその武勇が讃えられている」

という文はどうだろう。足利義輝は、松永久秀と三好三人衆によって暗殺された将軍だが、剣豪としても名高く、最期も敵兵を多数切り倒した後に討たれたと伝えられている。〈死後表現３〉の理解可能性に疑いを差し挟む人は少ないだろう。しかし、このような死後指示あるいは死後述定ではなく、被殺人者あるいは死者に対する評価やそうした存在者の心情の記述の場合は、事情が異なるように感じられる。先の〈死後表現１〉はそうした例だが、ほかにいくらでも例が挙げられる。

〈死後表現４〉

「死んだ私の父がいつも私を見守ってくれている」

この〈死後表現４〉は、自分を見守ってくれているという善性や慈愛という価値を亡き父に帰している。また、〈死後表現１〉は「無念に思う」という負の価値や利害の評価をやはり被殺人者に帰している。つまり、〈死後表現１〉と〈死後表現４〉は、単なる死後指示や死後述定とは違って、「死後価値帰属」(posthumous evaluation) を行っているのである (See Silverstein 1993, pp.106ff.)。確かに、〈死後表現３〉も「讃えられている」という仕方で価値づけを与えているが、むしろ讃えている私たちの側についての事実記述である。それに対して、〈死後表現１〉と〈死後表現４〉は、死者の側そのものに対する価値帰属である。こうした死後表現の様態の相違はどのような事態を背景にしているのだろうか。

死後表現の問題は、問題そのものとしては、非存在者のオントロジー、歴史認識、可能世界、虚構、反事実的条件文、抽象的存在、といった認識論上のそして存在論上の問題系と深く結びついている。いま現在目の前で経験できない対象について指示したり述定したりするという点で、それらは共通の問題領域を形成していると思われるからである。実際たとえば、死後表現の問題は、マイノング対象論以来論じられてきた非存在者という主題の一つの系として扱うことができるだろうし、死者がいまでも存命の可能世界を考えるという問題として設定し直すこともできる。あるいは、死後指示は過去存在への指示なので、いきおい、〈死後表現2〉のように、歴史的事実の記述としてそれが遂行されることも多々ある。こうした歴史認識との連関性のもと、死後表現の真理性について論じ、そこに確率的思考や偶然性を見取ってゆくという道筋が展開可能だが（一ノ瀬 2006, 第三章参照）、ここではまず、死後表現に即して現れてくる発想法にのみ注意を向けたい。死後表現それ自体については7節以降で再び触れる。

2　エピクロスの死無害説

つまり、問題はこうである。死者に対して心情や利害に関わる価値帰属を行うこと、とりわけ被殺人者に対して負の心情や害悪を帰すること、それはどのように理解可能なのか。殺された人が苦しみを受けていること、無念に思っていること、悔しいと思っていること、こうした記述をどのように受け取るべきなのか。この問題は、実際、殺人の負性にとって根本的である。被殺人者が殺されるという極限の害を受け、その尊厳性を最大に損なわれているという表象、ここにこそ殺人という事態が本質的に包含しているネガティヴィテート（負性）の根源的源泉があると直観されるからである。しかしながら、この直観に対しては、哲学の伝統的な問題提起がある。この直観を、素人の浅薄な考えとして根こそぎ覆してしまうような、強力な反論がある。すなわち、エピクロスやルクレティウスに由来するとされる考え方である。ただし、あらかじめ述べておくが、この問題に言及することで私は、エピクロスやルクレティウスについて歴史的かつ文献考証的な研究を遂行する意図はないし、第一そうした力量もない。それは専門家にお任せすることにして、ここでは、一般にエピクロスらに由来するとされている考え方という身分で、当該の議論に言及することにしたい。問題の発端となるエピクロスの議論は、「メノイケウス宛の手紙」にて次のように展開されている。

死はわれわれにとって何ものでもない、と考えることに慣れるべきである。というのは、善いものと悪いものはすべて感覚に属するが、死は感覚の欠如だからである。それゆえ、死がわれわれにとって何ものでもないことを正しく認識すれば、その認識はこの可死的な生を、かえって楽しいものとしてくれるのである……生のないところには何ら恐ろしいものがないことをほんとうに理解した人にとっては、生きることにも何ら恐ろしいものがないからである……それゆえに、死は、もろもろの悪いもののうちで最も恐ろしいものとされているが、じつはわれわれにとって何ものでもないのである。なぜかといえば、われわれが存するかぎり、死は現に存せず、死が現に存するときには、もはやわれわれは存しないからである。そこで、死は、生きているものにも、すでに死んだものにも、かかわりがない。なぜなら、生きているもののところには、死は現に存しないのであり、他方、死んだものはもはや存しないからである。(Diogenes Laertius 1925, p.650 & p.651. エピクロス 1959, pp.67–68)

まことに透徹した議論であり、哲学の議論としてこれほどまでに強烈なインパクトをもつ議論に出会うこともまれだろう。一読した途端に、この議論を論破するのは、「ゼノンのパラドックス」を理論的に却下するのと同様に、きわめて困難であることが了解される。その点で、哲学史家のヒルシュベルガーが、このエピクロスの議論を「愚かしい証明」と言下に切り捨てていることはまことに不可解であると言わねばならない（ヒルシュベルガー 1967, pp.370-371）。実際、事実として、このエピクロスの議論は、今日でも「死のメタフィジックス」という領域の核心部分を占めているのである。

　このエピクロスの議論には、まず確認しておかなければならない二つの点がある。第一は、ここで主題化されている死は、死ぬ当人のいわば一人称の「死んでしまった」という完了状態のことである、という点である。二人称や三人称で語られる、「他者の死」はさしあたり考慮外のこととされている。この点で、エピクロスの議論は、殺人の直接の被害者、つまりは「殺された人」あるいは「被殺人者」を論じようとしている私の文脈にぴったり親和する。また、「死んでしまった」という完了状態を扱うことが明確であることより、「死につつある」という死への過程は主題ではない、ということも理解される。

「死のメタフィジックス」では、しばしば「死」に関する三つの様相が区別される。それは、ローゼンバウムやフィッシャーの議論に沿うならば、「死につつある」（dying）、「死」（death）、「死んでいる」（being dead）、の三つである。「死につつある」は死ぬプロセスのことであり、このときには人は死んではいない。また、「死んでいる」は確定したある種の状態である。これは、簡単に言えば、死体の状態に代表される。ただ、死体が完全に火葬されてしまい、骨も散らばり、いわばすべて原子分子に分解して空中に拡散されてしまったときに、「死んでいる」という述語が帰属される主体は何か、という問題が発生することは容易に想像される。これがまさしく上に触れた「死後指示」の問題の困難性の核心である。そして、「死」は、「死につつある」と「死んでいる」の中間として、つまり「死につつある」の終末と「死んでいる」の開始の時点にあるものと位置づけられる（Rosenbaum 1993, pp.120-121. Fischer 1993b, pp.3-4）。こうした「死」の概念に関して、境界線に関する曖昧性の問題あるいは「ソライティーズ・パラドックス」が発生することは避けられないが、これについては別の機会に論じたので、ここでは深追いしない（一ノ瀬 2005,

pp.1-3を参照)。いずれにせよ、この三様相の区分を承認する限り、エピクロスの議論で主題となっているのは、「死」と「死んでいる」の二つの様相であって、「死につつある」ではないことは明白である。さらに、第二に確認したいのは、エピクロスは「死は感覚の欠如である」として、死んだ後には感覚やそれの意識といったものは端的にない、とあたまから前提している点が特記される。これはどのような根拠を持つ前提だろうか。「死」あるいは「死んでいる」という事態の「定義」だろうか。それとも、なにか経験的な証拠に基づく前提なのだろうか。この点、後ほど再び触れてゆきたい。

ともあれ、エピクロスの議論の眼目ははっきりしている。その要点はこのように記述できるだろう。死は何ものでもない非存在なのだから、恐怖の対象たりえず、無害である、と。言い方を換えれば、死は直接的に感覚も経験もできないのだから、あるいはそもそも死によって感覚や経験の主体が消滅するのだから、害されるという感覚も経験もなく、よって、「死という害」は本質的に不可能である、あるいは語義矛盾である、という議論である。私はこれを「死無害説」(the harmlessness theory of death) と呼びたい。後の議論のために、死無害説の本質をなす論点を、ローゼンバウムの整理に従って、明確に定式化しておこう。エピクロスの死無害説の根底には、いま記した要点からも明らかなように、「もしある事態が害悪であることをある人が経験できないならば、それは当人にとって害悪ではない」という、害悪を徹頭徹尾感覚の対象事象と捉えきろうとする理解が流れている。だとすると、この理解の対偶を取って、

〈死無害説の定式化〉

(1)「事態Sがある人Pにとって害悪であるならば、Pはその害悪を経験できる」

ということになる。それゆえ、

（2）「もし死がPにとって害悪ならば、死はPが経験できる事態でなければならない」
しかるに、死が経験の消滅だと捉えると、
（3）「Pがある事態を経験できるとするならば、その事態はPの死以前に開始されていなければならない」
けれども、定義的に考えて、
（4）「Pが死んでいるという事態は、Pの死以前に始まる事態ではない」
よって、
（5）「Pが死んでいるという事態は、Pが経験できる事態ではない」
かくして、
（6）「Pが死んでいるという事態は、Pにとって害悪ではない」
以上のように死無害説は定式化できるだろう（See Rosenbaum 1993, pp.121–122）。

3　死の恐怖

エピクロス自身に沿うならば、この死無害説は、最低限必要な自然的欲求が満たされ、それ以外の欲望も恐怖もない「心の平安」（アタラクシア）を達成することを生の目的として掲げる、という脈絡に登場する。つまり、「死の恐怖」を解消するという文脈である。この論点は、エピクロスの影響下にあったとされるルクレティウスの議論にも色濃く現れる。ルクレティウスは、すべてが眠りと休息に帰すならば、そこで肉体も精神も安らかになってしまうのだから、悲嘆も悲痛もありえないと論じた後、このように述べる。

> であるから、死は我々にとって、なおのこと大したことではないということになる——我々が取るに足らないことだと考えていることよりも、更に取るに足らないことがあるとすれば、死は正にそれである……一と度生命のこの冷い中断にとらえられた者は、決して眼ざめて起き上がらないというだけのことである。(Lucretius 1924, pp.233-235. ルクレーティウス 1961, p.150)

そしてルクレティウスは、こうした事実にもかかわらず、死なねばならないことを嘆き恐怖する人は、その人は何らかの誤り、あるいは欺瞞に陥っているのだと指摘する。このように言う。

> 人が誰れか己れ自身を嘆き、死後自分は埋葬される肉体と共に腐っていくか、［火葬の］火によるか、野獣に害われるかして消滅するようになるのかと嘆くのを見たならば、かかる人は真実を云っているのではないと知ってよいし、又死後は誰にも感覚は残らないと信ずると云っていようが、心の底には或る隠れた悩みの因を秘めているのだと知ってよい。(Lucretius 1924, p.230 & p.231. ルクレーティウス 1961, p.148)

「死の恐怖」は捏造された錯覚にすぎず、そうした恐れを感じる人は自己欺瞞に陥っている、ということである。

こうしたルクレティウスの議論を分析したバーナード・ウィリアムスは、「死の恐怖」というのは、死後も私たちが存続し、すばらしき人生、報賞、喜び、それらを喪失する場面に不平を抱いているという観念に基づいた、ある種の混同であると批判する主張として理解する(Williams 1973, p.83)。つまり、生きて観察しているということと死んでいるということとを混同することによって、「死の恐怖」が発生する、という議論だというのである。しかるに、ウィリアムス自身はこれに反論を加える。すばらしき人生を望む限り、それを阻むことに抵抗しようとするのは合理的であり、しかるに死こそすばらしき生を定義的に喪失させるものなのだから、死を避けようとすること、死を害悪だと見なすこと、それがゆえに死を恐怖すること、これが合理的な態度だというのである。ウィリアムスは、ヤナーチェクによりオペラ化された作品のなかの人物「マクロプロス」が医師である父から永遠の生を持つよう施され、そうした永遠の人生に退屈してゆく、という場面に言及するところから議論を起こし、そうした永遠の生は耐え難いが、しかし同時に、死を害悪であると見なすことは合理的である、と論じようとする。そうした文脈のなかで、死無害説やルクレティウスの議論に言及するのである。このウィリアムスの立論は、生きている私たちの観点から、死を害悪だと感じ、それを恐れるという場面に焦点を合わせたものである。しかるに、本章の主題は、「殺された人」の観点からして死が果たして害なのかどうか、である。エピクロスやルクレティウスの議論もまた、本章の観点と同様、「死んでいる」人の観点からして死は害なのかどうか、に焦点を合わせていると読める。つまり、ウィリアムスは、死無害説やルクレティウスに言及しながら議論を展開しているのだが、実は死無害説やルクレティウスの議論とは本質的に別な問題を扱っていると思われるのである。このことは、逆に、死の恐怖という事態を有意味に論じるためには、生きている私たちの観点を取らざるをえない、ということを暗示している。実際、生きている私たちが、すべてを失うこと、死に至る過程を恐怖すること、それを恐れるということには何ら不合理はない。むしろ、大怪我をすることを恐れるのと同様に、ごく普通の捉え方であろう。しかし、ここでの問題はそんなことではないのだ。

それどころか、死無害説からすれば、ウィリアムスが合理的だとして容認している「死の恐怖」もまた、実は実体のない虚想、あるいは捏造にすぎない、とさえ言いうる。なるほど確かに、既述のように、死に至る過程への恐怖は、大怪我をして苦痛を感じることへの恐怖と似たものとして、十分に理解可能である。しかし、繰り返していうが、本章の主題そして死無害説の主題は、「死」と「死んでいる」であって、死に至る過程としての「死につつある」ではない。では、ウィリアムスの議論は「死」と「死んでいる」という問題圏においては有効だろうか。これに対する「死の恐怖」をうまく正当化しえているだろうか。答えは「否」である。死無害説からすれば、死した当人にとって、死は何ものでもないのだから、そもそも死というのはないのである。到来しないのである。よって、「死の恐怖」といっても、そもそも恐怖の対象が存在しないのである。そして、「死の恐怖」というとき、その概念の核はやはり、「死につつある」ことへの恐怖ではなく、ウィリアムスの言い方に従えば、すばらしき生の喪失を根底的にもたらすところの「死」に対する恐怖という点にあると思われる。けれども、すばらしき生の喪失を根底的にもたらす「死」などない、というのが死無害説のまさしくポイントなのである。死んでしまったとき、すべては反転し、「喪失」という概念もまた意義を消失する。何かを喪失する主体が消えるからである。よって、「死の恐怖」が全面的な喪失をもたらす死への恐怖なのだとしたら、それはほぼ語義矛盾な感情であって、内実を持たない。それゆえに、そのような恐怖におびえる必要はないのだ、というのがエピクロスやルクレティウスの論点なのであった。彼らの前提を受け入れる限り、こうした死無害説はほぼ論破不可能な、首尾一貫した議論であると思われる。

4　被害者の非存在

しかしながら、死無害説を首尾一貫した正論として受け入れるならば、そしてそれを「殺された人」という現在の主題に適用するならば、とんでもない帰結が導かれてしまう。すなわち、「殺された人」、被殺人者、というのは、そもそもいかなる害も被ってないし、それどころか「人」でも「者」でもない、と。「殺された人」は「死んでいる」以上、いかなる被害の、そしてもちろんいかなる受益の、主体にもならない。まさしく死は無害だし無益なのである。ちなみにこの論点は、苦痛から逃れたいために自殺を願望し、実際自殺した人にも当てはまる。実はそうした人は、自殺によって、苦痛からの逃避という利益を享受できないのである。なぜなら、死んだら、受益の主体が存在しなくなるからである。さらには、「死んでいる」被殺人者は、「死が現に存するときには、もはやわれわれは存しない」(Diogenes Laertius 1925, p.650 & p.651. エピクロス 1959, p.67) と言われるように、すでに何ものでもない。人でも何でもない。消えてしまっているのである。被殺人者と名指されているところには実は誰もいないのである。それゆえ、被殺人者は二重の意味で「被害者」ではない。これは、二重否定でもとに戻るわけではなく、否定され、さらにだめ押しで否定されるということである。「害」もないし、それを被る「者」もいないのである。

しかるに、こうした帰結を実際の殺人に当てはめるならば、殺人は、いかに悪意ある意図的かつ計画的な殺人だとしても、人を殴って鼻血を出させるといった暴行よりも軽い犯罪であることになりかねない。なぜか。暴行事件の場合、鼻血を出してハンカチでそれを押さえている被害者がまさに現前しているのに対して、殺人の場合、直接の被害者が存在しないということになるからである。というより以前に、そもそも何か直接の害が発生した、とさえ言えないはずだから、実は何も起こっていないとさえ強弁できそうなことになる。何もしていないのだ、と。言ってみるならば、誰の所有でもない大海の水に触れただけのようなもので、誰も利害関係者はいないし、そもそも利害に関する何事も起こっていないのである。驚愕すべき帰結だが、死無害説の説得性を受け入れるならば、このような一見常識外れの見方がおのずと導かれるのである。(1) そして、あまり指摘されていないことだが、「死のメタフィジックス」そして死無害説の文脈からすると、「殺人」には被害者はいないことになりうるので、だとすると、「殺人」に対する「死刑」などほぼ定義的に不可能であることにもなるだろう。あるいは同様に、「死刑」という刑が受刑者が死ぬことで執行される刑である限り、執行されたときには受刑「者」は存在しなくなるので、そもそも誰かに科する刑罰ではありえない、よって「死刑」は不可能である、という立論もできるだろう。私は第1章で「死刑不可能論」を提起したが、実はそれと同じ帰結が、エピクロスに由来する古典的な死無害説からも導かれうるのである。もっとも、私の

「死刑不可能論」は、死無害説と事態的に親和するものとするにせよ、死無害説を根拠とするものではない。この点、注記しておきたい。また、こうした議論に対しては、刑罰というものは過去のある時点での危害行為に科せられるものであって、その危害を受けた主体が現在存在するかどうかは本質的要件ではない、という反論もありうるだろう。これに対しては、もしこの反論を受け入れるならば、刑罰を科せられる主体も過去のその時点の加害者でなければならず、現在存在する、当時の加害者の後の姿ではありえない、としなければ首尾一貫しないことになって、やはり現行の法システムに著しく反した考え方を導く、と答えておこう。

しかしでは、被殺人者の遺族や関係者が多くの場合に抱くであろう被害感情や喪失感情はどう扱うのか。これに対しては、私が想像するに、死無害説からは次の二つの論点のいずれかが導かれるように思われる。一つは、そうした感情が「家族の一員」とか「友人」とかを失ってしまったという、殺人事件の後の、現在の心理的な被害状態を意味しているとするならば、先ほど論じた「死の恐怖」の場合と同様、喪失の対象たる「家族の一員」や「友人」なる人はいないのだから、実体のない虚構の感情である、と論じる道である。これが死無害説の本筋だろう。しかし、こうした言い方に対しては、そんなことを言ったら、死のケースだけでなく、あらゆる事柄に関して、全面的に「喪失」という概念は意味を失うことになり、言葉遣いとして著しい不条理が生じてしまう、という反論が出るだろう。それに、実際に被害感情を抱いている遺族がいるという事実を前にして、あまりに無効な理解仕方ではないか、とも論じられよう。そして、まさしくこうした反論の考え方に即して、もう一つの可能な論点が導かれる。すなわち、被殺人者の遺族や関係者が抱く被害感情や喪失感情は特別のものではなく、何かがなくなったという事態一般に等質的に当てはまる感情の一つにすぎないのだ、という捉え方である。死無害説が、死は何ものでもないと主張する以上、そこには死を特別に重大視する見方を斥けようとする傾斜が入っていると考えられるので、この二つ目の捉え方は死無害説の一つのコロラリーと言えるはずである。そして実際、この捉え方は、冷静に考えて、一定の説得力がある。物質的なものを、たとえば火災や窃盗などで失った場合でも、その物質的対象に対する思い入れによっては、極大の被害感情をもたらしうる。先祖の遺品であるとか（皇室にとっての三種の神器を想起せよ）、生涯を懸けて仕上げた芸術作品とか、の場合である。逆に、家族が殺されたとしても、本心ではそれほど著しくは悲しくないことも、人間の事実としてはあるだろう。前半で触れたように家族関係は多様で、場合によっては、まさしく家族同士の間で殺人が起こることもなくはないからである。だから、被殺人者の遺族や関係者の被害感情は、単なる窃盗や破壊によって物質的対象を喪失した場合とはカテゴリー的に全く異なる、特別な制度的考慮を加えるべき感情なのだと、いわばア・プリオリに述べることは実はできないのである。この事実を前にするとき、死無害説からの第二の論点は無視できないものとして立ち現れてくる。

けれども、このように論じてしまうと、果たして、第4章以来からずっと主題として強調的に論じてきた「殺人」の負性、ネガティヴィテート、はどうなってしまうのか、という疑問がわき起こる。それは、「殺人」に関してことさらに言挙げされるような特権性はない、いかなる消失現象にも伴いうる、ごく何気ない、ちょっとマイナスな感情の一例にすぎないのか。私はどうしてもこのように疑義を呈することを抑えられない。死無害説に対して、その首尾一貫性に心底感服しつつも、「死」は私にとって、消しゴムを失くしたような場合と同質であるとは、どうしても思えない。とりわけ、二人称や三人称として現れる、他者の死、特に肉親の死の場合、著しい悲哀の感情にさいなまれることが確かにある。肉親以外でも、恩師、親友、かわいがっていたペット、などの死に際して、（「まえがき」で私個人に関して触れたように）自分の全人生を無化させてしまうというほどの深い悲しみと切なさに襲われるときがある。こうした事態は、「殺人」による「死」の場合はなおさら増長される。もちろん、どんな人の、どんな対象の死に対してもそうなるわけではない。しかし、ここでの強調点は、他者の死に関して、他の物質的対象の喪失とは極端に異なる、特殊で、自分自身の人格性を揺るがすような著しい悲哀が生じる場合が存在するという事実、これなのである。

こう述べると、それは何らかの刷り込みの結果なのであって、主観的な思い込みに由来する感情にすぎない、よって普遍性はない、実際、肉親の死に対してさえ何らの悲哀も感じない場合や人もありうるではないか、という反論が寄せられるだろう。しかしこの反論は的を射ていない。私が「殺人」の負性ということで意味しようとしているのは、負的な事態であると感じる、という感情的様態の存在である。そうした感情の様態の例が一つでも存在する限り、この負性は主題化されてよい。ウイルス性の病気は、そのウイルスに感染した誰もが病気になるわけではないとしても、医学的研究の主題になりうるのと同じである。それに、感情は、実際、思い込みなのである。そうした思い込みもまた、世界の事実として、哲学の主題たりうる。しかし、もう一つの批判が想定される。それは、「殺人」の負的な感情は、あくまで他人称的に立ち上がるにすぎず、死無害説で主題となっている一人称の「死」には当てはまらないではないか、という反論である。この反論こそが、死無害説が本領を発揮する場面からの反論であろう。けれど、私は実は、この点に関して死無害説への疑念を抱いている。しかしそれは、死無害説を根本的に覆すような疑念ではない。死無害説の説得性を少しだけ揺るがすような疑念である。そこから「死のメタフィジックス」のゆらぎが発生してくると予想している。しかし、それは本章の最後の部分で触れよう。

いずれにせよ、私の見解を別にしても、多くの人が、「殺人」には被害者が存在せず、いかなる直接的な害悪も発生しない、という死無害説の帰結を受け入れがたいと思うであろうことは想像に難くない。というのも、現在の制度からすると、「殺人」は最も重い触法行為あるいは犯罪行為であると位置づけられており、だとすると、そこには、「殺人」は重大な被害を引き起こすという理解が含意されていると思われるからである。だが、そうだとすると、私たちの制度はエピクロスの死無害説に正面から対峙しなければならないことになる。死無害説を論破しなければならないことになる。死無害説のあまりに常識外れな様相を前にして、そんな屁理屈を相手にする必要はないと言い放つ人は、どこが屁理屈なのか、そして理論的に死無害説によって破綻させられてしまう可能性がある制度をそのまま漫然と継承することをどのように正当化するのかについて、挙証責任がある。いずれにせよ、哲学的に真摯であろうとする限り、私たちはエピクロスに向き合い、論駁しなければならないのである。果たしてそれはどのようにしてか。

5　殺人の被害性

ここが正念場である。丁寧に考えていきたい。2節で提示した〈死無害説の定式化〉を改めて振り返ってみよう。（6）の結論部以前の議論には、ローゼンバウムが指摘するように、実は三つの前提しかない（Rosenbaum 1993, p.126）。（1）「事態Sがある人Pにとって害悪であるならば、Pはその害悪を経験できる」、（3）「Pがある事態を経験できるとするならば、その事態はPの死以前に開始されていなければならない」、（4）「Pが死んでいるという事態は、Pの死以前に始まる事態ではない」、の三つである。これに対して（2）「もし死がPにとって害悪ならば、死はPが経験できる事態でなければならない」は（1）の論理的帰結であるし、（5）「Pが死んでいるという事態は、Pが経験できる事態ではない」は（4）と（3）の対偶とに対して「推移律」を適用して演繹される、やはり論理的帰結である。しかるに、（4）は定義的に真であると言える。だとすれば、もし死無害説に対して論駁を試みるとするならば、前提（1）と（3）の妥当性に焦点を合わせなければならないことになるだろう。

このような問題設定のもと、多くの議論が「死のメタフィジックス」という文脈のなかで提起されている。そうした論争状況を相応に射程に入れながら、私はここで、まず前提（1）に焦点を当てて、それが果たして論駁可能かを瞥見してゆきたい。前提（1）は、害悪が経験的なものであるとする前提である。この前提を論破するには、反例を挙げることができればよい。経験されえないけれども当人の一人称レベルで害悪であるような例である（死無害説が一人称的経験に焦点を合わせていることを想起せよ）。こうした論点については、トマス・ネーゲルの有名な論文が大きな手がかりとなる。ネーゲルは、死無害説を論破することを目指して、前提（1）を揺さぶるかもしれないような印象深い三つの例を挙げている。（a）友人に裏切られたり、陰で嘲笑されたり、丁重に自分を扱ってくれているけれど実は軽蔑されたりしているのだが、本人にはそれが知られず、よって本人の悩みを引き起こしていない場合。（b）遺言状の執行者によって自分の遺言が無視される場合、（c）自分の栄光の源泉となっているすべての著作が、実は二八歳のときメキシコで亡くなった自分の弟によって書かれた、ということが自分の死後信じられるようになった場合、この三つである（Nagel 1979, p.4）。三つとも、実際決してまれな例ではなく、しばしば同様なことが事実として起こるだろう。これと同じ論法に沿って、死もまた、あるいは死こそまさしく、当人が経験しえないけれども当人にとって害である事態なのだと、すなわち生きていれば享受できることが予想される利益を奪われた事態なのだと主張することで、死無害説を論駁しようという立場は、フィッシャーによって「剝奪説」（the deprivation theory）と総称される（Fischer 1993b, pp.18ff.）。先に触れたウィリアムスのいう「すばらしき生」であったり、名誉であったり、遺言の希望通りの執行であったり、そうした利益獲得の機会が死によって剝奪されるのだから、たとえ死がそれ自体として経験されえなくても、利益獲得の機会が剝奪されるという点で、死は害悪なのだ、とする主張である。

これに対して、死無害説を支持する論者、たとえばローゼンバウムは、基本的な論点をもって反論する。そもそもネーゲルが挙げるような害の事例は、事実としてはどうあれ、理論的には条件次第で「経験可能」であり、そして、〈死無害説の定式化〉のなかの前提（1）「事態Sがある人Pにとって害悪であるならば、Pはその害悪を経験できる」は、その文言から明らかなように、害悪は経験可能であることが必要だと論じているのだから、ネーゲルの出す事例は死無害説の批判にはならない、つまり前提（1）と両立すると論じる。そしてさらに、「死」はそもそも経験することが不可能なのだから、ネーゲルの事例とは根本的に異なっていると、そう論じ及ぶのである（Rosenbaum 1993, pp.126–127. See Fischer 1993b, pp.20–21）。実際、ネーゲル流の反論では、死無害説の根幹を揺るがすことは基本的な点で難しいように思われる。かりに、剝奪説のいう、経験されえない害悪というものを認めたとしても、そもそも一体「誰が」そうした剝奪という害を被るのか、という問いを突きつけられたとき、途端に行き詰まらざるをえないからである（See Fischer 1993b, p.26）。当人が死んでしまったなら、もはやその当人は存在しないのだから、害を被る「誰か」はいないと考えねばならない。そしてまさしく、こうした問いこそ、死無害説の説得性の核心から導かれる問いにほかならない。

さらに、剝奪説が奇妙な含意をもたらす点もしばしば指摘される。それは、ルクレティウスの次の発言に起因する含意である。ルクレティウスは、人が死んでいくのは自然なことであって、死の眠り以上に安らかなものはないと論じる文脈で、次のように記す。

ふり返って我々が生れる以前の永遠の過去の時代が、如何に我々とは無関係なものであるかを悟りたまえ。（Lucretius 1924, p.236 & p.237. ルクレーティウス 1961, p.153）

意味深長な物言いだが、文脈からしてこれは、自分の死後の世界のありようは死んでしまった自分には、死んでしまっている以上、経験できる何ものでもなく、何ら自分には関わりないのと同様、自分の生まれる前の世界のありようも、まだ生まれていない自分にとっては、経験できる何ものでもなく、何ら自分には関わりないのだ、と論じていると、そしてそう論じることで死は恐ろしいものではまったくないのだと強調していると、そう理解することができる。つまり、「死後の非存在」（posthumous nonexistence）を、「誕生前の非存在」（prenatal nonexistence）と対称的なものだとしているのである。しかるに、この対称性の議論を死無害説の含意として受け入れると、剝奪説はいささか窮地に陥ってしまう。剝奪説とは、生に伴う利益獲得の機会が剝奪されているがゆえに、死は害悪であるとして、死無害説を論駁しようとするものであった。ならば、同じ理屈で、「もし死んでいるということ（そのとき人は存在していない）がその人にとって害悪であるとするなら、その人の懐妊前にその人が生命を得ていないこと（そのとき人は存在していない）もその人にとって害悪であらねばならない。しかるに、誕生前の状態はその人にとって害悪でないのだから、死後の状態もその人にとって害悪ではない」(Rosenbaum 1993, p.128)。分かりやすく言い換えるならば、もし早い死が、剝奪説に従って、不幸だとするならば、同じ論法で、遅い誕生も不幸だということになるはずだが、事実として私たちは遅い誕生を不幸だとは考えていない。よって、剝奪説は誤っている、とする「モードゥス・トレンス」（後件否定式）による剝奪説批判がルクレティウスの示唆から浮かび上がってきそうなのである (See Fischer 1993b, pp.24–25)。

もっとも、こうした死後と誕生前の対称性からする剝奪説批判は、どうにも直観的に説得性がない。この辺りから、どうも死無害説のほころびが現れそうに感じられるのである。この点について、大まかにいって、誕生前と死後とは非対称的であることを支持する二つの論点が、剝奪説擁護という形でこれまで提起あるいは検討されてきた。一つは、いつ誕生するかというのは人格同一性に関わるのに、いつ死ぬかは人格同一性を変化させない、という論点である。ネーゲルはこのように述べる、「死後の時間は死がその人から剝奪する時間であり、もしその人が死んでいなかったならば、その人が生きていた時間である……しかし、その人の誕生に先立つ時間は、その人がその誕生時ではなくもっと早くに生まれていたならば、その人が生きたであろう時間である、とはいえない。早産の場合に許される短い幅を別にすれば、その人がより早く生まれていたということはありえない。その人が実際に生まれたときよりも十分に早く生まれた人は誰であれ、その人ではなく、別の人だったのである」(Nagel 1979, pp.7–8)。けれども、第1章冒頭で私自身触れたように、死そして死に方がその人のありよう、人格性、を遡及的に決定づける、という見方は十分に可能だし、リアリティを持ちうる。死んではじめて、その人の生き方の意味が露わとなってくる、という感覚は決して荒唐無稽ではない。つまり、人格は死とともに確立されてくる、という見方は可能なのであり、その限り、死は誕生に劣らず人格に関わっていると言いうるのである。さらに逆に、特定の時間における現実の誕生が人格同一性を決定づけるというネーゲルの見解は、私たちの思考の事実に反している。私たちは、たとえば「自分が鎌倉時代に生まれたとしたら」といった反事実的条件文を有意味に語れるし、それを十分に理解できる。あるいは、タイムマシンの物語をともかくも語れる、という事実（一ノ瀬 2001, pp.158-62 参照）を踏まえるとき、実際の誕生以前に自分が存在するという仮定は、自分の同一性を保ちつつ、可能だということである。よって、このネーゲルの非対称性の論点は受け入れがたい。

けれども、死後と誕生前との非対称性を支持する、もう一つの剥奪説擁護となりうる論点がありうる。それは、パーフィットによって提起されたもので、害悪の受け取り方には過去と未来の非対称性があるとする論点である。これが認められると、誕生前の害悪と死後の害悪とは同じでないという議論が成り立ち、対称性からする剥奪説批判をかわすことができるかもしれない。パーフィットは奇抜な例を考案することで知られているが、被害についての時制的非対称性についても同様に奇妙な例を想定する。私Aがある病院に入院していて、いずれにせよ相当の痛みを伴う手術を受けなければならない状況にあるとする。こうした痛みを伴う手術を患者に少しでも楽に受けてもらうため、この病院では患者に薬物を使い、手術後の数時間の記憶を失わせている。私Aはあるとき、ぱっと目が覚めて、近くにいる看護師に、私Aの手術はいつなのか、どのくらい時間が掛かるのか、と問う。すると看護師は、二つの手術についての事実を知っているが、そのどちらが私Aに当てはまるのかは知らないという。一つの手術は、昨日行われたもので、十時間もの時間が掛かった。もう一つの手術は今日行われる予定のもので、それは一時間程度ですむ見込みである。看護師はどちらが私Aについての手術か問い合わせてくるという。看護師が聞きに行っている間、私Aがどちらが真であることを望んでいるかは明らかである。私Aの手術が昨日すでに行われてしまっていることを知ったなら、私Ａはほっと胸をなで下ろすに違いない（Parfit 1984, pp.165–66）。

かなり説得力のある議論である。この論点をもって、剝奪説を擁護し、ひいては死無害説を論駁できるだろうか。だが、そう簡単にはいかない。たとえば、ブリックナーとフィッシャーは、この過去と未来の非対称性の議論は経験可能な害悪についての非対称性であるが、死はそもそも経験できないのであり、そのまま死の問題に適用することはできず、結局やはり再び死後と誕生前の対称性の議論を呼び込んでしまいかねない、と指摘した（Brueckner and Fischer 1993, pp.224–227）。しかし、その代わりに、ブリックナーとフィッシャーは、害悪に関する過去と未来の非対称性ではなく、それを反転させた、利益に関する過去と未来の非対称性に訴えることで、死後と誕生前との非対称性を確立させ、剝奪説を擁護できるはずだと論じる。これから来る害悪ではなく、すでに得ている良いものをこれから奪われることに対して抱く被害感こそが、問題の核心だという考えである。この考えでいくと、死は、未来の害悪そのものというのではなく、未来における良きものへの期待感という、私たちがすでに得ているものを剝奪するので害となるが、それに対して、誕生前の過去の害悪は私たちがすでに得ているものには何の関わりもないので、それは私たちにとって関心を喚起しない、ということになるという（Brueckner and Fischer 1993, pp.226–28）。言うまでもなく、こうした死無害説と剝奪説との論争状況は、「殺人」という被害にもすべて当てはまる。むしろ、こうした論争の象徴的なケースが「殺人」である。死の被害性が語られるとしたら、自殺願望者などの場合を考慮に入れても、平均的にいって、殺されるという害こそその究極であると言えるからである。

6　害グラデーション説

しかし、どうにも歯がゆいという印象を免れない。まず、利益中心の観点に内在的に考えても問題が生じる。利益について、過去の利益の非存在よりも未来の利益の剝奪の方が私たちにとっての大きな関心事である、というのがブリックナーとフッシャーのポイントだったが、その場合の剝奪される利益は、恐怖心や不安定感に焦点を合わせている。奪われてしまうだろうということへの恐怖である。確かにこのように利益について考えれば、過去に存在しなかった利益は、どうでもよいものとして遠景に退いてしまうように思われる。過去のことはすでに確定し定着しており、これからはどうにもならないのだから、恐怖の対象というカテゴリーからは外れるのである。けれども、私たち人間は、過去における利益や損失をこのような仕方でしか捉えていない、とは絶対に言えない。恐怖ではなく、怨恨や屈辱という、利益の損失に深く関わる感情は、実際まことに過去の利益の剝奪にこそ関わっているのであり、それゆえにそれらの感情は、未来の利益の剝奪には一切関わらないのであり、その意味でブリックナーとフィッシャーのいう非対称性とは逆の非対称性をもつ基本的態度なのである。つまり、こうした怨恨や屈辱という観点からすれば、過去の利益の剝奪こそが最大の問題なのであって、未来における利益の剝奪は第一に関心を持たれるべき主題ではない。この点は、個人の誕生前の、過去の利益の剝奪にも明確に妥当する。自分の属する国や民族や一族の、自分の誕生前の利益の剝奪、たとえば戦争における利益の剝奪などが、多くの人々の関心となることは、ナショナリズムの現象などから明らかである。だとすると、やはり剝奪説は頓挫する。利益の剝奪という点からして、過去と未来で、未来の方に向けて非対称的に私たちの関心は向くのだから、ルクレティウス流の死無害説からの剝奪説批判、すなわち、死が利益の剝奪だとすれば、それと対称的に誕生前も利益の剝奪だということになり、奇妙ではないかという批判は、斥けられる、というのが剝奪説側の言い分であった。けれども、利益の剝奪という点からしてさえ、過去と未来はどちらか一方のみが問題になるということはない。利益の剝奪が語りうるにせよ語りえないにせよ、誕生前と死後は同等なのである。となると、誕生前の非存在が不幸でも幸福でもないのと同じように、死は不幸でも幸福でもない、とするルクレティウス流の死無害説は依然として強固な説得力を持って立ちふさがるように思われる。

さらにだめ押しとして言えば、ブリックナーとフィッシャーによる利益中心の非対称性の議論に対して、結局、そうした利益を奪われるという被害経験を「誰が」するのか、という基本的問いを投げかけるのを抑えることはできないだろう。そして、こうした問いが立てられたとき、そういう経験をする者は、死んでしまった以上、「誰も」いないではないか、という死無害説からのクールな反論がやはり有効になってしまうように思われるのである。エピクロスの死無害説は、まさしくそれ自体ゾンビのように、どのような反論や批判をつきつけられても、むくむくと蘇ってしまう(2)。

では、究極のところ、エピクロスやルクレティウスの死無害説を全面的に受け入れるべきなのだろうか。そして、「殺人」には直接の被害者が存在せず、いかなる直接的な害悪も発生しない、よって「殺人」は重い犯罪にはなりえない、せいぜい殺された人の遺族や関係者が被った被害感情という、殺されていない人たちの現在受けている精神的かつ経済的な被害だけを問題とするべき、他の窃盗や暴行と本質的に異ならない通常の被害現象として捉えるべきだという、こうした結論を採用すべきなのだろうか。あるいはせいぜい殺人者の凶暴性や危険性といった傾向性をどう捉えるかといった問題だけが刑事的に問題にすべきであって、「殺した」という事実は、「殺した」時点で制度的意味を失い、刑事的考慮の範疇から外れる、といった結論を受容すべきなのだろうか。こうした結論はおそらく、刑事法の体系の全面的な改定へと結びつかねばならない、大々的な思考の転換である。しかし、正直に言って、そして冷静に言って、私自身は、自分でも驚くのだが、こうした結論に相当の説得力を感じ、それどころか積極的にこの結論を実現し制度に反映させることでかえって多くの利益や幸福がもたらされるとさえ、感じている。けれど、わだかまりが全然ないわけではない。現体制の保守、という気持ちがないわけでもない。尊厳性を損なう殺人のネガティヴィティ（負性）という観念が完全なる誤りであるとは思えないのである。

おそらく、この私のアンビヴァレントな感じを促している要因がある。すなわち、害あるいは害悪、harm、という概念それ自体が内包する、ある種の時間的様相が、死無害説に対する全面的受容への躊躇を私に感じさせているのである。死無害説の前提（1）、つまり害の経験的性質は、これまで検討したように、拒絶しがたい強固な論点として君臨している。しかも、私の見るところ、前提（1）の害の経験性は、害というものをいまだいま経験あるいは感覚される共時的な痛みや苦しみとして表象している。いま生じている身体的苦痛、それがシンボルイメージとなっている。私もそうした害経験の共時的な現在性について異論はない。けれども、果たして害とは現在的にのみ、いわば瞬間的にのみ、出現するものなのだろうか。

私が心に浮かべているのは、将来において価値ある目的を実現するために、いまかなりな程度の害を耐えようとしているときとか、あるいは、とても快適な時間を過去において過ごしたけれども、それが後になってひどい結末をもたらし、それがゆえにその過ぎ去った快適な時間が害として遡及的に位置づけられるとき、そうした場合である。いくらでも例を挙げることができる。ダイエットのため空腹という苦痛に耐えているとき、愉快な晩餐を過ごした翌朝に昨晩の内に片付けておくべき重大な業務に思い至ったとき、あるいは、親族の幸福のために生体肝移植をするとき、事業のさい先良いスタートのゆえに家庭がおろそかになった結果、家族崩壊に至ったとき、そんな場合である。もちろん、害経験の核が共時的な現在の害にあることは動かないだろう。利害に関して過去の経験や未来の到達点が主題化されるそもそもの発端は、やはり現在ただいま感覚されている実体を伴う害経験でなければならないからである。しかし、そうはいっても、害とは現在に限定された瞬間的な経験である、とは言いきれないのではないか。現在を極大濃度点として、過去と未来に向かって、極限点から離れるに従って、徐々に濃度が薄まっていくというような、そういうグラデーションによって表象されるべき事象なのではないか。しかも私には、そうしたグラデーションは有機的に結びあった一つの全体で、端っこの方に変化が生ずれば、中心の極大濃度点にもその影響がフィードバックされてゆく、といった事象のように思われるのである。すなわち、現在の害が立ち上がることによって、もしああしなければこんな害はなかったのにという想いとともに過去へと害のグラデーションを広げていったり、この先どのような困難がこの現在の害によってもたらされるかという予期とともに未来にもグラデーションが広がりゆく、あるいは、現在の害がもたらすであろう良い結末が予想されることで、それが現在へとフィードバックされ現在の害性が薄まり、それがグラデーションのありようを変容させたり、といった事態が害や害悪という現象には認められると思われるのである。こうした害経験についての見方を「害グラデーション説」(the harm gradation theory) と呼ぼう。

要するに、害、そして利益というのも、意図や計画そして歴史といった通時的な文脈のなかではじめて意味を獲得する、物語的な現象なのではないかと思うのである。このことは、身体的痛みにだって当てはまる。無論、痛みが時間的に継続してゆくという事態も言及されてよい。しかしそれだけではない。ひどい歯痛は苦痛の代表だろうが、何かを理由に仕事を休みたい人にとってもしかしたら好都合なこととして解されるかもしれない。自己犠牲的に自分の身体を投げ出して誰かを救おうという人には、痛みを伴うその行為自体が自己陶酔的な快楽の要素を持つかもしれない。実際、害という事象が、いま述べたように、通時的な性質を持つことは、すでにネーゲルによって示唆されていた。「ほとんどの幸福と不幸は、単に瞬間に絶対的に属する状態によってのみならず、歴史と可能性によっても同定された人物を主体として持つ、という立場は探究する価値があるように思われる」(Nagel 1979, p.5)。「人に降りかかることのありえる善や悪を、特定の時間において彼に帰属できる非関係的な諸性質にのみ限定することは、勝手な専断である」(Nagel 1979, p.6)。すでに見たように、パーフィットは害に関する過去と未来の非対称性の論点を提示した。その議論が死無害説批判に結びつくかどうかという点で私は疑いを表明したわけだが、パーフィットが時制的な様相をこの問題系にもたらしたことは大いに示唆的であったことは認めなければならない。害あるいは害悪という経験それ自体、過去から未来へという通時的な物語のなかでグラデーションをなして立ち現れてくる、あるいはそうした物語のなかでたえずグラデーションをなして変容してゆく、そうした現象なのである。この点は、第４章６節で、進化心理学的アプローチを批判的に検討しながら指摘した「殺人」のシナリオ性あるいは物語性とぴったり対応している。殺人という加害事象が物語的である以上、殺人によって引き起こされる「害」は、事柄の本質上、物語性を帯びるのはもとより当然なのである。いずれにせよ、死無害説の前提（1）がこの「害グラデーション説」をうまく汲み取りえていない限り、前提（1）には、たとえわずかながらだとしても、ほころびが垣間見えていると、そう言わなければならない。

以上の害グラデーション説を、「殺された人」に当てはめてみよう。「殺された人」は、よほど瞬間的な即死でない限り、「死につつある」という害を普通の死よりも不本意かつ悲惨な仕方で経験していた。その時点で、経験された害は、殺されるに至ってしまったような被殺人者の過去の道程（これこれしなかったなら殺されなかったかもしれない等々）、そしてこれから未来へと続く悲惨な末路へとグラデーションをなして広がってゆく。しかし、ひとたび生命が止み、死が訪れると、経験は消滅し、害の極大濃度点を形成していた現在の害経験がぱたっと姿を消す。なので、死は害悪ではない、というのが死無害説の主張であった。けれども、害グラデーション説を採るならば、たとえ死が訪れても、それゆえ害の極大濃度点が瞬時に消失しても、死の前の過去の時間に対して、より淡い濃度の害が語りうる。少なくとも殺されてしばらくは、それは残滓として残る。そう考えるのである。こうした見方をするということは、すなわち、「死のメタフィジックス」での暗黙の前提であるところの、「死につつある」、「死」、「死んでいる」という三様相の区分を必ずしも絶対のものとしては受け入れないということにつながるだろう。こうした三様相を絶対的なものとしては承認しないというスタンスは、すでに触れた「ソライティーズ・パラドックス」に即して補強することもできるが、9節・10節で論じる、因果性に関わる論点からも支持を与えることができる。後で触れよう。いずれにせよ、もちろん、私が「死が訪れた後に淡い濃度の害が残滓として語りうる」と主張するならば、「誰が」その語りの主体なのか、「誰が」それを残滓として感覚するのか、と死無害説は直ちに問うだろう。これこそ死無害説の必殺技である。これに対して、私はこう述べよう。過去の時点における、その被殺人者（その過去時点では存在していた）、その人の一人称、それが語りや感覚の主体である、と。

7　一人称的経験の仮託

死無害説者は果たして納得するだろうか。まず提起されるであろう論点は、過去時点におけるその人物の一人称的経験、という物言いは支離滅裂ではないか、というものであろう。そもそもそうした一人称的経験は既に過ぎ去って確定し、そして消え去っており、その後で生じた死の時点では存在しないはずである。ましてこの場合、残滓として残っている淡い濃度の害とは、「死につつある」害がそれ以前の過去経験の意味づけをグラデーションをなして変容させた結果である。ということはすなわち、死の過程によってその死より前の過去時点での一人称的経験が何かの影響を受けるということである。これは「害グラデーション説」が本来的にもつ含意である。しかしこのことは、過去が現在の事象によって因果的に変化させられる、という「逆向き因果」（backward causation）の不条理を招来してしまうのではないか。こうした反発はまことにもっともである。こうした反発をはなから一切回避するところに、死無害説の不屈の説得力がある。

しかし私には、害グラデーション説には真理性があり、そして「過去時点の一人称的な」害経験という記述仕方が害グラデーション説からのいわば論理的な帰結であると、そう思われる。一人称でなければ「害」という事態は立ち上がってこないし、そして害グラデーション説を採る限り、過去の害の残滓が語られねばならないからである。だとすれば、ここで何とか踏みこらえねばならない。まずそもそも、「一人称的経験」ということを正確に押さえなければならないと、そう言おう。一人称は、「first person」という意味であり、その主体は定義的に「パーソン」「人格」

である。しかるに、第7章でも触れるが、「パーソン」とは本来的に社会的かつ相互的な主体概念で、原義的には、互いに声を響かせ合う存在、「声主」である。また、第1章でも触れたように、「パーソン」は近代的にはジョン・ロック以来「意識」(consciousness) によって規定されてきたが、この「意識」はもともと「良心」(conscience) と同根の概念であって、その意味で規範的な「べき」の含意を潜在させている。言ってみれば、「パーソン」とは複数の存在者が声を出し合い、それが焦点されて立ち上がってくる当人性であると、そう考えるべき主体概念なのである。よって「一人称的経験」を、狭い意味での意識内在的な、本人だけにしかアクセスできない内観的な私秘性と考えてはいけない。まして、「殺人」を問題にしている以上、そこには本質的に制度上の規範性が入り込んでくる。だとすれば、「死」によって被殺人者当人は非存在へと急転直下したとしても、その当人と響き合っていた他の人々が感じ続けているパーソン性は残響として、わずかながらも、しばらくは残り続けていると考えられる。いや、そう考えるべきである、というロジックがここでは申し立てられてよいのである。そしてそういう様相の残響のグラデーションのなかで、当人が「殺されつつある」過程で感じた害が、それより過去の時点での「一人称的経験」として現出する。なお、念のため付け加えておけば、私のいう「害グラデーション説」は、「パーソン」に基づくとはいえ、近代人権思想とは独立であり、より一般的に成立することが見越されている。第1章註 (31) でも触れたが、「パーソン」と「人権」はさしあたり別個に扱うことができるのである。

ただ、このような私の解する「パーソン」概念のありようにどうしても違和感を覚え、害あるいは害悪の経験を意識内在的な私秘性のもとで捉えたいという人もいるだろう。そのような立場の人に対しては、このように私の見方を述べ直しても構わない。ここで害グラデーション説の帰結として導き出されている「過去時点での一人称的な害経験」とは、当人以外の人々がいわば代理的に当人の経験として、「そうであるべきだ」という規範の形で仮託する害経験であり、そして実は「パーソン」の経験内容とは一般的かつ本質的にそのような規範的な仮託でなければならないのである、と。たとえば「無念だったに違いない」といった仮託である。しかしそれでも受け入れがたいという人がいるかもしれない。ならば、次のように譲歩することさえ現在の主題に関しては認められる。ここで問題としている「一人称的経験」は殺人の被殺人者に関してのそれであり、よって、当人はすでにおらず、当人の殺されつつある過程での害経験は残された他者によってあてがわれるほかなく、しかもそうした害経験が「殺される」という不当性を帯びたものである以上、他者によるあてがいには規範性が入り込む、と。もっとも、実際の所、別に殺人に限らず、過去の出来事や加害行為に関して、そうした事態が生じた過去の時点における当事者の一人称的な経験内容が他者によって語られることはしばしばある。むしろ、歴史の記述というのは本来的にそういう物語的なものである。先に問題となった「逆向き因果」の疑いも、そうした物語性における歴史認識という問題圏のもとで解決してゆくべき話題である。(3) 無論、本人自身が直接的な記憶によって過去の一人称的経験を記述することもあろう。しかし実は、そうした直接的記憶を介した過去の記述もまた、記憶というものが言語性を帯びるものである限り、たとえ当人があてがうものであっても、一種の物語になりゆく宿命のもとにある。実際、記憶にあやふやな点、他の証拠との食い違いなどが生じることなど、ごく日常的なことであり、その点でも記憶それ自体、言語的な補塡、仮託、創作、であるという側面を濃密に有しているのである。言い方を換えれば、害グラデーション説そして「過去時点での一人称的害経験」とは、物語的でしかありえない歴史認識の一コロラリーなのである。

しかし、そうはいっても、すでに殺された人についての過去時点での一人称的な害経験の仮託というありようが奇異に響くことは動かしようがないだろう。なにしろ「いない」人の経験なのだから。こうした疑念をさらに説得的に処理するためには、先に触れた死後表現の問題にもう一度戻って、そこでの死後指示や死後述定を行うときの基盤となる存在論、オントロジー（ontology）、について多少の検討を加えなければならない。まず問題を整理しよう。死後指示と死後述定という二つの切り分け方に加えて、そうした死後表現が表示する時点も、指示される死者の「生前

	生前時点	死後から現在に至る時点
「死後指示+生前述定」	①通常の歴史記述	
単なる 「死後指示+死後述定」	②歴史的発見･新説	④遡及的変化の問題
死後価値帰属としての 「死後指示+死後述定」	③歴史の物語り	⑤「誰が」の問題

図1

時点」と「死後から現在に至る時点」との二通りあり、それらが交差すると思われる。いまは、表現を位置づける仕方を時制で行うのか日付を明示して行うのかという、マクタガートのA系列とB系列の問題に関わる区別については、趣旨に重大な影響がないので不問にしておく。私の理解では、状況は図1のように区分される。分かりやすさのため、それぞれ一例ずつ挙げておこう。

①「足利義輝は最初は義藤と名乗った」
②「後小松天皇は実は足利義満の子として誕生した(4)」
③「足利義昭は本能寺の変の報に接して高揚感を覚えた」
④「松平忠輝は一九八四年に徳川家によって赦免された(5)」
⑤「一九九二年にローマ教会から謝罪されたガリレオはさぞや安堵していることだろう」

このうち、左欄の三つ、①、②、③は、私たちにとって歴史的記述や語りとしてお馴染みの種類の表現であり、真か偽かという問題は大いに生じるとしても、その理解可能性という点では問題はないとまずは思われる。とはいえ、理論的にはそれら三種の表現でさえ、指示対象が存在しない、という点で問題性を喚起する。少なくとも、根源的には、意味論的あるいは存在論的な説明を要求する事例ではある。右欄の④や⑤も、日常的に決して珍しい表現ではなく、同種の表現を私たちはしばしば用いるが、そうはいっても、少し冷静に考えれば奇異な表現であることは直ちに気づかれるだろう。④や⑤が、左欄の三種にまして、意味論的・存在論的な説明を強く要請する事例であることはいうまでもない。また、×印を記したように、「死後指示＋生前述定」で「死後から現在に至る時点」を表示する表現は語義矛盾であり、不可能である。ちなみに、本章1節で挙げた四つの死後表現をこの区分と対応させるならば、〈死後表現1〉と〈死後表現4〉は⑤に、〈死後表現2〉と〈死後表現3〉は④に当たる。いままで特には触れなかったが、こうした死後表現についての問題性は実は「パーソン」の死後という主題のみならず、過去の事象・出来事への言及一般に対しても基本的には当てはまるのであり、その意味で実は思いのほか大きな広がりを持つ主題である。

8　死者のオントロジー

まず、死後述定について、それは、死者が、存在しないにもかかわらず、何かの属性を死後に獲得し変化すること（たとえば先の例での「赦免されること」）を意味するように聞こえるが、そうした変化はどのように理解されるべきなのか、という問題がある。これに対しては、ルーベンがピーター・ギーチの議論を援用しながら一つの見方を示した。ギーチは、「実在的変化」（real change）と「ケンブリッジ変化」（Cambridge change）との区別を提起した（See Geach 1969, pp.66-73）。すなわち、少年がいままで尊敬していなかったソクラテスを尊敬するようになったとか、ある女性が子どもを産んだとか、そうした普通の意味での変化が「実在的変化」であるのに対して、そうした「実在的変化」との関係性のなかでのみ語られる「偽の」（phoney）変化、たとえばある少年から急に尊敬されるようになったことで発生するソクラテスの持つ属性の変化とか、ある人物の叔母が子どもを産んだことでその人物が新しい従兄弟を得たという新たな属性を帰せられるという意味での変化とか、そういう変化を帰せられる主体それ自体は「実在的変化」を被っていないにもかかわらず、主体外の「実在的変化」との関係的な属性が変化することを「ケンブリッジ変化」という。ラッセルやマクタガートなどのケンブリッジの哲学者が「変化」を「ある述語Fがある時点でxに当てはまり、別の時点ではxに当てはまらないとき、xは変化した」という形で規定し、その規定に従うと「偽の」変化が含まれることになるので、「ケンブリッジ変化」と呼ばれることになった（Mautner 1996, p.83）。ある樹木が、地球上のどこかの樹木によって高さを越えられたときとか、脇を通り過ぎる人によって賞賛されたときに、その当の樹木が記述上受ける属性の変化なども、「ケンブリッジ変化」の別の例になるだろう（Idid.）。ルーベンは、この区別を死後述定の問題に適用し、先の④の「赦免」のような変化は「ケンブリッジ変化」として理解するという解決法を提示するのである（Ruben 1988, pp.223ff.）。別言すれば、「実在的変化」としては死者を害することはできないが、「ケンブリッジ変化」としては死者を害することができる、ということである（Ruben 1988, pp.232-33, note 20）。ここから導かれるのは、死がある種の害悪であるという捉え方は少なくとも「ケンブリッジ変化」として許容することができ、よって死無害説を回避できる、という含意であろう。

ルーベンは死後述定を問題にしたが、死後指示にはいかなる問題性もないと断じた（Ruben 1988, p.213）。しかし、理論的に言って、死後指示が、反事実的条件文がそうであるように、何らかの存在論的説明を要請していることは疑いようがない。それに、死者という主体は存在しないので、死は害悪でない、とするのが死無害説の根本テーゼだったが、それは換言すれば、死者という指示対象は存在しないので被害という述語づけができないということであり、その意味でも死無害説に関して死後指示はやはり重大ポイントであると言うべきである。そして、この死後表現および死後指示にまつわるオントロジー、とりわけ死無害説を免れるためのオントロジーという主題について顧みるならば、シルバースタインの提示した無時間的な（atemporal）四次元枠（the four-dimensional framework）による存在論が論争に一つのインパクトを与え続けている議論として見逃せない。シルバースタインは、エピクロスの死無害説には、害益などの価値は主体の生前時点での時間的位置づけを持たなければならないという前提、すなわち既述の〈死無害説の定式化〉の前提（３）が強力な前提としてあると捉え、それを「時間性前提」（temporality assumption）と呼ぶ。よって、この「時間性前提」を拒絶できれば、死無害説は却下できると論じる。そのために彼が持ち出すのが、「四次元枠」である。シルバースタインは、「ここには存在しない」というときの「空間的隔たり」と、「いまは存在しない」という「時間的隔たり」とは理論的には同等であり、空間的に隔たった対象は存在者と認めて、時間的に隔たった対象は認めないというのは偏向した見方であると指弾する。そして、宇宙に関して、三次元の空間的座標だけでなく、時間座標も加えた四次元の時空的な視点（four-dimensional spatiotemporal view）を導入するべきだとして、クワインの議論に訴える。クワインは、「誰々の未亡人」とか「イングランドの五五人の王」といった、いまは存在しない対象を含意する、ごく一般的な表現について、その理解可能性を理論的に説明するためのシンプルな方法は、「人間やその他の物理的事物を四次元の時間空間に配置されていると見なし、そしてそれらすべてを永遠的で無時間的な意味で共存していると見なすこと」であるとする。実際、この見方はアインシュタインの相対性理論において利用されており、その意味でもすでに圧倒的な普遍性を持ち、むしろ積極的に採用すべき見方であると、そのように論じる（Quine 1978, pp.7-9）。しかるに、こうした四次元枠の存在論を採用するならば、死後表現の問題性は直ちに氷解する。「ガリレオは死んでいる」という現在時点での死後指示＋死後述定（上の区分の④に該当）も、無時間的なものとして四次元枠のなかで場所を確保し、つまり、四次元枠のなかでガリレオはある時点に存在する対象として指示されることになり、文字通り指示対象を有す有意味な表現となるからである（Silverstein 1980, pp.110-12）。これが、死は害悪である、という死無害説に反する論点を支持していくことは明らかである。

こうした四次元枠を持ち込む戦略に対して、たとえばユアグラウは三つの論点を挙げて反発した。（１）死者が存在しないという直観を廃棄するのは困難だし、（２）死者だけが容認を迫られる非存在ではなく、未誕生、可能世界、過去や未来それ自体のような非存在もあり、それへの対処法が明らかでない、（3）シルバースタインが根拠とする特殊相対性理論とて単なる経験的な理論であって、誤りである可能性がある、というのである。その上で、「対象であること」（being an object）と「存在する対象であること」（being an existing object）という区分を提起し、前者を通常の存在量化記号「∃」で表し、後者の現実存在を「E!」という記号で表す、としている（Yourgrau 1993, pp. 141-42）。ソクラテスのような死者に対して、「私たちは彼を［対象として］指示するが、彼は実際には存在しない」（Yourgrau 1993, p.143）という私たちの実際の指示実践を組み込もうとする存在論の提案である。こうした議論は、マイノングの対象論における非存在者の問題に起因して、パーソンズやザルタといった現代オントロジストが提示し展開した「あること／存在」（being/existence）という区分と対応している（See Parsons 1980, pp.6-10. Zalta 1988, p.3）[6]。また、おそらくこのような流れの議論と似た、もう一つ別の提案は、ジョン・ウッズが提示した「可能態」（possibilia）の存在論であろう。言語的な指示は、現に明白に存在する個物だけでなく、そうした現実の個物との血縁、崇拝、恩恵を媒介した個物に対しても達成できる。ウッズは、この後者の関係性で現実の個物と結びつくものを、死への準備を哲学の核心に据えた哲人の名にちなんで「ソクラテス的可能態」（Socratic possibile）と呼び、そうしたソクラテス的可能態の発生は現実の個物と「類同的」（genidentity）であると論じる。「類同的」とは、共通の特定の対象に関わったり属したりする出来事や事実同士の関係性のことである。たとえば、大久保利通の誕生と麻生太郎の総理大臣としての（現実の）政務とは類同的であり（高祖父と玄孫）、よって大久保利通は「ソクラテス的可能態」という身分で存在者として認められるのである。こうして、死者もソクラテス的可能態という存在者として指示対象となり、死者は非存在であるという死無害説の根本テーゼを免れるオントロジーが成立する。

以上のような種々の試みは、死者に「無念だろう」とか「安堵しているだろう」などの価値づけを帰属させる私たちの日常的な思考法や語り方を、死無害説の冷厳かつ破壊的な結論に抗して、オントロジカルな仕方で救い出そうという目論見だと見ることができる。これらを「存在論的対応」と総称しておこう。先に検討した「剥奪説」も同様に死者への日常的語り方を救い出そうとする試みだが、それは、剥奪を経験する主体がいないという基本的難点の克服不可能性のゆえに、結局は頓挫しなければならないことは見たとおりである。それに比して、以上の存在論的対応は、確かに一定の説得力ある解決あるいは整理を提示していると言えるだろう。存在論的対応によって、死者の存在性をともかくも確保できることになると思われるからである。とりわけ、シルバースタインの「四次元枠」の議論は、私たちの日常的な言語使用に照らしても説得力を持っている。「歴史的現在」という時制の用法があるが、確かに私たちは、年表を見るときのように、全時間を鳥瞰するような仕方でものを語ることがあるからである。

けれども、私は二つの懸念または不満を表明しないわけにはいかない。一つは、こうした存在論的対応は、それを殺人というケースに適用した場合、死者の存在性の確保という説得性がかえってあだとなって、私がずっと追いかけ続けてきた主題、すなわち殺人のネガティヴィテート・負性、このポイントをうまく拾えていないと思われる、という点である。殺人がなにゆえ重大な加害行為として捉えられているかというと、それがすべてを反転させてしまうような極限的に負的なものであると理解されているからである。剥奪説は、たとえ失敗に終わるのだとしても、この基本的ポイントを見据えたものであったと思われる。しかるに、存在論的対応は、死無害説を回避しようとするあまり、死者にそれなりの存在性を認め、そのことで殺人の負性がぼかされてしまったのである。なるほど、「存在する対象」に対する「対象」、そして「可能態」などとして死者を捉えることは、現実の生きている人とは異なるステイタスを死者に与えることだから、殺人に関しても、そこにある種の落差が生じていることは表現できるかもしれない。とはいえ、それらの図式は、生者と死者を並べて異なる性格づけを与えるという、つまり生者と死者を両方同時に並べて区分しているという、そういう態勢のもとにある。ここには、「殺されてしまった」、「いなくなってしまった」という断絶感、反転感、完璧なる外部感は表象されえない。さきに「四次元枠」の説得性について触れたが、実は私たちは、いつでも四次元枠に依拠しているわけではない。いま無くなってしまった、いま消えてしまった、と述べる基盤となる「三次元枠」もまた日常的な言語使用に染みついている。四次元枠で語ったり、三次元枠で語ったり、その間を振り子のように揺れながら、行きつ戻りつダイナミックに変容してゆくのが、私たちの語りの実践なのである。いずれにせよ、つまり、剝奪説と存在論的対応とは、死無害説から死者の語りを救い出すという点に関する二つの対比的な道筋なのだが、どちらも一定の利点を持ちつつも、根本的な難点を免れえないと思われるのである。

9 「死の所有」と因果的哀切の想い

もう一つの懸念、それは、存在論的対応は、まずもっては過去において死んだ死者の存在性をすくい上げるという試みだが、それはおのずと翻って、その死者の死後から現在に至るまで、ひいては未来における存在性をも含意してしまうということ、これである。これはつまり、死者がいまもいる、という表象に結びつく。言うまでもない、本書で繰り返し論じてきた「死の所有」の観念に由来する表象である。死刑を、人の生命を奪った者はみずからの生命を差し出すべきだ、として正当化する素朴な応報の観念が実は意味不明であり、むしろそれは、生命を差し出すのではなく、死を差し出すという表象でもって理解する方がずっと整合的であること、しかるにそうすると、人は生前から死を所有していることになること、そして所有していたものを差し出すという観念は差し出した後も差し出した主体が存続していなければならないという考え方を促すと思われ、そうすると死後も死者は何らかの形で存在していると考えざるをえないこと、こうした論の連なりによって、死者の存在性が私たちの語りのなかに染みこんでくるが、けれどもこのような死者の存在性は（生命を差し出すという述べ方に比べれば整合的だとしても）やはり虚構であり、現実の社会制度の構築の際には斥けられなければならないと、そう論じ進めるのが私の「死の所有」の議論であった。

この「死の所有」の観念が、上の存在論的対応には含意されているのである。言ってみるならば、「四次元枠」をも超越して、もはや言語的表象の外をなす彼岸世界を組み込んだ「五次元枠」を呼び込んでしまうのである。同じことだが、序論での言い方に沿うならば、殺人という現世の出来事について「現世視点」から論じているときに、「彼岸視点」が混じり込んできてしまうのである。けれども、いま触れたように、少なくとも政治、経済、法といった現実社会の制度について語るとき、彼岸視点をそのまま持ち込むことは断じて避けねばならないし、事実として、実際それは厳重に避けられている。死者は人口には算入されないし、死者に対する福利厚生や社会福祉は考慮されないし、死者に税金は請求されないし、死者に刑罰を科したり、死者を禁固したりすることはないからである。とすれば、存在論的対応が結局は「死の所有」の観念を呼び込む限り、そうした存在論的対応を採用することはできない道理となる。

では、どうするか。死無害説は強力に説得的であった。けれども、死無害説を受け入れると、殺人の負性が成り立たなくなる。しかるに、死無害説に抗する、剝奪説も存在論的対応も採用できない。ならば、殺人の負性という観念が実は誤っていたのであって、殺人など厳密には出来事としても起こりえない、よって殺人として理解されている事態はそれによって悲しんだり困窮したりしながら生きている人々に対する、殺人以外の加害と同等な、軽微な加害行為として捉え直すことこそ正道である、として死無害説に全面的に降伏すればよいのか。そうはいかない、ということで提起したのが「害グラデーション説」だった。そして、死者のオントロジーを検討しはじめたのも、この「害グラデーション説」を支える死後表現のオントロジーを探ることが動機だった。では、どうやって「害グラデーション説」を保守し、それに沿う死後表現のオントロジーを確立したらよいのか。

まず再確認したいのは、「害グラデーション説」は決して死無害説に真っ向から対立する考え方ではない、という点である。というのも、「害グラデーション説」は、現在ただいま経験される極限濃度の害悪の共時的なありようがあってはじめて、通時的な害グラデーションが発生すると論じるのであって、そうした共時的な害経験に害の核心を置くという見立ては、死無害説と同様に、揺るがないからである。ただし、「害グラデーション説」は、いわば「一人称的経験の仮託」というあり方で、(まだ当人が生存していた)過去時点における主体性を害経験の主体として持ち出し、その限りで、当人の死後の(たとえ淡い濃度であり、かつ暫時のものであるとはいえ)害悪の(残滓の)言及可能性を確保しようとするのである。そして私は、わずかな余地ながらもそこに、「殺人の負性」の観念の生い立つ土壌を見届けたい。どういうことか。つまり実は、こうした当人が経験した害経験の残滓を主題化するという目線は、死刑をめぐる応報的観念から彼岸視点へという道筋とは別の、もう一つの道筋、もう一つの、死者あるいは被殺人者を表象するリアリティある道筋を含み持っているのである。過去時点において極限濃度として現れた害経験の残滓は、実際には現在の状況まで因果的に連なっている。あるいはむしろ、そうした因果的帰結によってこそ害経験の残滓が遡及的にそれとして立ち上がる、というのが実情かもしれない。殺された死体の状況、殺されるときにもがいた爪痕、殺され倒れるときに乱した家具の様子。殺人ではない病死や事故死の場合でも事情はそう変わらない。臨終近くの直筆の走り書き、事故の際に着ていた破れた衣服、口に注いだ末期の水の残り、身につけていたものに残る生前のかすかな匂い。そんなものが過去の死にゆく害経験からの因果的帰結として、静かに存在している。そこからさらに何が発生するか。さらに連なる因果の行き先は何か。「哀切」の想い、と表現したい。いなくなってしまったということの切なさ、物悲しい別離感、深い穴の開いたような不在感。被殺人者あるいは死者の、まさしく「死」が差し出されたというリアリティ。「いない」という不在感の持つリアリティ。強調すべきは、この哀切の思いは、そういう想いを抱いている生存者本人の害についての想いではない、という点である。家族や知己が亡くなってしまって寂しい、困ってしまった、というような想いではない。そうではなく、殺され、亡くなってしまった死者そのものに寄り添う(と仮託された)、(過去時点での)死者そのもののありようを主体とする想いなのである。

こうした想いは、決して幻覚のようなものではなく、いま述べたように、一つのリアリティ、実在性である。生存者当人が純粋に本人の感覚として抱いている想い、その意味で明らかに実体を伴う想い、とは違って、確かに、死者の生きていた過去時点でのあり方を主体とするという意味で、不在性に色濃く染まってはいるのだけれども、幻覚とは質的に異なる強力なリアリティを放っている。そして実は、こうしたリアリティの概念は、私たちの日常的な対象知覚からも裏付けることができるのである。たとえば、私は前段で、因果的哀切の想いにつらなる事象として「生前のかすかな匂い」に言及した。生きていたその人の匂いが原因となって、その人が死んでしまったいまでも、その匂いがかすかに残存している。そこに、不在でありながらも確固たるリアリティを認めるのである。しかし同時にそこに、不在性に伴う哀切の想いがそこはかとなく醸成されてくるのである。こうしたことは「匂い」に限らない。生前の「声」にも同様なことが指摘できる。生前にその人が発した声や吐息の音、それらは空気を振動させ、そうした振動は壁や物体に当たって響き返り、それを何度も繰り返す。繰り返す内に振動は徐々に小さくなり、やがては聞こえなくなる。けれども、本当になくなってしまったわけではないだろう。人間の耳には聞こえなくても、振動はかすかに残存し続け、依然として声が木霊していると理論的に考えることができる。その人が亡くなった後でも、その人の声が響き続けているのである。こうしたことは、実は一般に「遺品」とか「遺影」とか、録画や録音したものすべてに、当てはまる捉え方である。あるいは記憶や追憶一般にも当てはまると言えるだろう。私たちはそれらに接するとき、因果的な結びつきを見取り、同時に不在感をも認め、そしてそこに哀切の想いが生まれる素地が生い立つのである。もっとも、私自身は、個人的に「匂い」にそうしたありようの最も顕著な発現を見取るのだが。「匂い」ははかなく、それでいて生々しくリアルで、他の事象と比べて特別に特殊性が高いと感じられるからである。

10　因果的プロセスのグラデーション

しかるに実は、私たちが何気なく知覚しているさまざまな事象、現前的に知覚しているがゆえに、いわば定義的に実在していると捉えている事象、それにも原理的にこの因果的哀切の想いと同じ構造が当てはまっていることに思い至る。顕著な例は、夜空の天体である。それらは、何万光年、何億光年と離れた場所にあるものであり、物理的にいって、いま視覚像として見ているものは、実はただいま現在の天体ではない。何万年、何億年前の過去の天体なのである。よって、現在ただいまの時点で言えば、もしかしたらそうした天体は、死者の場合と同様に、不在かもしれない。そして、私が強調したいのは、これと全く同じことが、ほぼすべての日常的な視覚、聴覚、嗅覚の対象に構造的に当てはまるということなのである。なぜか。視覚や聴覚や嗅覚の対象は、大抵の場合、私から離れたところにあり、したがってそれらの知覚対象から因果的に連なって知覚が成立するためには、なにがしかの時間経過が伴われなければならないからである（触覚と味覚については微妙である。それらは接触によって生じる知覚なので、刺激が神経を伝わる時間経過ということを問題にしない限り、そうした知覚は対象を同時的に捉えていると言うべきだろう）。にもかかわらず、私たちは、おそらくは時間経過といっても大変に短いものであるがゆえに、それらの知覚の対象を「現前」していると理解している。私があなたと対話しているとき、私はあなたが現在目の前にいることを見ている、と私たちは通常述べるだろう。けれど、実際は、私が見ているのはほんの瞬間前のあなたなのである。しかし、だとすると、どこまでの時間間隔ならば、「現前」性の範疇に入るのだろうか。ここには、何度か言及した曖昧性の問題があり、よって「ソライティーズ・パラドックス」が生じる構造が認められるだろう。しかし、こうした構造が認められるということは、「生前のかすかな匂い」や「かすかに木霊している（はずの）声」にさえ主体の「現前」性を付与することが、まさしくかすかには可能だということを意味するはずである。この意味で、因果的哀切の想いにつきまとう「一人称的経験の仮託」性は、仮託ではない実体性と連続はしているのである。

けれども、そうはいっても、この哀切の想いはやはり過去性と不在性を核心にもつ事象であることはほぼ動かしがたい。その限り、ない、いない、のだから、公共的に確証できるような何かにはなりえない。こうした哀切の想いは、いまはいない過去時点で存在した者を主体とする想いなのだけれども、事実としてそれは、死者の家族や知己などの身近な人だけに、重く、全身を突き刺すような別離の感覚という形で現出する。しかも、決して永続的な感覚でもない。刹那に立ち上がり、ゆっくりと継続し、しかしやがて淡く薄まり、時折その感覚が舞い戻ってきつつも、やがては消えゆく。そういう、うたかたの感覚である。だが、なぜか理由を述べられないが、私たち人類はこの、確かに刹那においてはリアリティを伴うけれども、決して客観的でもなく永続的でもないような個人的な別離の感覚をある意味で普遍化し、特別な重みを与え、規範化して（ある場面ではそういう感覚を持つべきだ）、相応に制度に反映させてきた。死を重大事と見なし、殺人を害悪をもたらす負的なものと捉える、ということの根底あるいは発端には、過去の一人称的な害経験の残滓から因果的帰結として生じる「哀切」の想いがある。これは、死が差し出されたという表象からさらに因果的にもたらされる哀切感であり、その意味でやはり「死の所有」の観念に接している。換言するならば、こうした因果的哀切の想いという形で、それに重ねられて、死者の存在性、死を所有している主体性が、表象されているのである。ならば、「害グラデーション説」を支えるオントロジーのあるべき姿もおのずと明らかになってくる。害悪のグラデーションのなかで浮かび上がってくる害の主体として指示・述定される死者は、哀切の想いという存在論的ステイタスを持つ、と。こうした死者に対する捉え方は、一見、先に触れた、ジョン・ウッズの「ソクラテス的可能態」に似ているように思われるかもしれない。しかし、「害グラデーション説」が浮かび上がらせる死者は、「可能態」とか「対象」とかのような何らかの実体性を持つ存在者ではない。「グラデーション」という名にふさわしく、時間の流れのなかでたゆたい、時おり突然に勢いを取り戻すことがありつつも(7)、やがては消えゆく、淡いゆらめきである(8)。そして、グラデーションがゼロ点へと進み、害悪そして哀切の想いが消えゆくとき、そこにはシルバースタインのいう四次元枠のオントロジーと同化するような、乾いた歴史的語りだけが抜け殻のように残る。

もう少し理論的な言い方をしてみよう。すなわち、「害グラデーション説」とは、過去時点での「死につつある」あるいは「殺されつつある」という当人の一人称的害経験を起点として、さまざまな遺物や遺品や残滓として因果的に帰結するもの、そしてそこからさらに残された者の内に因果的に到来する「哀切」の想い、そうした一連の通時的に持続する「因果的プロセス」それ自体をオントロジーとして採用する立場なのである。物的対象でもなく、瞬間に定位されたパーソンや害でもなく、持続する因果的プロセスを一つのユニットと捉えて、それを存在論として、意味論的な対応をしようという、そういう主張なのである（これは、かつてウェズレイ・サモンが過程としての因果的伝播を因果関係の基盤として提示したときの、その捉え方に似ている（See Salmon 1984））。この場合、「因果的哀切の想い」は、そのプロセスの最後の末端に位置して、プロセスの一体性を確保する働きをなしているが、そのことは同時に、哀切の想いの強さやその変容によってこの因果的プロセスの存在性やありようも左右されることを意味する。ここに「グラデーション」という言い方を導入する理由がある。つまり、害グラデーション説というのは、もともとは「死につつある」当人の真正な一人称的害経験がその極大濃度点から、時間を経て、徐々に薄まってゆくという表象に基づいていたわけだが、その当人の「死」が訪れた後では、「因果的哀切の想い」が時の経過とともに質的量的に変化してゆくことによって、因果的プロセス全体の強度や濃度が、やはり時間的距離の大小に応じて変容してゆくという、そういう事情に「グラデーション」ということの内実を持つということである。さらに、このプロセスが通時的な持続性を持つということは、最初の発端である害経験は、プロセス全体の構成要素であるとはいえ、哀切の想いによってプロセスが確定するときには、そうした害経験そのものは、時間的にはすでに不在になっているということでもある。しかし、にもかかわらず、哀切の想いは害経験によっていま引き起こされているものなのであり、その意味で、すでに不在の死者の害経験をいま引き継いでいるのである。ここには「死の所有」の観念との接近が見取られるとともに、単なる「哀切の想い」ではなく「因果的哀切の想い」というようにわざわざ記述する所以も認められるだろう。

私はきわどい、アンビヴァレントな議論をしている。先に私は存在論的対応に対して、「死の所有」の観念を呼び込むので採用できない、と述べた。「死の所有」の観念は、人権思想を前提する現状においては、決して制度に反映させるべきではないからである。では、どのようにして殺人の負性を担保し、「害グラデーション説」に沿った死後表現のオントロジーを確立するのか、ということが当面の問いであった。ならば、「死の所有」の観念に接した「因果的哀切の想い」を持ち出すことは禁じ手ではないのか。これに答えるに、二点述べよう。第一に、四次元枠のなかで死者の存在性を確保したり、死者を可能態や対象としたりするのに比べて、「因果的哀切の想い」は死者そのものの存在論的様相と言い切れるものではなく、実際の形としては、死を差し出されたと感じる他の生存している人々の内に生成する感覚である。そして、確かにそれは刹那的で淡い感覚だとしても、そうした人々が持つ感覚という仕方で明白なリアリティを有している。その限り、構造的に「死の所有」の観念に接しているとしても、「死の所有」の観念を通じて彼岸視点を全面的に持ち込んでいることにはならない。しかし第二に、こうした「因果的哀切の想い」が「死の所有」の観念に接し、つまりそれと親和し、それと結びつきゆく感覚であることも確かであり、その意味で、実は殺人を現世の出来事として扱う政治的そして法的文脈にも、うっすらと彼岸視点の影が差し込んでいるという、そうした事態がここには顕現している。「人権」概念だけが支配する場面ではこうしたことはありえないし、あってはならないのだが、「パーソン」概念を通じて、このようなすき間がもたらされているのである。つまり、死をめぐる語りと言説は、現実の害悪だけを眼差す現世視点に立って、死者を生者から厳格に区別しつつ、しかし、それでもその袖の下で、彼岸視点と、きわめて細くかよわい糸を通じて、ゆらぎながらも結ばれているのである。それはまた、死無害説をめぐる「死のメタフィジックス」の本来的なゆらぎでもあるのだ。

ここで、長らく保留しておいた問題にようやく遭遇する。それは〈死無害説の定式化〉の前提（3）、すなわち「Pがある事態を経験できるとするならば、その事態はPの死以前に開始されていなければならない」である。これまでの長い道のりは、〈死無害説の定式化〉の前提（1）「事態Sがある人Pにとって害悪であるならば、Pはその害悪を経験できる」をめぐるものであり、それは私の「害グラデーション説」によって部分的に論破されたと思う。では、前提（3）はどうか。主体Pは、本当に死後には害などを経験することができないのだろうか。冷静に言おう。経験できるのかできないのか、分からない、と。人は死んだ後に私たちの理解できる意味では存在していないと言えるが、私たちの理解できない意味では存在しているのかいないのか分からないのであって、たとえば、死後にそのパーソン性が地球から何億光年も離れた天体にワープして、そこでそのパーソンが存在しているといったような可能性を（どんなにばかげているように聞こえようとも）、よって何らかの経験をする可能性を、完璧に理論的に拒絶することは私たちにはできない。エピクロスがどのように確信しようと、こうした類の可能性を完全に消去するような前提を立てることは、やはり理論的に誠実でない。私には、前提（3）は完璧に無条件で採用できるものであるとは思えない。ここには明らかに、絶対に否定してはならない不確実性がある。おそらく、こうした不確実性に沿ってこそ、宗教が生い育つ素地があるのだろう。宗教を、信仰心のような人間に現に発生する現象に焦点させて、たとえば進化理論的に扱うという自然主義的な道筋が今日しばしば提起されるが、それはどこか的を外しているように思われる。宗教の核心は、不在だけれど、ない、いない、とは断定できないという不確実性に彩られた、不在性への指示にある。見えないものへの指示にある。それを汲み取らなければ、宗教というものを捉えきったことにはならないのではなかろうか。いずれにせよ、いま論じた、彼岸視点がひそかに私たちの死をめぐる言説に忍び入ること、それゆえに「死のメタフィジックス」が本来的にゆらぐこと、それはまさしくこの不確実性の証左であると思われる。ならば、「死という喪失」をめぐる「涙の哲学」は、こうした不確実性を真摯に引き受けなければならないはずである。

11　mens rea の暗号

「死のメタフィジックス」のゆらぎのありようを、最後にもっと実際的な仕方で検証して本章を閉じよう。「因果的哀切の想い」を基盤とするオントロジーによって死者のある意味での存在性が立ち現れ、それは「死の所有」の観念に接しながら現れると私はいま論じたが、そうは言っても、結局そうしたオントロジーが「害グラデーション説」に即したものである限り、現在ただいまの害経験をすべての発端とするという点では、死無害説と何の違いもない。それに、言ってしまえば「因果的哀切の想い」といっても所詮は個人の刹那的な感覚でしかないのである。だとすれば、そうした感覚を、実際に負傷して苦痛にうめいている人のありさまや、詐欺に遭い困窮に苦しむ人の窮状よりも何よりも、圧倒的に重大視する、というのは受け入れがたい態度であると思われる。少なくとも、「因果的哀切の想い」に依拠する「害グラデーション説」の立場からすると、人が「死んだ」ということを、死者の観点に立って極端に重大視するという態度は正当化できないことになる。殺人を一定程度の（哀切感という感覚のレベルに対応する程度の）加害行為として認めることは「害グラデーション説」からの帰結であり、しかも殺人を相対的には最大の加害行為として位置づけることも「害グラデーション説」に整合しうる、よって、残された人々の受けた（喪失感や孤独感などの）害に対する刑罰という以上の刑罰を殺人に科することも認められる。その点で、「害グラデーション説」は、殺人を窃盗や暴行よりも重い加害行為として位置づける態勢にあるのであり、確かに死無害説とは異なると言える。けれども、殺人の害を別次元の害として著しく特別視することは「害グラデーション説」の含意するところではないのである。

以上のような考え方をプラクティカルな制度に適用してみたら、どのような制度が描像されるだろうか。刑事制度について私は別稿ですでに論じたことがあるが（一ノ瀬 2008c）、それがここで描像される制度に対応している。簡単に言えば、現今の刑事制度、つまり「応報的司法」の体系が、加害者の責任と責任能力に焦点を合わせる「加害者中心システム」（the offender-centred system）になっていて、とりわけ触法精神障害者の責任能力という問題をめぐって迷路に陥ってしまっているのに対して、現実に発生した害悪の修復という対応にこそ司法制度の目的を据えるという、いわゆる「修復的司法」の考え方を混ぜ込んだ、「害中心システム」（the harm-centred system）を構築する、という提案を私は提示したのである。現実に起こった害に焦点を合わせるという点で、それは刑事制度を原理的に自然現象に沿って理解していこうという態勢のもとにあり、その意味で（前章で触れた進化理論的見方と同じではないにせよ）自然主義的見方へとつながっている。ただし、修復を実践する義務は主として加害者に課すという点で、これは旧来の「応報的司法」の立場を受け継いでおり、その意味で二つの司法体系のハイブリッドがここでは思い描かれている。この場合、「害中心システム」は「被害者中心システム」（the victim-centred system）と同じではない。「害グラデーション説」は基本的には死無害説の発想を継承しているので、もし「被害者中心システム」を採用したならば、殺人や傷害致死などは刑事事件として位置づけることはできなくなる。直接の被害者はいないからである。しかし、「因果的哀切の想い」という、被殺人者それ自体ではなく、死者の一人称的経験を仮託する他の生存者の感覚を主題化し、それを死者の存在性のありかとしてだけでなく、その哀しく切ないという内包を死者のありよう、死者の淡い害のありようとしても表象し返すならば、殺人はある種の害と捉え直されうる。そして、「害中心システム」の範疇に組み込まれうる。こうした「害中心システム」は、文字通り忠実に「現世視点」にのっとった制度を志向している。

けれども、ここで問うべきは、「害」とは何かである。自然災害で被った害などは、刑事政策の主題にはならない。殺人といった刑事的な文脈で問題となる「害」は物理的な災害と完全に同義ではない。しかも、単に人間が関わっていれば刑事的な問題になるわけでもない。人が突然心臓発作に襲われて転倒し、そのために隣の人が負傷してしまったといった場合、保険の対象にはなりこそすれ、刑事事件にはならない。刑事事件になり、殺人事件として扱われるには、「悪意」（mens rea）が必要なのである。もっと厳密に言おう。同じく殺人に至るにしても、故意、過失、無知といった区分が害のありように関わり、よってそうした区分は「哀切の思い」の度合いにも関わってくる。たとえば、逆恨みを受け惨殺された場合と、知り合いが好意で車で送ってきてくれたときに、その知り合いのちょっとした不注意のゆえにその車に轢かれて死亡してしまった場合とで、おそらく害のありようは異なり、「哀切の思い」もまた異なると思われる。そしてその異なりようは、「悪意」のあり方にこそ掛かっているのである。であるなら、「害中心システム」においても「悪意」mens rea が考慮に入れられなければならない。

私は別稿で、こうした mens rea の「程度」をどのように計測することができるか、という問題を扱った（一ノ瀬 2008c 参照）。しかし、ここでは別の一点のみに言及して、章を閉じたい。mens rea の程度を計測し判断するという場合、しかも原則として自然主義的な方向性を組み込んだ「害中心システム」のなかでそうした計測を遂行しようとしている以上、それは法科学的かつ統計科学的な手法を駆使して行う、サイエンティフィックなものにならねばならないが、そうした方向性にもかかわらず、mens rea には、そうした方向性とは異質な、言ってみるならばある種の暗号が秘められている。すなわち、mens rea が「悪意」であり、そして殺人への mens rea が語りうる限り、殺人が害悪として捉えられているということが、ここには暗示されているのである。ならば、どういうことになるか。殺すことを害悪として表象するということは、ロジカルに言って、殺すこと、つまり死をもたらすことが、殺される人に対して「不幸」や「害悪」を与える働きとして理解されていることにほかならない。ということは、そうした表象を可能にする暗黙の前提として、殺された人がそうした害悪を被っている、という理解が要請されている。殺された人が被害を受けているという理解である。もはや言うまでもない。こうした理解は、「死の所有」の観念を介して浮かび上がってくる、死者が「死の所有」を奪われた主体として存在している、という彼岸視点と直結している。そうなのである、mens rea を問題にするという私たちの刑事政策の根幹は、害というものを実態に即して現世視点から客観的に計測していこうとする自然主義的方向性へと結びつきうる、結びつくべきものでありながら、しかし同時に、私たちの社会制度が、細くゆらぎゆく糸によってではあれ、彼岸視点へとわずかに結ばれていることの暗号でもあるのだ。[9] こうして、私たちは、現世に住まいながら、いつもほんのかすかに彼岸を背負う、本質的にアンビヴァレントな生を刻み続けてゆくのである。[10]

第6章　戦争という法外な殺戮
——戦争をめぐる事実と規範

1　殺人と戦争の懸隔

殺された人が「死の所有」を奪われた被害主体として存在していると表象する彼岸視点。それが、殺人という概念の根底に、うっすらとした形ながらも潜在していること。それが前章までにたどりついた殺人概念の真相解明であった。けれども実は、こうしたいささか繊細な議論など、一切無益無用無力なものとして一太刀のもとに葬り去ってしまうかもしれない冷厳かつ絶対かつ大規模な事実がある。戦争である。戦争という殺戮・殺人である。このことを少しも論じないとしたら、私の殺人論は確かに空を切るようなものになってしまう可能性がある。いや、死刑論も同様である。第1章において私は死刑廃止論に対する違和感を表明したが、その一つは、死刑廃止論の依拠する倫理観は戦争での殺戮に対する強い反対表明を伴ってしかるべきであるにもかかわらず、実際の死刑廃止論は戦争に対する態度表明と連動する議論構造に必ずしもなっていない、というものであった。実際、「誤判可能性」という死刑廃止論の最大かつ最強の論点であってさえ、それを戦争での殺戮に適用したとき、どのような示唆を導けるのだろうか。という以前に、戦争という問題に「誤判可能性」と同水準の論点を持ち込むことなど、意味をなすだろうか。戦争は、誤って人を殺してしまう可能性があるので、行ってはならないだとか、あるいは、戦争での殺戮や侵略行為を行った主体が誰か（どこの国か）に関しての認識は誤る可能性があるので、反撃行為を行ってはならない、などといったレベルの議論がほぼ完全にこの戦争という問題に対して無力無効であることは明白ではなかろうか。戦争も死刑も「殺す」という事象をめぐるという点で同様であるにもかかわらず、死刑論の主要論点が、戦争という問題を前にしてこれほどもろくも一挙に瓦解してしまいかねないのならば、死刑論は、相当に本腰を入れて、戦争の問題を射程に入れていかなければならない。すなわち、死刑論は、そして殺人論は、人間を殺すことに関する論である限り、では戦争での殺戮にどう向き合うべきか、という問い立てに応答できる姿勢になっていなければ、首尾一貫した普遍性を伴う議論にならないと思うのである。私も、「死」を論じる以上、しかも哲学という普遍学の名を標榜して論じる以上、戦争について論じることは避けて通ることはできない。それを論じないとしたら、まさしく論争を前にして、敵前逃亡するのと同じである。

本章では、「死」を論じる哲学として、とりあえず最低限の要件を満たすべく、この最大に困難な問題である「戦争」について、いささかなりとも論じていく。「まえがき」にも触れたが、問題の巨大さゆえに、ここでの私の議論は議論展開の方向性を表明することにとどまるが、それでも、単に疑問を羅列するだけではなく、「死の所有」という問題意識のもとで、ありうべき戦争論への道筋を積極的に見定めることを目論んでいる。

いずれにせよ、いま述べたように、哲学者や学者たちの殺人論・死刑論と戦争の問題とは、これほど内的関連があることが明らかであるにもかかわらず、必ずしも連動していない。それは、次章でも触れるが、動物愛護心に由来する動物実験反対論やペットロスの問題などに対する議論が、やはりそれらと内的かつ本質的に連関することが明白な肉食やベジタリアニズムの問題と必ずしも連携していかないこととときわめて事情が似ている。また、一般的な観点に立っても、素朴にいって、私たちは、戦争論と殺人論・死刑論との間の奇妙な懸隔を感じないではいられない。戦争は、おのずと殺人行為を含意するのであり、その限り平時の殺人と外延を等しくするはずなのに、そうは扱われない。

連続殺人犯は厳罰に処せられるのに、戦争の最高指揮官として多数の一般人を殺傷したような大国の大統領などは、必ずしも刑に処せられるわけではない。何のお咎めもなく、悠々と暮らしていたりする。それどころか、戦勝国の代表として戦後世界の指導的立場に立ったりさえするのである。こうした状況に対して、国の指導者は、直接手を下していないのだから、罪に問えなくても仕方ない、という理屈は簡単には通用しない。地下鉄サリン事件の裁判からも分かるように、直接の現場の実行犯でなくても、そうした実行を命令する立場にいた者は「間接正犯」として罪が問われるのが一般的な刑法の考え方だからである。無論、一般的な刑法の考え方が絶対なわけではなく、刑法改定の理論的可能性は常に開かれているわけだが、私たちの現状という点でいえば、「間接正犯」としての糾弾は正当なはずである。だとすれば、「戦争」という名の下であれ、人を殺すことを命じた者は相応の罪に問われねばならない。まして、何百人、何千人、何万人という人が殺戮されたのである。平時の連続殺人犯よりももっと重い罪に問われねばならない、というのが自然な論法であろう。

けれども、歴史的事実として、そうはなっていない。こうした私たちの人間社会における不可解かつ不公平な事態は、ナチスの将校として、ユダヤ人に対する組織的虐殺を担ったアドルフ・アイヒマンの次の言葉に集約的に表現されている。「一人の死は悲劇だが、集団の死は統計上の数字にすぎない」。これはおかしいのではないか。人を一人や二人殺した加害者に対しては、死刑だ死刑だと騒ぎ立てするのに、何千人もの命を自分の命令で奪った間接正犯たる指揮官はなにゆえ指弾されずにすんでしまう場合があるのか。ここには、公正さという点に鑑みて、戦争を倫理的に主題化する必要が絶対にある(1)。

2　正戦論からユートピア論へ

一般に、戦争論あるいは戦争倫理という文脈で論じられるのは、基本的に、人類保存、平和の実現、といったいわば自然法的な命法の遂行のためにどうすべきか、という「規範」の問題である。戦争という事態に規範的な問題性を感じる、というのが戦争論のモティベーションとなっているからである。実際、戦争が、日常のルーティーン的な、そして規範的・道徳的にニュートラルな事態であるとは、おそらく誰も感じないだろう。そして、現在の議論状況からして、こうした問題設定のもとで議論を展開するとき、多くの論者たちにとって、ローマ法やキリスト教に由来し、現在ではアメリカの哲学者マイケル・ウォルツァーによって主導的に展開されている「正戦論」(just war theory)、を手かがりとするのが常道である。「正戦論」とは、すべての戦争は悪であるとする「平和主義」(pacifism)と、戦争時にはルールなどないとする「現実主義」(realism)との中間の立場で、正しい戦争と不正な戦争があるとする立場である。ウォルツァー自身の言葉を引いておこう。

この議論は二面からなる。すなわち、戦争はときとして正当化されるとする主張と、戦争行為はつねに道徳的批判にさらされなければならないとする主張である。第一の命題は、戦争は犯罪行為だと信じる平和主義者によって否定され、第二の命題は、「恋と戦争ではすべてがフェアである」(inter arma silent leges「戦争に際して法は沈黙する」)とする現実主義者(リアリスト)によって否定される。したがって、正戦論者たちは、それぞれ多数存在する平和主義者と現実主義者の双方と対立する立場に自らを置くことになる。(Walzer 2004, p.ix)

このように正戦論を展開するウォルツァーは、正しい戦争と不正な戦争の基準を論じる場面について古くからなされている二区分、すなわち、「開戦決定に関する正義」(Jus ad Bellum)、「戦闘行為に関わる正義」(Jus in Bello)、という二区分に対して、さらに「戦後の正義」(Jus post Bellum)を加えて、三つの視点から正戦論を展開しようとする。このなかで、最も原理的な考察の対象となるのは「開戦決定に関する正義」である。この問題に関して戦争を正しいとする根拠は、古くから言われており、今日でも多くの人々が言及する、「侵略に対する自衛」という正当化理由であろう。「ほとんどの国家は、少なくとも何らかの程度、自国市民の共同体を警護している。それが、私たちが自衛的戦争の正義を想定する理由である。もし真正の「契約」があるならば、領土保全および政治的主権は、個人の生命や自由とまったく同様な仕方で守ることができる、という言い方は理に適っているのである」(Walzer 1977. p.54)。ウォルツァーは、一般の犯罪行為と戦争とを(私が最初に指摘した実態とかけ離れて!)連続的に捉えようとするモデルを「法律家パラダイム」(The Legalists Paradigm)と呼んで、それを自身の議論の出発点として提示するが、そのパラダイムの(全部で六つある命題の)五番目の命題にはこう明言がなされている。「侵略以外のなにものも戦争を正当化することはできない」(Walzer 1977. p.62)。こうした「法律家パラダイム」は、裏返せば、侵略に対する自衛戦争以外の戦争は不正である、とする含意を伴っている。「法律家パラダイムはそれ以外のすべての種類の戦争をも禁止する。予防戦争、通商戦争、拡張と征服の戦争、宗教的十字軍、革命戦争、軍事干渉、これらと等価な国内での行為が国内法で禁止されているのと同じように、これらはすべて禁じられ、しかも絶対的に禁じられる」(Walzer 1977. p.72)。

ウォルツァー自身は、この「法律家パラダイム」の基本的着想を生かそうとしつつも、それをそのまま受け入れることはしない。というより、国際社会のリアリティからすれば、「法律家パラダイム」をそのまま受け入れることなど実際上できず、かなりの修正が必要だとする。これは当然ありうる展開であろう。実際、まさしく私が冒頭で触れたように、通常の犯罪と戦争との間に不可解な懸隔がある、というのが私たちの現実の実相だからである。

けれども、そうした国際社会のリアリティという点からすれば、むしろ、そもそも侵略時にのみ戦争を正当化するなどという基準が、果たして、正しい戦争と不正な戦争との区分を行うことに対して有効に機能するだろうか、という疑念を抱かざるをえない。このことは歴史がたくさんの証拠を提示している。というより、ほとんどの戦争は、開戦時に、自らの開戦を自衛のための正当な戦争であると正当化してきたのであり、有り体に言えば、自衛のための正当な戦争だという理屈はいくらでもつけられるということでもある。あるいは、戦争をする当事者双方が、自らの開戦や戦争行為を自衛のための正当なものだといくらでも言い張れるのである。第二次世界大戦、太平洋戦争、フォークランド紛争、それらが十二分にこのことを例証しているだろう。だとすれば、「法律家パラダイム」(を修正したもの)を持ち出した結果どうなるかというと、なんのことはない、単に、双方の戦争を正当化し、戦争を長引かせる根拠を与えてしまうという、「正」戦という名にふさわしからぬ帰結が待っているというだけになりかねないのではないか。だとすれば、戦争の「倫理」を問題にする以上、いっそのこと、最初から覚悟を決めて、「平和主義」へと回帰して、一切の戦争を認めないとする(非現実的ではあるが?)一貫した態度を打ち出し直すべきではないか。これは当然出てくる方向性である。

もう一つありえる道筋は、ウォルツァー流の正戦論の精神を受け入れつつ、その欠点を、国家単位で理論を立てているところに見て取り、したがって正戦論の欠陥を乗り越えるには、正戦を論じる戦争主体を国家ではなく、人類全体のコミュニティと考えればよいと推定して、その線で正戦論を再編し直す、という路線である。これは確かに、理論的に考えた場合、すきのない議論構成が可能だと思われる(2)。こうした立場にせよ、前段で触れた平和主義への回帰にせよ、ウォルツァーの正戦論に宿る欠陥を暴き出し、それを乗り越える立場を提唱するという議論のもって行き方は、基本的に、向かうべき理想、あるべき規範、のさらなる追求を志向するものであり、議論の形態としては、いわゆるユートピア論の系譜に属するもののように思われる。私が見るに、正戦論を研ぎ澄ましていくときには、ほぼ必然的にユートピア論へと議論が収斂していくのではなかろうか。

3 「正当な戦闘行為」の亀裂

もっとも、これは何を目指して議論するかにもよるのだが、少なくとも私には、ユートピア論は空しいところがあるように感じられてしまう。開戦決定に関してこうあるべきだ、という論をどのように説得的に展開できたとしても、一つの国が突然に侵略的な振る舞いを実行して、他国に侵入したとき、ユートピア論はたちまち無効になってしまう。だからこそ、キリスト教、そしてウォルツァーへと続く正戦論の系譜が、理論的には最後はユートピア論に至りつく宿命にあるとしても、繰り返し繰り返し浮上してきたのである。正戦論は、単なる平和主義ではなく、そして実践的に見てほぼ実現不可能なユートピア論ではなく、あるいはそうしたユートピア論的立論へと落ち着くという自らの傾向性に必死で抵抗しつつ、ぎりぎりのところでリアリティをもった規範を提示しようとしてきたのである。けれども、先に見たように、開戦決定に関して、基本的に自衛戦争のみを正当と見なす、という方針は実際上はほとんど機能しない恐れが濃厚である。こうした帰結は、かえって真相を突いている。戦争をめぐる現実は、実際、混沌としており、どちらに正義の言い分があるかを客観的に判定するという発想など、かえって恣意性を認める邪悪なものでしかない、とさえ言いたくなるほどである。二一世紀現在での、イラク戦争、アフガニスタン戦争の実態を想起せよ。これらについて、特定の利害関係から離れて、どちらに義があるかなどということを、果たして客観的に言えるのだろうか。そう言えないとすれば、正しい戦争というのは、何をもってそう言いうることになるのだろうか。

一つの可能な議論展開は、「開戦決定に関する正義」ではなく、「戦闘行為に関わる正義」に絞って、正しい戦争という概念を維持するという路線である。すなわち、開戦決定が正義かどうかの客観的判断の基準確立はあきらめるとしても、少なくとも、戦闘行為に関して、どういう行為が正義に適っているのかは普遍的・客観的な指針を示せるはずなので、それを個々の兵士の行為レベルで追求していこう、とする路線である。これは確かに実現可能な立論の方向性であるように思われるし、実際の効用も現に認められていると言ってよい。再びウォルツァーの議論に戻るならば、彼はこの「戦闘行為に関わる正義」に関して、「戦争慣例」（the war convention）の概念にまずは立脚しながら論を進める。ここでウォルツァーは、戦争慣例を解明する目的は、兵士たちの戦闘行為に関する義務を確立することであるとして、それは、侵略戦争を行う国家の兵士であろうと、自衛戦争を行う国家の兵士であろうと、そうした開戦決定に関する正当化事由とはまったく関わりなく、すべての兵士に平等に当てはまるという。しかも、ここでウォルツァーは、きわめてあっさりと、平時の国内での犯罪行動と、戦争時の（自衛であれ侵略であれ）相手の兵士への攻撃行動との、重大な相違を強調する（Walzer 1977, pp.127-128）。その理由は、ウォルツァーがいうに、「戦争のルールは存在するが、強盗（あるいはレイプや殺人）にはルールが存在しない」（Walzer 1977, p.128）というものである。

では、それはどういう戦争慣例のルールあるいは原則なのだろうか。ウォルツァーはいくつかの候補を俎上に上げて検討する。彼はまず、ヘンリー・シジウィックの議論に沿いながら、「過度の危害を禁じる」、というルールを挙げる。それはつまり、（1）軍事的必要性がある場合にだけ危害を加えることが認められる、（2）為された危害と、それが勝利に貢献する度合いとが比例していなければならない、という二つの項目からなるルールである。ウォルツァーは、こうした必要性や貢献度を測るのは困難であると批判的に論じながらも、少なくとも、「戦争のルールは、目的を欠いた、あるいは理不尽な暴力だけを排除する」（Walzer 1977, p.129）というように、このルールをおおまかに押さえて適用するだけでも、戦争の残虐さの多くの部分をなくすことができるだろうと論じる。こうした戦争慣例のルールは、しかし、逆に言えば、「戦闘員は戦場においては平等であるということを規定する見解」（Walzer 1977, p.137）にほかならない。換言すれば、「戦争慣例の第一原則は、ひとたび戦争が勃発したならば、兵士は（負傷したり捕虜になったりしない限り）いかなるときにも攻撃にさらされる」（Walzer 1977, p.138）ということである。

けれども、こうした戦争慣例のルールも、確かに相応の効果は認められるとしても、厳密には完璧とは言えない。兵士はもともとから兵士だったわけではないという点、そして彼らも当然ながら戦闘に参加していない多くの時を過ごすという事実、これらがうまく組み込まれていないからである。言い方を換えれば、兵士ももとは民間人であり、兵士である最中にも民間人と同じ日常生活を送るときがある、という点をどう考慮するか、というところが戦争慣例の第一原則には足らないということである。こうした反省は、当然、民間人への対応についての原則へと結びつく。ウォルツァーはこう言う。「戦争慣例の第二原則は、非戦闘員はいかなるときにも攻撃されてはならないということである」（Walzer 1977, p.151）。もちろん、こうした原則は、いわゆる「ダブル・エフェクト」の問題へと連なっていく。相手の戦闘員を（正当に？）攻撃することが、民間人である非戦闘員をも同時に攻撃することになってしまう場合についての問題である。しかし、無論、こうした問題があるからといって、上の第二原則の考え方自体が理論的に棄却されてしまうことにはならないだろう。

しかしながら、どうにも正戦論はつまずく宿命にある。以上に見たような「戦闘行為に関わる正義」についても、単なる微修正ではすまない、根本的な亀裂がつきまとってこざるをえない。まず、戦争慣例が、開戦決定の理由とは関わりなく、すべての兵士に平等に当てはまるというのは、どうにも不公平な感じを与えるに違いない。侵略軍として戦闘行為をする兵士と、自衛軍としてそうする兵士とで、いったん戦争になったら平等にルールに従えというのは、何とも腑に落ちない。直観的に受け入れがたく感じられてしまうのである。また、前段で「ダブル・エフェクト」の問題に触れたが、そして、それにもかかわらず戦争慣例の第二原則は理論的に正当だと目されるとも述べたが、今日の核兵器のありようからして、実際上は、戦争慣例の第二原則を履行することなど土台無理である、という点も注意されなければならない。今日の武器のありようのなかで、戦争にて正当な（?）戦闘行為をすることは、つねに大規模な国土破壊に結びつく可能性を胚胎しており、その場合には戦闘員・非戦闘員などという区別は意味をなさないのである。そしてこうなってくると、さらに根本的なレベルで、ウォルツァーのいう、平時の国内的な犯罪行為と戦争との概念的な区別、という論点も受け入れがたいことになる。戦争慣例が実際は有名無実に近いならば、平時の犯罪と戦争との区別は無効化し、両者は平準化されてしまうだろう。実際、平時の犯罪であっても、加害者が加害の必要性を訴えることなど、いくらでもある。「無理心中」などを想起してほしい。その実行者本人の観点からは、たとえば家族などを道連れにすることには、やむにやまれぬ理由があるのだと思われるのである。あるいは、たとえば、治承四年の源頼朝挙兵の際に、頼朝軍が山木判官平兼隆を攻めたあの戦いのような、日本中世の武士たちの争いは、果たして平時犯罪なのだろうか戦争なのだろうかと問うと、その境界や区別の曖昧性が顕在化してくるだろう。こうした平時犯罪と戦争の事実上の連続性にもかかわらず、まさしくウォルツァー自身がそう立論しているように、平時犯罪と戦争が別立てで論じられてしまっているという、その懸隔感こそが、私が本章を論じ始める発端なのであった。この本質的な点は、本章の最後でもう一度触れたい。

4　戦争の常在性

いずれにせよ、開戦決定に関して、そして戦闘行為に関して、正戦論を説得的かつ整合的に展開することはきわめて困難であると言わなければならない。無論、実践的・政治的な問題には完璧ということはなく、何らかの方向性に向かって少しずつ舵を切っていこうとすること、その実行力こそが求められているのだ、として、不完全ながらも正戦論を訴えていくことには、少なくともプロパガンダとしての意義があると、そう述べることは間違いなくできる。

自衛だけが戦争の正当化理由になるとか、非戦闘員を攻撃してはいけないとか、そうした主張はさしあたり間違っているとは思われないからである。この点は、平和主義やユートピア思想についても当てはまるだろう。それについてともかくも主張することは、それ自体としての意義と重みを持っている。しかし、そのように譲歩できるとしても、やはり、戦争論がほとんどつねに理論的デッドロックに陥ってしまっているということも事実なのである。しかも、本書の議論に即して言えば、死刑論や殺人論でようやく浮かび上がってきた「死の所有」の観念に基づく「涙の哲学」の構想が、戦争という、明白かつ大々的な規模で本書の主題に関わり、それがゆえに本書の論点がまさしく大々的に適用されなければならない主題において、その理論的デッドロックのゆえに、いわば空中分解していきかねない事態にも至っているかもしれないのである。戦争は、それ自体としても、理論的に解明し道筋を定めるという主題としても、そして本書の主張にとっても、巨大な困難であり、ゆゆしき大問題なのである。

しかし、率直に述べるが、私はこの問題に関して、明晰なる見通しをいまだ持ちえていない。ただ、何らかの視線の可能性を提示することだけはできるかもしれない。そういう意味で、私があえてここで提起したいのは、戦争についての「規範」ではなく、戦争についての「事実」に目を向ける、という視線も必要なのではないかという論点である。倫理の問題というのは、自然主義的誤謬などと言われることがあるにしても、実際上はつねに、「is」(何々である)と「ought to」(何々すべきである)との交錯のなかに現れる。「何々である」という事実の認識なしに、「何々すべきである」を論じることはできないし、論じても空しいだろう。このことは、生命倫理など、先端的な医療技術が関わる倫理の問題などがはっきりと例証している。もちろん、「pである」から直ちに「pであるべきである」を導くことができると言いたいのではない。少なくとも、「p」についての事実認識がなければ、「pであるべきである」とも「pであるべきでない」とも言えないだろうという、その点を指摘したいのである。

では、戦争についての「事実」とは何だろうか。私がまずもって最初に強調したいのは、学者たちが何と言おうと、歴史的に戦争は起こってきたし、いまも起こってしまっているという冷厳なる事実である。戦争は常在している。正戦ならぬ悪戦（?）が事実として頻発してしまっていると言ってもよいのが実態なのである。こうした事実をまず議論の一番に据えるべき、というアプローチがあってしかるべきではないか。そうした事実を議論の核に置いた上で、それを踏まえて規範を論じる、という議論展開の道筋、そうしたアプローチがあるべきだと思うのである。この点からすれば、ウォルツァーのいう「戦後の正義」（Jus post Bellum）をどう規定するか、という問いこそが最も現実的な主題になるかもしれない。どのみち、人間たちは戦争を起こしてしまうのである。だったら、起こったのちの後始末や戦後処理のルールを明確にしていく、という発想である。言ってみれば、理想の規範を論じる憲法論ではなく、悪事が起こってしまった処理に関わる刑法論を論じていこう、という道行きである。

しかし、こうした路線は、ウォルツァーが正戦論と対比的に挙げた、「戦争に際して法は沈黙する」とする現実主義（リアリズム）とどう違うのだろうか。私が念頭においている路線は、まず全体としては、「戦後の正義」を確立していこうとする点では法的な秩序を目指すものであり、現実主義とは異なる。現実主義では、そもそも戦争全般に関して法的秩序など確立しようとしてもできない、と論じられるからである。けれども、同時に、現実主義では、戦争には法的秩序など確立できないのだから、そのままで「いいのだ」とする、いわば「メタ規範」が提示されていると考えられるが、私が視線を向けようとしている道筋は、少なくとも開戦決定や戦闘行為に関しては、いかなる規範的な含意も持ち込まずに、まずは事実認識に徹していこう、その上で何らかの「戦後の正義」への可能性を開いていこうとするものであり、その意味でも現実主義（リアリズム）とは異なっている。すなわち、開戦決定や戦闘行為に関して、「規範」という言葉のいかなる意味であれ、規範的提言をする以前の次元にとどまろうとする視線、つまりは「事実的リアリズム」と呼べるような視線をまずは導入するということである。

5　戦争の称賛

では、戦争、とくに開戦決定や戦闘行為に関する事実として注目すべきものとは何だろうか。問題として主題化すべきものとは何だろうか。それは、そもそも人間は戦争に向かう傾向性を本質的に有している、という事実である。私は、この事実を戦争論のなかでどう位置づけるか、という問題こそが、まず戦争論のなかで扱われなければならないと考えるのである。この点について、以下二つの視点から跡づけてみよう。

第一に、歴史的視点からの確認をしたい。人類はほとんどつねに戦争をしてきたが、コンテキストによっては、戦争をすること、戦争で死ぬこと、戦争で人を殺すこと、それらが道徳的に推奨されてきた、という歴史的事実がある。例を挙げろと言われれば、枚挙にいとまがないだろう。一般的にいって、私たちが慣れ親しんでいる日本の武士の倫理観においては、戦にひるむことなく臨んで、功を上げること、つまり敵の首を取ること、または、討ち死にすることが分かっていても、敵に背を向けず、討ち入ってゆくこと、あるいは、敗れるときには、潔く自決してゆくこと、こうしたことが道徳的に崇高な行為であると見なされてきたふしがある。たとえば、序章でも言及したが、鎌倉幕府が新田義貞の攻撃によって滅んでいくとき、最後の得宗であった北条高時は元弘三年（一三三三年）一族郎党八七〇余人とともに鎌倉東勝寺にて自決した、と伝えられている。このような大量の死体が重なっていたその光景はどれほど凄惨なものだったろうか。しかし、そうすることが武士として道徳的に高潔なことだったと考えられていたのである。また、日本人のよく知っている例として、楠木正成と正行との「櫻井の別れ」なども挙げられよう。後醍醐天皇の建武政権が、北朝の光厳上皇の院宣を得て九州から攻め上ってくる足利尊氏の軍に対して、楠木正成を立ち向かわせたわけだが、兵力からして楠木軍は圧倒的に不利であり、正成は死を覚悟して、息子正行と別れて出軍し、そして結局自決するに至るのである。こうした死を覚悟しても戦地に赴く姿が忠臣の鑑として、とりわけ戦前に称えられていた。これ以外にも、忠臣蔵を義士の物語として捉えたり、決死の覚悟で徳川軍に立ち向かった真田幸村が現代の若者にも称賛されたりと、戦争での勇敢さや潔さが道徳的に評価される例はいくらでもある。そうした道徳的感覚は、依然として現代日本においても人々の心理に残存しているのである。

もちろん、これは日本に限る話ではない。比較的最近の例を挙げれば、一九八二年にイギリスとアルゼンチンとの間で発生した「フォークランド紛争」は、いわゆる西側諸国内部で生じた、しかも領土問題という古典的な理由によって発生した、現代の戦争として記憶に新しいが、イギリスが勝利し、兵士たちが帰国したときに、イギリス国民が熱狂して兵士たちを迎えた。少なくとも心情の上では、戦争で勝利することは、やはり称賛されるべきこととして受け止められているのである。二〇〇五年に私が渡英したときにも、「トラファルガーの戦い」二〇〇年ということで多くの行事が開催され、ネルソン提督を英雄視して称賛する現代のイギリス人のありさまをこの眼で見た。こんな例はどこにもある。モンゴルでは、いまでもチンギス・ハンは絶対の英雄である。モンゴル国内だけでなく、日本においてもチンギス・ハンは英雄視されており、それがゆえに義経＝チンギス・ハン説まで世上の口に上り、英雄譚をさらに彩っていった。しかし、チンギス・ハンはまさしく戦争の指導者にほかならなかったのである。

6　攻撃性の進化理論的効用

第二に、進化理論的視点から、生物の生得的な「攻撃性」にまつわる論点を確認しておきたい。動物学者コンラート・ローレンツは、その著書『攻撃』において、人間も含めて、総じて動物というものは、同種間で攻撃をし合い、戦いをしてゆく生得的な傾向性をもっており、そうした傾向性は進化理論的に十分に意味のあるものとして理解できる、という議論を提示した。ローレンツは、同種の生物間の闘争には、進化理論的な見地からして、同種の生物を生活圏内に分布させる、家族を守る戦士を淘汰によって選ぶ、子孫を防衛する、といった効用があるのであり、したがってそうした闘争に適しているということが適応度が高いということであり、種を生き残らせる形質になる、という論点を示唆した。それゆえ、適応度が高く、個体維持能力や繁殖能力の高い生物の場合、むしろ闘争することが種のレベルで言えば生き残る道なので、いくら攻撃性を刺激する状況を遠ざけても、攻撃性を断つことはできないと論じたのである。つまり、攻撃禁止令を出しても、攻撃は止まない、というのである。

こうした論点は、なにも進化理論とか適応度などということを持ち出さなくても、先に触れた歴史的視点と相まって、私たちのいわば常識的な人間観に刻み込まれていると言えるかもしれない。手近な例として、歴史作家吉川英治の名作『新・平家物語』での、壇ノ浦にて平知盛との戦いに臨む源義経の描写の一節を引いてみよう。

造物主が男女を造る始めにこうけじめづけたものか。男が、仕事に向かっては、創造の権化となりきるのと同じように、あるいは、女が、恋や母性愛には盲目になりきれるのとおなじように、死生の線では、かれは男性そのものだった。——都にある静への想いなどは、今、かすかにも抱いていない。頭のすみにもおいていなかった。二人で住まう花の庭。そんな物はケシ飛んでいる。鎌倉どのもない。院もない。「好敵手、どう出るか、勝たねばならぬ」それだけであった。双眸、その精気にみちていた……きょうのかれこそ、たれでもない平家追討軍の総大将、源九郎義経その人に見えた。(3)

歴史物の愛読者ならば、胸を高ぶらせる場面だろう。これは無論、小説のなかの文学的表現だが、むしろそれだからこそ、私たちが日常的に抱いている人間観を図らずも露わにしていると考えられる。私たち人間は、とりわけ男子は、ときには戦争や攻撃に対していわば生物的衝動に突き動かされて邁進していくのだという、そういう人間理解がここから浮かび上がってくる。

もっとも、ローレンツが指摘するところでは、生物は、真に攻撃し合うだけでは種の維持にとって必ずしも適切でないので、攻撃性を抑制する儀式的行動も発達させてきたとも言われる。人間の場合でいえば、「スポーツ」がそうした抑制あるいは昇華の役割を担ってきたというわけである。

けれども、こうしたローレンツの立論は、例の「氏か育ちか」でいうところの、「氏」だけで戦争や攻撃行動を説明するもので、「育ち」すなわち環境による後天的な影響が軽視されているとする批判を促した。たとえば、アシュレイ・モンターギュは著書『暴力の起源』のなかで、戦争や攻撃行動はむしろ文化的な刷り込みによるものであり、決して生得的なものとは断定できない、と論じる。それが証拠に、狩猟耕作民「バイガ」、遊牧民「トダ」、「ラップ人」のように、非好戦的な人々が実際存在する。また、スポーツは、ローレンツの言うように攻撃性を抑制するどころか、かえってそれを助長することが多い。それはたとえば、サッカーの試合中の暴行事件などによって例証されるだろうと、そう論じ及んでいる。

確かに、モンターギュの指摘する点はうなずけるところがある。日本の武士たちの戦への態度には、生得的というよりも、明らかに文化的に蓄積された要因が深く絡んでいるだろう。けれども、こうした「氏」か「育ち」かという論争はあるにしても、私たち人類が、なんらかの生物的条件の下で、殺人、攻撃、戦争に向いてゆく、という理解の仕方を、直ちに全否定することは難しいのではなかろうか。やはり、生物的な要因がなんらかか働いていると、そう考えざるをえないのではなかろうか。こうした理解の方向性については、第4章でやや詳しく論じたが、進化心理学的な殺人論が一つの手掛かりになる。デイリーとウィルソンによれば、零歳児をもつ未婚の母、あるいはそうした女性と結婚する男性（子どもにとっての継父）は、その零歳児を殺害する確率が、両親ともが実の親である場合に比べて、きわめて高いというデータがあるが、それはそうした母親や継父が自身の適応度を高めようとする結果なのだ、として進化理論的に説明可能だという。こうした説明をそのまま受け入れるべきかどうかは別にしても、少なくともここでのデータは客観的事実であり、それを説明しようとするときに生物的な要因がなんらか関わっているだろうとする議論の道行きは不合理とは言えない。

だとすると、戦争に関してまず論じるべきは、こうした人間の事実をしっかりと受け止めた上での、もっとリアリスティックな議論ではなかろうか。もちろん、すでに指摘したように、ユートピア論的提言のもつ有効性は一定程度認められるし、正戦論もまた主張することに意義がある。憲法なしに、刑法は不可能であろう。私が言いたいのは、そうしたユートピア論的提言や正戦論と並行して、事実を見つめるリアリズムも必要なはずだ、ということなのである。刑法なしでは、憲法は無効であろう。

7　戦争犯罪の問題

以上のような「事実的リアリズム」の路線を基底として踏まえつつ、さらに議論を具体的に進める一つの道筋として、先に触れた「戦後の正義」(Jus post Bellum) について見てみたい。これは、どのみち人間は戦争を起こしてしまうという事実をリアリスティックに受け止めた上で、何らかユートピア論的なあるいは正戦論的な観点をも考慮に入れて、ではどうすべきかという規範を論じるという主題であり、これまでに本章で提示した段取りに合致した問題圏である。この「戦後の正義」に関して私が根本的な問題として提起したいことを説明してみよう。本章の冒頭部分で強調したように、平時の殺人と戦争とは、生じている事実というレベルで本質的な違いはない。人が害を加えられ、死んでいくのである。しかし、正戦論的な観点を採用した場合であれ、私たちの一般的な感覚のレベルであれ、戦争の存在を何らか肯定する立場を取った途端に、平時殺人と戦争とは突然区分されていく。すなわち、戦争での殺戮は、とりわけ勝利した側によって為された殺戮は、平時殺人と同じ形では捉えられないのである。この点こそが、私が繰り返し強調してきた、平時殺人と戦争との懸隔にほかならない。

しかるに、戦争の存在を何らか肯定するというのは、どういう根拠によるのか。それは、基本的に、ウォルツァーの言及した「法律家パラダイム」にあったような、侵略に対する国家防衛である。しかるに、よくよく考えてみれば、この「自衛」とか「防衛」というのは、人権や責任の主体である「人格」(person)を基本モデルにして、それを国家に拡張することで成立しているように思われる。攻撃をされたので自衛する、というのは個々人のレベルでこそもっとも明晰に意味をなす事態である。厳密に言えば、これを国家レベルに拡張するというのは、国家を一つの生き物のように捉えるという類推を媒介しているわけである。この点は、「法律家パラダイム」でもはっきりと触れられていた。「領土保全および政治的主権は、個人の生命や自由とまったく同様な仕方で守ることができる」(Walzer 1977, p.54)と表現されていたのである。ウォルツァー自身も、「法律家パラダイム」を修正していくにせよ、基本的には、「人格モデル」を採用しているように読める。けれども、だとすると、奇妙なことにならないか。平時殺人と戦争はその扱い方という点で区別されているが、平時殺人と区別されている戦争の正当化には、平時殺人を理解するときの基盤となる「人格」概念がモデルとして使われているのである。ここには、現実と理論構成との間のねじれが生じているというべきではなかろうか。そして、私のいう「事実的リアリズム」の観点からすると、まずもって、平時殺人と戦争が区別されているという現実や事実をしっかりと押さえることが求められる。その上で、その事実を分析していくことが第一の課題となるわけである。「戦後の正義」に関わる規範的検討は、こうした事実問題の解明を踏まえたものでなければならない。言い方を換えれば、平時殺人と戦争を区別しているという私たちの理解の現実は、平時殺人の基盤をなす「人格モデル」によって果たしてうまく解明できるのだろうかという疑問を提起すること、これがまず必要だと私は思うのである。この疑問に対する応答に一定の道筋をつけることではじめて、戦争犯罪とか戦後処理とかの「戦後の正義」の論理が、おぼろげながらだとしても、姿を現してくるのではなかろうか。こうした問題意識から、ここでは、将来の展開を見据えて、五つの疑念を表明しておきたい。というより、現段階ではそうした表明にさしあたりとどまるしかない。

第一に、戦争を、人格が行う犯罪と理論的に同次元で扱うとするならば、いわゆる「精神異常抗弁」(insanity defence)が適用されるのだろうか、という疑念がある。すなわち、どう考えても正常な道徳観念あるいは正常な行為制御能力を欠いていると判断せざるをえないようなやり方で戦争が遂行された場合に、果たして、日本の刑法三九条のような、心神喪失者・心神耗弱者への免罪や刑の減軽が、戦争の実行者、あるいはもしかしたら戦争の実行「国」、に対しても適用されるのだろうか、という問題である。「人格モデル」で考えるならば、こうした問いはほぼ必然的に生じるだろう。そしてこの点は、第二の疑念へと結びつく。

第二に、戦争責任(その概念が意味を持つとして)は誰が負うのか、あるいは責任者が複数いるとするなら、責任はどのように分配されるのか、という疑念がある。戦争責任というのは、国家元首に、あるいは国家の政治的指導者だけに科すものなのだろうか。現場の兵士たちはどう処分すべきなのだろうか。しかるに、第一の疑念に連関するが、戦争時には、指導者も兵士たちも異常な状態に陥っている場合がある。たとえば、スコット・ペックの『平気でうそをつく人たち』によれば、ソンミ村虐殺事件のとき、アメリカ兵たちは「悪」の意識を失っていたというべきであって、それは集団心理の不思議さを示す例である、とされる。こうした場合、兵士たちへの責任の分配というのは、どのように考えればよいのだろうか。「人格モデル」で考える場合、「共犯」という概念も意味を持つはずで、こうした疑念が出るのは必定である。

第三に、そもそも戦争犯罪や戦争責任を「誰が」裁くのか、という問題がある。国と国が争う戦争に対して、公平な裁判官とは果たして「誰」なのか。戦勝国が裁くのは道徳的に正当なのだろうか。東京裁判の例を想起しても、道徳的にいって、戦勝国による裁判に何か違和感が伴うのは間違いない。かつてジョン・ロックが、戦争状態に対して正邪の判断をするには、究極的には、良心に従って「天に訴える」、とするやり方以外になく（Locke 1960, 2nd Treatise, Section 21 & Section 168）、真の判決は「最後の審判」を待つしかないと論じたが（Locke 1960, 2nd Treatise, Section 21）、実際、戦争でどちらが正義か、というのは勝敗で決するようなシンプルなものではないはずである。けれども、「戦後の正義」を論じようとする以上、「誰が」正義を判定するのか、というこの問題は決定的に本質的であり、避けて通りすぎることはできない。

第四に、いまロックの良心論と「最後の審判」の概念を引き合いに出したことに関わるが、そして本書第1章で指摘したことだが、そもそも人権とか、人権に沿って規定される限りでの人格という道徳的概念は、西洋由来、もっとはっきり言えば、キリスト教思想を負荷されたものにほかならず（See Panikkar 1982）、こうした思考の枠組みが果たして異文化にも普遍的に妥当するのか、という大いなる疑念が湧く。ロックに発する人格概念・人権概念は、神の被造物としての、神の似せ絵としての人間は、自らと人間種を維持していく義務があるとする自然法思想に基づいており、したがってそこでは自殺は禁止される。けれども、日本の武士道の、たとえば「常住死身」の思想などからすれば、自らの生命をいつでも大事にするという態度は倫理的に忌避さえされるのである。だとすれば、戦争犯罪・戦争責任を「人格モデル」の拡張で論じて、キリスト教文化圏とは異なる文化圏にもそうした捉え方を適用してゆくことにはいささか無理があると言うべきではないか。

第五に、デイヴィッド・ロディンが指摘しているように、個人の正当防衛と国家防衛とをアナロジカルに論じることは果たして適切なのか、というストレートな疑問がある。国家防衛というのは、刃物を持って襲いかかってくる人に対して正当防衛を試みるといった状況に比べて、もっとはるかに複雑なのではないか。ある国Aが領有を主張しているが、他国Bもその領有を主張した上でB国が実効支配しているような、ほとんど人間が住むに適さない島があったとして、それに対してA国は正当防衛としてB国に対して自衛戦争を仕掛けることが正当だといえるだろうか、という問題を例として考えてほしい。正当防衛という「人格モデル」は、国家レベルだと、シンプルに適用するというわけにはいかない事例が多々あるように思われるのである。

いずれにせよ、かくして、戦争について、そして「戦後の正義」について論じることには、実践的にはいうに及ばず、理論的・概念的にさえ、いまだ問題が山積しているというのが実相である。これにあたって、本章で私は、戦争と「戦後の正義」を論じるには、まずもって戦争にまつわる「事実」にのっとって、その上で「規範」を論じるという視線が必要であるはずだ、という姿勢をここで打ち出したかったわけである。そうした姿勢のもとで、おそらく「人格モデル」だけに依存しない思考回路を構築して、平時の殺人と戦争時の殺人との奇妙な懸隔を橋渡ししてゆくこと、それが求められている。ことは、加藤尚武の論じるような戦争と環境破壊との連関なども含めて（加藤 2003 参照）、なぜ人類保存を至上命題として果たしていかなければならないのか、という倫理の根源への問いにまで及ぶはずである。

8　「涙の哲学」への回帰

最後に、戦争についての以上の私の議論を踏まえるとき、本書の主題である「死の所有」の観念と「涙の哲学」の構想に関して何が見えてくるかについて、多少の検討を加えておこう。私の見込みでは、平時殺人と戦争とを事実として区別しておきながら、戦争の一定程度の正当性を平時殺人の理論的基盤となっている「人格モデル」で根拠づけるという、このねじれは、やはり相応の理由があって生じていると思われる。確かに、開戦決定や実際の戦闘行為の最中には、平時殺人とは異なる感覚が事実として発生しているのかもしれない。「正義」の観念が実際上機能しているのかもしれない。それがゆえに、平時殺人と戦争での殺戮との懸隔が発生するのだろう。しかし、何度も強調したように、事柄としては二つの場面は連続しているし、そして、ここでぜひとも最大限に注意を促したいが、戦後を迎えると、「結果として」、戦争と平時殺人とは濃密に連続してしまうのである。どういうことか。死体、戦没者、そうした戦後に到来する情景に関して、平時殺人との懸隔は事実として一挙に埋められてしまうということ、ここに私は鍵があると考えるのである。こうした、結果として平時殺人と融合しゆく宿命にあるという潜在的な見越しのなかで、戦争の殺戮に対しても、そうした融合に密かに牽引されることで、平時殺人のロジックと見なされている「人格モデル」が持ち込まれるのではなかろうか。もしそうだとしたら、第5章において平時殺人に関して析出された「死の所有」の観念のありようや、それに基づく「涙の哲学」のプログラムの構想は、決して戦争という領域によってキャンセルされてしまうわけではない、という次第が浮かび上がってくる。

ただ、私は、このように平時殺人と戦争の殺戮との間の融合を確認するにしても、それを促した「人格モデル」を単純に受け入れるわけではない。そうではなく、私は、前章までに論じたように、加害行為への対処に関して私が提起した立場、すなわち、「害グラデーション説」にのっとった「害中心システム」、それを洗練させて、「戦後の正義」の問題圏へと応用していくことを思い描いている。

いずれにせよ確かに、戦争の殺戮に関しては、「正義」ということが前に出やすく、第5章で論じたような、個々の死に対する「因果的哀切の想い」とか「害グラデーション」などは、どこかぱちんとはじけて、一切消失してしまっているかのように思われる。原爆投下を正義だといまでも信じる人々は、個々の死に対する眼差しなど持たないのかもしれない。けれども、いま述べたように、それは本当に消失してしまっているのではない。本当に個々の死に対する眼差しを持っていないのではない。単に、そうしたものを「一時的に」消失しているかのような装いをしているだけなのである。死体を現に見たり、戦没者のありようを知るとき、やはり戦争での殺戮も殺人なのだという再認識がいやおうなく発生し、何かが与えられてしまっていて、それを償いきれないという実感、すなわち「死の所有」の観念へと至る。個々の死に対する哀切と涙へと、誘引されていく。いや、「一時的」にせよ、そうした「死の所有」の観念がほぼなかった状態から、一挙にそれが回復されるという、著しいコントラストがここには生じるのだから、「死の所有」の観念はかえって一層際だった仕方で輪郭づけられるのである。戦没者への、際だって重い哀悼は、こうした事情に由来するのだろう。そういう意味では、つまり、「結果」まで考慮して全体を捉える限りでは、戦争は、「死の所有」の観念そして「涙の哲学」の構想にとって、決して圏外の主題なのではない。それは、やはり「涙の哲学」へと回帰していく、いやむしろ、見事に回帰してしまっている出来事なのである。

とはいえ、厳密に言えば、そうした回帰それ自体も「一時的」である。人々は、やがて哀切の想いを忘れ去り、再び正義の旗の下に戦争へと舞い戻る。それが人間の歴史である。これはどう理解したらよいか。引き出しうる帰結は一つであろう。「死の所有」の観念とは、いわば、うたかたの思いなのであり、時間のなかでたゆたう観念なのだということ、こうした不確実性の様態への気づきが導かれるのである。おそらく、こうした不確実性の様態の前では、希望を述べることのみがふさわしいだろう。私たちは、個々の死を想い、その「死の所有」の観念を知覚していこうではないか。そういう過ごし方をしたいし、してほしい。「事実」を踏まえ、そこに巣くう不確実性を見届けながらも、それを本性上越えていく「規範」を提示するには、まずもって、こうした希望文を言葉にして、そしてそれを態度としていかなければならないのである。そうした希望が実現されること、それは幸運であり、文字通り望外なる恵みである。

ところで、大量殺戮は、実を言うと、戦争の場面だけに発生しているのではない。戦争以上にもっと日常的かつ大々的に行われているのである。動物利用、がそれである。すなわち、動物実験、そして食用のために毎日行われる大量屠殺、これである。議論の流れとして、本書がこの問題を扱わないわけにはいかない。次には、章を改めて、この日常的な殺戮について論じていこう。

第7章　動物たちの叫び

——動物実験と肉食の彼方

1　隠蔽された日常性

肉料理が生き物の死を経たものであることは分かっていた。生き物が殺された結果であることが分かっていた。けれども、そうした肉料理に至るプロセスについて思いをいたすことはなかった。いや、正直にいうと、考えたこと、考えようとしたことは、あった。しかし、屠殺(1)の現場に立ち会ったことがなく生の経験がなかったこと、そして、そんなことを考え始めると、このおいしい肉料理が食べられなくなるのではないかという、うっすらとした自己欺瞞的な欲求があったこと、そうした状態のなかで、肉料理に至るプロセスについて深く考えることを意図的に封印していた。さらには、人間は食物連鎖の頂点に君臨する生物なのだから、動物を殺して食べることは自然なことであり、許容されることなのだ、という正当化さえ念じて、肉料理を味わっていた。

しかし、疑問が完全に消え去ってしまっていたわけではなかった。そのうち、馬と接し、犬と暮らしてゆくうち、動物のかわいさ、無垢な瞳、無邪気な仕草、を垣間見ることができるようになった。そして何よりも、彼らの「心」を直に感じるようになった。私の場合、そのことが、肉を食べる、という行為と表象として結びついていった。ここにある肉は、馬や犬と同じような純粋な「心」をもった哺乳類の殺された跡なのだ、という見方をするようになっていった。そしてある日、豚の屠殺場の脇をたまたま通りかかったとき、「ギャー」という豚の断末魔の叫び声（少なくとも私にはそのようにしか聞こえなかった叫び声）を聞いた。いやがおうでも、その場面を想像してしまい、身体が凍りついたようになった。何気なく食べている肉料理。どこのスーパーに行っても、何気なく売っている食肉。これはあまりに当たり前の日常的な風景である。けれども、その背後には、「ギャー」という動物たちの叫び声が巧妙に隠蔽されている。わざと、気づかれないよう、考えさせないよう、考えなくてもよいのだと思わせるよう、事実が秘匿されている。このことについて見方を裏返せば、そこら中に肉料理が行き渡っているということは、すなわち、畜獣が屠殺されているということこそ日常的な事態だということでもある。そうした日常性が、日常性であるにもかかわらず、隠匿されているのである。これを黙認していてよいのだろうか。人間は強者なのだからよい、と断言できるのだろうか。私には、いやしくも倫理や道徳の問題に関心を持つ人であるならば、このことについて考えずには議論を全うできないように思えるのである。こうして、試行錯誤しつつも、この問題との理論的かつ実践的な格闘がはじまったのである。

だが、さらにときが経ち、私は自分の、もっと深部にまで浸潤していた動物に対する欺瞞性に思い至らざるをえなかった。肉食の問題を日常的に意識した生活をするようになっていたが、それ以外の点で私の生活は以前と変わるものではなかった。つまり、現代文明の恩恵を思いっきり受けた生活をしているのである。朝起きれば、化学的に調整された歯磨き粉を使い、多かれ少なかれ食品添加物の入ったものを食べ、花粉症で苦しいときは薬を飲み、革靴を履いて出かける。女性ならば、出かける前に化粧をしもするだろう。何気ない日常の光景である。だが、実はここにも、裏返すならば、秘匿されたもう一つの日常性が潜んでいる。私は、そのことについても徐々に考えるようになった。革靴の場合は動物の直接利用であり、その限り肉食のケースと似ている。しかし、それ以外の場合には共通の、より裏側に隠蔽された秘め事としての日常性が存在している。すなわち、動物実験という日常性である。薬品、化粧品、食品添加物、これらは有効性や安全性を調べるために動物実験を経ているのが今日の通常の状態だし、法的にそのことが求められてもいる。動物実験をしていない、ということを謳い文句とする化粧品会社があったりするが、そんなことをいっても、化粧品製造以前に、個々の成分に関しては動物実験が行われているのが普通だろう。

では、果たして動物実験とはどのようなものなのか。これもまた、ひとたびそうした業界に入ればあまりに日常的な事態なのだが、屠殺と同様、一般的にはその内実はよく知られていない。本章では、前章までと打って変わって、以上のような「動物の死」の問題を扱う。そして、動物たちの叫びに促された、私の動物に対する思いと思考を、たとえ部分的にせよここで論じるに際して、まずはこの動物実験の問題を最初の手掛かりとしたい。ずっと気に掛けてこなかったという負い目もあるし、人間の動物に対する倫理のかかえる複雑さ、そしてそこに巣くう欺瞞性と矛盾性を露わにするのに大変適した主題だと思われるからである。

2　動物実験という問題

まず、「動物実験」という概念の意味について考えるところからはじめてみよう。ここで「動物」ということで何が名指されているのか。一般に「動物」という概念は、「植物」と並んで「生物」の概念を構成しており、アメーバやゾウリムシなどの原生動物から、昆虫、魚類、爬虫類、鳥類、さらには人間も含むところの霊長類まで、その範囲は非常に広い。けれども、「動物実験」がともかくも議論の主題になるときに、原生動物や昆虫類に関する実験が注目されることはあまり多くはない。その理由は、「動物実験」の多くは人間にとっての安全や効用を確認することを目的として行われるので、微生物や昆虫を実験対象とすることはその目的に適合しないからである。ナメクジにとって塩を掛けられることが致命的だとしても、それが人間に対する塩の影響に関して情報をもたらすことはない。こうした点で、どうしても「動物実験」で頻用され重宝されるのは、人間に近い哺乳類ということになる。[2]実際上は、マウス、ラット、モルモットなどが多用されているが、数は少ないとしても、犬や猿も使われることがある。人間に対する類推的知見を得るためには、どうしても猿などの霊長類を実験対象にする必要のある文脈もあるのである。

しかし、では鳥類はどうだろうか。毒物の効力を知るために鳥を実験対象にすることで、一定の情報が得られるのではないか。あるいは、魚類はどうか。軟体動物はどうか。おそらく、軟体動物辺りになると、「動物実験」の対象としての適格性は、実験の目的に応じても、「動物実験」という言葉に対する各人の捉え方に応じても、いろいろと揺れ動くだろう。[3]同時に、「動物実験」に対して私たちが感じる何らかの問題性という点についても、軟体動物辺りは、受け取り方は微妙であろう。このように、「動物実験」に何らかの問題性を見取って主題化するという文脈において、問題性を負荷されてあぶり出される「動物」の範囲には、境界線事例、すなわち、主題化されるべきかされなくてもよいかどちらとも言い難いというような事例が、ある。つまり、ここでの「動物」としての地位には「程度」があると思われるのである。

同じことは「実験」の概念にも当てはまる。「実験」というからには、人間の側で実験対象に人為的に介入して、対象に何らかの影響を与えることが概念上必要だろう。したがって、自然に生活している動物を単に観察するような事態は「実験」とは言えない。しかし、そうした制限があるにしても、「実験」の概念が作る外延は広い。野生の動物の背中に信号を発するチップを埋め込んで、再び自然のなかに放し、活動範囲を追跡するといった、当の動物に与える影響が最小限ですむような場合から、檻や箱のなかに動物を入れてさまざまな条件の下でその生態や反応を観察するといった場合を経て、意図的に傷つけたり、生体解剖したり、殺したりするような場合に至るまで、動物についての「実験」のなかに包摂することができるだろう。それならば、捕獲した動物を、その動物がもともと生存していた場所とは異なる気象環境の所に単に放して（チップなど埋め込まずに）その後の状態を観察する、といったことは

「実験」だろうか。あるいは、野生のキツネに（大量ではない）若干量のビールを飲ませてどうなるかを見る、というのは実験だろうか。この辺り、実験であるとも実験でないとも、どちらとも言い難いのではないか。一般に、動物実験には、研究、試験、教育の三つの領域があり、実験目的もさまざまである。京都大学霊長類研究所のチンパンジーなどは、認知能力や行動の研究の実験のために利用されており、解剖されたり殺されたりはしない。しかし、もちろんこれもまぎれもなく実験の一つである（こうした論点に関わる動物実験の歴史と実際の現状については、伊勢田（2008）第五章が大変に明快で参考になる）。いずれにせよ、こうした意味で、「実験」もまた、境界線事例を許すのであり、「程度」、つまり「実験」として問題にすべき「程度」、が語られるべき概念なのである。

このような、「程度」を許すという「動物実験」の性質はこの問題にとって本質的であると、私は捉えたい。それへの考慮なしに「動物実験」の問題を論じるのは、私たちの理解の記述的現実に対応しないと思われるからである。そしておそらく、この「程度」の問題は「動物実験」についての規範的な態度にも大いに関わっているとも思われるからである。つまり、「動物実験」の問題は、すべてを一緒くたにして一律に論じることには適さない話題だと、よって、「程度」を考慮しつつ「動物実験」について検討することが理論的に求められていると、そう私は述べたいのである。

3　動物実験のモラル

以上、「動物実験」にまつわる「程度」の問題の存在を指摘したが、もちろん、境界線事例の対極には「動物実験」という概念にぴったり当てはまる典型的な事例が多数存在する。例証は事欠かないが、ここでは、いささか古い事例だが、シンガーが『動物の解放』の初版で紹介している米国インディアナ州ミード・ジョンソン研究センターおよび英国ハンチンドン研究センターにおける以下のような毒性学に関する実験を具体例として引証しておこう。

九六頭の兎、一六頭のアカゲザル、八頭のリスザル、五匹の猫、三七六匹のラット、そして頭数の記載はないが犬とマウスを用いてメシル酸アミデフリン（鼻の充血抑止剤）の急性毒性について研究した。この物質は動物に経口、注射、鼻孔注入によって投与され、さらに兎の眼と陰茎に対する刺激性のテストを行った。ラットとマウスは、投与経路にかかわりなく、筋肉の協調運動機能を失い、眼は流涙し、眼球は突出した。さらに致死量を投与すると、唾液の分泌、痙攣、鼻と口のまわりの出血が起こった。兎も同様の兆候を示した。猫は鼻からの多量の水性分泌物の漏出と下痢、嘔吐を示した。犬は筋肉の協調運動機能を失い、唾液を分泌し、下痢をした。これらすべての種について、ＬＤ50値が測定された。（*Toxicology and Applied Pharmacology* 23(4), 1972, p.589. See Singer 1975, pp.49-50）

ＬＤ50値とは、それを動物に与えた場合に半数が死に至る量のことであり、「半数致死量」と呼ばれる値のことである。シンガーが引いているこのデータは確かに古く、実際二一世紀の現在では、ＬＤ50値を求めるテストについては、世界的には廃止の方向に向かっている（伊勢田 2008, p.187参照）。動物に対してその福利を考慮するというのは、日本ではあまり根づいているとは言えないが、今日の世界の趨勢であり、ラッセルとバーチ以来提唱されている３Ｒ、すなわち動物実験以外の代替法を極力用いようとする「置き換え」(replacement)、実験に使う動物の数を極力減らそうとする「削減」(reduction)、動物たちの苦痛を最小限にする既存の技術を極力用いるという「洗練」(refinement)、といったスローガンを旗印にして、それなりに推進が試みられているのである（See DeGrazia 2002, pp.111ff.）。しかし、そうはいっても、毒性についての実験を行わなければならない限り、学問の特性からして、行われる実験の趣旨は現在でも大枠は同様であると言ってよいだろう。動物は、やはり使用されるのであり、定義上、毒性反応を示すはずなのである。同書からもう一つ、実験心理学の次の実験も引証しておこう。

ラットが電流を通じた金網の上をわたるまで、食物と水を得られないようにした装置を設計した。他の一群のラットも同様に食物と水を剝奪されたが、金網の上をわたる機会は与えられなかった。さらに別の一群は、食物と水を剝奪されずに、ただ電気ショックを与えられただけだった。実験が終わってから動物を屠殺し、胃に潰瘍ができているかどうか検査した。えさの剝奪とショックとの間の葛藤を経験させられた群のラットに、最も多くの潰瘍ができていることが分かった。(*Journal of Comparative and Physiological Psychology*, 49(5), 1956, p.457. See Singer 1975, pp.39-40)

こうした典型的な動物実験のありさまを知らされたとき、私たちはどう感じるだろうか。こうした実験によってもたらさせる情報に一定の「効用」や価値があるだろうことは理解できるし、その限り一定の正当化ができるかもしれない。実際、毒物はこの世界に存在し、毒性の研究は必要なのであって、そのためには毒性反応を検証しなければならないのである。それが人間の営んできた科学なのである。しかし、ここで実験対象とされた動物たちに対して、いかなる意味でも道徳的配慮を一切必要としない、単なる石ころと同じものだ、と思う人はいないのではなかろうか。動物のストレスの受け具合いを知るため、わざと強いストレスを与えて、最後に屠殺して、潰瘍を調べる。こうした実験を、石材の切断作業と同じレベルの、一切道徳には関わらない、中立的な営為であると、そう感じる人などいないのではないか。効用によるどのような正当化がありえようと、事実としてこれは紛れもない動物虐待なのであって、それを「研究」の名のもとに、しかもおそらく公的な研究資金の援助を受けたりしながら行うというのは何かがおかしいのではないか、と感じるのはごく普通の感覚だろう。けれど、もしかしたら実験者のなかには、そうした道徳的感覚を持たなくなってしまっている人もいるのかもしれない。最初は違和感があっても、慣れてくる、ということがあるのかもしれない。しかし、一般の人たち、そして道徳や倫理に意識的に関心を持つ人たちは、そのように受け入れることができない。トム・リーガンはこの辺りの事情を次のように喝破している。

真剣に道徳を考えている人で、動物というものは私たちの好きなように扱ってもよいものなのだ、という見解を受け入れる者などまったくいない。適正な道徳的制限が動物たちの扱いに関して適用される、ということにすべての人が同意する。（Regan 2004, p.150）

さらに言えば、動物虐待は、犯罪心理学においてつとに認められているように、虐待を行う人間の犯罪可能性を示唆する現象でさえある。精神医学者の福島章の言葉を引いておこう。

動物虐待という行為は、単なる趣味・嗜好ではない。犯罪心理学的に見れば、殺人、対人暴力犯罪、児童虐待、家庭内暴力（ＤＶ）、財産犯罪など、対人暴力を中心とする広範囲の犯罪行動を予兆する重要なサインである。また、快楽殺人者の過去に発見されることが多い行動としても、特に注目すべきサインなのである。（福島 2005, p.17）

実際、犯罪心理学などを引証しなくとも、動物虐待が残酷性・残忍性の表れである、というのはごく当たり前の捉え方だろう。すなわち、動物実験はそれ自体として動物虐待なのであり、それはそのものとして道徳的問題性を孕み、さらに動物虐待はその行為が示唆する事柄からしても負的なものであって、避けるべき事態であると、そのように考えられるし、感じられるのである。私は、一般の人たちが抱く、こうしたごく当たり前の直観を真剣に受け止めなければならないと思う。こうして、動物実験に関して「モラル」が主題化されなければならないことになる。

4 「モラル」を語ること

けれども、このように述べたからといって、したり顔で、動物実験を行う研究者に対して批判を向ける、という形で議論の方向を定めることはできない。事態はそんなに単純ではないのである。というよりも、「動物実験のモラル」という主題は、動物実験の現場を問題化することによって、かえってモラルを語っている糾弾者当人へと問題性が跳ね返ってきて、ここに潜む根の深い欺瞞の構造が露呈される、という構造のもとにある。ほかでもない、現代に生きるすべての人が、単に日常生活を送っているというそのこと自体において、医薬品や食料品を通じて陰に陽に動物実験の恩恵を現実に受けてしまっているということ、にもかかわらず、そのことにはさしあたり注意が届かず、単に動物実験の実態の一部を知らされて道徳的な嫌悪を感じるだけという自己矛盾的で偽善的にさえ響くあり方、それを私は指摘したいのである。

つまり、事態はこういうことである。まず事実として、動物実験には確かに効用があり、私たちはそれを現実に享受している。しかし同時に、私たちの心理的事実として、動物実験に対して道徳的問題性を感じ、嫌悪の念を抱く。言い換えれば、動物実験などしない方がいいに決まっているのは誰も分かっているのだけれども、人間の生活という点で仕方なく必要性が生じているのだ、というのが現実なのである。してみれば、私たちが問うべき理論的課題は次のようになろう。動物実験とは一定の条件下で許容される必要悪なのか、それとも、あれば役には立つけれども、そうした効用などでは到底打ち消せない、したがって効用を断念してでも廃止すべき、道徳的悪なのか。これは、すでに論じた死刑や戦争に関する倫理的問題とどこか似ている。死刑や戦争も、秩序や正義を守るという効用が一方で言い立てられると同時に、それ自体の負的性質も明らかで、廃止や放棄が言挙げされているからである。さらに加えて私は、動物実験に関して私たちが向かうべき実践的課題も提示しておきたい。すなわち、動物実験が抱える道徳的問題性に対する理論的検討に沿って、動物実験を抑制したり廃止したりすることを実践すること、少なくともその実践に向けた態度を示すこと、である。もし理論的に抑制すべきとか廃止すべきとかの帰結を導いたとして、そう論じながら、何ら実践にそれを反映させず、これまで通りの日常生活を送ることは、結果的に現状を追認することであり、事実として理論的考察に反した実践を遂行することなのである。とりわけ日本人の場合、原理原則はこうだけれども実際にはそうすることはなかなかできない、というような根拠のない現状維持の態度を取ってしまうことが多いが、そうした態度はときによっては道徳的悪に荷担することになってしまうことを銘記すべきだろう。

とはいえ、実は、以上のような述べ方も厳密ではない。というのも、すでに指摘したように、「動物実験」という概念は「程度」を許すのであり、それゆえ「動物実験のモラル」もまたそうした事情の反映として「程度」が語られうる、語られねばならない問題であるはずだと思われるからである。つまり、「動物実験」というように一括りにして、許容されるか、それとも道徳的悪であり廃止されるべきか、という二者択一で応じてゆくことは私たちの理解の現実に沿わないし、おそらくは規範的にも適切でないと思われるのである。そもそも私たちが直観的に感じる動物実験の問題性は、動物を道具のように扱い、事実として虐待を加える、という点にある。すなわち究極的には、動物を虐待したり、屠殺したりすることの問題性が根本にある。しかるに、では、いかなる動物も人間の勝手な都合で殺すことは問題性を孕むというべきだろうか。バクテリアはどうか。ノミはどうか。ゴキブリはどうか。ヤブ蚊はどうか。こうした生物・動物に対して私たち人間は、まったく人間の都合から、言ってみれば殺戮を繰り返している。

もちろん、仏教などある種の宗教の立場からすれば、いかなる殺生も行うべからず、ということにもなるし、昆虫を殺めるときにも「後ろめたさ」や罪の感触を感じるという感覚、普通は罪として言挙げされないような日常性・平均性となっている「殺すこと」、それを哲学や思想が考慮に入れる余地を持つことの重大さについては、私自身、第

4章の冒頭で指摘した。けれども、冷厳な観点からすれば、昆虫を実験対象にしてその結果その昆虫を殺してしまうことと、犬やチンパンジーに同じことをするのとでは、それらが等しく「動物実験」だと言われうるとしても、その問題性にはまさしく程度の差があるというべきだろう。これは私たちの受け取り方の事実としてそうだろうし、規範的にもそうならざるをえないと思われる。病人に対してできるだけ慈しみ治癒を促すようにすることが規範的な意味で医師の道徳的責務だろうが、そのとき、その病人の安眠を犬がベッドにつきまとって妨害しようとしているとき、犬を遠ざけようとするにしても、犬を殺すことは規範的に求められることはないはずである。けれども、ヤブ蚊がその病人の周りにつきまとい安眠を妨害するときには、絶対にとは言えないまでも、そのヤブ蚊を駆除することが規範的に求められると考えることができるのではないか。ましてや、病人の身体に入り込もうとするバクテリアの類については、その駆除が強い意味で規範的に求められていると言えるだろう。そうした意味で、事実的にも規範的にも、動物実験の問題性の根底にある動物虐待や屠殺に関するモラルには軽重の程度があると言わねばならない。繰り返しになるが、私はこうした程度のありようを考慮に導き入れることが、「動物実験のモラル」ということで求められていると考える。

5　義務説

さて、それでは「動物実験のモラル」を理論的に解明してゆくには、どのような道筋がありうるだろうか。この点については、すでに触れたトム・リーガンの与えている見取り図が分かりやすいので、それを参考にしながら大まかに整理しておこう。リーガンによれば、動物についての道徳には、まず、「義務」の概念に基づく立場、すなわち「義務説」(duty view) がありうる。リーガンはさらにそれを「間接的義務説」(indirect duty views) と「直接的義いかなる義務も負っていない。むしろ、動物たちは一種の媒介であって、動物たちを通じて、私たちは非動物、すなわち、私たち自身、他の人間、あるいはある種の見解に立てば、神、に対して負っている直接的な義務を果たすのに成功したり失敗したりするのである。よって、この立場に従えば、私たちは動物たちを包含する義務を有しているが、動物たちに対する義務を有してはいない」（Regan 2004, p.150）。たとえば、絶滅危惧種の動物を保護する義務というのは、それらの動物たち自身に対する義務ではなくて、将来の世代の人間がそうした種の動物を見て楽しんだり、知識を増大させたりするようにするために負う、そうした人間に対する義務なのであって、そういう意味で動物に対しては間接的な義務なのである（Regan 2004, p.151）。リーガンは、この種の見解の代表として、ロールズやカントの議論を挙げ、詳しく検討している。

次に、リーガンのいう「直接的義務説」だが、これは文字通り、人間のためというクッションなしに、私たちは動物たちに対して直接的に義務を負う、という考え方である。リーガンは、この「直接的義務説」を「残酷・情愛説」（the cruelty-kindness view）と「行為功利主義」（act utilitarianism）との二つに分けて検討する。「残酷・情愛説」とは、端的に、私たちは動物たちに対して残酷なことはするべきでなく、情愛をもって接するべきである、と主張する立場である（Regan 2004, pp.196–200）。そしてこの文脈での「行為功利主義」とは、動物たちを愛護的に扱うという個々の行為が世界全体の快適さを増大させるのだから、私たちは動物たちに対して愛護的に接する直接的義務がある、という考え方である。リーガンは、「行為功利主義」を「快楽主義的」（hedonistic）なものと「選好」（preference）によるものとに細分した上で検討し（Regan 2004, pp.200–231）、特に、「選好」に基づく「行為功利主義」による「直接的義務説」の代表としてシンガーを取り上げ、詳細な吟味を加えている（Regan 2004, pp.206–226）。

けれども、リーガンはこうした「義務説」に対してははっきりと批判的である。まず「間接的義務説」に対しては、人間と動物の道徳的地位の区別に関して根本的に「恣意的」(arbitrary) である、とする。リーガンが見るに、この「間接的義務説」の立場は、少なくともまずは、「道徳的行為者」(moral agent) 相互に関して、「各個体に危害を与えないという直接的なさしあたりの義務を私たちは有す」(Regan 2004, p.187) とする「危害原理」のような原則を始めに立てて展開されていると考えられる。けれども、こうした原則は、「道徳的行為者」とは言えない「道徳的受動者」(moral patient、患者、新生児、重度の障害者、動物など) に対しても適用されるのか、という問いに対しては、間接的義務説はどうしても恣意的な対応しかできない。道徳的受動者にも危害原理が妥当すると思われる場合が存在するからである。ということは、すなわち、そうした「道徳的受動者」に属すると考えられる動物に対しても、「危害原理」は直接適用されるべきだということになりうる。つまり、間接的義務説は、動物に対して間接的な義務しか負わないと言っておきながら、その理論を整合的に貫いていくと、動物に対しても直接的な義務を負うということに至りうるのだ、というわけである。そうすると、「すべての間接的義務説は、定義によって、私たちは道徳的受動者に対して直接的義務を有するという見解を否定するがゆえに、いかなる間接的義務説も十全なる道徳理論を提供することはできない」(Regan 2004, p.193) ということになる。つまり、間接的義務説は、結局は動物に対しても直接的義務を語る羽目になり、「間接的」義務説としては成立しえないか、さもなければ道徳的受動者への直接的義務をすべて否定するという反道徳的理論になってしまう、とする批判である。

しかしさらにリーガンは、「直接的義務説」に対しても手厳しい批判を加える。「残酷・情愛説」は、「残酷」や「情愛」が行為主体の感じ方あるいはあり方に依存する点で、道徳的主体の感じ方を行為の道徳的評価と混同していると批判される (Regan 2004, p.198 etc.)。シンガー的な「行為功利主義」に対しては、隠蔽された屠殺の場合や、動物たちに危害を加えることが全体としての善の集積を増大させてしまう場合には、「行為功利主義」は動物たちへの危害を正当化してしまうと論難する (Regan 2004, pp.228–229)。

6　動物権利論と動物解放論

こうしてリーガンは、「義務」の概念ではなく、個々の主体の固有な価値に基づく「権利」(rights) の概念に訴えて動物に対する道徳的配慮の問題を考えるべきだという見解に至る。[4] リーガンは、固有な価値をもつ道徳的主体を識別する要件として「生活主体基準」(the subject-of-a-life criterion) を提示する。それは、単に生きていることとか意識していることだけでなく、信念や欲求をもち、未来感覚をもち、選好や福利への関心をもつことなどを含む、とされる (Regan 2004, p.243)。そうした要件に適う主体が「権利」の主体なのである。ここでいう「権利」(「動物の権利」も含めて) は、「普遍的」(universal) であり「平等であり」(equal)、よって「道徳的権利の所有は程度的には現れない」(Regan 2004, pp.267-268)、すなわち動物を含むすべての権利主体は等しく同身分のものとして尊重されなければならないのである。[5]

とはいえ、以上のようなリーガンの見取り図が完全に的を射てるかどうかは議論の余地があるだろう。もともとからして、「権利」の概念自体が多様な問題性を抱えているし、加えて、8節でもう一度触れるが、リーガンのいう「生活主体」(subject of a life) に分類される動物の区分についての曖昧性がどうしても気に掛かるからである。実際上、リーガンの批判するシンガーの議論の方が、かえって影響力が大きいとも言いえる。ただ、シンガーの議論とリーガンの議論とはそれほど厳格に区別されずに、むしろ動物に対する道徳的配慮を喚起するのに相乗効果をもたらしていると思われる面がある。シンガーの主張は、その著書の題名が示すように、「動物の解放」を目指すものである。「解放運動は、人種や性のような恣意的な特性に基づく偏見と差別に終止符を打とうとする要求である。その古典的な実例は黒人解放運動である……本書の目的は、読者に対して、一つの非常に大きなグループ、すなわち私たち自身以外の種のメンバーに対する態度と実践についての心のもちようを変更するよう導くことである」(Singer 2002, pp.xxii-xxiii)。つまり、過去の歴史において、奴隷解放、農奴解放、女性解放といった解放運動が行われ、(一定程度?)達成されてきたが、そうした運動の延長として、動物解放を提起する、という趣旨である。シンガーの議論の基盤はきわめてシンプルである。それは、動物たちは苦痛を感じることができるので、道徳的配慮の対象としなければならない、というものである。シンガーは次のように言う。

> 他の人間たちの苦痛を推論するよう私たちを導く外的兆候のほとんどすべてを、他の種においても認めることができる。とりわけ私たちに最も密接に関係している種、すなわち哺乳類と鳥類に認めることができる。そうした行動の兆候には、身もだえ、顔をゆがめる、うめき、悲鳴あるいはその他の叫び、苦痛の源泉を避けようとする試み、苦痛の繰り返しを見越したときの恐怖の表情などが含まれる。加えて、これらの動物たちが私たちの神経システムと大変に似た神経システムをもっていることを私たちは知っているのである。(Singer 2002, p.11)

だが、確かに、リーガンが指摘するように、シンガーは「権利」の概念に訴えることには消極的である。「道徳的議論の真の重要性は権利の存在を主張することに掛かっているのではない、というのも、かえって権利の存在の方が苦しみと幸福を受ける可能性に基づいて正当化されねばならないからである……権利の言語は便利な政治的速記である……動物たちに対する私たちの態度を根本的に変えるための議論にとって、権利の言語は決して必要ではない」(Singer 2002, p.8)。こうしてシンガーは、苦痛に関わる利害を軸に据えて、功利主義的な観点から動物解放論を展開する。ここで浮上するリーガンとシンガーの相違は、自然権論と功利主義という倫理学上の大きな対立におおまかに対応していると言うことができるだろう。

けれども、シンガーの権利概念に対する言い方を素直に受け取る限り、動物実験などにまつわる動物の倫理を論じるに当たって「権利」を鍵概念として持ち込むことはシンガーの議論に反することにはならないはずである。よって、私は、「動物実験のモラル」を論じるに際して、「動物の権利」の概念を基軸に据えてゆきたい。実際、樫則章が指摘するように「シンガーとリーガンの基本的な考えはまったく異なるが、議論の構造はよく似ている。すなわち、人に関する道徳的主張を、動物が人と類似しているかぎり、動物に拡張しようという構造である」（樫 2006, p.47）。それに、今日、動物に道徳的配慮を加える立場一般が「動物権利論」と総称されているのが現状であり、そうした意味でも「動物の権利」を主題化することに大きな誤りはないはずである。

7　自体的「動物の権利」

以下、私なりの整理の仕方で、「動物の権利」の概念が有意味となりうる二つのアプローチを提示して順次検討してゆき、それを踏まえて動物実験に関する私自身の論点の展開へとつなげたい。私の理解では、リーガンとシンガーの議論も含めて、「動物の権利」が問題にされるとき、その「権利」の帰属場所（シンガーに即して厳密に言えば、「解放」されるべき主体の帰属場所）が動物たちにあるのは当然としても、そうした「権利」主張の主体（シンガーに即せば、「解放」主張の主体）は何なのかについては特に問題化されてこなかったように思う。私のいう二つのアプローチは、こうした「権利」主張の主体のありかという観点から分けた二区分であり、それゆえ、リーガンとシンガーの議論にそのままぴったりと対応しているわけではなく、彼らの議論と交錯する形での区分である。

まず第一に、自体的「動物の権利」アプローチと呼べる立場がありえるだろう。すなわちそれは、動物それ自体が端的に道徳的権利主体である、つまりは person（猿格、マウス格など?）であると捉える立場のことである。この場合、動物たち自身が、苦痛の叫びやうめきを通じて、みずから「権利」主張を行っているというように表象される。おそらくリーガンの考えはほぼこれに近いだろうと思われるが、道徳的権利主体であることの要件をリーガンのいう「生活主体基準」として解すると、いささか制限がきつすぎて、実験動物の一部にしか当てはまらないように思える。むしろ、権利主体の基準を「苦痛を感じることができ、それを叫びなどによって何らか表現できる」というように、シンガー的にゆるく取った方が、「動物の権利」という概念に説得性が生まれやすいだろう。いずれにせよ、この自体的「動物の権利」の立場に立った場合、動物たちそのものが権利主体なのだから、苦痛を加えるいかなる動物実験も不正である、ということになるはずである[6]。権利主体に苦痛を加える行為が不正にならないのは、苦痛を加えることでしか権利主体の person が守られない場合だけであろう。たとえば、緊急的な病気やけがの治療などである。権利主体に苦痛を加えること、極限的には権利主体を殺すこと、を権利主体自身が望んでいる場合（自殺あるいは自殺幇助）については、ここでは論じない[7]。ともあれ実際、「権利」の概念は、一旦それが認められたならば、それは種全体の考慮などは排除して当の個体に焦点を合わせて適用され尊重されるべきという「個体中心性」を持ち、しかも他のことよりも何よりも最初に考慮されるべきという「優先性」をも持つ、という特性を有している（長谷川 1991, pp.20–30 参照）。よって、その意味でも動物が文字通り権利主体ならば、たとえ実験の途中の過程においていかに実験対象の動物の「生活の質」を考慮するとしても、最後に自由を奪ったり、苦痛を加えたり、屠殺（たとえ安楽死だとしても）してしまったりするならば、それは端的に道徳的不正であると言えるだろう。

　道徳的主体のあり方の古典的な捉え方としては、カントの考え方が代表的であり象徴的でもある。カントもまた、すでに私が用いた用語法と合致して、「Person」を道徳的主体として捉える。『人倫の形而上学』においてカントはいう、「Person とはその行為に対して責任を帰すことができる主体である。それゆえ、道徳的な Person 性は道徳法則のもとでの理性的存在者の自由以外の何ものでもない」（Kant 1968, S.223）。言い換えれば、自由と責任が帰せられる道徳的主体、それが「Person」なのである。ここでの「自由」はもちろん自由に行為する「権利」を事柄として含意する。そしてカントは、『人倫の形而上学の基礎づけ』では次のように確言する。

さらに私たちの意志によってではなく、自然によって存在する存在者も、もしそれが理性をもたない存在者であるならば、手段（Mittel）として単に相対的な価値をもつにすぎず、よって「物件」（Sache）と呼ばれるが、それに対して理性的な存在者はPersonenと呼ばれる。というのも、それらはその本性によって、目的自体（Zwecke an sich selbst）として受け取られるべきこと、すなわち単に手段としてのみ用いられてはならないものであることを明示しているからである。（Kant 1965, S.51）

こうした古典的かつ伝統的な道徳的主体としてのperson概念に従う限り、すでに論じたように、一旦personと認められた存在者は、独立した一つの権利主体として遇されねばならない。それゆえ、ここでいう自体的「動物の権利」が承認されるならば、何の落ち度もない動物たちに苦痛を加えることは端的に不正だ、ということになる（以下、本章ではpersonを「パーソン」と表記することにする）。

もっとも、ここで誤解を避けるために急いで強調しておかねばならないが、カント自身は動物をパーソンとは認めていない。『コリンズ道徳哲学』のなかでカントは次のように述べている。「動物は自分自身を意識していないがゆえに、すべての動物はたんに手段としてだけ存在し、それ自身のために存在するのでないのに対し、人間は目的である――私は、人間はなぜ存在するのかと、その目的をもはや問えない。動物の場合には問いうるが。――から、われわれは動物に対して直接的には義務をもたず、むしろ動物に対する義務は人間性［人類］に対する間接的な義務なのである……動物に対して上記のような残酷な行いをしている人は、人間に対しても同様に無感覚になっているからである」（カント 2002, p.269）。要するにカントは、動物はパーソンではなく、道徳的配慮を動物に対して直接与える必要はないが、動物虐待は人間への残酷性をも暗示するゆえに、動物は人間に対する義務の媒介にはなりうると、そう考えているのであり、リーガンの区別でいうところの、「間接的義務説」を明確な形で打ち出しているのである。

8　権利の競合

いずれにせよ、自体的「動物の権利」は、その「権利」主張の主体のありかの指定として当然ありえる道筋だし、きわめて明快で紛れのない立場である。けれども、この立場にはいくつかの困難が直ちに発生してしまう。第一に、この立場は、いわば原理主義的で、動物は一個の権利主体であるという確言に基づいているがゆえに、安定的であって普遍化が容易に可能な、倫理的立場として形式的に整った考え方ではあるが、構造上どうしても「程度」が考慮されにくいという難点があると言わねばならない。リーガンの主張はこの自体的「動物の権利」の立場に近いが、すでに引用したように、権利が一旦認められると、「道徳的権利の所有は程度的には現れない」（Regan 2004, p.268）ということになる。たとえば、五〇パーセントの権利主体性、といった捉え方は、動物自体が権利主体である、という主張からは導きにくいのである。「権利」は、個体中心的であるがゆえに、つまり個体性によって構成されているがゆえに、分割したり部分を計量化したりすることに馴染みにくいからである。

しかるに、何度も指摘したように、動物実験に関しては、チンパンジーの場合、軟体動物の場合、原生動物の場合、といった状況に応じてその問題性に明らかに「程度」があるし、さらには「実験」の内容に関する問題性にも明白に「程度」があり、主題化するべきかどうかについての境界線事例を許す。実をいえば、リーガン自身もこうした点は気に掛けていて、アメーバやゾウリムシが「生活主体」ではないのは確かだとしても、系統発生論的に言ってどこから「生活主体」が現れるかについて確定的な答えを与えられる人はいない、としている（Regan 2004, p.xvi）。しかし彼は、「動物」という語で「一歳以上の心的に正常な哺乳類」を表すとして、主題を限定する（Regan 2004, p.xvi & p.78）。けれども、このように限定してしまうと、議論の内的整合性は保てるかもしれないが、鳥類や両生類を使った実験に対して私たちが抱く、チンパンジーや犬を使った実験ほどではないにせよそれなりの重みをもった、素朴な感覚をくみ取れなくなってしまう。つまり、「程度」を扱う機構を欠いてしまうのである。いずれにせよ、自体的「動物の権利」の立場がこうした「程度」の様相を扱えないとするならば、そのような立場は「動物実験のモラル」確立の基礎として不十分であると言わねばならない。

さらに第二に、果たして動物たちは私たちと本当に同じ質の苦痛を感じているのだろうか、という哲学的困難性が発生する。この困難性は、哲学でいう「他我問題」あるいは「他人の心」という問題と同構造であり、その意味で、私たちと動物の間のみならず、私たち人間同士の間にも発生する問題ではある。けれども、動物は私たちと同じ言語を用いず、理性的な相互了解の道がない、という点で、やはり明らかに苦痛の質というもののあり方は人間同士の間よりもさらに不確実にしか分からないと言うべきだろう。実際、お尻に大きな腫瘍をぶら下げながら散歩を楽しそうに享受している犬などを見かけることがある。同じ状態に人間が陥っている場合ならば、気が滅入ってそのような散歩の享受などはしにくいだろう。こうした問題は、おそらく、動物行動学や動物生態学などの実証科学の知見に拠って何らかの解明を与えていくしかないのかもしれない。つまり、実証科学の知見に合致するように苦痛感覚という概念のありようを修正して、自体的「動物の権利」の概念を維持する、というようなやり方である。しかし、「動物実験のモラル」という主題は本質的に倫理的な問題なのであり、したがって、伊勢田哲治の指摘するように、それの根拠を実証科学に全面的に求めて「その場しのぎで理論を手直しすればいいというものではない」のであって、実証科学と独立の倫理的な主張なしに科学的知見に左右されるのならば「ほんとうに何でもありの、役立たずの方法論になってしまうであろう」(伊勢田 2001, p.182)。苦痛の受容力を倫理的な次元で捉え返す語法が求められているのである。

以上の第二の困難性と連動するもう一つの点は、確かに動物たちは苦痛のうめきや叫びを発しているように聞こえるが、私たちの言語を用いて苦痛を訴えているわけではない、よって動物たちは「権利」を主張したり訴えたりしているとは言えない、したがって動物たちに自体的に属す「動物の権利」を想念する必要性はないのではないか、という疑問である。これは「権利」の発生根拠に関わる問いであり、それについては後述するが、少なくともここで二つの論点を挙げておこう。一つは、この問題は「動物の言語」という問題系と連動し、したがってやはり動物行動学などの実証科学と関わらざるをえないが、前段で論じたのとまったく同様に、問題を実証科学に委ねてしまうことは筋違いであるという点である。実証科学の知見を取り入れつつも、「権利」についての主張や訴えの意義を実証科学とは別に輪郭づける必要がある。もう一つは、いわゆる「マージナル・ケースの問題」と呼ばれる議論についてである。すなわち、動物たちは「権利」を主張しえないではないか、だから「動物の権利」を認める必然性はない、という議論をもし受け入れるならば、乳幼児や重度の障害者もまた「権利」を主張しえないので、彼らの「権利」を認めなくてもよい、という議論も受け入れねばならなくなるのではないか、という問題点である。この点をどう捉えるかは「動物の権利」の問題にとって大きな試金石になるだけでなく、「権利」概念それ自体に対する解明の糸口ともなる。これについても後述する。

さらに第三の困難性は、権利の競合の問題である。自体的「動物の権利」を認めた場合、それはそれ自体として優先されるべき重みをもつことになるが、そうはいっても、たとえば畜産動物は畜産農家が所有権をもっているところの財産でもあり、両者の権利は競合関係に陥ることになる(プリングル 1995, p.52 参照)。同じような競合は、動物実験を行う研究施設の実験動物への所有権と自体的「動物の権利」との間にも生じるだろう。こうした場合、どちらの権利が優先されるべきなのか。どちらかを優先すべき、とする判定基準があるのだろうか。この問題性は、人間を奴隷として所有している人がいる場合にたとえることができる。こうした状態のときに、突然「人権」が普遍的に認められ、奴隷は禁じられるとしたら、もとの奴隷の所有者がおそらくは多額の代価を払って獲得した奴隷所有権はどうなるのか。その所有権は、人権に反するから、直ちに無にしてよいのか。ならば、代価を得て奴隷を売り払った人の、その獲得した代価もまた無に帰させねばならないのではないか。あるいはさらに、奴隷の売人が獲得した代価で食品を購入したならば、食品を売っていた人が得た収入も無に帰させねばならないのではないか。こうした想定から類推されるように、自体的「動物の権利」を文字通りに承認するということは、少なくとも現状では、社会の経済システムなどの過激な破壊をもたらしうるのであり、それゆえそうした破壊や変革に対してどう対応するのかという方策なしに自体的「動物の権利」を持ち込むことは実際上空論にすぎない、という困難性がここに浮かび上がるのである。

9　派生的「動物の権利」

さて、「権利」主張の主体性という観点からの第二のタイプの「動物の権利」として、派生的「動物の権利」が考えられる。すなわち、人権（Human Rights）がすでに成立しているとして、そうした人権の拡張として、そこから派生する二次的権利概念として「動物の権利」を捉えるというアプローチである。このアプローチに従うと、人権の主体たる私たちが、動物に対して抱く共感、愛情、憐憫などの感情を大事にしたい、そしてそうした感情に基づく願望を実現させたい、と主張したり訴えたりすることで「動物の権利」が発生するということになる。この立場に立つと、動物たち自身は「権利」を言語的に主張しないのだから「動物の権利」を認める必要はない、といった前節で取り上げた問題は簡単にクリアできることになる。というのも、この場合、「動物の権利」の帰属場所は定義的に動物であることは動かないとしても、「動物の権利」を主張する主体は人間なので、文字通り言語的に「権利」が主張され訴えられていることになるからである。

さらに、この派生的「動物の権利」を採用すると、やはり先に触れた「マージナル・ケースの問題」に対しても端的な対応をすることができる。乳幼児や重度の障害者の人権もまた、人権の主体たる理性的で健常な成人が、そうした人々の「権利」を主張し訴えることで成立してくるのであり、その意味で乳幼児や重度の障害者の人権は派生的な人権にほかならないのだ、と。これは奇妙な考え方だろうか。人権あるいは基本的人権は万人に等しく生まれながらに備わっている、というような（古くは「人権宣言」などに、そして現在でも多くの国の「憲法」などに宣言されている）語りをそのまま受け取るならば、乳幼児らの人権に対する私の言い方は根本的に間違っているということになるかもしれない。けれども、少し反省を深めるならば、基本的人権についての通常の語りを文字通りに受け取ることの方が実はおかしい。今日の人権あるいは基本的人権についての理解は、やや古いが、法学者高柳信一の次の記述にあますところなく示されていると言えよう。

基本的人権の理念は価値的および実践的要因を含む理念であり、自然界の事象のごとく、人間の主観をはなれて純粋に客観的に存在するものではない。自由は人間の一定の心的態度をぬきにして存在しうるものではなく、権利は要求を前提にしてはじめて権利として観念されるものである。これらをはなれて、自由や権利があるかないかを五感で確知しようとしても不可能であろう。人間解放の要求を前提にしないでは、そもそも基本的人権という理念そのものが出てこない。（高柳 1968, pp.10–11）

すなわち、人権が万人に生まれながらに備わっているのではなく、人権が万人に生まれながらに備わっているとせよと誰かが「要求」したのであって、それが歴史的にさまざまな過程を経て承認されたのである。生まれたばかりの乳児が、いわば自然の性質として、人権を有しているわけではない。「人間の権利というものは、権利がある、という事実をいっているのではなくて、道徳的な訴え」（村井 1984, p.61）なのであり、そうした意味で「権利はあるのではなくて主張される」（村井 1984, p.101）のである。実はこの点は、「権利」主張の主体性を問題にするという私の論立て自体のなかにすでに包含されていた。無論、主張されたすべての権利が承認されるに至るわけではない。そこには、主張して勝ち取る、獲得する、というある種の闘争性が含意されている。それゆえ、乳幼児や障害者の人権や「動物の権利」をも含めて、およそ権利についての言説は本質的に実践性・政治性を帯びざるをえない。実はこの点は、日本国憲法にも明記されている。第九七条に「基本的人権は、人類の多年にわたる自由獲得の努力の成果であって」とはっきり述べられているのである。

実はそもそも権利概念は、伝統的にこのような特性のもとで捉えられていた。先ほど触れた「人権宣言」そしてそれのもととなった「アメリカ独立宣言」などの思想的基盤となった考え方がジョン・ロックの哲学にあることはよく知られているが（大槻 1980, pp.47-49）、すでに第1章で詳しく触れたように、そもそもロックは、次の歴史上有名な記述のもとで、権利概念の核心をなす「所有権」（property）の概念を導入したのであった。すでに第1章で引用した議論だが、大切な議論なので、もう一度引用する。

> 大地とすべての人間以下の被造物はすべての人間の共有であるのだが、しかしすべての人間は、自分自身のパーソンに対する所有権をもっている。これに対しては、本人以外の誰も権利をもっていない。彼の身体の労働とその手の働きは、固有に彼のものであると言ってよい。それで、自然が準備しそのまま放置しておいた状態から彼が取り去るものは何であれ、彼はこのものに自分の労働を混合させ、そしてこのものに何か自分自身のものを付け加え、そのことによってこのものを自分の所有とする。（Locke 1960, 2nd Treatise, Section 27）

所有の権利は労働によって発生するという、いわゆる「労働所有権論」の提示である。ここでの「パーソンに対する所有権」とは何か、なぜ労働が所有権に結びつくのか、相続権のようなものも含むすべての所有権を労働によって基礎づけられるのか、などなどたくさんの疑問が湧出するだろうが、それについてはかつて論じたのでいまは追わない（一ノ瀬 1997 参照）。いずれにせよ、このロックの記述から、所有権とは労働によって、つまりは努力して苦労することによって、獲得されるものであるという考え方を見て取ることができる。さらに、所有権以外の他の権利、自由権、生存権、投票権なども、そうした権利を「所有する」という形で所有権のなかに取り込むことができることを考えるとき、ここでのロックの所有権論は権利一般に拡張されうることが分かるだろう。権利とは、努力して獲得するものなのである。その点で、第1章の註（12）でも触れたが、毎年多くの大学がしのぎを削って競いながら奪い合う「箱根駅伝のシード権」などが、権利概念の本質をそのまま体現した純粋な形の権利であると言えるだろう。

いずれにせよ、派生的「動物の権利」は、以上のような機制のもと、人権の主体たる私たち人間が要求し主張するという形で現出してくる。そういう輪郭づけのもとで動物たちは権利主体となるのである。シンガーの動物解放論は、事実問題として、こうした派生的「動物の権利」の訴えに近い。というのも、シンガーは、動物解放運動のハンディキャップとして「動物たち自身が自分たちの被っている扱いに対して組織だった抵抗をすることができない」（Singer 2002, p.xxiii）ことを挙げた上で、次のように述べているからである。

> 動物の利益を無視するよう私たちを導く思考習慣に対して、私たちは異議申し立てをすることができる。（Singer 2002, p.xxiv）

私たち人間の異議申し立て、それが派生的「動物の権利」という権利概念を生み出すのである。もっとも、リーガンの議論とて、結局は「動物の権利」を実際に言い立てているのはリーガンら人間なのだから、派生的「動物の権利」の考えと適合しないわけではない。派生的「動物の権利」はかなり説得性をもった理解仕方であると言えよう。

10　種差別

こうした派生的「動物の権利」の導入次第に関して、直ちに出てくる反応は、動物と乳幼児や障害者などの人間とを同列に論じるのはおかしいのではないか、というものであろう。こうした反応に対して、今日の文脈であてがわれるのは「種差別」（speciesism）という言葉である。理性的能力や言語的能力の点でまったく差異のないような人間の乳幼児と動物たちに対して、単に人間だから、動物だから、という理由で道徳的な価値の相違を言い立てることは、人種差別や性差別と同様な根深い差別であり偏見なのだ、という考え方がこの言葉には込められている。シンガーは、道徳や権利において問題なのは理性的能力とか言語能力ではなくて、苦痛を感じる能力なのだというベンサムの発言に言及し、したがってこうした意味で動物も道徳的配慮の対象とならねばならないが、にもかかわらず人間と種が違うということだけで動物たちの苦痛や利害を無視する態度は「種差別」にほかならず、そうした態度は糾弾されなければならないと、そのように論を展開する（Singer 2002, pp.6–8）。

しかしもちろん、事実として種が異なることを認識する「種区別」と、道徳的価値づけに関する「種差別」とは、それこそ区別されなければならない。「種差別」に関しては、「平等」という道徳的理念が問題とされているのであり、そしてもちろん「平等」はいかなる区別もないということとはまったく違う。何らかの道徳的観点からの均等性、それが「平等」である。これは、事柄の本性からして、事実問題ではなく、主張し訴え、そして獲得していく類のありようである。「種差別」という用語を言い立てること、それ自体が一つの重要なデモンストレーションなのである。派生的「動物の権利」のアプローチは、今日のこうした「種差別」の申し立ての運動にぴったり適合する。

以上のように派生的「動物の権利」を理解してくると、結局これは私たちの「動物に苦痛を与えたくない」という要求に帰着するのであり、したがってそうした要求の充足がゴールであることが見て取れる。そして、こうした要求あるいは欲求や願望は、それが充足されるかどうかによって一種の快苦となって現れる。かくして、こうした構造のもとにある派生的「動物の権利」の主張は功利主義に傾斜していると言えるだろう。この点、自体的「動物の権利」の考え方が原理主義的であったのとは対照的である。この場合注意すべきは、功利主義に傾斜しているといっても、シンガーの依拠する功利主義のように、建て前の上で動物たち自身の利害を直接的に考慮するというのではなく、動物たちの利害に関する私たち人間の要求の充足具合が直接的考慮の対象になっているという点である。このように問題を論じる地平を人間自身に移行することで、自体的「動物の権利」の場合に困難となった苦痛の質や動物の言語についての哲学的懐疑を一定程度解消することができる。というのも、派生的「動物の権利」においては、動物たち自身の苦痛感覚や主張行為が問題なのではなく、私たち人間の欲求や願望、そして私たち人間の言語的要求こそが問題の核心だからである。確かに厳密に哲学的に言えば、すでに触れたように、人間の感覚を人間相互の間で認識することにも懐疑をはさみうるが、動物と人間の間の認識と比べれば懐疑の度合いは軽減される、という言い方はさしあたり許されるだろう。

さらに、以上のように規定された派生的「動物の権利」は、もう一つの重大な理論的長所をもちうる。すなわち、私たち人間の動物たちの処遇に対する要求あるいは欲求や願望、そしてその充足具合という意味での快苦が問題の核心である限り、原理的に、充足具合として捉えられる快苦の量化が主題化される道筋がおのずと導かれるであろうこと、つまりは「程度」を考慮する見地が開かれうるであろうこと、それゆえ私自身がずっと強調してきた「動物実験のモラル」についての本質的なポイントと照応しうるであろうこと、これである。これは、権利があるかないかという二者択一の思考様式に基本的に貫かれた自体的「動物の権利」の立場と著しく異なる点である。ここでの「程度」とは、要するに、たとえば、毒性試験を昆虫を使って行う場合とチンパンジーを使って行う場合との、私たちの感じる嫌悪感の程度的相違であったり、犬を使って新しく開発された皮膚軟膏の治験を行う場合と、犬に人工的に癌を発生させて転移の実験を行う場合との、私たちが行いたくないと思う欲求の程度的相違、といったものに象徴される「程度」である。

こうした「程度」をどのように計量するのかという、功利主義的思考の誕生当時からつきまとう原理的問題があり、それはやはり決定的に重大な問題だと私も考えているが、とりあえずそれは後で触れることにして、ここでは「程度」を導入できるという想定のもとで議論を進めよう。すると、こうした派生的「動物の権利」の考え方を採用する限り、自然の成り行きとして、動物実験に対する部分的正当化がもたらされるという論点が出てくる。ただしそれは、先にシンガーから借りて引用したような相当に過激な哺乳動物を用いた毒性学の実験を、被実験個体数を減らして実施することを正当化する、といった意味ではなく、私たちが感じる嫌悪感の「程度」が低いような実験をたまに行うことを正当化する、という趣旨になるはずである。上の例で言えば、新しい皮膚軟膏の治験を犬を用いてたまに行うといった実験は、この派生的「動物の権利」の考え方においても正当化されるだろうし、あるいは、昆虫を使って毒性のテストをするといった場合も、少数の個体数の昆虫であれば正当化されうるだろう。むしろ論ずべきは、どこまでの「程度」が正当化されるのか、といった点であり、そのための計量方法がどのようなものであるべきか、なのである。いずれにせよ、自体的「動物の権利」の考え方が、方向としては、一切の動物の実験を直ちに廃止すべき、といったいわば教条的な道筋に突き進みがちであるのに対して、派生的「動物の権利」の立場はややマイルドな様相のリアリズムを形成する。

さらに言えば、このように「程度」を考量するという機制を備えた派生的「動物の権利」に従うならば、先に触れた権利の競合という現実的な問題に対しても一定の道筋が開かれるだろう。畜産農家の畜獣に対する所有権と、「動物の権利」とで、どちらが重みの「程度」という点で優っているか、少なくとも理論的には比較可能となる。おそらく究極的には、畜産農家の所有権は代替可能性があるならば、代替可能性がない動物の生命に比較して、強く主張して死守すべきという欲求の「程度」の点で劣り、それゆえにそうした所有権の代替可能性を社会として探り、制度化してゆくべきだ、といった議論展開になってゆくだろう。しかしもちろん、そうした代替可能性は直ちに現実化するわけではない。それゆえ、現実化する以前は、畜産農家の所有権と「動物の権利」とでの、程度的相違はあまり語りえない。相違は、畜産農家に対する社会的な処遇の整備とともに少しずつ現れてくる。派生的「動物の権利」の考え方は、一挙にではなく、漸進的な仕方でその都度、具体的な権利の競合の問題に対処してゆくときの理論的基盤を提供しうるように思われる。

11　不安定性と教条性の克服

けれども、派生的「動物の権利」の考え方に問題がない、というわけではない。というより、この考え方には、確かに多くの理論的利点があるとはいえ、それらを一挙に帳消しにしてしまいかねない決定的な困難が宿っているといわなければならない。それは、この派生的「動物の権利」のアプローチは、私たちの感情・願望に相対的なので、文化、時代、個人によって可変的であり、よって派生的「動物の権利」は道徳的概念として不安定であり、普遍化可能とはなりにくいという、この点である。こうした点は、原理的に言えば、功利主義的な考え方一般にも当てはまりうる難点である。もっと厳密に言おう。こうした不安定性は、快苦や幸福を極力客観的に計量していこうとする理念を打ち出していたベンサムはとりあえず脇に置くとしても、ミル流の質的功利主義や、ヘア以来の選好功利主義にもどうしても発生してしまう難点だと思われるのである。そもそも快苦や幸福は文化、民族、時代、個人などに相対的であると言いうるし、同じことは選好にも当てはまるからである。確かに、選好功利主義の場合、選好されている事態が成立しているかどうかは客観的に検証できるとする発想が含まれているが、それでも選好それ自体に文化的・時代的相対性が入り込むことは避けられないだろう（一ノ瀬 2010a、第6、7、11章参照）。こうした論点は、今日では、いわゆる「実験哲学」（experimental philosophy）のなかで「文化的多様性」からする道徳的規範の研究という文脈でいろいろと議論されている。たとえば、亡くなった親の死体の一部を食べることが道徳的に義務づけられている文化もある、といった事例が指摘されている以上（Knobe and Nichols 2008, p.11）、動物に対する感覚も多様であると予想されるのである。もちろん、そうはいっても、功利主義を人間に関して論じるときには、快苦や幸福がいくら文化や民族などに相対的でありうるといっても、最低限、いわゆる「人間本性」や生物的条件に照らして快苦や幸福がおおよそ普遍的に認められるような次元が確かに存在するとは言えるだろう。他人から悪態をつかれながら生活することが嬉しい人はいないし、指を火で焼かれて苦痛を感じない人はいないがゆえに、そうした事態を避ける行為や規則がよいこととされてゆくのである。

しかし、同じことは動物にも言えるのではないか。犬や猫とて、虐待されたり焼かれたりするのは苦痛なのではないか。確かにそうだろう。しかし、派生的「動物の権利」で問題となっているのは、定義上、そうした場合に動物たち自身が苦痛を感じるかどうかではない。そうではなく、そうした場合に対して私たち人間がどう感じるかということなのである。言い換えれば、功利主義が人間に関して適用されるときには「自体的」だが、功利主義が動物に適用されるとき、しかも理論的に受容可能な仕方で適用されるときには、事実上「派生的」になるのであり、そこには様相的相違があるのである。そして、派生的「動物の権利」が、私たち人間の動物たちに対する感情・願望として成立してくるものである限り、私たち自身についてのものではないという距離感覚が混入することもあり、そうした感情・願望は個人によってかなり揺れ動く。実際、動物虐待を何とも思わない人が存在し、そうした人々に対して派生的「動物の権利」を納得させることは難しいだろう。

シンガーが伝えているところによると、アメリカのあるテレビ局で「霊長類」と題する番組があり、そこに哲学者のノージックと動物実験をして研究している三人の科学者が出演した。そこでノージックは科学者たちにこう聞いたという。「科学者たちは、何百もの動物たちが実験によって屠殺されるという事実を、それを行わないようにする理由であると思ったことがありますか」。科学者の一人は「そんなことは聞いたことがない」と答えた。さらにノージックが「動物たちは考慮されないのですか」と聞くと、一人の科学者は「なぜ考慮すべきなのか」と答え、さらに別の科学者は「動物実験が道徳的な問題を提起するなどとはまったく思わない」と付け加えたという（Singer 1975, p.63）。しかし、科学者たちが教育課程のなかでおかれている状況からして、こうした感覚・感性をもつようになるのは無理もないことでもある。指導する教授がすでにこのような感性を得ている場合には、学生は、そこで研究者になろうとする限り、動物実験を多用するような研究に染まらざるをえない。「本当に動物に関心をもっている人が、動物たちの苦しみに対する感受性を鈍らせることなしに、獣医学の課程を修めることは難しい」（Singer 1975, p.70）。私自身、動物に関する学会のシンポジウムに参加したとき、獣医師さんの何人かと話をする機会を得たが、そのとき、獣医師になって救う動物の数と、獣医師になるために犠牲にした動物の数とで、もしかしたら犠牲にした動物の数の方が多い、という話を口づてに聞いたことがある。ということは、獣医師になるためには、そうした現状に入り込まなければならないということになる。おそらくその場合、獣医師によっては（すべての獣医師がそうではないはずだが）、動物に対する感覚が一般人とは異なるものになっていくということもあるだろう。だとすれば、派生的「動物の権利」は、その根拠が私たちの動物に対する感性におかれる限り、普遍性をもつとは言えないことになる。つまりは、不安定な権利概念であると言わざるをえない。

しかしでは、乳幼児や重度の精神障害者に対する人権もまた同様に不安定なものであるというべきではないか。なぜなら、厳密に言えば、彼らの人権もまた「派生的」であると言わなければならないからである。しかし、私は乳幼児や障害者の人権は「動物の権利」ほど不安定にはならないと思う。というのも、事実問題として、種差別がほぼ普遍的に行われている現状では、人間と動物の違いが道徳的相違に結びつけられてしまっているからである。乳幼児も動物たちも、事実としては同じく「派生的」な権利しかもたないのだけれども、乳幼児は「人間」なので成人が「自体的」人権をもつのと類比的に人権をもっていると考えられるが、動物たちはそうは言えない、と。いずれにせよ、事態がこのようである限り、派生的「動物の権利」の考え方は、「動物実験のモラル」を普遍化可能な仕方で確立するのには相当に脆弱であると言わなければならない。

それでいいのだ、と言ってしまえば簡単だが、私には、3節で触れたような、一般の人たちが抱く動物の扱いに対する直観には何らか普遍化可能なものが備わっているとどうしても思われる。石材の切断作業と動物実験とを同じ次元で捉えるというのは、私たちの言語や認識のネットワークからして、どうしても不合理であるように思えるのである。確かに、こうした不合理に陥っている人（研究者や一般の人でも）が実際存在するかもしれない。しかし、それは動物理解に関わる合理性そのものの問題なのではなく、こうした合理性に対する心理的距離の問題なのではなかろうか。簡単に言えば、動物理解に関する合理性や整合性という問題に対する関心の有無にすぎないのではないか、ということである。それならばやはり、「動物の権利」についての二つのアプローチのどちらもがデッドロックに乗り上げたことを踏まえた上で、ではどう考えれば「動物実験のモラル」確立の道筋が開けるのか、と改めて問う必要があると思う。

おそらくここで求められているのは、さしあたり、自体的「動物の権利」と派生的「動物の権利」の二つのアプローチのもつ理論的利点を継承した上で、なおかつ二つのアプローチの宿す困難性をうまく回避できるような道筋だろう。すなわち、自体的「動物の権利」の普遍化可能性と派生的「動物の権利」のリアリズム・実現可能性とを受け継ぎつつ、自体的「動物の権利」の教条性と派生的「動物の権利」の不安定性とを回避し克服できるような、そうしたモラルの道筋こそが求められているのである。

12　パーソンへの回帰

もちろん、万人が納得するような「動物実験のモラル」の確立が難しいのは言うまでもない。けれども、だからといってこの主題について考えなくてもよいということにはならない。明らかに道徳的問題がここにあり、しかもそれは生命倫理とか環境倫理とかと呼ばれている問題系のおそらく要に位置する問題なのである。動物の「生命」が、人間の「生命」との類比関係のもとで、主題化されているわけだし、「動物実験」の問題性が動物虐待に収斂し「肉食」の問題と直結してゆく限り、「動物実験」という主題は「肉食」がもたらす環境問題へとおのずとリンクしていかざるをえないからである。

さらにややこしいことに、「動物実験のモラル」という問題は、先に指摘したように、それを論じる人に対して自己欺瞞性を誘発するような仕方で自己言及的である。私たちは事実として日々動物実験の恩恵を受けつつ生活しており、そのことと、動物実験に対する違和感・嫌悪感とを自己欺瞞なしにどのように整合させるのか。問いは私たち自身に返ってくる。こうした困難性に圧倒されて何も考えず何もせずに問題を放置したままでは、結局事態は現状維持となり、動物実験に対する違和感・嫌悪感は何の位置づけもたないまま、動物たちは日々苦痛を与えられ続ける。このように現状維持がいつのまにか優位に立つという事態は、やはり死刑や戦争についての倫理的問題と似ている。

死刑について存置論と廃止論が拮抗して唱えられていたとしても、廃止論が一〇〇パーセント勝利しない限り、つまり廃止論の方がかなり優勢になったとしても議論が決着しないうちは、現状維持となり、死刑は執行され続けてゆく。戦争の場合も同様である。戦争放棄が結論され法制化されないうちは、たとえ戦争放棄の意見が優勢であったとしても、戦争は合法と見なされ、実行され続けてゆく。議論が決着していないのに、一方の立場だけが合理的根拠なしに実践され続けてゆくこと、私はこのことは制度や習慣に関わる倫理的問題の本質的謎の一つだと思っている。

では、どう考えていけば状況を少しでも打開できるか。多様な道筋の可能性があるだろうが、私は、**自体的**「動物の権利」と**派生的**「動物の権利」との正的融合を果たす一つの（唯一のとはいわない）打開策として、原点に戻ることを提起したい。それは、モラルの主体たる「パーソン」概念へと回帰し、その意義の再確認から始めてみるというやり方である。「パーソン」は日本語で一般に「人格」とか「人物」と訳されて、人間や人間主体を表す概念の一つと扱われており、その意義として、「私」、「自我」、「主観」、などと違って、道徳的な意味合いを帯び、おおよそ「自由な責任主体」として理解されている。このことに問題はないし、この点私もまったく異議を唱えるものではない。ただ私は、この「パーソン」概念の意義の根底まで辿りその源泉を見定めることによって、「パーソン」概念の、意義は維持されるとしても、その相貌あるいは現れ方が少々変わってくるのではないかと、そう考えている。どういうことか。

本書のなかでも何度か触れたことだが、「パーソン」の概念が、語源的にラテン語の「persona」（ペルソナ）に由来することはよく知られている。「ペルソナ」とは「仮面、マスク、役割」の意である。役者や俳優が舞台において仮面をつけて役を演じる場面、それが「ペルソナ」の生成する原風景である。したがって、「ペルソナ」の意義を受け継ぐ「パーソン」とは、ある種の役割存在、社会や共同体のなかで弟とか教師とか乗客といった一定の役割を果たす者を意味していると考えられる。「自我」や「主観」などの主体概念がいわば本性的に個的であり没共同体的であるのに対して、「パーソン」とは、坂部恵が和辻の「間柄」という言い方を借りながらペルソナを規定することからも窺われるように（坂部 2007, pp.77–79）、言葉の意味からして共同体的であり、その点で道徳的文脈にぴったり適合する主体概念なのである。

しかるに、「パーソン」の基をなす「ペルソナ」について、さらにその原義を辿ってゆくならば、私たちはいきおい「personare」（一人称単数現在形は「persono」）という言葉に至りつく。実際たとえば、ルイスとショートによるラテン語辞典を引くと、persona について「from per-sono, to sound through」と記されている（Lewis and Short 1975, p.1355）。そして、ここからも分かるように、「personare」とは、「声を上げる、反響する」という意味の動詞であり、それは「per」（〜を通じて）と「sonus」（声、音）という二語からなっている。文法的にいうならば、「persona」は「personare」の命令形であり（See ‘persona’ in Wiktionary 2010）、その点でも「persona」と「personare」との結びつきの深さが確認できよう。実際、「ペルソナ」つまりは仮面やマスクは声を上げることに深く関わっている。そのことを示す強力な証左は、声楽の分野でオペラのアリアや歌曲を歌うときにダイナミックな声を出す手法として「マスケラ」という概念があり、この概念は現在でも広く流通しているという事実であろう。萩野と後野は、『発声のメカニズム』において次のように記している。

> マスケラ mascheraとはイタリア語で「仮面」を意味します。よく「顔に声を当てて歌うように」と言われますが、確かに「顔に声を当てる」いわゆる鼻腔共鳴を使う歌唱は、古くから正しい声の出し方だといわれてきました。顔の前面に声を当てて歌う感覚が、まるで仮面＝マスクをかぶっている感じに似ているので、このような表現が生まれたのでしょう。（萩野・後野 2004, p.58）

こうした事実から窺われるように、仮面＝マスク＝ペルソナは「声を出すこと」に結びついている。マスクはいわば拡声器あるいは変声器のような働きをするものとして表象されてきたのである。この点は、現代の音楽美学の文脈からも確認できる。「ペルソナ」は、たとえば、エドワード・コーンやナオミ・カミングによって明確に音楽的主体として位置づけられているのである（See Cone 1974 & Cumming 2000）。あるいは坂部もまた、仮面が他人にのろいをあびせるという意味と連関しているという説に言及しながら、「のろう」という語は「邪霊やもののけをはらい、カオスを追放して、あらたな「のり」（法）を宣り、告げ知らせ、コスモスをあらたに建て直すという意味をもっていた」と述べ、そのことと「personare」との結びつきを示唆している（坂部 2007, pp.80-81）。このように、「persona」と「personare」とは語源的、文法的、そして意味的に深く結合している。だとしたら、「ペルソナ」から生まれた「パーソン」が「声を上げる」という原義を継承しているのではないかと考えるに至るのは当然の成り行きである。(8)

13　「声主」としてのパーソン

私は、以上のような事情を踏まえた上で、他の機会にも提起したことだが（一ノ瀬 2010a, pp.191-192 など参照）、「パーソン」を「人格」と訳すのはいささかミスリーディングであると、むしろ原義に鑑みて「声主」（こえぬし）という訳語が実は適訳なのではないかと考えている。というより、原義に鑑みてというだけでなく、近世以降現代に至るまでの「パーソン」概念の用法に照らしても、「声主」という訳語はあながち穿ちすぎとは言えないのではないかと考えている。近代的「パーソン」概念がジョン・ロックの議論に端を発することは間違いないが、それによれば「パーソン」およびその同一性は「consciousness」（「意識」と訳される）に基づく（Locke 1975, Book 2, Chapter 27, Section 9 etc.）。そして現在に至るまで、「consciousness」に「パーソン」の根拠をおくというロックの路線は、たとえばトゥーリーなどによって展開されている生命倫理のいわゆる「パーソン論」も含めて（トゥーリー 1988〔邦訳〕, p.102 などを参照）、確固たる哲学的伝統として継承されている。

けれども、ここでもやはり「consciousness」という語の意義について考慮しておく必要がある。「consciousness」はラテン語の「conscientia」に語源を有す二つの近代語のうちの一つである。もう一つは「conscience」である。では、「conscientia」とは何か。それは「共有知識」の意である。したがって通常「良心」と訳される「conscience」は「conscientia」の原義をそのまま受け継いでいることが分かる。「良心」とは多くの人に共有されているはずの道徳的知識であると解しうるからである。しかるに実は、ロックの時代には「consciousness」と「conscience」とはそれほど明確に分離されておらず、しばしばほぼ同義で用いられていた。つまり「consciousness」は「罪の意識」といった意味で「良心」と重なるような仕方で用いられることが多々あったのである（e.g. Locke 1975, Book 2, Chapter 27, Section 26）。だとすれば、やはり「consciousness」つまり「意識」も、「conscience」つまり「良心」を介して、ラテン語の「conscientia」の原義である「共有知識」という意味を受け継いでいるのではなかろうか。

実はそうなのである。たとえば日本語でも、「バリアフリー社会に向けて人々の意識を高めてゆく」などという言い方がされることがある。こうした文脈での「意識」は明らかに人々に共有される知識といって間違いないようなものだろう。しかるに、もしこのように「パーソン」の根拠となる「consciousness」が「共有知識」であるとするならば、それは「声主」としての「パーソン」という捉え方と親和してゆくだろう。なぜならば、「共有知識」を形成するためには私たちは相互に「声」を掛けて認識し合い、確認し合っていかなければならないからである。実際、ロックの議論でも、「パーソン」の根拠は「consciousness」にあるとされながらも、「パーソン」とは「法廷用語」であるとされる（Locke 1975, Book 2, Chapter 27, Section 26）。つまりは、ある者が「パーソン」かどうかは、法廷の審議のなかで規範的な合意を得て確定するということ、換言するならば、当人の「声」（言い分）を聞きながら、裁判官など、当人以外の複数の他者も「声」を出し合いながら審議して、当人に「consciousness」があったということがそれらの他者たちの「共有知識」となることによって当人の「パーソン」が確定すること、こうしたことを意味している。近世以来の「パーソン」概念もやはり「声主」という主体性を指し示していたのである。

加えていえば、先に触れた、「自由な責任主体」としての「パーソン」というカント的「パーソン」概念に対しても、「声主」という捉え方は見事に調和する。ここでの「自由」は、7節で論じたように、自由に行為する「権利」を当然ながら含意する。しかるに「権利」の根拠は何か。繰り返し述べてきたように、「権利」は、水素原子や酸素原子などの自然物のように端的に存在するものではなく、主張し訴えることによって生成するものである。つまり「声を上げる」ことによって生成してくる。この点で、自由な権利主体である「パーソン」が「声主」と捉えられるのはまことに自然な理解である。つまり、「権利」は「パーソン」概念の一つの展開形として、その外延に組み込まれうるということである。また、「責任」とは「応答当為性」(responsibility)[9]のことであり、それゆえ責任主体は「応答」する者、するべき者でなければならない。つまり、「声を上げて」応える者でなければならない。まさしく文字通り責任主体は「声主」でなければならないのである。こうして、モラルの主体たる「パーソン」とは、共有性・相互性のもとで、自由に行為する権利を主張し、自分の行為に対して責任を持って応答するべき、「personare」としての「ペルソナ」、つまりは「声主」であると、そう押さえることができる。

14　動物のパーソン性

本題に戻ろう。ここで向かうべきは、以上のような「声主」としての「パーソン」理解に照らしたとき、動物たちの道徳的位置づけについてどのような捉え方が生まれてくるだろうか、という問いである。しかし、この点についてもはや紛れはないだろう。「声」や「音」を発するという性質はほとんどすべての動物に帰属することができる。そもそもこの論考自体、「動物たちの叫び」に触発され突き動かされて成ってきたのであった。こうした「叫び」はまさしく「personare」であり、よって、これまでの議論に沿うならば、動物は文字通り現実的かつリアルに「パーソン」すなわち「声主」であると、つまりは道徳的主体であると、そう見なすことができる。しかしでは、「マージナル・ケース」として問題になった乳幼児や重度の障害者の場合はどうだろうか。だが、議論がこの段階に至れば、この問いに対する応答も容易だろう。誕生した新生児が産声を上げる。乳児が夜泣きをする。重度の障害者がうなり声を上げる。これらはすべて「personare」にほかならない。したがって、彼ら・彼女らはまぎれもなく「声主」としての「パーソン」でなければならない。産声を上げ、自らの存在を声で表現したときに、新生児はそれ自体として「声主」として立ち現れ、道徳的配慮の対象となるのである。いや、何も文字通りの「声」つまり口から発せられる音でなくても構わない。手足をばたつかせて音を出すこと、鼻から荒い呼吸音を響かせること、心鼓動を響かせること、これらもすべて「personare」であり、よってその主体は「声主」としての「パーソン」である。そして、このような「声主」のありようが、ほとんどの動物たちにも当てはまることは疑うべくもない。

　こうした動物たちについての捉え方は、派生的「動物の権利」のリアリズムという理論的利点と実際上同じ論点に辿り着いている。実際に鳴ったり聞こえたりする「声」や「音」というリアルな現象に基づいた把握だからである。そしてまた、「声主」としての動物という捉え方は、「声」や「音」という現実に認識可能な根拠に基づいた捉え方であり、動物たちの苦痛の感覚や言語性といった確言しにくいものだけをベースにした教条的な捉え方ではない。ということは、自体的「動物の権利」が陥った教条性という難点を免れている。さらに、動物を「声主」つまり「パーソン」と見なすという立場は、人間の感情や欲求といった不安定なものに依拠することなく、動物たち自身の自然なあり方、さまざまに「叫ぶ」ことができるという普遍的あり方に基づいているがゆえに、普遍化可能なモラルを提出する基盤ともなりえる。つまり、派生的「動物の権利」の不安定性を免れつつ、自体的「動物の権利」の普遍化可能性と同じ利点をもっている。

実は、動物たちに対してパーソン性を帰すという考え方それ自体は、事実としては、多くの論者がすでに主張してきたものでもある。たとえば近代的「パーソン」概念の源泉をなすロックにおいて、姿や形に基づく生物的概念としての「人間」（man）に対して、意識をもち自分を自分として理性的に考えることのできることを要件とする「パーソン」が区別された上で、理性的な会話ができる「オウム」（parrot）の話が言及される。そして、こうしたオウムは、姿や形のゆえに依然として「オウム」と呼ばれるだろうけれども、「理性的動物」の一種として通用するのではないか、という示唆がなされている（Locke 1975, Book 2, Chapter 27, Section 8）。ということはつまり、ロックは意識をもって理性的な会話ができるならば動物であっても「パーソン」たりうると考えているのである。

同じような論点はシンガーによっても追認されている。シンガーは、ロックのいう自己意識による「パーソン」規定には「パーソン」を「人間」に限定する条件は含まれていないのだから、「パーソンは定義によって人間ではない」（Singer 1994, p.181）と喝破し、「この地球という惑星には人間以外のパーソンが存在する」（Singer 1994, p.182）とした。シンガーは、別の著書でも、「動物たちの行動は、彼らが過去の記憶と未来に対する期待との両方をもち、自己を意識し、意図を形成し、それに基づいて行動するという結論を指し示している」（Singer 1993, p.115）と述べ、「人間以外のある種の動物はパーソンである」（Singer 1993, p.117）と断じている。

では、私が論じ進めてきた、動物たちを「声主」つまり「パーソン」として捉えるという立場は、ロックやシンガーの提起した論点と異なる点は何もないのだろうか。決してそうではない。ロックは動物たちを「パーソン」として捉えるとしつつも、その要件として人間の言語を用いた理性的会話能力という、およそ現実にはありえないような制限を課しているように読める。つまり、ロックにおいて、動物たちのパーソン性は、理論的には可能だが、実際はほぼありえないのである。シンガーの場合は、それほどきつい制限を課しているわけではない。シンガーは、いまのところそうしたパーソン性は霊長類に確実に帰すことができ、その他の哺乳類についても自己意識の存在が将来確認されればパーソン性を帰すことができるようになるかもしれない、と述べている（Singer 1994, p.182）。ということはしかし、逆にいえば、哺乳類以外の、鳥類や両生類や魚類にはパーソン性を帰すことはほぼありえないと考えていることでもあろう。これに対して私の「声主」としての「パーソン」の立場では、鳥類や両生類や魚類も、何らかの叫び声や、バタバタと身体を使った音などを発することができるならば、「パーソン」であることの条件を相応に満たすことになる。けれども、私の立場からすると、そうした動物たちのみならず、極端にいえば、風になびいてさらさらと音を立てる樹木、ざーざーと水音を響かせる河川なども「パーソン」になりえるのではないか。これだと、ほぼすべての自然現象が「パーソン」になりかねないのではないか。かくして、単なる原始的なアニミズムに帰着するという、単純な話で終わってしまうのではないか。つまりは、「動物の権利」概念に発する道徳的問題を扱うには、あまりに範囲が拡散しすぎて、まったくもって不適切な立場だというべきなのではないか。このような反論が予想される。

15　パーソン度の概念

しかし、こうした反論に対しては、「声主」という概念自体が答えを与えてくれるだろう。確かに、哺乳類はいうまでもなく、鳥類、両生類、魚類、はては昆虫類、そして他の自然現象に至るまで「声主」という概念は適用されうる。けれども、まさしく「声」や「音」という一種の現象に基づく捉え方であるがゆえに、さまざまな観点から「程度」を導入できるのだ、と。それゆえ、「パーソン」を基盤とする道徳的配慮にも程度があるのだ、と。いうまでもなく、こうした論の流れは、私が何度も強調してきた、「動物実験のモラル」という主題に「程度」の問題が本質的にからみつくという事態と照応するものである。換言すれば、そうした本質的問題に対する私なりの応答になる、ということでもある。そしてそれが、前段での反論、「声主」とすると「パーソン」概念の範囲が拡散しすぎてしまって理論的に無効な把握になってしまうのではないか、という反論への応答にもなるのである。

では、どのような意味の「程度」なのだろうか。どのようにしてその「程度」を確定したり測定したりできるのだろうか。この問いに答えられなければ、私の議論は何の効力もない。しかし、この問いに取り組む前に、「パーソン」と「パーソン」でないものという「オール・オア・ナッシング」の二分法的思考に対して、道徳的主体としての「パーソン」概念に「程度」を読み込むという考え方が、一見思われる以上に私たちの常識に適う自然な捉え方であるという点を少し確認しておこう。以下、パーソン性の「程度」を「パーソン度」(degrees of personhood) と呼ぶ。まず、植物や、河川などの自然物に対する私たちの自然な対応を素直に反省してみるならば、ほとんどの場合にそれらを単なる物質として扱い、人為的な操作や介入を何の道徳的配慮もせずに行っているのは確かだと思われるが、そうはいっても、樹齢何百年にもなる老木の伐採が問題になったときとか、河川の深刻な汚染が問題になったときなど、人間の側の効用だけでなく、植物自体や河川自体の何らかの尊厳性とか生命性を私たちはうっすらと表象して、あまりにひどい対処を行うことを躊躇するものである。つまり、実は私たちは、常識的に、「程度」は低いかもしれないとしても、植物や自然物に対しても何らかのパーソン性を事実として承認しているのである。それらのパーソン度はゼロではないのである。環境倫理の問題系の一つの自然なモティベーションはここにあるだろう。地球はガイアという生き物だと表象しうるのである。

逆に、人間のパーソン性に対してもやはり「程度」が読み込まれる、というのは実は私たちの普遍的な常識の一つでもある。私がここで引証したいのは「責任能力」の程度の問題である。「パーソン」が責任主体であることは、すでに言及したし、日常言語的にも疑問はないだろう。しかるに、精神障害や、心神喪失や心神耗弱の場合、およそ普遍的に責任能力に程度が読み込まれて、刑が減軽される。たとえば日本の「刑法」では、第三九条に「心神喪失者の行為は罰しない。2　心神耗弱者の行為は、その刑を減軽する」（佐藤他 2000, p.943）と記されている。西洋的文脈でいえば、いわゆる「マクノートン・ルール」に代表される「精神異常抗弁」（Insanity Defense）が、責任能力の劣った程度を認めて刑を減軽するという発想に対応している。このことは、私の理解では、加害者のパーソン性に対して程度を認め、程度が低いからこそ刑の減軽を求める、という思考の道筋になっていると思われる。よって、このように精神状態に応じて量刑の軽重（つまりは程度）を計る、ということがおおよそ普遍的に認められる私たちの常識である限り、事実問題として私たちは、パーソン性に「程度」を適用している、つまりパーソン度の概念を受け入れている。[10]この点は、乳幼児のような、その他の「マージナル・ケース」に対しても妥当するだろう。乳幼児のパーソン度は完全ではなく、それゆえ責任能力なども減じられるのである。先に引いたように、リーガンは「道徳的権利の所有は程度的には現れない」（Regan 2004, p.268）と述べていた。確かに、権利概念そのものには程度など当てはめられず、権利があるかないかのどちらかなのかもしれない。しかし、権利概念は実際の権利主体があってはじめて機能する。主体なしには、権利概念は一個の抽象観念でしかない。しかるに、どうやら、権利主体すなわち「パーソン」には「程度」が認められるということは否定し難いのである。ならば、現実には、「動物の権利」あるいはそれに対応する道徳的ステイタスが程度的に現出する、という理解路線は十分な説得性をもっていると思う。

16　道徳的配慮度

さて、いよいよ「程度」の測定について論じよう。「声」や「音」の「程度」といっても、ここで問題となっているのは、突き詰めるならば、苦痛を「声」や「音」で訴えることができる「程度」にほかならない。現時点で私は、二つの段階を通じて、こうした「程度」が認識可能になるのではないかと考えている。まず特定の典型的な「苦痛」、たとえば針を突き刺すときの苦痛、に焦点を絞った上で（これ自体が動物実験になるので、典型的といってもすぐに回復可能なものに限る）、第一に、人間がその苦痛を感じるときの自然な「声」的あるいは「音」的反応を[11]、身体の震えとか血流の変化とかの生理的状態に注目して量化し、それをいわば完全なパーソン性の基準として、人間以外の動物たちにも適用し、測定する。しかしこれだけだと、動物のパーソン性を実証科学にのみ委ねるという道筋に陥り、実証科学の成果に応じて基準が右往左往することになりかねない。そこで、第二段階として、そうした生理的状態に注目して量化され測定された数値を踏まえた上で、動物学や生命科学の専門家や一般の人々などの複数の人々が、当該の動物たちの「苦痛」訴え能力に対して、人間のその能力を1とした場合、それと同じ能力をどのくらいの確率で有しているといえるか、という主観確率をあてがい、医療的意思決定で利用されるような「デルファイ法」（the Delphi method）を援用して、一度皆であてがった確率を匿名状態で相互に見た上で、さらにふたたび主観確率をあてがう。かてて加えて、生理学的な知見が刷新され、新しい捉え方や情報が提起されたときには、それ以前のパーソン度に対して「ベイズ的条件づけ」を適用して、パーソン度の改訂を行う[12]。たとえば、私の素人的推測にすぎないかもしれないが、サボテンや昆虫についての研究が進めば、私たちがいま思っている以上の苦痛訴え能力がそこに見出され、いま以上のパーソン度を彼らに帰す、ということも起こりえるだろう。

もっとも、個々の動物実験についての判断をするに際しては、こうした「苦痛」訴え能力としてのパーソン度以外に、「苦痛」それ自体の物理的・精神的な「程度」も考慮しなければならない。先に私は、「動物」という概念にも、「実験」という概念にも、どちらにも「程度」が考慮されねばならないと論じたが、いってみるならば、パーソン度は「動物」の「程度」に当たる。よって、「実験」の「程度」に当たるもの、つまり「苦痛」それ自体の「程度」がまた別に考慮される必要があるのである。これは「苦痛度」あるいは「被害度」（degrees of harm）として表現できよう。この苦痛度を考えるに当たって、私は「苦悶死」に対して最大の苦痛度1を付与したい[13]。ここで私は、さしあたり、第5章での「死のメタフィジックス」で提起される「死につつあること」(dying)に焦点を当てて論じている。「死につつあること」に当てはまる論点が、すでに「死んでいる」(being dead)者に対しても当てはまるかどうかについては、すでに第5章にて論じた。「因果的プロセス」のオントロジーを通じて、死につつあるときの被害性は、当人が死んだ後でも一定程度は言表可能なのである。いずれにせよ、さしあたり、「死につつあること」に焦点を合わせるならば、その他の「安楽死」や「昏睡死」も限りなく苦痛度1に近いと考えられるだろう。確かに真の「安楽死」の場合、文字通りの「苦痛」はないのかもしれない。けれど、当人の「パーソン」と呼応し共振している私たちが、死にゆく人々に対して感じる哀切の想いは、生き続けている人に対する想いよりもはるかに重い。というより、私は、いわば定義的に、「死」をもたらす操作の苦痛度は極めて高いとさしあたり規定したい。それが、私たちの言語使用の慣習に合致すると思うからである。そして、その次に、麻酔なしで肉体を切ることなどが続くだろう。「死」以外の苦痛度は、ほぼ物理的あるいは生理的な現象として規定可能だと思う(必要があればここでも主観確率を使ってベイズ主義的手法を加えても構わない)。そして、真に快適な状態や何も人為的な介入が行われていない状態が苦痛度ゼロである。以上を踏まえ、私は、次のような積の形で規定される、個々の動物実験に対する道徳的判断の指針としての「道徳的配慮度」(degrees of moral consideration)という程度概念を導入したい。「パーソン度」を「DP」、「苦痛度」を「DH」、「道徳的配慮度」を「DMC」と置くと、シンプルにこうなる。

$$DMC = DP \times DH$$

健常な人間の成人(DP = 1)が、苦悶死(DH = 1)を遂げねばならないような状況に置かれるという場合(たとえば強制収容所にて拷問死をさせられるような場合）、道徳的配慮度は最大値の1を取る、ということである。[14]

いずれにせよ、以上のようにベイズ主義的な手法まで導入すれば、最初は危なっかしい数値だとしても、徐々に精緻化してゆくことができるはずである。そしてこの方法に従うならば、昆虫類や貝類などもパーソン度はゼロではないこと、ひいては植物や河川などのパーソン度もゼロではない数値をあてがえるであろうこと（かなり低い値だとしても）、などが導かれる。この方法は道徳的主体としての「パーソン」概念の「声主」という意義にぴったり即したやり方であると同時に、ほぼすべての哺乳類に対して1に近いパーソン度を割り当てることになる考え方である。ならば、哺乳類に対する動物実験の倫理的意義、つまりその背徳性をここから引き出さざるをえないことになろう。ちなみにこのように理解してくるならば、先に触れた権利の競合の問題なども解明される。というのも、パーソン度が限りなく1に近い哺乳類という「パーソン」の生存権と、その所有者の所有権とでは、そもそも比較の相手にならないからである。「パーソン」の生存権は、まさしく権利の優先性のゆえに、何より優先されねばならない。もっともしかし、自体的「動物の権利」に即して確認したように、そうした道行きは社会構造のあまりに過激な変化をもたらすのではなかったか。これについては本章の結論部分で触れよう。

けれども、このように論じ進めるとき、ではこのような結論をどのくらいのパーソン度をもつ動物にまで適用するのか、あるいは、どのくらいの道徳的配慮度の実験にまで適用するのか、という線引きの問題が生じることは避けられない。そうした線引きにまつわる意思決定の問題の解決は、直ちにここで与えることはできないが、少なくとも、それをするためにもパーソン度そして道徳的配慮度の概念が有用な手掛かりになること、それは間違いないはずである。

以上のような理解にのっとって、動物たちに対する道徳的配慮の問題を実際に考えてゆくこと、それが次に強く求められる。何より避けるべきは、こうした道徳的問題の存在を知りつつ、面倒なのでわざと目を向けず、なし崩し的に動物実験の現状を結果として追認してしまうことである。話を聞かされたときだけ「かわいそう」と思い、そしてすぐに忘れて何もしないのは、やはり欺瞞的だというべきではないのか。本書で私が射程に入れている「涙の哲学」は、決して理論的な理解にとどまるのではなく、実践的な提言、いや実践の遂行へと結びついている。こうした観点から、次に、「動物実験のモラル」という問題に沿って三つの提言をしたい。

第一に、動物実験の詳細についての情報開示を社会全体で果たしてゆく必要がある。「パーソン」が「声主」であり、他者に何かを訴える存在である以上、動物たちの苦痛の「叫び」として現出する「パーソン」は私たちにも向けられている。私たちに向かっても呼びかけがなされている。ならば、それに応答し、動物たちのありように目を向けていくことが道徳的に求められていると考えねばならない。こうした情報開示の要求に対して、動物実験を行う研究者の側では、そうした実験の細かいデータを一般の人に開示したところで、一般の人がそのような専門的な事柄を理解することは望みえないのではないか、という反応をするかもしれない。しかし、それはポイントを外している。実験動物のマウスや猿や犬たちの血圧データとか、脳の状態についてのデータとか、そうしたものが「動物実験のモラル」という文脈での最終的な問題ではないからだ。問題は、苦痛の訴えのありさまなのである。だから、細かな数値データとか、実験動物たちに休憩を与えているときの様子とか、実験の一過程において楽しそうに実験に参加している動画とか、そんなものの開示が求められているのではない。最終的に動物たちに苦痛を与えるような実験であるならば、その与え方の最終的なありさまこそが情報開示要求の対象なのである。ここでの「苦痛を与える」ということのなかには、「安楽死」ももちろん含まれる。本当に「安楽」なのか。恐怖心や不安感という「苦痛」が一切ないのか。あるいはそもそも、どういう仕方であれ「殺す」ことが正当化できるのか。こうした点についての判断をするための情報が開示されなければならないのである。

このような要求を社会全体で実現し、動物たちの「声主」としてのパーソン性を配慮してゆくようにするために、おそらくまずは不要な動物実験の完全撤廃を徹底してゆくことが求められよう。すでに多くの実験によって分かっていることを追認するための実験などの撤廃ということである。私自身、中学生の頃、カエルの解剖の授業に出たことがある。内臓だけが水槽に浮いて、浮遊した心臓が鼓動を繰り返していた光景を思い起こす。胸が悪くなり、廊下に出て深呼吸をしていたことがまざまざと蘇る。あんな実験は完璧に不必要である。カエルの身体構造など、すでに人類にとって分かり切っていることなのだ。さらには、先にも触れたが、ラッセルとバーチ以来の３Ｒ、すなわち「置き換え」(replacement)、「削減」(reduction)、「洗練」(refinement)、というスローガンに従うよう社会が実験者に求めてゆくことも暫定的な策としてもちろん有効だろう (See DeGrazia 2002, pp.111ff.)。

第二に、すでにこれまで何度も言及してきたことではあるが、こうした「動物実験のモラル」についての議論を「肉食」の問題に結びつけてゆく必要がある。そもそも動物実験がなぜ道徳的な問題になるかというと、動物たちに苦痛を与えたり屠殺したりという仕方で動物虐待を事実上していることになるからであった。しかるに、そうであるならば、私たちはシンガーの次の言葉に真摯に向き合う必要がある。

> 食用として飼育される動物の利用と酷使は、問題となる動物の数において、他のいかなる種類の動物虐待をもはるかに凌駕する。(Singer 2002, p.95)

まことに、動物実験で屠殺される動物の数に比して、食用のために屠殺される動物の数は圧倒的に多い。ならば、動物実験での動物虐待や屠殺に道徳的問題があると見取る限り、肉食という私たちの行為に対しても、いやむしろそれにこそさらに重大な道徳的問題を見取らないというのは、あまりにバランスを欠く。私自身の経験でいえば、動物実験反対の運動を街頭でしている若者が、ハンバーガーを食べながら署名を求めているのを見たことがある。何ともちぐはぐな光景ではないか。

すでに言い古されたことだが、食用のための動物を飼育するためにには膨大な飼料が必要であり、そのこと自体環境に負荷を掛け、エントロピー増大をもたらし、世界の食糧問題をさらに深刻化させる。さらには屠殺という道徳的問題が決定的に絡んでくる。現在の知見において、このまま人類が肉食を続けることを正当化する要因はほとんど見つけることが困難である。食文化とか、味とか、栄養面での必要性とか、いろいろと肉食を肯定する要因はありえようが、負の要因を取り消すほどの説得力はまったくもちえない。だいたい、食文化なるものが、事実としてこれこれの食をしてきた、ということであるなら、それは単なる事実記述であって、そこから道徳的な「何々すべき」という規範を直接引き出すのは、論理の飛躍となってしまう恐れがさしあたりある。いわゆる「自然主義的誤謬」である。この点は、ギリシア時代の奴隷制を思い起こすと分かりやすい。ギリシア市民にとって奴隷制は一つの文化だったであろうが、だからといってそれは奴隷制が道徳的に正しいことであるという根拠にはならないのである。それに、そもそも日本人の場合、鶴田静の記すところによると、天武天皇の頃以来、公的には仏教に基づいて肉食は禁止であったのであり、現在のように肉食が一般的になったのはたかだか明治以降であるにすぎない（鶴田 2002, p.23）。そのような肉食をしない仏教的伝統をもつ日本において、今日著しく肉食が普及しているのに対して、どちらかというと肉食を宗教的にも許容するキリスト教文化圏の欧米において、今日ベジタリアンの割合が大変に多いという事実は、まことに奇妙なねじれ現象であるといえよう。

18　いのちをいただく

ところで、食するということが他の生命を害することを含意することに思い至るとき、私たちは「いのちを有り難くいただく」という言い方をするときがある。あるいは、屠殺した動物に対して、「自然の恵みに感謝していただく」というようにも言ったりする。私自身は、ここで使われるような「感謝」という言葉に何とも自己中心的な欺瞞を感じてしまうが（一体誰に感謝しているのか、自分たちで殺しておいて、その殺した当の者に感謝するとは何という欺瞞的倒錯！　何という手前勝手な正当化か！）、それは個人の感覚なので脇に置くとしても（とはいえ結局は脇に置けないが）、ここには一種の理論的問題が潜在していることは間違いない。すなわち、「何を」食しているのか、という問いである。「いのち」を食しているのか、それとも「死体」を食しているのか、という問題である。私が思うに、事実として、「死体」を食している、とするのが正確であろう。もちろん、スーパーで販売されている食肉にはこのことは明白に当てはまる。「食べる」だけでなく、動物利用一般でいっても、靴や鞄や毛皮のコートなど、すべて動物の死体を利用しているのだから、死体を食べる、死体を利用する、という言い方には十分なリアリティがあるはずである。しかしでは、収穫したばかりの野菜はどうか、「白魚のおどり食い」はどうか。私は、こうした場合でも、死体を食しているという言い方が成立すると感じている。というより、「食べる」という言葉のア・プリオリな意義として、その対象は死体なのだと思うのである。実際、おどり食いの場合でも、胃に入り、消化されるときには白魚は死んでいるだろう。あるいは、胃で消化されるときなどという妙な視点を持ち出さなくとも、死体を食している、という言い方が正確であることは説明できる。つまり、逆に、死体ではなく、「いのち」を食している、という言い方をした場合に、あからさまにパラドクシカルな事態が導かれてしまうという点を指摘することによって、やはり食べる対象は死体なのだということが確認できるのである。

この辺りの論点については、本書ですでに論じてある。「いのち」を食べる、他の「いのち」をいただく、という言い方が文法的におかしいことは、すでに第1章や第2章で論じた議論から容易に了解されるはずである。「いのち」を得る、というのは、字義通りに捉えたとき、どういうことを意味するのか。素直に考えて、私たちがもう一つの生命を得る、ということだろう。つまり、人生を二回生きられるということだろう。しかし、これは明らかなナンセンスである。こうした述べ方に対しては、食べることによって私たち自身の「いのち」が長らえられるのであり、そういう意味で「いのちをいただく」のだ、という反応が返ってきそうである。確かに、こうした言い方はうなずける。けれども、すでに第2章でオダバーグの議論に即して述べたように、これは生命の「部分的な」譲渡なのであって、「いのち」そのものをいただく、ということには結びつかない。むしろ、こうした生命の部分的な譲渡とは、単にエネルギーや活力を得る、ということの言い換えにすぎないのである。しかも、食べることが、つねに生命（力）の部分的な譲渡になるわけでもない。食べることが身体を害することも多々ある。毒物を食べてしまう場合のみならず、脂肪分や塩分や糖分の取りすぎが健康を害することはよく知られているところである。いずれにせよ、「いのち」をいただく、という言い方は冷静に考えて正確な言い方ではない。死体を食べる、という表象の方がずっと実態に即しているのである。

にもかかわらず、私たちは「いのちをいただく」という言い方を普段しがちである。そのようにして、生物を殺して食べるという行為を正当化しようとする。なぜだろうか。私は、こうした事情の根底に、一種の「後ろめたさ」が潜在していると指摘したい。食品を単に物質としての食品として捉えているときには、「いのちをいただく」という言い方はしない。それが生物の死体なのだ、という意識はあまりない。そこには、何かが死んだ、というプロセスは表象されず、単に物質的な意味での食品がある、と理解する現世視点だけが現れている。加工食品の場合には、そうした傾向が顕著だろう。けれども、死んだ動物のもとの姿が想像できるような形の食品に接するとき、私たちは、うっすらとであるにせよ、そこに死んだ動物が介在されていることに気づく。そして、そのことを少しでも自覚的に考えるならば、あるいは、無意識的にせよ、そうした死んだ動物の介在へと心が少しでも向くならば、そうした思いを回避しようとする（おそらく欺瞞的というべき）気持ちが働くのではないか。食品が成ってくる過程から目を背けて、そんな辛気くさいことを考えずに、食を楽しみたいとする思いが生まれてくるのではないか。そういう、もしかしたら無自覚的な心理のもとで、「いのちをいただく」という言い方が出現するように、私には思われるのである。そういう正的な言い方をすることで、目を背けたいような事情を隠蔽し、あえて現世視点を維持しようとするのではなかろうか。

こうした「後ろめたさ」と肉食への欲求との葛藤・矛盾は、単に私が憶測して述べていることではない。これは人間についての心理的事実なのである。そのことの例証は、イギリスの歴史家キース・トマスの名著『人間と自然界』第六章第四節「食用か慈悲か」での叙述に見出せる。トマスによれば、少なくともイギリスでは、早くも一六世紀から、動物を屠殺して食べることにまつわる罪悪感がいくどとなく表明されてきたという。たとえば彼は、一八世紀に活躍した医師ジョージ・チェーンの次の言葉を紹介している。「ぜいたくな食欲を満たすために哀れな同類が殺されようとするとき……その断末魔の苦悶に身もだえする様を注視するには……岩のような非情な心と残酷さ、残忍さが必要だろう」（トマス 1989, p.442）。あるいはまた、ニュートンに言及してこうも言う。「サー・アイザック・ニュートンは動物も感覚をもっているという事実と苦痛を与えているという事実とのあいだに受けいれ難い《恐るべき矛盾》を感じていた」（トマス 1989, pp.442-443）。トマスは、こうした近代イギリスに発現してきた人間の心理的事実について、こう総括している。

彼らにとって、人間の必要を最優先されることは、家畜を苦しませたり、全野生動物を絶滅させたりすることになるので、しだいに受けいれ難いものとなっていた……このようにして近代初期に早くも、人類の支配を保証してきた苛酷なやり方とその後しだいに折り合えなくなってゆく感情が、人々の間で発生したのであった。一方では数えきれないほどの快適さや人類の物質的繁栄あるいは幸福などの発展がみられたが、他方では他の生命形態の無慈悲な搾取も見られた。こうして新しい感性と人間社会の物質的基盤のあいだに徐々に葛藤が生じてきたわけである。妥協と隠蔽のごたまぜだけでは、この葛藤をこれまで完全に解決するには至らなかった……それは近代文明がいわば依拠している矛盾の一つだからにほかならない。（トマス 1989, pp.456-457）

肉食についての「後ろめたさ」は、おそらく普遍的な感情である。そして、それを隠蔽しようという、意識したくないような意図のもとで、「いのちをいただく」という反転して正的な言い方が登場するのだ、というのが私の診断なのである。

19　死の所有の隠蔽

しかるに、もしそうならば、「いのちをいただく」という言い方をしているとき、人は実は逆にすでに現世視点を踏み越え、死んだ動物の存在性を想定する視点、自然の恵みに感謝するという仕方で死んだ動物を対象として想像するという視点、すなわち彼岸視点を取り始めている。動物の「死」がもたらす重み、そうしたものを感覚しようという態勢に実はなっている。すなわち、動物の「死の所有」を、隠蔽するようでありながら、実はそうした「死の所有」の観念に浸潤されつつあるのである。すでに論じたように、「死の所有」の観念はそれ自体としては虚構である。けれども、虚構として、私たちの文化を成り立たせ、ひいては社会的制度の根底にもその影響をかすかながらも及ぼしている。私は、動物を食べるという人間の社会的習慣の底にも、こうした「死の所有」の観念が作用を及ぼしており、そのことが垣間見える機会が、「いのちをいただく」という言い方を人がするときなのだ、と言いたいのである。いずれにせよ、食肉とされるために屠殺される動物も、実はペットとしてかわいがっている愛犬や愛猫とほぼ同様である。愛犬や愛猫を食べるという人はあまりいないだろう。牛や豚も犬や猫と同じような哺乳類であり、高いパーソン度を持つ存在であること、そのことに思いが至る入り口に、「いのちをいただく」という表象が「後ろめたさ」の感覚を潜在させながらある。

では、このように、この表象の背後に「後ろめたさ」があること、この事実を明るみにもたらすにはどうしたらよいだろうか。おそらく、食品や食肉の成ってくるプロセスを視覚化してゆくことが有効だろう。そして、こうした視覚化によって、動物の死の介在を明らかならしめ、「死の所有」の観念が働いていることを浮かび上がらせるという要請は、動物実験の問題にも妥当してゆくはずである。実際、先に私は、動物実験に関して情報公開を促進するべきだとしたが、そうした論点がここでいう視覚化への要請とぴったり呼応していくことは見て取りやすいだろう。ついでにいえば、第1章で扱った死刑の問題に関しても、この視覚化への要請は当てはまる。死刑が正義だというならば、その執行のプロセスに隠すところや、やましいところなど、あるはずもない。堂々と公開して、正義を知らしめ、抑止効果を高めた方がよいはずである。にもかかわらず、少なくとも我が国では公開死刑は行われていない。これでは、死刑存廃論といっても、肝心の事実認識の点で不十分であると言わざるをえない。

私が思うに、動物利用、死刑、そして戦争といった問題系には、一つの共通する倫理的問いかけがなされなければならない。これらの問題に関して積極的に肯定・推進する立場の人々は、果たして自分からその実行を買って出られるか、という問いかけである。食肉にするための動物の屠殺、死刑執行、爆弾投下、といった行為の実行である。無論、人によって、状況によって、これらの問いかけに対する応答は多様だろう。しかし、第1章の死刑論でも触れたが、死刑存続を願う世論はきわめて高いにもかかわらず、裁判員となって死刑判決を下すことへの躊躇もまた高い。ここには、悪者は憎らしいので死刑にさせたい、けれども自分で判決したり執行したりするのは残酷なので嫌だから、他の誰かに判決・執行してもらい、自分は死刑が執行されたという事実による満足だけを得たい、というエゴイスティックな心理が働いているのではないかと、そう勘ぐりたくなる。少なくとも、この事態を理解可能な仕方で説明する仮説として、こうした心理による説明は有力なものの一つだろう。ともあれ、私には、倫理の問題というのは、正しい、正義である、と判断したことは、そう判断した人が晴れ晴れとそして堂々と自ら実践できるものでなければならない、という直観がある。もちろん実行の際に実行者に危険が及ぶ場合もあろうが、それは、それを倫理的な意味で誰に隠すこともなく堂々と実行できる、ということとは別の問題である。実際、たとえば災害被害者を救うことは正しい、と判断したならば、誰に恥じることなく正々堂々とそれを実行できるはずである。

同じ論点は動物の屠殺にもそのまま当てはまる。おいしいお肉は食べたい、けれども自分で屠殺するのは残酷なので嫌だから、他の誰かに見えないところで屠殺してもらって、自分は肉食による満足だけを得たい。そういう心理がもしかしたら働いているのかもしれない。だとしたら、これは歪んだ欺瞞にほかならないだろう。ましてそれを「いのちをいただく」という言い方でやんわりと糊塗するのだとしたら、もはやそれは自己欺瞞の病理というべき事態ではなかろうか。いずれにせよ、まずは視覚化することによって、事実を事実として認識すること、ここから議論がはじまるのでなければならない。そしてそのことによって、私たちが動物の「死の所有」をうっすらと感覚していながらも、それを隠蔽しようとしている、という深層の事態が暴き出されていくのではなかろうか(15)。

20　非発展というプライド

さて、第三に述べたい提言は、私たち自身「足るを知る」必要があるだろう、という論点である。私たち人類は、医学やその他の知識に関してすでに多くの蓄積をもつ。それで十分、という観点もありうるはずである。中川恵一と養老孟司が述べているように、「人間の死亡率は一〇〇パーセント」なのであり（中川・養老・和田 2007, p.29 & p.46）、もとより永遠の生命など望むべくもない。もちろん、このように言ったからとて、科学者や研究者の研究意欲や知的好奇心をすべて封印すべきであるなどと言いたいのではない。私が言いたいのは、究極的には、動物実験なしでできるような発展や研究のみに集中するようにするべきだ、ということなのである。

もちろん、こうした根本的な提言を直ちに実践することはできないだろう。この点は、権利の競合をどうするのか、という何度も触れた論点と関わる。私は、この問題についてこのように述べたい。「動物実験のモラル」の確立とか「動物の権利」の確立とかの主張や訴えは、長いスパンでの実現を目指した一種のデモンストレーションであって、もとより急激な改革を予期しているものではない、と。実際、奴隷解放とか女性解放とかの運動とて、トラフィッキング（人身売買）問題などを勘案するとき、いまだ完了しているとは言えないことに思い至る。まだ世界には「奴隷」と称してまったくおかしくない人々が存在しているのである。奴隷解放運動がいつ始まったかを規定するのは難しいが、少なくともアメリカ南北戦争終結のときのリンカーンの宣言（一八六二年）において一定の成果を見たはずである。しかし、それから一五〇年近くたった現在でも奴隷は存在している。

このような実例からすれば、「動物の権利」確立とか動物解放といった訴えは、実現されるのにはおそらく何百年とかかるであろう。少しずつ、訴えを積み重ねていくことだけが実現の道である。したがって、権利の競合の問題も、誰かが少しずつ動物のパーソン性を訴えて、少しずつの意識改革を進めていくしかない。無論、このような事情だからといって、そうした訴えなどしなくともよい、ということにはまったくならない。私の理解では、一定以上の苦痛度の苦痛を与える動物実験、とりわけ哺乳類、鳥類、両生類に対するそうした実験は究極的には全廃するべきである。(16)「一定以上の苦痛度」とはどれくらいのことか。「死」は無論のこと、トラウマが残ったり、後遺症が残ったりするような類の実験はそれに含まれるだろう。おそらく、「DP × DH」すなわち「パーソン度×苦痛度」という「DMC」（道徳的配慮度）が〇・六を越えるようなものは廃絶すべき範囲に入るのではなかろうか。もっとも、この線引きについての意思決定の問題はここで詳しく論じることはまだできないが。いずれにせよ、高い「DMC」をもつような動物実験の究極的な全廃、それを誰かが訴え続けていかなければならない。この論考もそうした訴え実践の一つのつもりである。

とはいえ、こうした主張には実はとんでもない欺瞞性あるいは偽善性が露呈している。そのことにも自覚的でなければならない。長いスパンを掛けて実現させるべく訴えていく、というのは聞こえはいいが、裏を返せば、その間（つまりおそらく一人の主張者の一生の間）動物実験を許容し続け、その恩恵を（「DMC」の高い動物実験は究極的には全廃すべきだと言いながら）受け続けるということの体のいい言い換えにすぎないと言いうるからである。加えて、動物実験や肉食の範疇から外れる動物の屠殺、たとえば鳥インフルエンザや口蹄疫などの発生の際にニワトリや牛や豚を処分（つまり屠殺！）するといった事柄については沈黙している、ご都合主義の主張でもある。一旦自らの生命や健康に直接の害が及ぶ可能性があると、おそらく人間は、「動物の権利」などという言説など一致団結して封印してしまう。鳥インフルエンザや口蹄疫のような事態も結局は人間の工場畜産という道徳的に許容しがたい仕儀が原因となっているのではあるが、いまはとにかくそれを時間を掛けて改善していこうとしている最中である、よってその途上ではある程度の処分や屠殺はやむをえないのだ、とでも言うのだろうか。

一体、人間というのは何なのだろうか。悪いことだと分かっていながら、し続ける。原理原則は分かっていても、なかなか実行できない。ある教養ある婦人と話をしたとき、肉食について話題が及ぶと、ご婦人は「道徳的に止めた方がいいのは分かっているけれども、小さい頃からの習慣なのでなかなか難しいですね」と述べて、肉料理を食べ続けた。これはどのように理解したらいいのだろうか。食べない、という行為はいくらでも実行可能ではないか。日本人は、何となく過ぎてゆく日常が何よりの基盤であって、原理原則に従って現状や習慣を変更する、という行為がどうしても苦手な国民なのだろうか。けれども、そのように感じた私自身、たとえ肉食に対して意識的であったとしても、動物実験の恩恵を陰に陽に受け続けている。耐え難い矛盾性を私自身感じる。厭世、人間嫌い、罪の意識。そうした言葉が浮かぶ。正直、自分を正当化することはできないと言わざるをえない。

しかし、ともかくも論を結ぼう。少なくともこうは言えよう。環境を劣化させても肉食を続けたい、長生きし続けたい、といった私たちの（通常はまったく問題視されないごく普通の）願望のうちに潜む「背徳性」に対して少しずつ目を向けてゆくべき時期が来ているのではなかろうか、と。動物たちの叫びに素直に涙する自然な感性、それを呼び起こすことを「涙の哲学」は要求するのである。もっとも、そうした「背徳性」を回避しようとすることは、逆に、発展や快楽を相応に断念し、自然のあり方への黙従を部分的に求めることにつながる。けれど、それでよい、という選択肢もある。非発展をプライドをもって受け入れること、人間の叡知はそうした方向性を指し示しているように思われるのである。

終章　死に基づく認識論
——生と死を貫く同一性

1　認識と同一性

この終章では、これまで論じてきたような実践的な問題とは趣を異にして、人間の知識・認識という理論的な問題に焦点を当てて、そこに「死」の概念、ひいては「死の所有」の観念が、どのような連関をなしているかということについて、既成の議論の枠組みにとらわれず、かなり一般的な視点から思い切った素描を試みていきたい。死と認識論とは、問題系として互いに無関係のように一見思われるかもしれないが、決してそうではないということ、むしろ死の概念が人間の知識・認識の基盤となっていること、そうした論点を「死に基づく認識論」あるいは「死基底的認識論」という表題のもとで展開していく。「死の所有」という概念が胚胎する射程の広大さについて、これまで本書で論じた議論を踏まえる形でできるだけ説得的に示し、本書の締めくくりとしたい。

まず、「分ける」ことが人間の認識の基本作用であること、このことを確認することからはじめよう。感覚や知覚という認識の原点を考えてみても、ある対象を別の対象から分けることがその役割とされていることはすぐに見て取れる。たとえば、犬を「見る」ということは、その犬とその犬の背景とを見「分ける」ことであり、鳥の声を「聞く」ということは、その声とそうでないものとを聞き「分ける」ということである。また、人間の認識を考える場合、言語がそれに決定的に関わっているという点を落とすわけにはいかない。いかなる認識や知識も、真や偽ということが語りうる以上、言語によって中身をもちえているのである。しかるに、言語とは、分節化というまさしく「分ける」働きをその本質とする。何かを言語化することは、それを他のものから「分ける」ことにほかならない。これは、具体的・具象的な意味を持つ言葉から、高度に抽象的な言葉に至るまで、すべてに妥当する言語の本質的な働きである。別な言い方をすれば、私たちの言語に「何々でない」という否定の作用が認められている限り、言語には「何々である」と「何々でない」という形での「分ける」機構が内包されているのである。もっとも、このことは、必ずしも「分ける」ときの境界線が鮮明に引けるということを含意しない。「赤い」は「赤くない」と分けられるけれども、その分け目のところに、どちらとも言い難い「境界線事例」(borderline cases)が存在することは、本書で何度か言及した曖昧な概念についての「ソライティーズ・パラドックス」から了解することができるだろう。しかし、そうはいっても、「赤い」という言葉は「赤くない」と分けられることで、あるいはそもそも「赤い」ものではないすべてのもの(「固い」や「薄い」や「喜び」や「市役所」などもろもろ)と分けられることで、言葉としての意義を立ち上げてくる。「境界線事例」を許す曖昧な概念だからといって、有意義な言葉である以上、いかなる「分ける」の働きをもなしえていないとは考えられない(そうした働きがまるっきりできないならば言葉として役に立たない)。平氏の赤旗と源氏の白旗は「分けられる」のである。同様な事情は、もっと抽象的な概念、たとえば「同盟」についても妥当する。「同盟」という言葉は、「同盟していない」や、「同盟」とは無関係のすべての概念と分けられることで、使用に供されているのである。かくして、認識の内実を形作る言語がこのようであるなら、認識が「分ける」営みによってこそ成立していることを疑うことはできない。

しかるに、少し踏み込んで考えるならば、「分ける」という営みが成り立つためには一定の条件があることが気づかれる。すなわちそれは、「分ける」というのは必ず一つの何かを「分ける」ことであり、それによって特定の部分を「取り分ける」ことであること、したがって、その何かの一つであること、つまり、その何かの同一性をいつも背景に背負っているということ、これである。たとえば、スイカを切り「分ける」、選挙区を「分ける」、といった場合、同じ一つのスイカ、同じ一つの選挙区、が前もって了解されていて、それを踏まえて「分ける」という営みが成り立つことは表現上明らかだろう。また、男女を「分ける」というときも、その前提として、同じ一つの人間という種が読み込まれていることも確実である。このことは、逆の仕方で検証することができる。つまり、全然別で、共通する同一性のない二つのものについて「分ける」ことは意味をなさないのである。たとえば、「塩味」と「徐行運転」とを「分ける」、というのは、よっぽど特殊な文脈であるか（たとえば料亭の部屋の名前が「塩味」と「徐行運転」というものだったりとか?）、よっぽどの文学的想像力やレトリックを駆使するのでない限り、有意味な表現とは見なされないだろう。それは、「分ける」ことの前提をなす同一の何かが欠如しているからである。かくして、私はこういえると思う。人間の認識のありようについて解明することを目指して、その基本をなす「分ける」という営みの意義を探り、その営みの実相を理解するには、その根底にある同一の何かに目を向けなければならない、と。

しかし、では、人間の認識の基本的作用である「分ける」営みを、背後から導いている同一の何かとは結局は何なのだろうか。それについて、一般的な仕方で確認することができるだろうか。先ほど挙げた、スイカを切り「分ける」、という例で考えてみよう。この「分ける」営みには、同じ一つのスイカ、が前提されているのだった。しかし、この同じ一つのスイカそれ自体もまた、このスイカと別のスイカとを「分ける」営みのなかで成立する捉え方である。つまり、同じ一つのスイカ、という同一性も別の「分ける」営みに支えられていたのである。しかし、その別の「分ける」営みも「分ける」営みである限り、やはり根底に同一の何かを前提しているはずである。では、このスイカと別のスイカを「分ける」ことを導く同一の何かとは何か。言うまでもなく、スイカという種、に違いない。しかるに、再び、スイカという種それ自体、スイカという種とそうでない種とを「分ける」営みに支えられている。そして、また再び、これもまた「分ける」ことである限り、その背後に同一の何かが前もって先取りされているはずである。それはおそらく、果物という同一の類、ということになろう。このように、個々の「分ける」営みの根底にある同一性を暴き出していくことは、結局、より高次の「分ける」営みに巻き込まれていくことにほかならない。スイカを「分ける」という場合、突き詰めていくにつれ、果物から、植物、生物、自然物、というような同一の何かが順に浮かび上がり、それに関わる高次の「分ける」営みが露わとなってくるだろう。では、もう一つ先に挙げた例、選挙区を「分ける」という場合はどうだろうか。その根底に、まず、同じ一つの選挙区、があることはすでに分かっている。しかし、この同じ一つの選挙区もまた、スイカの場合と同様に、この選挙区と別の選挙区とを「分ける」営みに支えられていると言える。しかるに、こうした「分ける」営みも「分ける」営みである限り、根底に同一の何かが前提されている。それは無論、選挙区という概念、であろう。そして、再び、選挙区という概念とそれとは別の概念（たとえば市町村区分）とを「分ける」営みが気づかれ、その根底に、おそらく、行政制度といった概念が先取りされていることが了解されてくるだろう。こうして、選挙区を「分ける」という場合、行政制度の概念から、制度一般、国家、法、というように根底にある同一のものが順次明らかとなり、それにまつわる高次の「分ける」営みが浮上してくるのである。

2　「ピュシス」と「ノモス」

以上の例解から分かるように、さまざまな「分ける」営みの根底にある同一の何かを突き詰めていくと、かなり広範な概念に辿り着き、そしてそれに関わる高度に一般的な「分ける」営みが姿を現してくる。では、「分ける」営みを根源まで探り詰めていったとき現れてくる、最も一般的な区分というのは何なのだろうか。差し当たり、それは、

「ピュシス」と「ノモス」の区分、すなわち自然と人為の区分であると、そういえるだろう。「ピュシス」と「ノモス」というのはギリシア語で、「ピュシス」は文字通り「自然」の意であり、「フィジックス」つまり物理学を表すヨーロッパ語のなかにそれは受け継がれている。また、「ノモス」はもともと「法」のことであり、法は自然現象とは違って人間がなしたものなので、「人為」とも解されるわけである。そして私は、さまざまな「分ける」営みを根底へと辿っていくと、この「ピュシス」と「ノモス」の区分という、最も一般的な「分ける」営みに必ず到達すると思うのである。実際、スイカの例と選挙区の例はそのことを明白に例示している。スイカを「分ける」営みは、結局、自然物の概念に至り、選挙区を「分ける」営みは法の概念へと行き着いているからである。そしてこのことは、「分ける」という概念から考えても必然的に辿りつく論点だと考えられる。認識における「分ける」営みを問題にしている以上、最終的に事態は、「分ける」という営み自体の関わり方による区分へと収斂していくと思われるからである。すなわち、「分ける」営みに巻き込まれてはいるけれど、そのものとしては「分ける」こととは独立に成立しているものと、「分ける」営みにまさに巻き込まれることによって存立しているもの、という区分である。言ってみるなら、「分ける」営みの外側にあるものと内側にあるものとの区分である。「分ける」ことの外に独立に成立しているものとは自然であり、「分ける」ことの内で「分ける」によってまさに成立してくるものとは人為である。スイカは、別に私たちがスイカとパイナップルとを「分ける」ことによってこの世界に生み出されるわけではなく自然種としてあるが、選挙区は、自然物としてあるわけではなく、まさに私たちが選挙区を「分け」て確定することによって生じてくるわけで、このように、自然と人為という区分が「分ける」という営みの関わり方による区分へと重なり合うことが確認できるだろうと思う。

しかし、では、自然と人為とを「分ける」ことを導いている同一性とは何だろうか。「分ける」営みである以上、すでに確認したように背後の同一な何かが必ず存在しているのだから、自然と人為の区分についてもこの問いは当然提起されねばならない。そして、自然と人為を「分ける」ことが最も根源的な「分ける」営みであるなら、その前提となる同一な何かを暴き出すことは、人間の認識の根本的な構造に触れることになるのではないかと期待されるはずなのである。こうした問いに対し、おそらく、多くの人が提出する答えは、「事物」だとか「存在」とかの最高度に一般的な概念こそが自然と人為に共通する同一のものであり、そこまで辿ると「分ける」営みは終焉する、というものであろう。しかるに、私が思うに、こうした答え方は必ずしも十分ではない。というのも、「存在」もまたさらに別の「分ける」営みに巻き込まれていかなければならないと思われるからである。すなわち、「存在」と「非存在」、あるいは「存在」と「無」、という「分ける」営みが再び現れてくると思うのである。けれど、非存在とか無というのは、ない、ということだから、自然物ではない。そもそも、自然とはあるもののことなのだから、無という自然物や自然現象はないのである。よって、非存在や無というのは、人間の思考によって実現する把握であると言わなければならない。これは、「ゼロ」の概念が数学者によって考案された事情と似ている。ならば、存在と無とを「分ける」営みは、人間の思考によって実現する区分、「分ける」という営みによってこそ生じてくる区分であると言わなければならない。つまりは、存在の概念は、存在と無を「分ける」営みを経て、結局は、人為という領域へと吸収されていくのである。このように考えるなら、やはり、自然と人為という区分の方が、存在の概念に訴えること以上に根源的であると言わなければならない。それゆえ、その区分を導く同一な何かへの問いも重みを持つと言わなければならないだろう。

では、自然と人為の前提となる同一性についてどのように考えるべきだろうか。最初に考えられる道筋は、人為というのは実は深く突き詰めれば自然にすぎない、よって、自然と人為の区分の根底にはもっと深い意味での「自然」が通底してある、という捉え方である。すなわち、人為とされる事柄も実は自然現象なのであるという考え方のことであり、こうした考え方は今日哲学の文脈では「自然主義」と呼ばれる。アメリカの哲学者クワインが「自然化された認識論」という名のもと、こうしたアイディアをかつて提出したことがある。この主題について私は、すでに別の箇所で論じた。そこで論じたことの要点は、人為を自然に吸収してしまうという自然主義の観点は、すべてが自然だ、とする空虚な主張に至ってしまうか、それとも、人為現象のなかに生じている自然現象にのみ注目した上で、人為は自然なのだと論じている単なるトートロジーに陥ってしまうかの、いずれかになってしまうというものである。そのように主張するときに、私は、制度的事実についての制度的知識（「Aは征夷大将軍である」といった知識）には究極的には「権威」の問題がからみつき、「権威」を自然現象として捉えきることはできないとか、知識にまつわる「知的所有権」や「知的財産権」の問題を自然主義は扱うことができないといった論点を根拠として提示したのであった（一ノ瀬 2011 第1章参照）[1]。ここでは、人為を自然に吸収してしまう、という自然主義の道筋には必ずしも生産的な見込みを持てないだろう、ということだけを指摘して、これ以上は踏み込まないことにする。

　では、自然主義以上に有望な見方があるだろうか。自然主義とは逆の見方、すなわち、自然とは実は人為の産物にすぎないのであって、自然と人為という区分の根底には、より根源的な意味での人為が共通で同一の基盤として根づいている、とする考え方はどうだろうか。これは一見奇妙な考え方のように聞こえるかもしれないが、「自然」とされるものが実は私たちにとっては言葉なしには現れてこないことに思い至るならば、さほど不思議な主張には聞こえないだろう。というのも、言葉とは、特定の文化、歴史、制度、とともに生成してくる濃密に人為的なシステムだからである。言葉のシステムが歴史や文化によって異なるのは、「みやび」とか「わび・さび」を英語に訳そうとしてみるなら、直ちに実感できるだろう。そうであるなら、自然現象の理解が言葉を媒介する限り、自然とは実は明白に人為的なものでしかないのである。しかし、異文化相互の間では言語的に一致した仕方で表現できなくとも、まさに自然現象そのものとして現に生じているのではないか、と反論されるかもしれない。けれど、「自然現象そのものとして現に生じている」ということ自体、やはり特定の言語に依拠した一つの思考ではなかろうか。ならば、やはり、自然もまた人為の所産にすぎない、という考えは決して荒唐無稽であるとは言えないだろう。実際、このことは、問題を立てた最初から明らかだったとも言える。というのも、もともと自然と人為を「分ける」営みの基盤を探っていたのだから、全体が「分ける」という人為的な思考の営みにすでにして巻き込まれていたはずだからである。かくしておそらく、自然と人為を「分ける」営みそれ自体、そもそも人為的な事象だったのだと、そう言えることになるだろう。換言するならば、「分ける」ことの外側もまた、「分ける」という人為的営みによって立ち現れてくる、ということである。

3　認識の基盤としてのパーソン

このように考えてくると、認識における「分ける」営みの究極の根底にある同一性が何であるかが、ようやく明らかになってくる。すなわち、「分ける」という人為的営みそのものの同一性、あるいは、「分ける」という人為的思考の同一性、これである。もっとも、思考の同一性といっても、思考の内容に関わるのではない。思考の内容はその都度変容していくのだから、思考内容の同一性というのはいわば刹那的なものでしかないからである。ここで言っている思考の同一性とは、思考していることの同一性である。では、思考していることを成り立たせているものとは何だろうか。それは、思考する者、思考する主体、これ以外にないだろう。であるなら、思考の同一性とは、結局は、思考主体の同一性へと至るはずである。実際、逆に、思考主体の同一性が成り立っていない、別な存在者どうしの思考は、決して一つで同じ思考とは言えないであろう。そして私は、こうした思考主体を「パーソン」（人格）という概念で表現したい。「分ける」という認識の営みを可能にする「言語」はまさしく人為的であり、かつ制度的・歴史的なものであり、よって、そうした「言語」を使って認識を導く思考主体は、制度のなかで歴史を担いながら他者ともに生き合う、あるいは前章での議論に即すならば、他者とともに響き合う、相互的な存在である。こうした存在を表すにふさわしい概念は、主観でも自我でもなく、「パーソン」であろう。かくして、認識とは、同一の「パーソン」という基盤に導かれるものであること、すなわち認識とは、もともとから他者を媒介した、制度的で歴史的な出来事であること、これが以上から確認される。

ところで、前章での「声主」としての「パーソン」概念を踏まえて言うならば、ここで自然に対するものを「人為」（ノモス）と記しているのは厳密には正確でないことになる。というのも、「パーソン」を「人為」の基盤とするという議論をここで私は展開しようとしているのだが、ここで「人為」という言い方をしてしまうと、「パーソン」概念が人間に限らず、人間以外の動物をも包摂する、より広い外延をもつ、という最重要な論点がもしかしたら落とされてしまいかねないからである。ここで手かがりとなるのは、ギリシア語の「ノモス」には、実は、「法」という意味以外に、「旋律、調べ」といった音楽的含意が伴われているという点である。実際、旋律や調べには一種の法則性・規則性が背後に機能しているわけだから、「法」が「旋律・調べ」と合体するのは事柄として不思議ではない。また、おそらく「法」は、前章で引用した坂部恵の言葉からも窺われるように（坂部 2007, pp.80-81）、「のり」つまり「のろい」として宣られ、告げ知らされたものであろうことからして、その意味でも「法」が「旋律・調べ」と同調してゆくことは自然である。「法」は、日本の歴史でいう「みことのり」という概念にあるように、言葉として宣言されるところに発生してくると捉えられていたのである。だとすれば、「ピュシス」と「ノモス」は、自然／人為という対比ではなく、「自然」と「旋律」という対比として表現した方が実態に一層即したものになるだろう。そしてそのように表現するならば、動物もまた「ノモス」に属しうること、あるいは「ノモス」が「ピュシス」を包括もしうること、これらが確認されてくる。なぜならば、動物もまたさまざまな仕方で「旋律・調べ」を奏でられるからであり（虫の鳴き声、狼の遠吠え、くじらの鳴き声などを想起せよ）、そしてまた自然の現象もまた何らかの旋律を持っていると捉えることができるからである（滝や間欠泉の音を想起せよ）。いずれにせよ、私は「ノモス」ということをこのような文脈で理解したい。つまり、本章では「ノモス」をさしあたり便宜上「人為」と表現しているが、その原義は、いま触れたように、「旋律・調べ」という、人間に限らない様相のことであると理解していただきたい。

さて、しかしながら、ここで、さらに一歩進んだ次元からの問題が生じる。いま、「分ける」という認識の営みの根底に同一のパーソンがあるという論点に至ったが、ではしかし、パーソンそれ自体に分裂や亀裂が生じて、パーソンそのものが分けられてしまうような場合はありえないだろうか。もしありうるなら、その場合は、「分ける」ことを導く同一の何かについてどう考えたらよいのだろうか。その同一性をどこに求めたらよいのだろうか。つまり、「分ける」ことの根底に同一のパーソンがあるとしたが、さらに、そのパーソンを「分ける」といえる場合があるとしたら、その「分ける」の根底にはどのような同一性があるのか、という問題である。「分ける」ことが、いわば文法的に同一の何かを前提する働きである限り、パーソンを「分ける」ときにも、やはり、その前提となる同一性があるはずだろう。その同一性とは何か、それが次の問題として生じるのである。

パーソンそのものに分裂や亀裂が生じる、ということですぐに思いつくのは、まずは、意識障害、記憶障害、あるいは多重人格、などの場合であろう。もっとも、こうしたことを考えるとき、いささか注意しなければならないことがある。いま話題にしているのは、同一のパーソン、つまり、パーソンの同一性の問題にほかならない。実際、同じパーソンとは何か、ということと連動させなければ、人格の分裂や亀裂とはどういうことか、は確定できないと思われる。しかるに、同じパーソンであることを決定するものは何か、という問いはいうまでもなく哲学上の大問題の一つで、いまなお大きな論争の続いている主題である。いま私は、あたかも、同じパーソンであることを決定するのは当人の記憶だ、というような考え方を前もって受け入れていたからこそ、意識障害や記憶障害の例を挙げたかのように聞こえるかもしれない。確かに、記憶がパーソンの同一性を決定する、という考え方は一つの可能な答えだが、しかしそうはいっても、記憶という精神的事象だけに基準があり、身体は同じパーソンにまったく関わらない、とは言えないだろう。確かに、同じ身体を持つことが同じパーソンといえる基準だ、というのもまたまことにもっともな考え方であると思われるからである。このように、パーソンの同一性の問題に関しては、教科書的にいって、記憶を重視する見方と身体を重視する見方との二つがある。

しかし、私自身は、この問題に関して、先に述べたように、パーソンという概念が、制度のなかで歴史を担いながら他者とともに生き合う・響き合う相互的な存在を示すという点に、やはり着目したいと思う。それは、同じパーソンとはその行為に対して責任を担える存在である、という一般的な了解にまずもって立脚するということである。もっと具体的にいえば、同じパーソンかどうかという問題は、普通は、犯罪などの責任を帰し、刑罰を科すことができるか、という社会的かつ実践的な場面でこそ浮上するという、その点に目を注ぎたいと思うのである。そして、そうした場面では、当人の記憶、身体の連続性、はもちろん重要な手がかりではあるが、それだけでは同一のパーソンかどうかは決定されないことも明白である。この点は第2章でも触れた。たとえば、トラックの運転手が全く気づかずに巻き込み事故を起こした場合でも過失犯として責任を帰せられるように、ある出来事に対して当人に記憶がなくとも、その出来事を起こした人と同じパーソンであると言うべきときがあるし、また、身体および記憶の点では連続し同一であっても、当人が全く抗えないような状況下で、脅迫、強制、などによってなした振る舞いについては責任が帰せられず、よって、パーソンの同一性も認められないということもやはり明らかなのではなかろうか。かくて、私は、同じパーソンということを決定するものは、記憶や身体ではなく、そうした記憶や身体に関する情報を手がかりとしつつ、責任の概念をめぐって当人と第三者との間に相互的に形成される社会的同意であると、そう考える。つまり、実質的にいうなら、パーソンの同一性とは、結局は、社会の人々の相互的な紐帯の同一性のなかに取り込まれてゆくと、言い換えるなら、そうした紐帯の同一性の一部を担うものとして立ち上がってくるのだと、そう思うのである。

4　パーソン分裂の深層

しかるに、このように考えると、責任が問えなくなるような状態、すなわちパーソンの亀裂や分裂というべき状態は、実は深層的には亀裂や分裂ではない、と言わなければならないことが見えてくる。すなわち、責任概念をめぐって社会的に認定されるパーソンの亀裂や分裂は、実はかえって同一性を浮かび上がらせる作用をしているのではないかと疑われるのである。というのも、たとえば記憶障害や記憶喪失の人は責任概念をめぐってパーソンの亀裂が生じていると見なされることが当然ありうるが、その場合、その人は一種の病気に罹っているのであって、治療されねばならないと考えられている。ということは、少なくとも医者の観点からは、その人のパーソンの同一性は実は連続していて、たまたま病気になっているだけで、むしろ病気になっていることで復元されねばならないものとしてパーソンの同一性がかえって顕在化していると、そう捉えられているのである。あるいは、医者以外の一般の人の観点からしても、記憶障害に陥った人は、思いもかけない病気になってしまった気の毒な人、同情に値する人として映るだろう。ということは、やはり、記憶障害として現れている表層の底に、同情されるべき人としてのパーソンの同一性が依然として想定されている、いやむしろ、そうした病気に罹っていることと憐憫の情とによってその人のパーソンの同一性がかえって浮き彫りになっているのである。このように、同情に値する人としてパーソンの同一性が依然として想定されるという事情は、脅迫や強制によって何かをなしてしまった人に対しても当然当てはまるのであり、やはりそうした場合もパーソンの同一性は強固になりこそすれ分裂しているとは真には言いえない。こうして、これらの場合には、実際は、パーソンは分裂されていないというべきであることが導かれる。おそらく、こうした議論を促がす背景には、一般にパーソンの分裂とされている事象の場合でも、身体としてのその人はいまだ連続しているという、つまり当の本体がずっと連続している、という実感が巣くっているように思われる。いずれにせよ、以上の議論が当人ではなく医師やその他の第三者の観点からなされていることは奇妙ではない。すでに確認したように、パーソンとは第三者を交えた社会的同意によって確立するものなのだからである。

では、しかし、パーソンが真に分裂する場合というのはないのだろうか。私は、生と死を「分ける」こと、生と死の「分離」の場合こそ、まさしくそれに当たるのではないかと考える。というのも、生と死の「分離」の場合には、先に見たような、かえってパーソンの同一性を浮き彫りにしてしまうような事情、すなわち、身体としての当の本体がずっと連続している、という事情が、定義的に排除されているからである。ならば、生と死の「分離」こそ、パーソンの究極的な分裂・分断であると言えるだろう。実際、生と死を「分ける」ことは、究極的であるからこそ、私たちにとって尋常ならざる重大な意義を持つ。そのことが最も明白な仕方で活用される端的な事例は、生から死へと自発的に移行することで、生とは分けられた全然別の状態に入り、それですべてを解決・解消してしまう場合である。つまり、生と死の「分離」が究極的で決定的なものであることを利用して、生における問題を死によって一切清算してしまう、という場合である。自殺や安楽死の場合がそれにあたる。

けれども、少し考えてみると、自殺や安楽死の場合は、生と死の「分離」とは言いつつも、実はそうした「分離」はいまだ不完全であり、最初から同一のパーソンとしてのあり方が濃厚に染み渡っていると言わねばならないことに気づく。というのも、自殺や安楽死の場合は、はじめから当人の意図の同一性という形で生と死は結びついていると考えられるからである。すなわち、自殺や安楽死の場合は、当人が、みずからの生と死をいわば冷静な観察者として三人称的観点から眺め渡し、それでもって両者を理屈の上で理論的に分離して、意味づけを与え、それに自分の行動を適応させていこうという、一つの意図に貫かれた構図が認められるのである(2)。そうであるなら、自殺や安楽死というのは、生と死の「分離」を顕在化させるというよりも、当人の生き様、当人の人生観や死生観、を指し示す一つの行動形態であり、むしろその人のその人たるあり方、同一のパーソンとしてのありよう、それをこそ露わとするものであるというべきだろう。

それでは、しかし、生と死の「分離」というのは、ついに露わとなることはなく、よって、「分ける」ことの真の奥底を見届けることは不可能である、と言わなければならないのだろうか。果たして、自殺や安楽死の場合のような、前もっての意図の同一性が遮断された、外から降りかかってくるような、純粋な生と死の「分離」はないのだろうか。私はあると思う。そして、その最も明白な事例は、私には、「死刑」の場合であるように思われる。なぜなら、死刑に際しては、処刑される当人は、処罰されるという受身に置かれる以上、その意図の同一性や連続性は形式の上で遮断されているからである。つまり、いくら生きつづけたいと思っても強制的に処刑されてしまうのだし、何らかの積極的な人生観にのっとった覚悟の死とはどうしても言いえないからである。確かに、死刑囚によっては、罪を悔い、自分が殺めた犠牲者への謝罪の気持ちを持って処刑台に消える者もいるとのことであるが、それとて、強制的に拘置されているという身分から派生したものにすぎず、やはり「死刑」での死を自発的な死と見なすことはできないように思われる。また、ほとんど死刑になることが分かっているのに自首してくる犯人がいたとしても、こうした論点は動かない。というのも、おそらく、自首してくる犯人は、逃げようがないと観念したか、あるいは自分のしでかしたことへの恐怖心から逃れようとしているかの、いずれかであり、そこには「死刑」によって自発的に死を果たそうという意識構造は認められないからである（自殺をしたいけれど、勇気がないので、死刑に該当する犯罪を犯して公的機関によって処刑してもらうことで自殺を果たす、といったアメリカに見られる、あるいは今日の日本でも散見されるようになってきた、尋常ならざる事例についてはいまは脇におく。この点については第1章で触れた）。

しかし、さらに、次のような疑問があるかもしれない。前もっての意図の同一性が遮断された、外から降りかかってくるような生と死の「分離」、当人の意図の同一性や連続性は形式の上で遮断されている生と死の「分離」、そうした事態に相当するのは死刑の場合に限らず、突然の病死や事故死、不意を襲われて殺されるとき、なども同様なのではないか。それどころか、こうした急死の場合は、当人は、死刑の場合以上に、前もって生と死とをつなぐ意図の同一性を持つことが不可能なはずだから、純粋な生と死の「分離」に一層適合するのではないか、と。確かにもっともな疑問である。けれども、意図の同一性が遮断された、というのは、自発的な計画性がない、ということであって、全く予期しないということではない。私が強調したかったのは、予期はしているけれど、それに抵抗したい、という強いコントラストが死刑の場合には現れるので、生と死の「分離」は、当人にとっても第三者にとっても太く輪郭づけられるだろう、という点であった。しかるに、突然死の場合、そもそも予期が成り立っていないので、少なくとも当人の観点からはこうしたコントラストは現れえない。コントラストが現れないなら、生と死は結びついてはいないけれども、生と死を「分ける」ということがそもそも実行されたかどうか、本人の観点からは明確でないのである。であるなら、生と死の「分離」の顕在化に関して、こうした急死のケースは、自殺や安楽死の場合と、死刑の場合との中間に位置づけられると言えるのではないだろうか。もっとも、病死や事故死の場合も実は死刑のときに露わとなる事態と全く無関係ではないのだが、それは次に述べていこう。

5　応報的均衡の観念

さて、ともあれ以上より、死刑の場合にこそ生と死の「分離」という事態が前面に現れる、という論点を確認したが、しかしひるがえって、死刑の概念そのものに目を向けてみると、その核心の部分にいささか奇妙な側面が見出されると私には思われる。そもそも、我が国のように、死刑が存置され続け、死刑制度が支持されるのは、一体なぜなのだろうか。死刑制度を支持するという考え方の核心には、どのような発想があるのだろうか。この問題は第1章の主題だったわけだが、ここでは死と認識との連関に関する限りで、簡単に振り返っておく。端的にいって、死刑を支持する発想とは、「他者から不当に何かを奪ったならその分を返して償うべきである」という観念、これであろう。すなわち、素朴な応報的均衡の観念である。そして、実をいえば、この観念は死刑のみならず刑罰制度一般を支える基盤でもある。刑罰に対しては、こうした応報的均衡の観念以外に、将来の犯罪予防とか犯罪者の教育や更生といった、刑罰がもたらす結果にその正当性を求める功利主義的立場もあるが、それとて、刑罰という話題がそもそも現れるのは犯罪が犯されるからであり、しかも、犯罪を犯した人の処遇という形で刑罰が論じられる限り、応報の観念をまず何らかの形で先に摂取した上で申し立てられていると言わねばならない。実際、純粋に犯罪予防だけを目指すのであれば、たとえば、加害者を罰するのではなく、加害者の家族を罰する、とした方が予防効果が高いとも考えられる以上、そうした（現実には犯罪を犯していない）人々を罰する制度を採用してもよいことになる。けれども私たちは、加害者を処罰の対象とするというシステムを一般に採用している。それは、私たちが応報的均衡の観念を適用しているからである。さらに、社会制度の基盤として事実上私たちが現在ほぼ普遍的に共有しているロック以来の近代人権思想に照らしても、そこでは、他者の所有権を不当に侵害した者はその分の所有権を喪失しなければならない、という形で刑罰が規定されていたのであり、よって、刑罰を論じる際には応報的均衡の観念が理論的基盤となっていたと言えることは疑いない。所有権を侵害された他者というのが、直接の被害者だけでなく、安全を脅かされた社会全体も含んでいると考えられるなら、現行の懲役刑はまさしくこうした刑罰概念にぴったり対応していると言えるだろう。働くことで、直接の被害者をも含む社会に対して、自らが奪ったなにがしかの所有権を弁償する、というのが懲役刑の理念であると思われるからである。話を死刑に限っても、事実として、死刑制度を支持する人たちの考え方の根底に応報的均衡の観念があることは間違いないと思われる。死刑に該当する犯罪はいくつか種類があるが、いまは殺人に対する死刑に限って論じるとして、殺人に対する死刑の場合この応報的均衡の観念は、「他者の生命を奪った凶悪な殺人犯は自らの生命を差し出して償うべきである」となる。生命をもって償え、この素朴なものの見方が死刑を支持する考え方の核心にあるのである。

けれども私は、まさしくここに死刑概念にまつわる奇妙な側面を見出さないではいられない。どういうことか。この点は本書全体でいく度も繰り返した論点であるが、この終章でも改めて強調しておこう。すなわち、死ぬことは生命が消失することである以上、実は生命を差し出すことなどできないということ、この点である。簡単にいえば、(殺された者が一人の場合に）加害者に対して死刑を執行することによってもたらされるのは、一人が死んだがもう一人が死んだことで前者が生き返ったということではなく、単純に二人の人が死んだということだけだ、ということである。つまり、死刑の場合、応報的均衡の観念がどのように働いているのか明らかでないと思われるのである。しかも、付け加えるならば、近代人権思想のもとでは生命に対する所有権は認められていなかった、という点も注意してよい。生命は、いわば自然の賜物なのであって、生命を享受したり使用したりすることに対する所有権は認められても、生命そのものに対する所有権は認められていなかった。よって、この点からしても、生命そのものを所有権の侵害と喪失という文脈に乗せて死刑を正当化することは混乱していると言わなければならない。かくして、生命をもって償う、として理解される死刑は応報的均衡を実現してはいないのである。

6　死刑を支える「死の所有」の虚構

しかし、多くの人にとって、死刑は応報的均衡を実現する刑罰の一つ、最も重い刑罰であると感じられている。それはなぜだろうか。再び本書のメインテーマを繰り返そう。本書全体を通じての私の主張はこうだった。ここには一つの虚構が生じていて、その虚構によって、死刑においてもあたかも応報的均衡が実現されているかのように錯覚されているのではないか、と。その虚構とは、「死の所有」という観念である。すなわち、私たちは生きているときにつねに死を所有しているのだが、殺人とは他者の死の所有を不当に奪うことであり、したがって、殺人を犯した者は自らの死の所有を喪失しなければならないという論理であり、こうすることによって、他者の所有権を侵害したのだから自分の所有権を喪失する、という応報的均衡の観念に沿った形で死刑を理解することができるようになるのである。死刑は一つの刑罰である、という捉え方が現に成り立っていることを合理的に受けとめようとすると、どうしてもこう考えざるをえない。「死の所有」の観念を導入することではじめて、現実の死刑理解が理屈の上で説明できるようになるのである。ならば結局、死刑とは、生命を差し出すのではなく、死を差し出すことなのだ、と言えることになろう。死刑において生命は消えてなくなるが、死はまさに現れてくるわけで、こうした言い方はそれほど荒唐無稽ではないのではないか。

実際確かに、第1章で述べたように、私たちはいつもすでに死を所有している、と考えることはできなくはない。それは、たとえば、いつでも死ねるという姿勢の所有であったり、死ねる姿勢を介して周囲に影響を及ぼせる能力の所有であったり、いろいろに解釈できるだろう。あるいは、中世の武士であったら、自らの名誉のため、自分の家を存続させるため、落城に際して家臣を守るため、家の子郎党を守るため、いつでも腹を切る用意があるという態勢を所有しているのだと、そういう形でも死を所有するという表象は可能だろう。そして、人が現に死ぬと、残された人々には確かに「死」が差し出されると感じられる。それは、まずもって死体という情景であり、そして、その人への切なく生々しい追憶であったり、その人の不在による存在感、虚無感、安心感などだったり、「死」を想うことへの重たい誘発であったり、やはりいろいろに解釈されよう。これは、たとえて言えば、独身者は結婚を所有している、とする理解と類比的であると言えるかもしれない（決して結婚は死と同様だという含みはない）。独身者は、既婚者と違って、出会った人と結婚するという、いわば能力を所有していると言えるだろうからである。また、人が結婚すると、「結婚」が差し出されると感じられる。既婚者という情景であったり、異性との交流に関する独身者とは異なるスタンスであったり、というようにである。いずれにせよもちろん、「死の所有」の観念はあくまで虚構であり（「結婚の所有」ももちろん虚構である）、厳密にその内実を特定し明らかにすることはできない。しかし、虚構という資格であれ、「死の所有」の観念がともかくも媒介するものとしてなければ死刑という制度は理解可能にならない、というのが私の論点である。もっと正確にいえば、生命を差し出して償うといった文脈で表象されている「生命の所有」の観念に比べて、同じく虚構ながらも、「死の所有」の観念の方がはるかに理屈が通っており、そうした虚構によって応報的均衡の考え方による死刑の意味づけが確保されているのだと、そう言いたいのである。虚構にも二種類あり、「死の所有」という虚構の方が首尾一貫しているということである。要するに、私たちは、死刑が刑罰として成り立つと感じながら、それと並行的に、「死の所有」の観念をいわば捏造し、そのことで死刑概念の可能性を確保しているのである。このことは、逆にいえば、一切の虚構の介在を認めないというスタンスに立つ限り、死刑を正当化することは理論的には難しいということでもある。こうした論点との対応のもと、私は第1章で「死刑不可能論」を展開したのであった。

そして、こうした「死の所有」の観念は、おそらく、病死、事故死、などの通常の死にも拡張されていくと、私には思われる。いま確認したように、「死の所有」の観念は、死刑の概念を通じて、あるいは死刑概念を理解可能なものとするために、捏造され虚構されたものであった。つまり、所有権の侵害と喪失として規定される犯罪と刑罰の概念を首尾一貫させようとしたときに現れてきたのであった。このことは、逆にいえば、犯罪と刑罰の概念が何らかの仕方で関与する場面では、とりわけそれが「死」に関わる場面では、「死の所有」という虚構の観念が立ち現れてくることがありうるという、そういう含意をもたらすであろう。そして私は、私たちの日常的な生活にも犯罪と刑罰の概念がうっすらと潜在しているのであり、それがゆえに、病死や事故死などの通常の死の場合にも、「死の所有」の観念が染み渡ってくると、そう述べたいのである。つまり私は、私たちの日常の交流のなかには、自分が他者に対して加害者であったり被害者であったりするという感覚が根底を流れていて、そうした状況のなかで他者の「死」が生じると、いわば類比的に、死刑の場合の「死の所有」の観念が介入してくると思うのである。

私たちは、家族やペットや友人など身近な存在者たちと接しながら生きているが、当然のことながら、その間には、感情の行き違い、甘え、身勝手、といった事態が生じ、家族の情愛や友情はあるにしても、同時に、きわめてうっすらとした仕方であったとしても、憎しみや軽視といった感情もまた相互に生じているはずである。そうした感情は、しかし、道徳的に吟味し良心に照らすならば決して是認されるようなものではないし、感情を持つ当人にしても晴れ晴れとしたものではない。つまり、ここには、何らかの意味での罪の意識が伴っている。しかも、憎悪や軽視の感情が表面に出てしまったときには、なおさらそうした意識は露わとなるはずだろう。さらに、とりわけ家族などのように、かなり密着して生活している人同士では、自分と一緒に生活しているという、そのこと自体において、他者に対してある種の制約を課してしまっている、という罪責感が横たわっていると考えることもできる。自分と関係していることでこの人は一定の制約のなかで暮らすことになり、他の可能性がつぶされている、という感覚、言い換えれば、自分がこうしてここにいることが、他者に対してある種の罪を犯していることになる、という感覚である。自分の親でなければ、自分の伴侶でなければ、自分の子どもでなければ、あるいは自分のペットでなければ、もしかしたらもっと違ったより幸福な生活をこの人（や動物）は送ることができる、あるいは送ることができたのではないか、という想いがこのことに対応している。このことは、他者の側からすれば、自分に対しても生じていることなのだから、全体として、罪を犯し犯されという相互的な罪責関係、おそらくは結局のところ罪と罰の概念へと融合していくようなあり方がここには認められるのである。私たちの日常は、以上のような意味において、少なくともその深層の部分では、罪と罰の概念に覆われていると言える。自分のありようを誠実に捉える限り、必ずやそうした側面に思い至らざるをえないのではなかろうか。自分は他者に対して無限の責任を負っている、というフランスの哲学者レヴィナスの思想、あるいは、キリスト教的な「原罪」の観念、これらは以上の論点を現に確証する一つの現れであろう。

7　身近な存在者の死

とはいえ、いつでもつねに罪責感が私たちの日常の表面に現れているわけではない。ときどき、心の内に沈潜したり、何ごとか人と人との間にさざなみが立ったりしたときに、顔を現すだけである。実際、こうした罪責感をつねに明確に抱きながら生活しているとしたなら、息苦しくて窒息してしまうだろう。しかしながら、この罪責感が否応なしに前面に押し出されてこざるをえない場面がある。それが、身近な人や動物の「死」にほかならないのである。言い換えれば、「二人称の死」の場合である。というのも、身近な人や動物が死ぬと、その人や動物の存在性が重みをもって露わとなり、その人や動物のパーソン性が真に浮かび上がってくるのであり、よって、残された自分とその人や動物との間柄の深層に宿る罪と罰の構造もまた顕在化してくるからである。死んだ後で、その人や動物の何であったかが如実に胸に迫ってくる、というのは実感としても決して珍しいことではあるまい。このような場合、私たちは、そうした人や動物がいる（?）地点に等しく立っているという観点、すなわち「彼岸視点」を取りつつあるのである。そして、そうしたとき、その亡くなった人や動物と自分との間の根底に宿る罪責関係も表面に現れてくるのは自然なのではなかろうか。目の前に重みを持って立ち現れているという「彼岸視点」のもたらす不在性のリアリティを感じると同時に、しかしもはや亡くなってしまっているという不可逆感、もはや何の対応もケアもしてあげられないという取り返しのつかなさもまた強力に伴われているからである。

そして、私が思うに、このことは、その身近な人や動物が死に至ってしまったことの責任を感じる、という形で最も直接的に顕現するのではないだろうか。あのとき自分がこうしてあげれば、あのとき自分が一言こういってあげれば、その人や動物は死ななかったかもしれない、という悔恨の情として罪責感が姿を現してくるのではなかろうか。ともあれ、こうして、身近な人や動物の「死」に際して、罪と罰の構造が現れてくるとするならば、先に述べたように、死刑に由来する「死の所有」の観念がここに類比的に介入してくるというのは、いわば必然的な帰結である。私は、このような意味において、病死や事故死などの通常の死の場合にも「死の所有」の観念が染み渡っていると考えるのである。先に触れた自殺や安楽死の場合も、それが身近な人や動物に生じたとき、そこに確固たる意図の同一性は認められずに、それは一種の病気である、あるいは病気の帰結である、と感じられるならば、あるいは、病気だとは感じられなくとも、残された自分に責任があると感じられるならば、以上に述べたような文脈のなかに自殺や安楽死も当然融合してくるだろう。

ところで、身近な人や動物の「死」に際して「死の所有」の観念が類比的に介入してくるということは、すなわち、その人や動物がなくなったことによって「死の所有」が差し出されたという事態が擬似的に生じるということにほかならない。それはもっと具体的にはどういうことを意味するのだろうか。私は、身近な人や動物との間には相互的な罪責関係があると論じた。ならば、自分は、亡くなった人や動物に対して、いわば加害者でもあり被害者でもある、という双方向の関係性のなかにおかれていることになろう。しかるに、では、自分が亡くなった人や動物に対して加害者である、という側面に視点をおいたとき、亡くなった人や動物の「死の所有」が差し出されたと感じられたならば、どのような事態が生じるだろうか。自分は加害者なのだから、本来は、自分が何らかの所有権を喪失し、罰を受けなければならないはずなのに、突然に「死の所有」という最も重大であるように思える所有権を逆にその人や動物が喪失し、自分に差し出したという感覚、つまり、本来負債を負っている自分に「死の所有」という重大なる所有権が全くの無償で譲渡されたという、著しい不均衡の感覚が生じると、そう考えられよう。それでは、自分は亡くなった人や動物の被害者である、という側面に視点をおいたならどうか。この場面では、自分は被害者なのだから、ある意味で、加害者であるその人や動物が何らかの所有権を喪失することによってそれなりの償いをしてくれることを望んでよい立場にいる。そして、実際、その人や動物が亡くなり、「死の所有」が自分に差し出されたと感じられたとき、確かに望み通りに何らかの償いを受けたことにもなるが、同時にしかし、自分が望んでもよいであろう償いに比べて、「死の所有」はあまりに重くかつ決定的な所有権であり、いわば償われすぎているという、これまたやはり不均衡の感覚が生じるであろうと思うのである。いずれにせよ、身近な人や動物が亡くなったとき、私たちは、自分のみが死者から不当に大きな恩恵を被ってしまっていると感じるということになる。この人は死んでしまったのに、自分はおめおめと生き残ってしまっている、というある種の背徳感や後ろめたさが、この感じに対応している。

こうした感じは、亡くなった人や動物と生前身近に接していればいるほど、そして、お互いの間に罪責関係が生じていたと意識できるような状態であればあるほど、強まる。身近な人や動物であればあるほど、つまりは二人称的な死であればあるほど、自分にとって死後に浮かび上がってくるその人や動物の存在性は重く、罪責関係もそれだけ鮮明に意識され、その結果、「死の所有」という死刑に関して働く虚構の観念が一層滑らかに介入しうるようになるからである。このことは、逆に言えば、身近でない存在者の死や、一緒に暮らしていてもさほど密着感のない存在者の死の場合には、特に罪責関係が顕在化することはなく、単に、何かが死んだという乾いた知覚だけが生じるということでもあろう。ここには度合いの相違というものがある。しかしいずれにせよ、私たちは、身近な存在者、愛情の対象であるような存在者、であればあるほど、その存在者が亡くなったときその人や動物の「死の所有」を一方的に受け取ると感じる。そのとき私たちは、自分だけがあまりに不均衡かつ不平等な仕方で優遇されていると思い、いたたまれないような居心地の悪さを感じる。そして、死者に対して、今度は自分の方から償い、均衡を回復したいという、現実には達成されえない見果てぬ夢を追い求めるに至る。おそらく、このような論理が潜在することによって、私たちは、祈り、読経、レクイエム、葬送、などといった死者に対する文化を育んできたのではないだろうか。いずれにせよ、私たちは、身近な存在者が亡くなると、こうした道筋に沿って、死者を強く思う。死者に強く引かれる。そして落涙する。償いたいと思う対象としての死者に引きずられ、しかし、そうした償いは決して成就されないがゆえに、いつまでも別れられないと感じ、絶えがたい不達成感に苛まれるのである。これこそ、私が思うに、「別離」の感情の正体なのではないだろうか。「涙の哲学」は、「死という喪失」に対する涙をそのように理解する。こうして、自殺や安楽死に即してさしあたって指摘された、三人称的な生と死の「分離」は、結局は、二人称としての身近な存在者と隔てられた自分という、徹底的に一人称的な視点からする感情、すなわち、「別離」という究極的な分断の感情へと結びついてゆくのである。

8 「別離」の瞬間

さて、しかし、ここまで論じてきて、もともとの主題はどのように扱えることになったのだろうか。すなわち、生と死の「分離」の根底にある同一性は結局どのように考えられるようになったのか。この点についてまず改めて確認すべきことがある。それは、私が、自殺や安楽死の場合は意図の同一性が認められるので生と死の「分離」は完全ではない、と論じたときには、自分本人にとっての生と死の「分離」を問題にしており、そのスタンスは死刑の概念を取り上げたときも持続していたのだが、死刑の際に現れる「死の所有」の観念を論じるに及んで、自分本人というよりも、死にゆく存在者とそれを受けとめる人との間に生じる生と死の「分離」、あるいは「別離」へとスタンスがゆっくりと移行してきたという、この点である。このことは、しかし、決して論点の逸脱ではない。というより、事柄の本性が要請するところであるというべきである。なぜなら、私は先に、生と死を問題にすべき主体である「パーソン」について、それは社会のなかに現出する相互的存在であるとしたが、そうであるなら、一つのパーソンの生と死の「分離」は、いきおい、パーソン相互に生じる生と死の「分離」へと同化していくというべきだからである。こうして、このようなパーソン相互の生と死の「分離」つまりは「別離」の根底にある同一性を明らかにすることが、本章の、そして本書の、最後の目標であるといえることになる。

では、そうした同一性はどのように考えたらよいか。私はこのように言いたい。私たちは、死による他者との「別離」に際して、他者の「死の所有」という最も重大なものを譲渡されたという意味で、他者との同一性に至るのだ、と。すなわち、死を介して他者と一体化したと感じるのである。先にも触れたが、人や動物が死んだ後、その人や動物がどんな存在者であったかが如実に理解されてくる、というのは決して珍しくない体験だが、それは、まさしく自分と死んだ存在者とが一体化するということの裏返しではなかろうか。死者と一体化するから、死者のパーソン性がリアルに体得されるのである。もっとも、こうした議論に対しては、先ほど私自身が、「別離」の感情を説明するときに、死者に対して償おうとしても決してそれが達成されないと論じており、それは結局、死者が自分では制御できない彼方にあるという認識であり、つまりは、死者と自分とは一体化どころか、文字通り別々に離されてあるということなのではないか、という疑問が生じるだろう。確かに、償おうとする対象としては、この場合、別々に離されてあるといわねばならない。だからこそ、「別離」なのである。しかし、なぜ償おうとしてもそれができないのか、と問うていくならば、さらに深層の事態が露わとなる。償おうとしてできないという「別離」は、そもそも「死の所有」を差し出されたことに発していたのであり、それは死者と自分とが一体化したことなのだから、実はもはや相手に償うという行為自体が、相手が自分と一体となってしまった以上、不可能となってしまっていたのである。だから、償おうとする思いはそもそもからして達成されず、宿命的に空回りするほかなかったのである。

したがって、「別離」は、究極の生と死の「分離」であると同時に、一挙に反転して、生と死を貫く同一性をも示唆していたと、そう捉えるべきだろう。いずれにせよ、おそらく、「別離」の際の「死の所有」の譲渡を介した死者との一体化、これこそが生と死の「分離」を導く根本的な同一性の姿なのではなかろうか。ここには、まさしく、序章で論じたような、「人称の交錯」が顕現している。ここでの同一性とは、「二人称の死」に対する「一人称」の同化のことだからである。しかも、そうならば、「彼岸視点」が出現し、「一人称の死」もまた仮託的に現れていることにもなるはずである。いずれにせよ、生と死の「分離」こそが、すべての「分ける」営みが収斂する場面である以上、こうした同一性こそ、あらゆる「分ける」営みの基盤に潜在する究極の同一性であり、認識の相互性の原型であると、つまりは他者との相互性の原型であると、そういえるだろう。かくして、そもそも私たちの認識や知識を成り立たせしめる基底にある同一のもの、それは「別離」によって浮かび上がる（まずもっては二人称的な）他者との一体化であると結論づけられる。

しかしながら、何度も繰り返し確認しているように、こうした「別離」における他者との一体化を導く「死の所有」の観念は、そもそもからして虚構にすぎない。死を所有するといっても、さまざまに解釈しようと思えばできるが、結局は実体のない考え方である。死を所有したり、死を譲渡したり、というのは、冷静に考えて、あまりに突拍子もないことであろう。けれども、虚構だからといって私たち人間に何の影響ももちえないかというと、そんなことはない。夢物語や架空の英雄譚のことを思い浮かべれば分かるように、虚構であったとしても、私たちにリアルな仕方で働きかけ、激しい感情を呼び起こすことができる。このことは、「死の所有」の虚構にも当てはまるだろう。「死の所有」の観念もまた、虚構であったとしても、私たちに「別離」の感情という重たい悲哀をもたらし、他者との一体化という事柄の深い根底の事態を垣間見させてくれるのである。それどころか、第5章末尾でも論じたように、「死の所有」の観念は、「彼岸視点」ならぬ「現世視点」に本来立つべき法的制度の根底にさえ、実はかすかな影響を現に及ぼしてもいるのである。けれども、感情という次元で見つめる限り、やはりそれは結局は虚構であるので、やがては徐々に消滅してしまう。「別離」の感情は、時とともに薄れゆき、そして消えゆく。時折よみがえることはあっても、それはやはり刹那的な痛みでしかない。いってみるなら、「別離」とは瞬間的に現れて真理を暗示するまぼろしなのである。「別離」の感情が消えると、人がいつどこで死んだというだけの、生と死の単に三人称的に「分離」されたあり方、つまりは、「死の所有」の観念の媒介が発生することなく、それゆえ実は生と死が完全には分かたれてはおらず、よって「分ける」ことの真の根底には触れえないようなあり方だけが乾いた残存物のように現れる。すなわち、私たちは、「分ける」ことの、ひいては認識の、基盤をなす同一性をついにしっかりと見据えることができない。「分ける」という作用の、ひいては私たちの認識作用の真のありようを確実に見届けることはできないのである。真に安定した「分かる」という状態には届かないのである。「涙の哲学」の典型的主題としての「死という喪失」をめぐる不確実性は、まさしくこの「分ける」の基盤をなす根源的同一性の不確実性へと合致する。しかし、むしろ、この不確実性こそが私たち人間の本来の姿なのであり、そこに「分ける」営みをし続け、知識を求め、未知の領域へ向かう活力も生まれる。(3) いつまでも「分からない」「分けられない」からこそ、「分ける」という試みが、知識への渇望が、いつも誘発される。「涙の哲学」は、究極的には、このように同一性を不確実性のなかで希求しつつ、認識論を動機づけしてゆくのである。生と死を貫く同一性、それは積極的に謎であり続けねばならないのだろう。

補章　死の害についての「対称性議論」

――「害グラデーション説」から「因果連続モデル」へ

本章は、改訂増補版のために、第5章「殺された人の非存在性」の議論をさらに展開したものである。とりわけ、二一三頁から二一四頁において触れたルクレティウスの「対称性議論」に焦点を当てて、第5章の主題への再考を試みたものである。一つの章としての独立性のため、第5章の議論との多少の重複があるが、それはあくまで読みやすさのためである。それでは、論じ始めよう。

1　死の恐怖／死の有害性

私たち人間は生物であり、生物は「死すべきもの」(mortal)である。それゆえ、「死」は、私たちにとってきわめて明白な意味で自然現象である。(不老不死の想像可能性という問題はあるにせよ)ほぼ確実に、不可避な自然現象である。にもかかわらず、私たちはしばしば死を恐れる。死にゆくプロセス、そこで予想される苦痛に対する恐怖。自分の存在がなくなってしまうということに対する恐怖。あるいは、死んだ後どうなってしまうのかまったく分からないという不確実性・未知性に対する恐怖。むろん、自殺念慮のある人、安楽死を望む人、などのように、死に対する恐怖ではなく、むしろ死に対する願望や憧れを抱く場合もある。しかし、死の恐怖(fear of death)を抱く人々がいること、これを否定することはできない。それどころか、健康に気をつけたり、何かに熱中して充実した日々を送ったり、もしかしたらそうした正の価値を持つと通常思われる行動でさえ、真には、「死の恐怖」に淵源し、「死の恐怖」から目を逸らすための防衛機制であると、そう捉えられなくもない。

哲学は、この死の恐怖という事象に対して、歴史的に問いを重ねてきた。なにより、死は、いや、正確に言うと「一人称の死」、すなわち「私の死」は、定義的に私たちの認識範囲を超えるものであり、それゆえ経験科学的探究を超えた、文字通りの「形而上学的」主題だからである。そして、形而上学が、哲学の伝統的根幹領域であることは言うを俟たない。哲学が死の恐怖に関して提起した問いは、「死の恐怖は正当化できるようなものなのか」、そして「どのようにすれば私たちは死の恐怖から解放されて安寧な生を営むことができるのか」、という問いである。つまり、「死の恐怖」は、クマに遭遇したときや、拳銃を突きつけられたときや、職業を失いそうなときの恐怖と同様な意味で、有意味な恐怖なのか、そして、「死の恐怖」が、もしそうした実体を有する他の恐怖とは異なった、実体のない恐怖だとしたら、そうした、いわば「空の」恐怖は、どのようにすれば解消できるのか、という問題提起である。空の恐怖とは、たとえば、垂れ下がった柳を幽霊だと思って恐怖するような、そういう場合の恐怖のことである。むろん、「死の恐怖」が実体を持つ真なる恐怖だとしても、あるいは、先に例を出したクマや拳銃や失職に関する恐怖も含めて、おしなべて恐怖というのは究極的には「死の恐怖」に帰着するという論理が認められるとしても、それを解消する、少なくともそれを軽減する、方策は問われてよいはずであろう。

そして一般に、恐怖される対象というのは、なにか「有害な」(harmful) ものであると考えられる。無害なもの、あるいは快適だったり愉快だったりするものは、恐怖の対象にはならないからである。クマに襲われることは深刻な負傷の可能性があるがゆえに有害だし、失職もまた生活苦をもたらすものであるがゆえに有害であろう。とはいえ、むろん、有害なものがつねに恐怖の対象になるわけではない。両者は必ずしも外延を等しくしない。スポーツでのハードな練習は、筋肉を痛めたり擦り傷を負ったりなど、一時的には身体的に有害でありうるが、選手にとっては、その成果として期待される好成績を思うがゆえに、恐怖の対象にはならない。ただ、この場合、有害な事態の内実に依存すると思われる。ハードな練習によって骨折したり、視力を失ったりするような場合は、むろん恐怖の対象になるだろう。恐怖と有害性という二つの概念の重なり合いには、ある種のグラデーションがあることが予想される。

では逆に、無害だけれども恐怖の対象になるものはあるだろうか。それは、私たちの心理的事実としてたしかにある。あるものの無害性に無知であるがゆえに、それを恐怖してしまうという場合である。たとえば、子どもは幽霊物語におびえるが、実際上、幽霊物語は無害である。これらは、先に触れた「空の恐怖」と同じである。しかし、こうした無害なものへの恐怖については、こう問わねばならない。幽霊への恐怖など無害なものへの恐怖は非合理的であるがゆえに、正当化されえないのだろうか、と。それは、いわば偽なる恐怖なのだろうか、と。「飛行機恐怖症」などはどうだろうか。飛行機に乗ることは統計的に（少なくとも自動車に乗るのに比べて）ほぼ無害と言えるから、飛行機恐怖症の人の恐怖心は正当化しえないものであり、むしろ医学的治療の対象として捉えるべき心理状態であると、そう言うべきだろうか。このように問いを詰めていくと、どうやら、「無害」ということが必ずしも明確でないことが浮かび上がる。幽霊物語の無害性はなんとか受け入れられるとしても、飛行機の無害性というのは、やや抵抗を感じる。自動車に比べて安全だとしても、やはり、事故の可能性は消去できないのであり、果たして「無害」と形容できるのだろうか。

この辺り、無害／有害という対比を「リスク」の概念と絡ませることで、少し整理できるかもしれない。「リスク」とは、一般に、「害」×「確率」であり、そしてこの場合の「害」とは、実際にそれが実現されてしまったときの損害の大きさであり[1]、「確率」はそうした「害」が実現してしまう確率のことである。これに則って、無害／有害という二分法ではなく、無害性を「リスクが非常に低い」という形で表象すれば、とりあえず一層肌理を細かくはできるだろう。むろん、有害との境界線をどうするのかという所謂「ソライティーズ・パラドックス」を発生させるような問題性は認めざるをえない。そこは、とりあえず、私たちの肌感覚に依るか、あるいはデモクラシーで対応するしかない。いずれにせよ実際、冷静に考えて、字義通りの「無害」というのはどだい不可能である。私たちは、呼吸をするたびに、活性酸素による細胞損傷を受けており、それが病気につながる確率はゼロではない。つまり、呼吸だって完全に無害ではないのである。他の行為や環境は、推して知るべしである。

もう一つ、過去の有害な出来事に対する恐怖心というのは、受け入れられるだろうか、という問いも提起しておきたい。何年か前の恐ろしい体験がトラウマ化して、実際にフラッシュバックしたとき、それを恐怖する、というのは恐怖の概念として成り立ちうるだろうか、という問いである。そして、もしそういう次元での恐怖がありうるとした場合、そうした恐怖の対象は有害なのだろうか。すでに過去のものとなってしまった出来事は有害な対象と言えるのだろうか。それとも、恐ろしい過去体験のフラッシュバックによる恐怖心は、過去の体験そのものを恐怖しているのではなく、ただいま現在生じているフラッシュバックという心理的事象を対象としているのであり、それは有害な事象だ、と言うべきなのだろうか。

いずれにせよ、以上のわずかな考察からも、「恐怖」と「有害性」との関係は依然としてさらに追究・解明される必要があることが浮かび上がる。おそらく、恐怖と有害性との関係だけでなく、恐怖の概念自体そして有害性の概念自体それぞれもまた再検討されなければならないのではないか。そして、死の恐怖についての問題は、まずは、こうした恐怖と有害性についての問いに向かうに当たっての最良の手がかりになるように思われる。なぜならば、死の恐怖は、私たちにとって避けることのできない、最も根源的で最も遍在的な恐怖だと（先に示唆した、クマとの遭遇の際の恐怖や失職への恐怖も死の恐怖に結びつく可能性を想起せよ）、少なくともそのように思われているように見えるし、そして、殺人が最も重い犯罪であると捉えられ、死刑が極刑であると捉えられている私たちの社会システムを前提する限り、死は最も有害な事象であると想定されているように思われるからである。

2　エピクロス説

ここで私は、以上のような状況を踏まえて、死の恐怖や死の有害性にまつわる論争のいくつかの側面について検討し、「死」という事象の意義についてさらに正確に理解するための新しいパースペクティブを開くことを目指したい。とりわけ、以下では、「因果性」(causation) をキーワードとして考えていきたい。まずは、論争の背景をなす「エピクロス説」と「剝奪説」について、それぞれの意義や問題点など、簡単に概括しておこう。その後、「エピクロス説」を擁護する議論として知られている「対称性議論」に焦点を当てて、その成否を吟味していきながら、最後に私自身の「因果連続モデル」(causal continuity model, CC-model) を提示する。

素朴に言えば、私たちの多くが死を恐怖するのは、先に私が言及した死刑の例から分かるように、死は有害である、と感じるからであると思われる。死の有害性は、いわば私たちの常識であるとさえ言えるかもしれない。しかしながら、哲学の伝統的かつ古典的な議論の一つとして、この常識を根底から覆し、根絶やしにするような議論が存在する。ギリシアの哲学者エピクロスによる歴史上著名な議論がそれである。彼はこう論じる。少し長いが、事柄にとって決定的な議論なので、引用する。

死はわれわれにとって何ものでもない、と考えることになれるべきである。というのは、善いものと悪いものはすべて感覚に属するが、死は感覚の欠如だからである。それゆえ、死がわれわれにとって何ものでもないことを正しく認識すれば、その認識はこの可死的な生を、かえって楽しいものにしてくれるのである。というのは、その認識は、この生にたいして限りない時間を付け加えるのではなく、不死へのむなしい願いを取り除いてくれるからである。なぜなら、生のないところにには何ら恐ろしいものがないことを本当に理解した人にとっては、生きることにも何ら恐ろしいものがないからである。それゆえに、死は恐ろしいと言い、死は、それが現に存するときわれわれを悩ますであろうからではなく、むしろ、やがて来るものとして今われわれを悩ましているがゆえに、恐ろしいのである、と言う人は、愚かである。なぜなら、現に存するとき煩わすことのないものは、予期されることによってわれわれを悩ますとしても、何の根拠もなしに悩ましているにすぎないからである。それゆえに、死は、もろもろの悪いもののうちで最も恐ろしいものとされているが、じつはわれわれにとって何ものでもないのである。なぜかといえば、われわれが存するかぎり、死は現に存せず、死が現に存するときには、もはやわれわれは存しないからである。そこで、死は、生きているものにも、すでに死んだものにも、かかわりがない。なぜなら、生きているもののところには、死は現に存しないのであり、他方、死んだものはもはや存しないからである。(Diogenes Laertius 1925, p.650 & p.651.『エピクロス』1959,「メノイケウスへの手紙」pp.67–68)

一読して、きわめて堅固な議論構成であり、簡単には論破できないものになっていることが分かるだろう。明らかに、哲学史上の最も印象深く、最も記憶に残る輝かしい議論の一つである。一点、念のため注意しておくならば、このエピクロスの議論は「死」そのものに関わるものであって、「死にゆくプロセス」には関わらない。「死にゆくプロセス」には、たとえば心臓発作によって死を迎えるときのように、明らかに苦痛を伴うケースがありうる。それゆえ、それは恐怖の対象として実体を伴っている。「死にゆくプロセス」への恐怖は、それゆえ、理解可能だし、合理性も認められるだろう。けれど、エピクロスが問題にしているのは「死」そのものである。この点は大変に重要である。また、エピクロスが問題にしている「死」は、あくまで「一人称」の「死」である点も、同時に確認しておこう。二人称や三人称の「死」は経験可能な現象であり、自然科学的あるいは社会科学的研究の対象にもなる。よって、実在性のある事象として、恐怖の対象になりうる。子どもにとって、親が死ぬことは大いに恐怖の対象であろう。しかし、一人称の「死」はそうした恐怖とはかなり様相が異なることは、一目瞭然である（ただし、一人称の死と他人称の死がいかなる意味においてもまったく連続性がなく相容れないのか、は慎重な考察を要するが）。

ただ、厳密に言えば、ここで慎重に考察を加えておくべきポイントが二つある。第一に、エピクロスは「感覚がない」ということを「無害である」ということと等価であると見なしているように思われるが、その前提は果たして妥当だろうか。たしかに、私たちは死後には感覚を持たない、ということを否定する人はいない。これはほとんど死の定義と言ってよい了解である。けれども、問題は、「感覚がない」ということが「害がない」を含意するかという点なのである。この点については、後ほど検討したい。第二に、エピクロスは次のようなロジック、すなわち、何かが無害であるならば、そのものは恐怖の対象ではない、というロジックを受け入れているように思われるが、果たしてそれは正当な推論なのだろうか、という問題がある。先に言及したように、人々はときとして真には無害なものに対して恐怖を感じることがある。私たちにとってのこうした心理的事実は否定できない。たとえ、私たちが死んだ後の死という状態は無害であるとしても、私たちが死ぬ前に死を予期することによって死に対する恐怖を感じること、そうしたことが絶対にないということは帰結しないのではなかろうか。エピクロスは、こうした私たちにとっての心理的事実をどのように処理するのだろうか。

もっとも、実はこうした心理的事実に対するエピクロスの態度はまことに明快である。すでに、先に引用したエピクロスの言葉の中にそれはもう示されていた。もう一度取り出して示してみよう。

それゆえに、死は恐ろしいと言い、死は、それが現に存するときわれわれを悩ますであろうからではなく、むしろ、やがて来るものとして今われわれを悩ましているがゆえに、恐ろしいのである、と言う人は、愚かである。なぜなら、現に存するとき煩わすことのないものは、予期されることによってわれわれを悩ますとしても、何の根拠もなしに悩ましているにすぎないからである。(Diogenes Laertius 1925, p.650 & p.651,『エピクロス』1959,「メノイケウスへの手紙」p.67)

すなわち、「エピクロスが試みているのは、死を予期することによって引き起こされるいかなる苦しみも「空虚」である、なぜならそれは虚偽の見解に基づいているからであり、したがって、そうした偽りの理解というのは容易に除去されうるのであり、そうされるべきなのだと、そう指摘することなのである」(Warren 2004, p.102)。以上を踏まえて、「エピクロス説」(Epicurean view, EV)[2]をここでは次のように要約しておきたい。

EV：感覚や経験の主体は死によって消滅する、すなわち、死とは非存在である、それゆえ死は無害であり、恐怖の対象となることはありえない。

けれども、「エピクロス説」は、一見して強力な説得力がありながらも、同時にとんでもなく直観に反した含意を導いてもしまう。どういうことか。それは、「エピクロス説」に従うと、殺人は害を与えたことにならないので犯罪にならないし、死刑も犯罪で有罪となった人に対して何も害を与えない行為なので、そもそも刑罰にならない、ということになってしまうということである。首尾一貫するならば、そう考えざるをえない。そして、こうした帰結を避けたいならば、「エピクロス説」を理論的に反駁しなければならない。

3 剝奪説

こうした文脈のもと、「エピクロス説」に対する異論として提起され続けてきたのが、第5章でも検討した、いわゆる「剝奪説」（the deprivation theory）である。本書二〇二－二〇三頁および二一一頁で論じたように、「エピクロス説」は、ローゼンバウムの整理を援用するならば、「事態Sが人物Pにとって悪いことだと（有害である）言えるのは、人物Pがその事態発生時にSを経験できるときだけである」という前提と、「人物Pがある事態をその事態発生時に経験できるのは、その事態がPの死より前に発生し始めるときだけである」という前提との、二つの前提が核心にあると考えられる（See Rosenbaum 1993, pp.121-122）。ということは、「エピクロス説」を論駁するには、この二つの前提を斥けることができればよいということである。一つの直接的なやり方は、やはりすでに本書二一二頁で述べたように、この二つの前提の反例を挙げることであろう。トマス・ネーゲルが挙げた反例が、この論争の歴史の中ではもっとも著名である。もう一度二つだけ言及しておこう。一つは、ある人物が、友人や知人から面前では礼儀正しく遇されているのだが、実は本人の知らない背後で侮辱されている、という例である。死の害に関する例とするためには、その人物が、背後で侮辱されていても知らずにいて、その状況のまま亡くなってしまい、死後も侮辱され続けている、という設定にすればよい。この場合、この人物は、害を経験はしていないけれども、害を被っていると言うべきではないか。もう一つは、自分の残した遺書が、自分の死後に完全に無視される、という例で、この場合もやはり、自分は、自分の遺書が無視されるということを経験はしないけれども、やはり害を被っていると言うべきではないか。これがネーゲルの言い分である（Nagel 1979, p.4）。

こうした議論を梃子にして、死は、本人は経験できない状態になっていたとしても、有害でありうる、いや、はっきりと有害である、という考え方が導かれうる。「剝奪説」である。死は、もし死ななかったならば得られたであろう益を奪うものであるがゆえに、有害である、という考え方である。上に触れた、死後も侮辱され続けている人の場合で例解すれば、死ななければ友人たちに抗議をしたり汚名を晴らしたりする機会が得られたはずなのに死によってそれが永遠に奪われてしまった、という考え方になる。ただ、遺言を死後に無視された人に関しては、この論法は当てはまらないかもしれない。なぜなら、そもそもその人が死ななかったならば、遺言それ自体発効しえないからである。死ななかったならば遺言が無視されるのを食い止めることができたのに、死によってそれができなくなってしまったから、死は得られるはずの益（無視されることを食い止める機会）を奪った、とは定義上言えないのである。

いずれにせよ、「剝奪説」については、J・M・フィッシャーによる次のようなまとめ方が簡潔な記述となっている。

死は、当事者から生の善き点を剝奪する限り、悪いことである。そして、こうした生の善き点はいろいろな仕方で特定化されうるだろう。こうした単なる剝奪は、不快なことや悪いこととして経験される必要はない。実際こうした剝奪は、死が経験上の空白であることと両立するのである。（Fischer 1993b, p.18）

こうした「剝奪説」は、若くして亡くなった人の場合を引き合いに出すならば、大いに説得的である。二〇代くらいで交通事故死してしまう若者がいる。俳優のジェームス・ディーンや、ジャズ・トランペット奏者クリフォード・ブラウンなど、実際にそういう例はある。彼らのような方々に対して、私たちは悲しみを覚え、もっと長生きすれば、もっとたくさんの業績を残し、本人も多くの喜びを享受できたはずなのに、それを死によって奪われてしまった、なんと残酷なことか、と嘆息するのである。

けれども、残念ながら、「剝奪説」も完璧ではない。というより、かなり不備が目立つ議論なのである。第一に、では百歳を超えて亡くなったような長寿の方々は、どういう益を剝奪されたのか。あるいは、安楽死を望むような、病苦に苦しむ人が亡くなったとき、果たして死は益を剝奪したと言えるのだろうか、という当然の疑問も湧く。また、「剝奪説」の根底に、死んで非存在になることが不利益をもたらす、よって死の恐怖は正当化される、という論理が潜在しているとするならば、こういう問いも提起される。すなわち、では、千年後に自分が非存在になることも恐怖の対象なのか、と。(3) さらには、ネーゲルの遺言の例で言えば、生前に関係者から遺言を尊重すると言われていて、しかし死後に遺言を無視された人と、生前から遺言内容を関係者から批判されて、死後に案の定遺言が無視された人とを比較したとき、かりに死が益を剝奪することを認めたとしても、二つのケースには違いがあるように思われるが、そういう違いを「剝奪説」はどのように扱えるのだろうか、といった疑問も湧く。要するに、死は益の剝奪だといっても、益が剝奪されるありようには様々なケースや度合いがあるはずなので、それを処理できないならば、「剝奪説」は不備ではないか、という問題である。そして、「剝奪説」には、さらに致命的な欠陥が指摘されうる。これは、逆に言えば、「エピクロス説」のいわば必殺技であるとも言える。すなわち、死は益を剝奪するので有害だ、というとき、

一体「誰が」益を剝奪されているのか、
一体「誰の」益の剝奪が問題になっているのか、

という「誰」についての問いが提起されえて、「剝奪説」はそれに十全な仕方で答えられないのではないか、という問題である。死んだ後は、いわば定義的に、「益の剝奪」という害を被る主体がいないからである。もちろん、これ

に対しては、ネーゲルの例や、フィッシャーの定式化にあるように、経験主体がいなくても害は帰することができる、という議論が十分に立論できるならば話は別であろう。だが、やはり、この場面では、誰が害を受けているのか、という問いに対して、「誰」に当たる主体を指示できないとする、「エピクロス説」の捉え方は著しく説得的である。歴史物語を聞くとき、ときに私たちは、登場する歴史上の人物を揶揄したりする。愚か者呼ばわりをすることもあるかもしれない(4)。けれど、それは通常は犯罪や名誉毀損にはならない。少なくとも、そのように考えられている。なぜか。そうした人物たちはすでに死んでいる非存在なので、（遺族や子孫の心情的な側面は別として）罵倒される害を受けている者が存在しないからである。

4　対称性議論

さらに「剝奪説」は、衝撃的な批判にさらされる。というより、古来、その衝撃的な議論にさらされ続けてきたのである。すなわち、「対称性議論」（the symmetry argument）である。これは、エピクロス主義の信奉者である、ギリシアの哲学者ルクレティウスによって最初に提示されたと一般に言われている（ただし、両哲学者は生きた時代がおよそ二百年違うので、直接的な接触はない）。ルクレティウスは「エピクロス説」を擁護しようとして、まず、死というのは大変に自然な現象であり、死の眠り以上に平安をもたらすものはないとして、次のように論じた。

私たちが生まれる前の、過ぎ去った永遠を振り返ってみよ。そして、それがいかに私たちとは無関係であるかを悟りたまえ。これは、自然が私たちのために見せてくれる鏡であって、私たちが死んだ後の時代がどのようであるかを示してくれる。ここに何か恐ろしいと思うようなものがあるだろうか。何か憂鬱にさせるようなものがあるだろうか。いかなる健やかなる眠りよりもさらに安らかなものがそこにあるとは言えないだろうか。(Lucretius 1994, p. 91,『物の本質について』pp.152–153)

同様の考え方を、ルクレティウスは次のようにも述べる。

> もし死後の将来においても悲惨で苦悶に満ちたときが待っているのだとするならば、そのように悲惨な状態になるには、その時間が到来したときに自分自身が存在していなければならない。けれども、私たちは死によってそのような運命から救い出されている、というのも、死は、そのような苦難を被るかもしれない自身の存在性を絶ってしまうからである。それゆえ、私たちは死後について恐れるべきものは何もないと、安心して確信してよい。存在していない者が不幸を被ることはありえず、その点は、まだ生まれていない者の場合と寸分も違いはない。(Lucretius 1994, p. 88,『物の本質について』pp.147–148)

この議論の含意するところは、次のように解することができるだろう。私たちが誕生する前の世界は私たちが経験することのできる世界ではない、なぜなら、そのときには私たちは存在しておらず、したがってそうした世界は私たちには何の関わりもないからである。これとまったく同様に、私たちが死んだ後の世界も私たちには何の関わりもない、なぜなら、私たちは死んでしまっているので、そのときにはいかなることも経験できないからである。こうしてルクレティウスは、死というものは恐れる必要のまったくない事象なのだと強調していたのである。換言するならば、ルクレティウスは、死後非存在(postmortem nonexistence)と誕生前非存在(prenatal nonexistence)とを対称的なものだと捉え、それによって死についての「エピクロス説」を一層説得的なものに強化し、私たちは死の恐怖を抱く必要はまったくないのだと人々に納得してもらおうと意図したのである。これこそが「対称性議論」にほかならない。

しかるに、この「対称性議論」を認めると、「剝奪説」は窮地に陥る。ローゼンバーグがこの点について簡潔に記述している。「もし死んでいること（そのときその人は非存在である）がその人にとって悪いことであるならば、その人が受胎する前に（そのときもその人は非存在である）生を与えられていないこともまた、その人にとって悪いことになるはずである。けれど、受胎前の非存在はその人にとって何ら悪いことではないのだから、死後の非存在も悪いことではない」（Rosenbaum 1993, p.128）。つまり、「剝奪説」に従えば、死後の非存在は有害だということになるが、だとしたら、それと対称的に、誕生前の非存在も悪いことにならねばならないが、そういうことはないので、死後の非存在が悪いことだという主張は成立しない、とする議論である。

これは、いわゆる「後件否定式」（modus tollens）による論証である。「剝奪説」にせよ「対称性議論」にせよ、自説の例外事象（「剝奪説」については死が益をもたらす場合の可能性、「対称性議論」については、たとえば、誕生前の非存在が害益に関わる可能性など）を考慮する議論構造は認められないので、量化せずに、命題論理の範囲で表現することができる。ＰＭを「死後の非存在は有害である」、ＰＮを「誕生前の非存在は有害である」とおくと、次のような「後件否定式」の論証として表現できる。「→」は「ならば」の条件を表す。

PM → PN
¬PN
よって、¬PM

この論証は、よりリアリティある議論の検証とするために、ＰＭやＰＮの代わりに、それぞれ「早い死（early

death）は有害である」、「遅い誕生（late birth）は有害である」を項として捉えて構成することもできる。いずれにせよ、死後の非存在（あるいは早い死）は有害ではない。かくして、「剝奪説」は斥けられる。

5　非対称性議論

とはいえ、「対称性議論」に対しては、やはりなにか釈然としないものが残ることは否めない。死後の非存在と誕生前非存在とが対称的に理解されるというのは、果たして本当なのだろうか。「対称性議論」に対しては、おおまかに二種の反論が提起されており、どちらの反論も二つの非存在の「非対称性」（asymmetry）に訴える。よって、それらを「非対称性議論」と呼ぶことができるだろう。

第一の反論は、「人格同一性」（personal identity）の概念に関わる。この反論は、他ならぬネーゲルに端を発する。すなわち、ある人物に関して、実際にその人物が死去した後までその人物が長生きする、ということは想像できるが、つまり、実際の死以後の生存も、その人物の「人格同一性」を保持したまま表象可能だが、実際にその人物が誕生したときよりも前に、その人物が誕生した、ということは想像できない、なぜなら、誕生したときが異なるならば（胎児状態から新生児になる若干の時差のマージンは別として）、その人物は「人格同一性」を保った同じ人物とは言えないからだ、というのである（Nagel 1979, pp.7-8）。こうした「人格同一性」に訴える「対称性議論」批判は、今日に至るまで延々と続いている(5)。

しかしながら、私には、人格同一性は誕生に本質的に依存し、死亡には依存しない、ということがどうしても理解できない。誕生を強く意味づけることは、一つの見方でしかなく、論理的にそうでなければならないという必然性は感じられない。たしかに、実際の誕生よりも前に誕生したと仮定するとすると、私を構成する精子と卵子は異なるものになる、よって人格同一性は崩れる、といった物言いができそうではある。けれども、これは議論の土俵を単に入れ替えたにすぎない。その特定の精子や卵子が、実際に存在した時間よりも前に存在した、ということが想像可能かどうか、という問いに問題水準が移動するだけだからである。実際の死後に人格同一性を保ったまま存在することが想像可能だとするなら、同じことが実際の誕生前の存在可能性には適用できない、とするいかなる根拠があるのだろうか。実際、「剝奪説」は、「もし実際に亡くなったときに死ななければ、これこれの益を受けられたはずなのに」という反事実的条件文に基づいている。だとしたら、「もし実際に誕生したときより前に誕生していたならば、これこれの益を受けられたはずなのに」という反事実的条件文を斥けてしまうのは、どうもフェアでないように感じられてしまう。おそらくこれは、タイムマシンの想像可能性の問題に関わっている。私が、もっと前に生まれて、自身の先祖に会ったならば、あるいは一七世紀に生まれて、ジョン・ロック本人に会ったならば、というような事態が矛盾なく想像できるだろうか、というような問題と絡む論争点なのではなかろうか。だとすると、これはかなり錯綜した問題なので、ここではさしあたり、人格同一性に基づく「対称性議論」批判は一つの見方でしかない、という指摘にとどめたい。

さて、「剝奪説」に対して擁護的視点からする第二の反論だが、それは私たちの過去と未来に対する態度の非対称性に訴える議論である。デレク・パーフィットの議論が著名である。パーフィットは、ある入院中の患者が眠りから覚めて、自分は昨日長時間の手術を受けた身なのか、それともいまから短時間で済むはずの手術を受ける身なのか、分からないという事態を想定する。そして、自分はどっちなのか、看護師に確認してきてもらう。回答を待つ間、昨日手術を終えた身であることを願うはずだ、とする思考実験である（Parfit 1984, pp.165-66）。つまり、パーフィットは、私たちは、過去に受けた害と将来に発生するはずの害とで、過去の害がいかに大きなものであれ、そして将来に発生する害がいかに小さなものであれ、将来の害を恐怖するものであり、その意味で、私たちの過去と未来に対する態度には非対称性がある、それゆえ、誕生前と死後とを対称的に扱う「対称性議論」は誤りだ、という含意をもたらす議論を提示したのである。

しかし、これも完璧な説得力を持つようには思えない。問題の核心は「死は有害か」であったはずだが、パーフィットの議論が言及する害は、死の害ではなく、現にリアルなものとして発生するはずの手術の害であり、議論のステージがまったく異なる。それに、もともとの問いに付随していたもう一つの問いは、死の恐怖と死の害とはどう関わるか、だったが、パーフィットの思考実験では、その点かえって混乱してしまう。というのも、手術に害があると捉えられる場合、だから怖いと思うときと、でもそれを凌げば回復という益が得られるので進んで受けたいと思うときと、両方とも十分にありえて、この思考実験では恐怖と有害性との関係はまったく不明だからである。

6　因果関係と時間的視点

どうにも、事態は混迷の極みであると言わなければならない。こうした混迷を少しでも解きほぐすためには、なんらかの明確な指針が必要である。私はここで、「因果関係」(causation) と「程度概念」(notion of degree) とを導入することで、一定の指針を示したいと思う。因果関係が主題になりうる点は、おそらく自明であろう。恐怖も有害性も、ともに本質的に因果的な様態である。山道でクマに遭遇して恐怖を感じるとき、クマの存在が原因となって、その結果として恐怖心がもたらされるのである。また、誰かが私の作品をこき下ろして私が害を受けたとき、その人の私の作品への酷評が原因となって害が発生したわけである。

同様に、死の恐怖や死の害を問題として立てるならば、その論争状況に程度概念が適用されざるをえないことも明白であろう。先に「対称性議論」を後件否定式によって定式化した際にすでに暗示したことだが、私は、死の恐怖や死の害を論じるときに、おうおうにして哲学者たちが、死は恐怖の対象になりうるかどうか、死は有害かどうか、といったすべてか無かの悉無律的な問いを立てて、中間的な状態を考慮していないように見えることを非常に訝しく思っていた。しかし、こうした悉無律的な考察態度は、千年後の非存在によっても私は益を剝奪されているのか、その場合と明日死を迎える場合とで相違はないのか、という先に私が言及した問題をもう一度提起することによって、直ちに窮地に陥るだろう。こうした千年後の死や非存在と明日の死や非存在との比較を扱うとき、程度概念が絶対に必要になることはあまりに明らかである。

以上は、しかし、「剝奪説」に対する疑問提起のように聞こえるだろう。では、「エピクロス説」や「対称性議論」に対しては、私の方針はどのように作用するだろうか。たしかにここには疑問の生じる余地がある。なぜなら、「エピクロス説」や「対称性議論」においては、誕生前非存在と死後非存在とは文字通り「非存在」すなわち「無」あるいは「不在」なのであり、因果的力を持たないように思われるからである。実際、だからこそ、「エピクロス説」と「対称性議論」においては、死は恐怖の対象にもなりえないし有害でもない、と論じられたわけである。したがって、当然、程度概念も働かない、ということになるだろう。おそらく、こうした問題に対するには、次の二つの整理基軸を取り込む必要がある。⑴死の恐怖や有害性を論じる視点をどの時間点に置くのか、⑵「不在因果」(causation by absence) つまりは「非存在を原因とする因果関係」の可能性についてどのように理解するか、この二つである。

ただ、その二つの整理基軸を持ち込んで論じる前に、二点注意書きをしておきたい。一つは、過去と未来が対称的か非対称的かという問いは、何に焦点を当てるかに本質的に依存するという点である。時間が過去から未来に流れる、と想定する限り、過去は時間がそこから流れてくる時間であり、未来は時間がそこに流れていく時間であり、ここには明白に非対称性が現れる。さらに、「熱力学の第二法則」を認めるならば、未来は過去よりもエントロピーが大きいのだから、過去と未来は非対称的である。けれども、過去も未来も、現在はどこにもない、という点では対称的である。さらに、物理学での法則について今日の一般的解釈に従うならば、現代物理学は「時間対称的な法則込みの根本的な普遍物理学」（Frisch 2007, p.352）であるとされる。[6] そういう意味で、「対称性議論」を吟味するときには、どういう意味の対称性を扱っているのかについていくら注意してもしすぎることはない。

7　いかなる対称性が問題なのか

さて、死についての「対称性議論」を正確に理解するには、前節で示唆したように、どの時間的視点に立って問題を論じているのかを明確にすることが決定的に重大である。この点で、ジェームズ・ウォレンの議論は大変役に立つ。ウォレンによれば、「ルクレティウスの議論が何を伝えているのか確定するための最初の一歩は、二つの、似ているけれども相異なる主張を区別することである」（Warren 2004, p.58）。この二つの主張は、それぞれ「バージョン1」、「バージョン2」と呼ばれているが、それは次のように定式化される。Pは「過去」を、Fは「未来」を表し、SYMは「対称性」を意味する。

バージョン1

P_i：「私たちが誕生する前、私たちの誕生前非存在は私たちにとって何ものでもなかった」

SYM：「誕生前非存在は、死後非存在に適切な仕方で似ている」

F_i：「私たちの死の後で、私たちの死後非存在は私たちにとって何ものでもないだろう」

バージョン2

図1　バージョン1

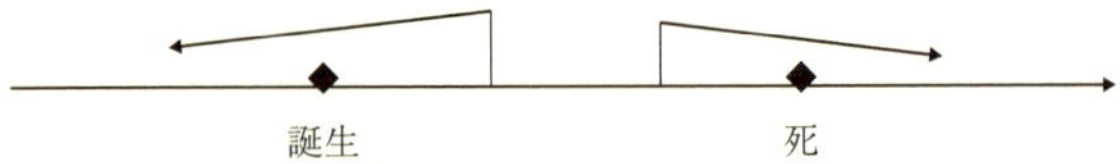

図2　バージョン2

P_{ii}：「生きている間に過去を振り返って眺めるならば、私たちの誕生前非存在は私たちにとって何ものでもない」

SYM：「誕生前非存在は、死後非存在に適切な仕方で似ている」

F_{ii}：「生きている間に未来を見通してみるならば、私たちの死後非存在は私たちにとって何ものでもない」

「バージョン1」は、つまり、図1のように例解できる。↑時点に視点を置いて考える、ということである。これに対して「バージョン2」は、図2に示されるように、生存中に視点がある。この定式化は見事である。これによって論争の隠れた構造が浮き彫りとなる。すなわち、「剝奪説」は明らかに「バージョン2」に則した議論であって、現在の生きている私たちの視点を採用して、その場面では対称性は成立しないと主張している、といったことが明確に浮かび上がってくる。換言すれば、「剝奪説」でさえ「バージョン1」の推論は承認するだろうし、しかしその上で、「バージョン1」と「バージョン2」とは本質的に異なる推論なのだと言い及ぶわけである。これに対して、「エピクロス説」は「バージョン1」に焦点を合わせて死の無害性を導き、それを「バージョン2」にまで拡張適用して、どんな時間的視点を採用しようが、そもそも恐れる対象がないのだから、死の恐怖というのは正当化しえない感情なのだという、驚くべき論証を提起したわけである。

　このように見てくることによって気づくのは、死の有害性をめぐる論争での係争点とは、実際のところ、「死の恐怖」を記述的観点から判断すべきなのか、それとも規範的観点から判断すべきなのかという、その点に収斂してくるのだという事情であろう。一方で、私たちのいく人かが実際に心理的事実として「死の恐怖」を感じているということを記述的に受けとめるならば、恐怖の原因を構造上なしているところの「死」そのものが有害である、と推論することが可能である。実際、「死の恐怖」を抱いている人は、大抵は、死んでしまうと存在しなくなり、なにか価値あることを行ったり得たりする機会が奪われてしまう、ということのゆえに恐怖しているのだとも思われる。少なくともその限り、「剝奪説」は、私たちの心理的事実としての「死の恐怖」に対して正しい記述を与えることに一定程度成功していると言えそうである。これは「バージョン2」に基本的に対応した論立てである。

しかし他方で、実は「死の恐怖」は対象を持たない感情なのだと、いわば冷淡に分析されたならば、「死の恐怖」は根拠のない感情であって、したがって、恐がる対象はないのだから、そんな感情は放擲すべ﹅き﹅だ、と主張するのは合理的に思われる。これは「バージョン1」に立脚したときに出てくる自然な見方なのではないか。しかも実際、そのような主張は、「死の恐怖」にとらわれて苦しんでいる人の苦しみを緩和するであろう。だとしたら、道徳的な文脈での規範的提言として、「死の恐怖」の感情は放逐すべきだ、という述べ方には説得性がある。つまり、「エピクロス説」はある種の規範的提言を行っているのである。いずれにせよ、事情がこのようであるならば、実のところ「エピクロス説」と「剝奪説」とは論点がすれ違っていると言うべきであろう。そしておそらく、「対称性議論」もまた、「エピクロス説」と同様に規範的推論を提示しているのだと思われる。誕生前非存在は恐れるべき対象がないのだから恐怖されるべきではない、それゆえそれと対称的に、死後非存在もまた恐れられるべきではない、と。

しかしながら、「エピクロス説」と「剝奪説」との対立に関する論争の理論的構造を明確化することと、それぞれの議論が合理的に受容可能かどうかという問いとは、別物である。この後者の点について、以上の構造についての明確化を踏まえて、また別角度から検討していかなければならない。

8　いかなる因果関係が問題なのか

私はこの問いに対して、すでに触れたように、「因果関係」を媒介して向かっていきたい。「恐怖」と「有害性」という、この問題についての二つの核をなす概念は、明らかに因果的な概念だからである。

まず最初に、「剝奪説」に目を向けよう。「剝奪説」は、前節で整理したように、現在の、生きている私たちという時間的視点から、「バージョン2」に焦点を当てて、私たちの心理的・記述的事実として死を恐怖することがあり、それは非存在となってしまうことによって益を享受する機会を奪われてしまうがゆえだ、と論じるのであった。すなわち、「剝奪説」においては、死、とりわけ早い死は有害なのである。そして反対に、誕生前非存在に関しては、記述的事実として、私たちは恐怖を感じないので、そうした記述的観点から「対称性議論」は斥けられる、というのが「剝奪説」のシナリオである。さて、では、そうした論脈の中で、いったい「死の恐怖」の原因は何なのだろうか。このように問うことによって、「剝奪説」が深刻な苦境の中に陥らざるを得ないことが浮かび上がってくる。というのも、「剝奪説」を理解可能なものとするには、そこでの「死の恐怖」にまつわる原因結果の関係は、「逆向きの不在因果」(backward causation by absence) にならざるをえないからである。「剝奪説」を素直に受け取る限り、未来にやってくるはずの死という非存在が遡及的に死の恐怖を引き起こす、と考えるしかない。つまり、「剝奪説」は、「逆向き因果」と「不在因果」という、克服すべき二重の理論的負担を負うことになるのである。これに対して、誕生前非存在については、たとえそれが私たちを何らか害するのだとしても、それは単に、前向きの不在因果にすぎず、不在因果の可能性を正当化するという、一つの理論的課題を負うにすぎない。

もちろん、「逆向き因果」とて、完全に不可能というわけではない。たとえば、物理学者のファインマンらが提起した「反粒子」(antiparticle)は時間を逆向きに動くと想定されている。(7) この意味で、「剝奪説」が「逆向きの不在因果」という二重に物議を醸す因果関係に基づいているとしても、直ちに「剝奪説」を拒絶しなければならないということはない。なぜなら、「反粒子」の運動などを通じて「逆向き因果」は何らかの形で成立しうるからである。けれども、困難は残る。もし「剝奪説」における「逆向き因果」が現代物理学の「反粒子」のようなテクニカルな概念に訴えることによって維持されるとするなら、きわめて皮肉なことに、「剝奪説」はかえって因果的な対称性議論を受け入れなければならなくなってしまうのである。なぜなら、「反粒子」の概念は、時間を前向きに動く通常の「粒子」の概念との対称的な対応関係によって導入されたものだからである。ホーキングが述べているように、「科学の法則は、時間の前向きの方向と逆向きの方向とを区別しない」(Hawking 1988, p.160)。それと比較するなら、「不在因果」の関係性には、実はさほど困難な問題性はない。このことは、刑法体系における「不作為」(omission)の概念を振り返るならばすぐに分かる。「不作為」による有害事象の発生(たとえば育児放棄による子どもの死傷などを想起せよ)はまさしく「不在因果」の一例にほかならないが、それは完璧に意味をなしている。しかし、いずれにせよ、「剝奪説」は不可避的に深刻な苦境に陥る宿命のもとにあること、これは認めなければならない。

おそらく、しかし、「剝奪説」がこうした因果関係に関する苦境を免れる道筋が一つあるだろう。それはすなわち、死の恐怖の原因として、死そのものではなくて、私たちが心に抱く「死の観念」に焦点を合わせてしまう、という道筋である。私たちがいま心に抱いている死の観念、あるいは死への予期、そういう心理的事実として現在ただいま存在している事象が、死の恐怖を引き起こしている、という理解図式である。これならば、通常の意味での、時間的に前向きの因果関係であり、先のような困難には陥らないですむ。けれども、「剝奪説」にとって、この道筋はきわめて大きな代償を払うことになってしまう。なぜならば、このような戦略を採るならば、「剝奪説」は、私たちの死の恐怖についての単なる心理的な、ある意味で陳腐であるとさえ形容すべき、説明を与えているだけの議論に自らを貶めてしまうことになるからである。だとすると、「剝奪説」は、死の形而上学とは何の関わりもない議論になってしまうだろう。しかも、先に引いたエピクロス自身の言にもあるように、「死への予期」という観念自体、実は対象を持たない、無内容で空虚な観念なのだ、という反論にもまずはさらされてしまう。

9　誕生前非存在

以上の考察から示唆されるように、「死の恐怖」という問題に関する限り、「剝奪説」は、ある種の直観に適っているとはいえ、説得的であるというにはほど遠いのではないか、ということが示されたと思われる。では、それと対照的に、「エピクロス説」そして「対称性議論」はどの程度確かな議論と言えるのだろうか。実のところ、私は、これらの議論についても、「剝奪説」とは違った角度から疑問を抱いている。最初に「バージョン2」に目を向けてみよう。というのも、この点に関して、「対称性議論」に対する、非常にシンプルな経験的反例があるように思われるからである。「対称性議論」に従えば、誕生前非存在は現在の観点からしてまったく私たちにとって何ものでもなく無害であり、そのことが、現在の視点から見て死そして死後非存在も私たちにとって何ものでもなく無害であり、無害だと考えられるべきだ、という論点が対称的な仕方で導かれるのであった。

これに対して、一つの印象的な反例を出そう。日本の有名なフィギュア・スケーターの浅田真央は、二〇〇六年のトリノ・オリンピックの直前辺りに選手としての頂点に達しているように思われた。けれども、彼女は、フィギュア・スケートのオリンピック競技の参加資格を満たせず、トリノ・オリンピックには参加できなかった。すなわち、規定によれば、オリンピック開催の前年の七月一日に一五歳に達していないと出場できないのである。しかるに、彼女は一九九〇年九月に誕生しており、トリノ・オリンピック開催前年の二〇〇五年七月一日にはまだ一四歳だったのである。明らかに、これは彼女にとって悲しむべき出来事だったであろう。もし浅田真央がトリノ・オリンピックに出場していたならば、金メダルを取る見込みはとても高かったと言えるからである。この場合、彼女の遅い誕生が彼女を害したと判断することは自然なことであると、私は理解する（そう判断するのが自然であるという意味であって、浅田選手自身がどう感じているかはむろん分からない）。実際ほかにも、「ああもう少し早く生まれていればよかったのに」と歯がみして残念がること、つまりは遅い誕生に害されていると感じることは、あるのではないか。浅田選手のケースのように、資格取得に年齢制限があって、取得したいときに取得できない場合、たとえば、いますぐに年金を受け取りたいのに、受け取れる年齢に少しだけ足りず受け取れない、というような場合である。こうした事例に照らすならば、「対称性議論」の説得性は少し損なわれる。なぜなら、今触れたようなケースは、実際に誕生前非存在は有害な場合がある、という反例になりうるからである(8)。

ここで二点ほど、急いで注意書きを加えておこう。第一は、以上に挙げた「対称性議論」への反例は、遅い誕生をめぐって人々が抱きうる悔やみ、そうしたものとして表出される有害性に関わるものであって、恐怖心とはまったく関わりない、という点である。おそらく、過去の恐ろしい記憶がフラッシュバックする場合を別にして、過去の恐怖体験に対して恐怖する、というのは定義的に不可能なのではなかろうか。さらに、フラッシュバックというのは、文法上、誕生前非存在には適用できない。そもそも、バックしてくる記憶がないからである。このことは、死の恐怖と、死の有害性という、死の形而上学の核心を構成する二つの主題は、実は別々に論じられるべきものであること、なぜなら恐怖と有害性は異なった作用をするのだから、という以前にも示唆した見方を間接的な仕方で裏書きするであろう。

第二に、前段で言及した、「対称性議論」を少なからず損なうような反例は、翻って「剝奪説」を支持することに貢献するかというと、決してそんなことはない、という点である。たしかに、誕生前非存在が有害でありうるとしても、だからといって死後非存在もまた対称的な仕方で有害である、ということは導かれない。死の恐怖を、私たちの死の観念によって引き起こされる心理的な現象として捉えるという（形而上学的に言えば陳腐な）見方を別にすれば、現在生存中の私たちからすれば、私たちの死そのものによって害されるということを文字通りの意味で想像することはほぼ不可能である。実際、すでに述べたように、「剝奪説」が、そうしたほぼ不可能に見える主張を立論するためには、「逆向き不在因果」という、二重に困難な理論的負荷に巻き込まれざるをえないのである。

さて、では、翻って「バージョン１」に照らした場合、「対称性議論」（そして「エピクロス説」）はどのように理解されるだろうか。「対称性議論」の主張とは、誕生前非存在と死後非存在とは、（私たちが存在していない）誕生前と死後の時代の観点からすると、私たちにとって何ものでもないので、恐怖の対象になりえない（恐怖を感じる主体として私たちは存在していない）し、また完璧に無害である、というものであった。この推論は、「バージョン２」に則って「対称性議論」を捉えた場合に比して、ずっと説得的であるように聞こえる。実際たぶん、「剝奪説」とて、この推論を承認するであろう。だが、少し立ち止まって慎重に見ていきたい。私自身、大筋この推論に同意したいのだが、無条件で承認するということにはためらいを覚える。そのためらいは、恐怖と有害性の間のかすかな相違に由来する。たしかに、「バージョン１」に焦点を合わせる限り、死の恐怖は意味をなさないだろう。なにしろ、恐怖を感じる者など誰もいないわけだからである。死んだ後で、その死という状態に死者自身が恐怖を覚える、などということが不可能であることに抗うことはできまい。しかしでは、有害性の方はどうだろうか。私たちの日常的な言語ゲームに従う限り、私たちが誕生前あるいは死後に、未誕生者自身としてあるいは死者自身として害を被る、という物言いは必ずしもまったくのナンセンスであると言い切れるようには思えないのである。

第一に私が念頭に浮かべているのは、世代間倫理（generation ethics）についてである。たとえば、将来世代のことを考えて石油消費量を控えよう、などと言われる。これは何を意味しているだろうか。おそらく、世代間倫理の文脈でのこの種の言説が含意しているのは、私たちの行為は将来の他者を害することがありえる、ということであろう。しかるに、にもかかわらず、私たちが実際に石油を大量に消費してしまい、良心の呵責を感じているとしたら、それは、私たちが現在ただいま悪いことをしてしまっている、ということを暗に意味しているように思われる。しかし、だとしたら、いったい誰に対して私たちは悪いことをしているのだろうか。将来の人々。なるほど。しかし、将来の人々は現在ただいまは存在していない。おそらく、この場合私たちは、論理的に言って、いくぶんかフィクション性を帯びるとしても、私たちがしている悪いことの向かい先となる「何らかの存在者」を仮定しているのではないだろうか。この「何らかの存在者」は、明らかに、それが誕生する前の何かなのだが、そしてそうしたものは現在この瞬間には何もないように思えるのだが、厳密に言うならば、将来においてそうした人々を実際に存在させる原因は、現在ただいま、たしかにどこかに存在しているはずである。すなわち、将来世代の「因果的起源」は現在どこかに存在しているのである。こうした考え方あるいは表象仕方は、「私が父の眼の中の一つのきらめきであったとき」(when I was a twinkle in my father's eye) という英語のイディオムのなかに例解されているように思われる。これは、要するに、私が生まれるよりもずっと前の昔に、という意味である。こうしたイディオムが示唆するように、私たちの因果的起源が私たちの誕生前に存在しているという想定は、必ずしも極端に珍奇な見方というわけではなく、実際に私たちはそういう表象をするときがあるということ、それゆえ、そうした因果的起源としてのなにかが現在ただいま害されることは理解不可能な図式ではないということ、こうした論点が確認される。

さらに加えて、近い将来に妊娠することを希望していて、現在この瞬間は妊娠していない女性は、しばしば、暴飲暴食などを控えるなどして健康的な生活を心がけるといった卑近な事例も、私の論点を裏書きするように思われる。この、よく見られる傾向性は、対偶的に次のことを含意している。すなわち、もし暴飲暴食をするならば、彼女の可能的な赤ちゃん（受精卵にもなっていない本当の可能的赤ちゃん）が害されてしまうだろう、と。そこで問いを提起しよう。暴飲暴食をしているいまこの瞬間、いったい誰が害されているのか。彼女自身なのか。しかし、妊娠というのは一つの個人だけでは定義的に完結しえない事象なのではないか。本人とは別の、誰かが事態に組み込まれているのではないか。いったい誰なのか。私は、この問いに対して、今この瞬間存在している何か、すなわち、彼女の将来の赤ちゃんが生まれる前の、受精卵になる前の、その原型のような何か（可能的赤ちゃんの細胞の元になる元素などか）、と答える以外にないのではないかと感じる。言い換えれば、彼女の可能的赤ちゃんの因果的起源が、実際の誕生前に害を被りうる何らかの存在者として考慮されている、ということではないのだろうか。私には、これらの事例は、私たちは誕生前でも害を被りうるということを示唆しているように思われる。この意味で、「誕生前非存在」という言い方はミスリーディングであろう。なぜなら、私たちの因果的起源が誕生前でさえ何らか存在していると考えられるからである。もっとも、そうはいっても、「バージョン1」のこの文脈で、誕生前の状態に対する恐怖だとか死に対する恐怖などが成立しているとはまず言えない。ここに、恐怖と有害性の相違が顕現している。

いずれにせよ、以上の論点は、たとえわずかな程度だとしても、「対称性議論」の説得性を損なうように思われる。もっとも、厳密に言えば、以上の論点が「エピクロス説」そのものの説得性を損なうのかどうかは確かではない。「エピクロス説」それ自体は、誕生前非存在という主題を扱ってはいないからである。

10　死後非存在

それでは、こんどは死後非存在について、私たちは死んだ後は何ものでもなくなってしまう、という論点を無条件的に受け入れるのではなしに、有害性の概念を死後非存在にも適用してみることは可能かという、核心的な問いについて改めて考えてみよう。まず、明らかなことだが、私たちは、死んだ後も私たちの生の結果あるいは痕跡として何ものかを残すものである。たとえば、直接的には遺骸、骨、毛髪、洋服など、そして間接的な意味では、名声、作品、財産、思い出などなどである。では、死者の、そうした残滓（remainder）が傷つけられた場合、何が起こっていると理解すべきであろうか。たとえば、人が亡くなった直後に、その遺骸が誰かに意図的に傷つけられた場合、私たちは、まさしく「その人」が害されたと考えないだろうか。私にはそのように考えてもよいように思える。けれども、こういう捉え方に対しては、おそらく、たとえこういう場合に「その人」自身が害されたと私たちが述べたとしても、そのことが意味しているのは単に、その死者に関わっている人々が共感的な仕方で間接的に害されたと感じるということにすぎなく、死者自身は何も関係していないのだ、という反応が出てくるだろう。たしかに。そのような理解の仕方は一定の説得力がある。死者はもう死んだのだから、遺骸は、家族などにとっては大きな意味があるとしても、結局は、客観的には単なる物質だと。食肉用の肉が、パーソン性などとは関わりなしに、単なる食材として扱われるように。しかし、さらに問い詰めよう。共感的に害されたと他者によって感じられるというのではなく、直接的に害されている者は何なのか。そういう者はそもそもいないのだろうか。どうも私には、そう言い切れないという感覚が残るのである。むろん、その死者に関係している（いま生きている）人が害されると感じるのだとだけ述べて、死者自身の被害には言及しない、ということが理解可能性という点で優れた見方であることにはまったく異論がない。私はただ単に、遺骸そのものが、ひいては遺骸の持ち主自身が、直接的に害されていると述べることが、完全なるナンセンスであるとは言い切れないのではないか、と示唆したいだけなのである。理解可能性の程度を比較するならば、圧倒的に低いとしても、である。まさしくここにおいて私は、「すべてかゼロか」という思考様式は機能せず、むしろ「程度」概念を考慮に入れるべきであろうと論じたいのである。

同様なことは、死直後の遺骸だけでなく、死者が残すほかの遺物や残滓にも当てはまる。ローマ・カトリック教会が一九九二年に、ガリレオ・ガリレイに対して、ガリレオが有罪とされた一六三三年の裁定に誤りがあったことを認め、謝罪したという、あの象徴的な事例を思い起こしてほしい。この場合、死者であるガリレオの尊厳や人権が真摯に考慮されたということは明らかではなかろうか。実際、ローマ教会の謝罪行為というのは、ガリレオは誤った裁定によって死後何世紀にもわたって害されてきた、という理解を論理的に含意している。この事例から示唆されるように、実際私たちは、死者も害されうるという可能性を意識的に許容して、社会生活を営んでいるのである。おそらく、この文脈において拠り所として訴えかけられているのは、三百年以上前に生きていたガリレオその人と因果的に結びついているガリレオの残した何かの残滓（彼の著作、名声、記録など）なのではないだろうか。それらを拠り所にして、ガリレオの存在性をかすかな仕方で想定しているのではないか。もっとも、ガリレオの事例は宗教裁判という特殊なものだったが、それとは別に、死んでしまっている被告に関する死後再審のシステムという、もう少し現実的な例もある。一九四四年、アメリカ合衆国サウス・カロライナにおいて二人の白人の少女が殺されたとき、その犯人として、当時一四歳の黒人の少年ジョージ・スティニー君が処刑されたが、二〇一四年になって、裁判所が一九四四年当時の裁判記録を精査することによって、その裁判の誤りを認めて判決を無効とした[9]。これは、典型的な死後再審である。このように、私たちの社会がときどき死後再審を要請するという事実は、死者であっても、ある意味で害を被ったり幸福になったりする主体でありうる、という理解の仕方を明白に含意している。そして、こうした思考様式は、死者が残した何ものかが現実に存在していて、それは死者自身と因果的に結びついているという私たちの捉え方に基づいているように思われる[10]。

もちろん、生きている人々を害する場合と、死者を害する場合とで、決定的な相違があることは、直ちに同時に見て取られる。こうした、いわば「エピクロス説」的な反応に、私は同意したい。しかし同時に、たとえきわめてわずかな程度のリアリティしか持たないとしても、死者が害されると語る文脈もまた許容したいと思うのである。このよ

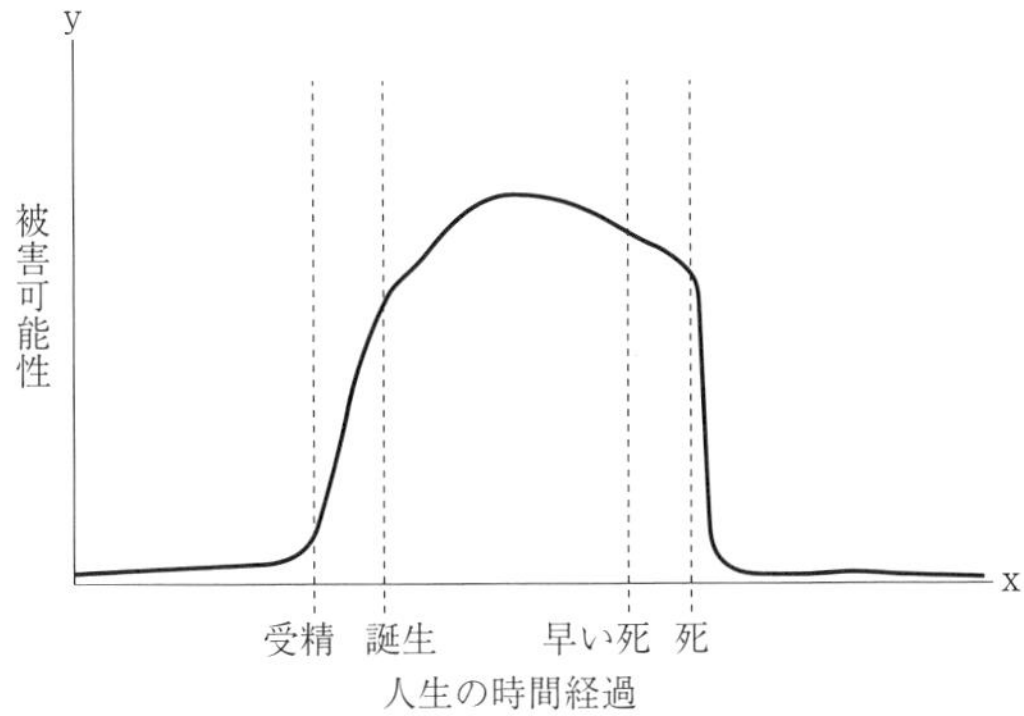

図3　CCモデル

うに、これこそまさしく「程度」の概念が機能するところにほかならない。私たちは死後も何かを残すのであり、それらは、グラデーションをなすように程度を変容させながら[11]、そしておそらく時間の経過とともに無に限りなく近づきながら、生きているときの私たち自身と因果的に連続した結果として、かすかな形であったとしても、現に存在しているのである。

11　因果連続モデル

以上に論じたような私の考え方を、平均的な人生を送る人物の因果連続性（causal continuity）に基づいて、「被害可能性」（harmability）という程度を許容する概念を用いて、図3のように表してみよう。この考え方は「因果連続モデル」（「CCモデル」と略称）と呼ぶことができるだろう。x軸はその人の人生の時間経過を表し、y軸はその人の状態の「被害可能性」の程度・度合いを示している。

この「CCモデル」の根底に働いている原理的考え方は、「より被害可能であればあるほど、より受益可能である」というものである。要するに、受ける益が大きい状況（すなわち幸福な状況）というのは、害が発生したときに失うものも大きい、つまり被害可能性が高い、という捉え方である。この捉え方は決して奇妙ではないだろう。幸福というのは、大きな幸福であればあるほど持続させにくいものであり、ガラスのように壊れやすく、害されやすい。逆に、真に持続的な状況だと、幸福とは感じられない。それが人間本性というものなのではないか。自分自身の人生を構成する条件として、太陽の存在や地球の存在があるが、それはあまりに安定していて、幸福感の対象にならない。そして、あるいは、それゆえ、被害可能性は高くない。私たちの人生のスケールで考えて、太陽や地球がなくなってしまって私たちが害を受ける可能性はほとんどない、ということである。この種の思考様式が、「CCモデル」の根底に機能している。

この「CCモデル」を採用するならば、「死の形而上学」に関する多くの物議を醸している係争点が、さしあたり、整理され、解明されうる。まず、「CCモデル」を採用することによって、平均的な人物との比較のもと、早い死によって剝奪される益が説明される。この点は、「剝奪説」に対して同調的なところであり、「剝奪説」が持つ直観に訴える力が反映されていることになる。加えて、「CCモデル」は、当人の死後でさえ害されうる、その当人の因果的残滓の存在を（かすかな程度とはいえ）許容する点において、死後にも害益が語られる（きわめてわずかな）可能性を認めることになり、「バージョン2」に留まっていた「剝奪説」をかえって超えて、「バージョン1」においてさえ「剝奪説」が立論しうる余地を示す。反対に、「CCモデル」は、当人の誕生前と死後の両方の時期に関して共通に、生きている時期に比して格段に低い「被害可能性」しか認めていないという点で、誕生前と死後との対称的構造を承認しており、その点は「対称性議論」に合致している。同時に、「CCモデル」は、死後の「被害可能性」の量が限りなくゼロに近づいていくとしている点で、「エピクロス説」と調和している。[12]

けれども、「CCモデル」は、どういう点で私が「剝奪説」と「対称性議論」との双方に疑問を投げかけたいと思っているかをも示している。「CCモデル」に従えば、「被害可能性」の量は当人の死後劇的に降下するが、私が懸念するに、「剝奪説」はこの急激な降下を説明できていない。しかし同時に、「CCモデル」は、「対称性議論」や「エピクロス説」に反して、誕生前や死後でさえ（たとえものすごく微小な程度だとしても）なにがしかの「被害可能性」量の存在を表明しているわけである。

おそらく、本書を通じて私が提起してきた「彼岸視点」は、「CCモデル」が依拠するような、死者の生前の存在と因果的に連続した形で死後に残されたもの――遺影や形見や遺骨や面影など――を、現世における死者のようすがとしながら発生すると理解すべきではなかろうか。実際、告別式の弔辞の場などで死者に語りかけるとき、明白に「彼岸視点」が取られているが、それはやはり、遺影などを仮の対象として遂行されている。面影さえ思い描かないのでは、おそらく「彼岸視点」は取れないのではなかろうか。そういう意味では、「彼岸視点」に基づく言説や表象は決して超自然的あるいは純粋形而上学的な虚構のものではなく、通常の「現世視点」の要素から派生していると言ってよいだろう。

このように考えると「現世視点」と「彼岸視点」は、いわばシームレスな仕方でつながっており、その相違は被害可能性の程度差だということになる。むろん、程度差といっても、緩やかに違ってくるというのではなく、死を迎えた直後に、がくんと急激に被害可能性が下がり、ゼロに近づいていくのだが。いずれにせよ、このように捉えることは、第5章で展開した「害グラデーション説」を裏書きするだろう。降下する度合いは急激だとしても、生前と死後とはグラデーションをなしてつながっている。しかも、死後にも因果連続の結果としての実際の何ものかが存在しているわけだから、「エピクロス説」に抗して、それを予期することによって引き起こされる現象の、すなわち二一九-二二〇頁で言及したフィードバック現象の発生可能性も、非常に微小な有意味性しか持ちえないとしても、説明しうるのである。そして、そうであるなら、私たちは生存中も、かすかな程度であるとしても、死後にも害を受けうるという可能性を、つまりは死を契機としてもたらされるところの、ゼロに近いけれどもゼロには決してならないという固有なあり方の被害可能性、それを包摂した様態として暮らしていることになるだろう。そう、私たちは死を所有しながら生きているのである。こうして「CCモデル」は、「彼岸視点」を確証しながら、やはり再び「死の所有」の観念へと還帰していくのである。

私は、こうした「ＣＣモデル」について国際学会で発表をしたことがあり、そのとき、死者の被害可能性は永遠にゼロにはならないのか、と質問された。私は、その通りだと答えた。「ＣＣモデル」の含意というのは、たとえば、絶滅した恐竜の一つ一つの個体でさえ、現在ただいまに至るまで、何らかの痕跡を残して永続している、という見方である。おそらく、恐竜の痕跡は、私たち人間存在の中の構成要素としても持続している。恐竜などにとどまらない。ビッグバンや、その直後の宇宙の現象の痕跡もまた、ゼロにはなっていない。実際、ビッグバンの痕跡は、宇宙誕生後三八万年後の宇宙の姿を示す「宇宙マイクロ波背景放射」という電磁波の残光によって跡づけられているとされている（谷口 2006, pp.159-162）。さらに追跡するならば、佐藤勝彦が示唆するところに従うと、「宇宙マイクロ波背景放射」の中には、それより前の、ビッグバンが発生して急に膨張していく過程（「インフレーション」と呼ばれる）の痕跡さえもが「原始重力波」として残っているともされる。[13] ならば、その後の現在に至るまでの現象については推して知るべしではなかろうか。言い方を換えれば、現在の世界の姿は、ビッグバンの時代から今日に至るまでの森羅万象の結末であって、現在の個々の現象や事物もすべてそうした全現象の結果の部分として、過去のすべてを背負っているのである。

論がここまで進むと、「死の所有」の観念が、実はいまだ触れてこなかった、別の意義をも併せ持つことが見えてきて、「死の所有」という表象が重層的に成り立っているという真相が露わとなってくる。すなわち、私たちは、過去のすべての死者の残滓を何らかの仕方で分有しているのであり、そういう意味でも私たちは「死を所有」しているのである。私自身、自分の手を見て、どことなく自分の母の手に似ていて、そこに母がいるように感じることがある。不思議な感覚である。しかし、母はすでに亡くなり、もういない。すでに死者である。けれども、その死が私の身体の中に宿っている。そう表現してしまいたくなる現象がたしかにある。「死の所有」は、このように、自分の外部の、他者の死をも包含しうる、普遍的な表象なのである。しかも、このことは、言い方を換えるならば、「ＣＣモデル」に引きつけて「死の所有」の観念を理解する限り、その観念には「未来の存在者」の起源をも包含されていることにもなると考えられる。言ってみるなら、「死の所有」の観念は、過去の死者、自分自身の一人称的「死」、そして未来の可能的存在者、それらが複層的に交錯し絡み合う、虚構的でありながらも、まことに豊饒な表象となりゆくのである。

最後に、やや飛躍的な物言いをするならば、このように捉えられる「ＣＣモデル」は、ライプニッツの「微小表象」（petite perception）に基づく「モナドロジー」に近接していくように思われる。「モナドロジー」においてライプニッツは、「モナド」を「単一実体」（une substance simple）と呼び（Leibniz 1969, §.1, p.26）、「どの単一実体も、さまざまな関係をもっていて、そこに他のすべての実体が表出（exprimer）されている。だから単一実体とは、宇宙を映し出している、永遠の生きた鏡なのである」（Leibniz 1969, §.56, p.50）と記す。そして、「どのモナドも、混雑した仕方で、無限に向かい、全体へ向かっている」（Leibniz 1969, §.60, p.54）、「どの物体も、宇宙の中で起こるすべてのことを感知するので、すべてを見る者は、いままで起こったことやこれから起こることまでも物体の中に読み取ることができ、時間的にのみならず空間的にも遠く隔たっていることを現在の中に認めるのである」（Leibniz 1969, §.61, p.54）。私の述べてきた「害グラデーション説」そして「ＣＣモデル」が究極的には至るであろうような（完全に同一にはならないとしても）世界観が、古風で格調高い言葉で示されている。私は、このことを意図したわけではないけれども、このようにライプニッツの哲学に近似する見方に至ったことは、大変感慨深い[14]。

いずれにせよ、以上の「ＣＣモデル」に基づく私の議論が「死の形而上学」をめぐる多様な論争の進展に寄与すること、それを私は望んでいる。

註

序章 「涙の哲学」に向けて

(1) 取り立てて言うほどのことでもないかもしれないが、人間には、もちろん、笑い転げて涙が出たり、目にゴミが入ったときに涙が出たり、アレルギー症状のゆえに涙が出たりすることもある。私の議論で、こうした涙をどう位置づけるか迷うところもあるが、さしあたり、これらの涙も生理現象であり、涙の自然現象としての側面の縁に位置している、とは言えるはずである。つまり、涙するという現象には、自然現象であるという側面と認知的・行為的現象であるという側面との、両方が相混ざっていて、それらがそれぞれどのくらいの度合いで混ざっているかについて、各々の涙する現象の間で濃淡がある、ということなのである。

(2) たとえば、ニック・ザングウィルは、「現実性の度合い」という観念を導入して、「肯定的性質」の方が「否定的性質」よりも高い現実性の度合いを持つ、という趣旨の議論を展開している。これは、言い換えれば、「肯定的性質」よりも劣位であるとはいえ、「否定的性質」にも一定の現実性を認めるというメタフィジカルな提言であり、とても興味深い。ザングウィル(2008)参照。

(3) 去る二〇〇七年六月一一日に大阪で開催された第七四回公共哲学京都フォーラムの場において、私は作曲家の近藤譲氏と対話する機会を得た。そのとき、近藤氏から口頭で示唆を受けたことによると、真の意味での「音の不在」はありえない、ということであった。なぜならば、無音に近い状態になると、人間は自分の耳周辺の脈拍の音を必ずや聞くに至るからである。そうだろうと思う。したがって、「音の不在」というのは、厳密には、「外部的な音の不在」であると規定しておく必要があるだろう。

(4) 「いのちを差し出す」あるいは「いのちをもって償う」という形で「死刑」を表象している一般的事例は枚挙にいとまがない。本書執筆中に見た手近な例を念のため一つ挙げておこう。『朝日新聞』二〇一〇年三月三日付朝刊三九面に、裁判員制度が死刑がありうる事案にはじめて直面したことの記事が掲載された。そこでこう述べられている。「強盗殺人事件の法定罪は死刑か無期懲役。判決は被告が被害者に精神的に追い込まれていたことなどを挙げて「命をもって償わなければならない事案とまでは言い難い」と無期懲役を選択した理由を述べた」。ここでは明らかに「死刑」は「命をもって償う」刑として理解されている。しかるに、「償う」とは、「財物を出し、あるいは労働して、恩恵に報い、また責任や罪過をまぬがれる」（新村出編『広辞苑』第六版、岩波書店、2008、p.1866）ということである。つまり、何かを差し出すことで、罪過をまぬがれるということである。かくして、「いのちをもって償う」とは「いのちを差し出す」ことにほかならない。こうした事例から明白に窺われるように、「いのちを差し出す」刑として死刑概念を捉えることが、ごく一般的な理解なのである。

第1章　死刑不可能論

（1）「脳死」については、そもそもそれを人間の死と見なすべきかどうか、という点が係争点なのであり、しかも実際、ごくまれにではあるが、「脳死」と診断された死体が息を吹き返したという事例も紹介されてもいるのだから、それを死にまつわる問題として直ちに位置づけてしまうのは実はミスリーディングであるといえる。したがって、ここで私が念頭においているのは、脳が死んだことでその人が死んだ、と解せられた上での臓器移植などに関わる「脳死」の問題にすぎない。この点あらかじめことわっておく。

（2）死刑に該当する犯罪には、国や時代によって、いくつかの種類があるが、本論考では、それを凶悪な殺人事件（と判断される犯罪）に限定して論じていく。そのほうが議論がクリアであろうし、現状に鑑みて、そうすることで議論の普遍性が著しく損なわれることはないと考えるからである。

（3）菊田（1999）, pp.48-49 参照。また、島田・錦織（1998）, pp.304-309 も参照。

（4）アムネスティ・インターナショナル日本支部（1999）, p.8 参照。

（5）憲法第三一条は「何人も法律の定める手続きに依らなければ、その生活若しくは自由を奪われ、又はその他の刑罰を科せられない」と述べる。実にこの第三一条こそが、歴史的にいって、死刑制度の根拠とされてきたのである。第三一条に対し、第三六条には「公務員による拷問及び残虐な刑罰は、絶対にこれを禁ずる」と謳われている。この二つの条文をめぐって、死刑が合憲か否か、という論争が延々と続けられてきた。いうまでもなく、その際の係争点は、死刑が残虐な刑罰にあたるかどうか、という点にある。この論争については、6節で若干触れる。斎藤（1999）第三篇第六章参照。

（6）この点に関して、島田荘司が、日本語の構造に日本が死刑を存置しつづけることの所以が潜んでいる、と指摘していることは非常に興味深い。島田によれば、日本語では人称代名詞の種類が非常に豊富なので、それらの組み合わせによって、英語などと比べて、何倍もぞんざいな表現から、非常に丁寧で、ほとんど卑屈なまでの表現まで、無数のヴァリエーションが可能であり、したがって、その気になればきわめて威圧的な物言いができる。こうして、日本人は、凶悪犯に横暴な日本語によって威嚇される屈辱がリアリティをもって想像できるがゆえに、犯人に対する怨念を簡単に収めることができず、死刑を支持してしまうのだ、というのである。島田・錦織（1998），pp.223-25。

（7）　大槻（1980），pp.47-49参照。また、京都大学文学部西洋史研究室（1974），p.448「独立宣言」も参照。

（8）　ここで私が「人格」という語で表現しているのは、ロックのいうPersonのことであり、差し当たりそれ以上の含みはない。しかるに、日本での翻訳の伝統では、私のこうしたやり方とは異なり、ここでのPersonは「身体」や「人身」と訳されてきた。それは、一つには、もう一つのロックの著作『人間知性論』のなかで論じられる（明らかに「人格」と訳すべき）Personと『統治論』でのPersonとは明白に異なっているという認識に基づいていると思われる（たとえば、下川2000，pp.93-98などを参照）。この伝統に対し私は、もし「身体」や「人身」という訳語が生命的身体と概念的に結びついているならば、次の4節で私が述べることのゆえに、むしろそうした訳語がロックの議論への重大な誤解を招きかねないと言いたい。さらに、この『統治論』第二論文27節において、明らかに、「Person」と「Body」とが使い分けられているが、「Person」を「身体」や「人身」と訳してしまうと、その使い分けが汲み取れなくなってしまう恐れがあるとも述べたい。しかし、「Person」を「身体」や「人身」と訳すことの最大の問題点は、ロック自身が『統治論』と『人間知性論』という二つの主著のなかでPersonという同じ語を用いている、という基本的事実が等閑に付されることである。ロックの二つのPersonは論じられる主題と文脈が違うのだから意義が異なっているとする議論は、考えてみれば当たり前で、展開するのは容易であろう。けれども、それでとどまるのでは哲学の理解としてはいささか掘り下げ不足の感がある。二つのPerson概念は相違するという常識を踏まえながらも、さらに、ではなぜロックは同じ語を用いたのか、そこには何か共通の着想が潜んでいるのではなかろうか、という問いを提出し、ロックの思考の深層へと踏み込んでいこうとすることが哲学研究としては絶対に不可欠であろう。「人格」と訳すべきかどうかが問題なのではなくて、Personという同一の語が用いられている事実の意味が少なくとも問われる必要があると、そう私は述べたいのである。こうした私の論じ方の根底には、同じ一人の哲学者がほぼ同じ頃公刊した二つの大著の中でキーワードとして用いている同一の概念には必ずや連関性があるはずだ、という方法論的前提がある。私は、この前提には大きな間違いはないと考えている。

（9）　一ノ瀬（2000）参照。

(10)　たとえば、田中（1975）, p.217 参照。

(11)　仮に将来、人工的に人間の生命が作成可能になり、労働すれば生命を獲得しうるように技術的になったとしても、生命や身体そのものへの所有権は語りえないという論点は動かないだろう。なぜなら、そもそもそのような技術を修得し実行している自分の生命の発生それ自体は、原理的に自分が関与できない事柄だからである。では、人工的に作られた生命を第三者が一種の財物として所有することは可能だろうか。これは、子供に対する親の権利の問題と同種の問いである。これに対しては、そうした人工的生命に対する所有権は十分に認められるが、その生命が何らかの仕方でそれ自体「人格」であるというあり方を帰属させられたときには、当の生命の一人称へと視点が反転し、第三者の所有権は排除されることになると、そしてそうした帰趨を見越すことによって、「人格」性が帰属させられる以前のその生命に対する第三者の所有権に対しても一定の制限が課せられてゆくはずだと、そう答えておこう。一ノ瀬（1997）, pp.264–70 参照。

(12)　この点で、たとえば、箱根駅伝の「シード権」などは、権利概念の原義を如実に体現していると言える。知られているように、箱根駅伝のシード権を獲得する努力と労働は過酷なものだからである。そうした権利が、生まれながらに備わっていて、寝ていても確保される、などということは決してありえないのであり、そして実は、濃淡はあれ、同じことがすべての権利にも原理的に妥当するはずだ、というのが私の論点である。いかなる権利も、少なくとも、それを奪われないよう注意する、ある種の労働によって成立していると考えられるからである。領土の領有権、結社の自由（権）、言論の自由（権）、などを想起してほしい。

(13)　「ロック的但し書き」という言い方は、ノージックが用いて以来広く流通するようになった。ただし、ノージックは、他者に共有のものが十分に残されている限り、という但し書きだけをそう称した。Nozick（1974）, pp.175–82 et al.

(14)　こうした他者の存在に巻き込まれた「人格」概念の理解は、『人間知性論』の議論にも明確に対応している。ロックは、人格を「法廷用語」（Forensic Term）と捉え（Locke 1975, Book 2, Chapter 27, Section 26）、酔漢は自分の犯した悪事を自覚していなくても「人格」と認められ、よって正当に責任を帰されうると論じる（Locke 1975, Book 2, Chapter 27, Section 22）。ここには、「人格」とは、当人の視点というよりもかえって他者の視点から認定されていくものである、とする考え方さえ読み取れるのである。もっとも、このように捉えた場合、「人格」を決定する「意識」の概念はどう解されるべきか、という問題が生じよう。これに対しては、「意識」とは、むしろ本来、第三者が当人に対して「そうした自覚を持つべき」というように規範的に課していくものなのではないか、と私は論じたい。「意識」の原語 coscientia は、「良心」の原語でもあったことを想起してほしい。そして、こうした事情は、知覚や判断などの純然たる認識にかかわる「意識」にも妥当すると思う。というのも、そうした認識は言語的なものである以上、やはり他者と共有する制度へと連なっているからである。その意味で、私は、「独我論」の語りは、どんな身分においてであれ、自己欺瞞的でしかないと考える。一ノ瀬（1997）、第Ⅱ部参照。

（15）実際、ロック哲学全体の語法からいえば、所有物や所有対象は「観念」（idea）として位置づけるほかなく、その意味でも、所有が観念的な事態であることは自明である。ロックの労働所有権を論じるとき、なぜか人はロックの「観念の方法」を忘れてしまう。奇妙なことであるといわねばならない。

（16）刑罰の本質をこうした意味での賠償に置くことは、いわゆる応報刑の考え方と明らかに親和する。では、応報刑に対する目的刑の考え方は、ロックの刑罰概念と相容れないというべきだろうか。そんなことはない。なぜなら、ここで述べたように、賠償されるべき所有権のなかには制度や安全性などがあり、そうしたものへの（共有の）所有権を賠償されるということは、結局は、侵害者への教育がなされたり、いわゆる一般予防が果たされたりすることと同義だからである。そもそも「人類保存」という刑罰の動因からして目的刑へと連なりやすいものであり、その「人類保存」をいわば回顧的に遂行する（と見なす）ための概念装置が「喪失・賠償」なのである。一ノ瀬（1997）, p.307 参照。

（17）最高裁判所大法廷判決・昭和二三年三月一二日『最高裁判所刑事判例集』二巻三号一九一頁。

（18）木村（1972）, p.324.

（19）斎藤（1999）, p.281 参照。

（20）本章註（17）を見よ。

（21）本章註（14）参照。

（22）アムネスティ・インターナショナル日本支部（1999）, p.14 を参照。

（23）ヘーゲル（1978）, p.300.

（24）次の URL を参照。http://www8.cao.go.jp/survey/h16/h16-houseido/index.html また、二〇一〇年の内閣府世論調査については、次の URL を参照。http://www.47news.jp/CN/201002/CN 2010020601000417.html

（25）次の URL を参照。http://sankei.jp.msn.com/affairs/trial/090521/trl 0905211151005-n1.htm あるいは、二〇一〇年に行われた読売新聞による世論調査では、裁判員になって死刑判決を選択できると答えた人は五七パーセントであった。http://www.yomiuri.co.jp/feature/fe6100/koumoku/20100403. htm

(26) 菊田幸一は、あくまでも死刑廃止論の文脈に立ちながらではあるが、この第二の根拠を暗示するような論点に偶然的に触れている。菊田は、日本国憲法第三一条で、法律の定めがなければ生命を奪われることはない、とされていることが死刑存置の根拠になってきた経緯に言及した上で、こう論じる。第三一条でいわれている生命は、生命そのものだけではなく、生命を享有する権利が含まれているのであり、よって第三一条の趣旨は、公共の福祉に反した行為をした者は生命についてある程度制約を受けることを示しているのであり、生命を抹殺することを予想したものではない、と。この議論展開は、私の立論からすると、生命そのものへの権利を容認している点において不完全ではあるが、「死刑不可能論」へと著しく接近したものであると解することができるだろう。菊田（1999）, pp.178–79.

(27) ロックに死刑の積極的な適用の立場を読み込んだのはシモンズであり、死刑適用を極力制限する見方を見取ったのはカルバートである。See Simmons（1994）and Calvert（1993）.

(28) 被害者が稼いだはずの額というのは、これまでの私の論述に即す限り、殺された被害者本人の観点に直接立って算定されるのではない。殺された人はもはや労働の主体である「人格」ではない、という反転不能の事態に議論の力点がある以上、「もしその人が生きていたならば」といった安易な反事実的条件文をここで認めてはならない。よって、ここでの稼いだはずの額とは、あくまでも残された者の感情のなかで殺された当人の損害という身分で推し量られる額であると解されねばならない。

(29) 刑法全般ひいては犯罪と刑罰の事象一般を「共同幻想」として捉える佐藤直樹の考え方は、「死の所有」という虚想に訴える私の議論と親近しているように思えるかもしれない。けれども、私のポイントは、死刑に関してこうした虚想が現れるということであって、刑罰全般に虚想性を帰するという趣旨ではない。むしろ私は、「共同幻想」の考え方では、死刑に関する特殊な事情を見失う恐れがあるのではないかと危惧する。佐藤（1989）参照。

(30) ちなみに、ロック哲学においても、実は所有権や「人格」の概念は「魂の不死性」というキリスト教的な観念への見越しとともに論じられていた。けれども私は、ロックの「人格」についての議論のなかで、こうした側面はいわば統整的な役割を担っていたにすぎないのであって、ロックの実質的な眼差しは現世にこそ向けられていたと捉える。

(31) ただし、「人権」の概念を除いて「人格」（パーソン）の概念だけで制度を構築するならば、話は違ってくるだろう。「人権」は、キリスト教に淵源する、きわめて西洋的な概念であるのに対して（See Panikkar 1982)、「人格」（パーソン）は、「人権」と相関しつつも、もっと普遍性を伴う概念だからである。この点は、第7章で触れる、「声主」としての「パーソン」という理解に関わっている。

第2章「死ぬ権利」の欺瞞

（1）では、「死んでいる」が適切に当てはまる主語はどのようなものだろうか。私が思うに、「死ぬ」という行為的表現に対して、「死んでいる」は客観的事態に対する記述的表現であることからして、さらには生と死が対立概念であることからして、行為主体としての「人格」ではなく、かつ生命的な存在であるもの、すなわち生物的存在者という限りでの存在者にこそ、「死んでいる」という述語が本来の字義において適切に当てはまるのではなかろうか。生命という本質を失ってしまった、過去における生物、それに「死んでいる」が述語づけられるのが正当な用法なのではなかろうか。消滅してしまっている都市、というときの「消滅してしまっている」と同じように。したがって、人に関しても、生物的な意味での人間に関してなら「死んでいる」を当てはめることができよう。「人が死んでいる」という言い方の場合がそれに当たるだろう。けれども、「誰」の問いでは、そうした生物的存在者が問題になっているのではない、というのが私の論点である。おそらく、この辺りについての混同が「誰が死んでいるのか」という問いを理解可能に思わせている遠因なのかもしれない。けれども、なぜこの表現が理解可能に思えるのかについては、もっと重大なポイントが指摘されねばならない。本論後半において、そのことが議論される。また、本書第5章2節も参照。

（2）「死者」を指示したり、「死者」に対して述語づけしたりする表現もまた、こうした問題系の延長線上にある。こうした「死後表現」（posthumous expression）の問題性については、本書の第5章後半で詳しく論じる。

（3）しかし、安楽死概念がもっとゆるく取られ、通常の意味での傷病とは異なる理由・動機による場合も安楽死と表現されることがある。それはたとえば、第1章でも言及した、自殺願望者が死刑による死を望む場合などである。アメリカでは、自殺願望があるが臆病で自殺できない者が、死刑存置州で死刑に当たる凶悪犯罪を犯し、その結果、致死薬注射処刑によって死刑に至るという、いささか尋常ならざる事例があり、そうした当人たちにとっては「死刑は州がスポンサーの安楽死」と表現されることさえあるという。宮本（1998）, pp.187–90 参照。

（4）現今の「死ぬ権利」の概念は、実際上は、一九七〇年代アメリカ合衆国における「クインラン事件」に端を発する裁判事例という歴史的文脈の中で、徐々に形を為してきた概念である。「クインラン事件」とは、カレン・クインランという女性が昏睡状態に陥り、回復の見込みが全くない状況であったとき、カレンの家族がカレンの生命維持装置の一切を停止して自然な死に至らせてほしいとして民事訴訟を起こし、それによって大きな論争が巻き起こったことを指している。この事件に焦点を合わせた、「死ぬ権利」に関する詳細かつ刺激あふれる歴史的検証として、香川（2006）が大変に参考になる。

（5）レイチェルズの事例と同趣旨の事例は、マイケル・トゥーリーによっても提起されている。たとえば、ある人物の二人の息子がともに同時に、しかし独立に、父親の殺害をしようとしていて、一人の息子が父のウイスキーに毒を盛り、それを父親殺害に来たもう一人の息子が見ていて、後者は何もせず父がウイスキーを飲むのを見ていた、という事例である。Tooley 1980, pp.56-62. また、Tooley 1983, pp.187-90 も参照。

（6）私は因果関係一般の問題について、一ノ瀬（2001）および一ノ瀬（2006）において主題的に検討した。私の議論の基本的前提は、因果関係は確率などの不確実性を考慮して論じるべき主題である、というものである。因果関係の理解に「必然性」や「決定論」を無批判に持ち込むことに対して根本的な疑念があるからであり、また、因果関係は過去や未来という不在性や非存在に関して語られるという本性を持っているので、そこに不確実性が入り込むのは宿命的だと考えられるからである。因果性について私のこうしたスタンスは、もちろん、「死」の原因に関しても当てはまる。

（7）「ソライティーズ・パラドックス」については、私は一ノ瀬（2006）第2章において詳しく検討して、自身の捉え方を示した。そしてさらに、一ノ瀬（2011）第4章において、先の議論を、「真理値グラット」の概念と結びつけて展開した。

（8）原因と結果が直接接していないならば、原因は真には原因とはいえない、なぜなら結果生起を阻害される可能性がつねにあるからだ、という議論を展開したのはラッセルである。See Russell (1956).

（9）もっとも、こうした直観は万人に共有されているわけではない。たとえば、ハンフリーとウィケットが記すところによれば、オックスフォード大学の古典学の卒業生ニコラス・リードと、そのボランティア仲間マーク・ライオンズは、熱心に自殺幇助の活動をしていて、そうした活動をすることに一切罪の意識を感じなかったという。ライオンズは、死というものを一つの霊的状態から他の霊的状態への移行にすぎないと捉えていたのである。私としては、リードやライオンズのような態度が、たとえそれ自体いかがわしいものだとしても、他の安楽死推進論者のいうような「自律」や「自己決定」に依拠していないこと、この点に注意しておきたい。このことは本論の結論部に関わる。Humphry and Wickett (1986), pp.127-28.

（10）本論において私は、2節で触れた、当人の意図表明なしに「生命の質」という観点から安楽死処分を行う場合について特に論じなかった。けれども、私が思うに、この場合もまた、根底的には「生命への権利」あるいは「死ぬ権利」に根拠づけられていると、そういうべきなのではなかろうか。というのも、第三者の観点からとはいえ、当人にとってそれは自分自身の生命なのだから、より良い質の生、より上質の人生、というのが望ましい、それにもかかわらず、それが原理的にできないという、そういう状況を踏まえての、擬似的に当人の観点に立った「生命への権利」に訴えた判断が根拠となっているように思われるからである。

(11) メアリー・ウォーノックは、クローニングなどの生殖技術に関して、「権利」と「義務」の相関関係を通じて激しい警鐘を鳴らしている。彼女によれば、そうした生殖技術を利用する「権利」があると思っている人が増えているが、そうした「権利」を認めると、相関的に社会はそうした権利の遂行をさせてあげる「義務」を負うことになる、しかしそれは不可能だしナンセンスだ、というのである。Warnock (2002), pp.25-27.

(12) 自分自身の生命や死に対する「自己決定」を重視する、一般に流布している考え方に対して、小松美彦がつとに鋭い批判を投げ続けている。小松は、たとえば労作『死は共鳴する』において、自己決定論の背景にある死の理解を「個人閉塞した死」と呼び、それに対して、西欧中世の、人々がともに過ごす時間の流れとしての死のあり方を対峙させ、それを「共鳴する死」と呼んだ。小松のポイントは、こうした「共鳴する死」の概念の可能性に照らしたとき、自己決定論一辺倒では秘匿されてしまっていた、脳死、臓器移植などの問題の深層が暴かれてくる、という点にある。私の立場とは異なるアプローチの議論だが、見据える方向性はとても似ている。大いに刺激的な議論である。小松 (1996) 特に第四章参照。

(13) 不労所得のうち、「遺産相続」は微妙な問題である。これが果たしてロック流の労働所有権論によって正当化できるのか。しかし、たとえ労働所有権論を採用したとしても、少なくとも、相続者が、親などの財産所有者が亡くなるに際して介護や看護の「労働」を尽くした場合には、相当程度の相続は認められてもよい、とは言えるだろう。こうした問題系については、日本では浅野幸治が主題的に論究している。たとえば、浅野 (2009) を参照。

(14) 私がこの論点に明確に思い至ったのは、二〇〇二年一〇月一九日にロンドン大学キングズ・コレッジにて開催された「Death: A Live Issue」と題された学会に参加したときであった。Jane Radcliffe Richards 女史と Piers Benn 氏の発表は特に刺激的で、私は彼らの発表を聞きながら、彼らの発表に対する疑義という形で、死んだ者の権利の享受という問題が理論的に発生するのではなかろうかと考えはじめたのである。記して感謝したい。

(15) Cf. Hardwig (1997).

(16) では「自殺」は犯罪なのだろうか。私の議論に対して、当然投げかけられる疑問だろう。「自殺」もまた、もし正当化するとするなら、「死ぬ権利」のような観念に訴えられるだろうと思われるからである。これはまことにきわどい問題である。私の議論の道筋からすれば、「自殺」も犯罪であるとする道行きが首尾一貫しているように思える。けれども、行為遂行を第三者が行う安楽死の場合と違って、「自殺」の場合は、遂行されたときには、定義的に遂行者が消える。なので、原理的には犯罪になるはずだけれども、犯罪として摘発することの要件を欠く。それゆえ私は、「自殺」に関しては、それは犯罪なのだけれども、絶対に摘発されえない犯罪、いってみるなら永遠の逃亡なのだと、そう考えたい。けれども、「医師による自殺幇助」はそう考えるわけにはいかないだろう。医師が「自殺」という出来事に当事者として加わっていると見なされる限り、「自殺」という事象の後でも当事者が存在するのだから、犯罪概念は実践的に成立しうるのである。

(17) 岡本裕一朗は、岡本（2002）においてこう論じている。生命倫理が問題として浮上してきたときには「自己決定」が原理として表に出てきて、安楽死などにもラディカルな考えが提起されていたが、クローニングの問題などを契機として今日事情が変わり、自己決定を制限する方向に議論が向かい、全体として保守化してきた。しかるに、ごく普通の人々の感性からすると、かなり明確に自己決定論にのっとった議論が支持される、よって、生命倫理はそうした人々の感性をつかまえきれずに、パワーもおもしろさも失い終焉しつつある、と。岡本は、安楽死の問題について、普通の人々の感性を踏まえて、自己決定にのっとって積極的安楽死まで認めてよいのではないか、と論じるのである。なかなか刺激に富む、傾聴すべき議論である。こうした議論に対して、私としてはまず、積極的安楽死などの行為をいかなる意味においても阻止すべきだ、と述べているわけではないということを注記しておきたい。犯罪であることを覚悟して、刑罰を受けるつもりがあるなら、それが行われることもあるだろうということを私は見越している。実際、安楽死はもともとからそのくらい切羽詰まったものだったのではないか。それに、近代人権思想以外のスタンダードを選択するという選択肢も、現実にはほぼ無理だとしても、私は提示した。そうした別の基準を採るなら、自殺や安楽死の問題はまったく変質する。私の示した論点は、まったく妥当しなくなるのである。次に、岡本の依拠する普通の人々の感性というのは、直接現場に巻き込まれた人というよりも、安楽死の問題を報道などで目にする傍観者の感性であるように見えるが、私が問題にしたいのは医師や家族も含めた当事者たちの感性であることを強調しておきたい。当事者の立場になったら、安楽死という行為に対して、ためらいや恐れ、そして事後における後悔、こうした感情が伴うことの方がむしろ普通の感覚なのではなかろうか。そう思うからこそ、私は自分自身の安楽死犯罪論が日常的直観にも適っていると述べたのである。そして最後に、岡本の議論は、私の理解した限り、自己決定を再び擁護しようとするとき、理論的な根拠づけを通じてそうしようというのではなく、感じ方のレベルでの訴えに依拠しているように読める。しかし私は、理論的・原理的な検討を主題にした。倫理に関して、私たちの感じ方が重要であることは私も同意するが、それを持ち出すためにも、まずは理論的検討が行われることも無駄ではないだろうと思うからである。

（18）ここまで論を進めてきて、死を早めることを承知で痛みを取り除く劇薬を与える場合に関して、一般にそれが「消極的安楽死」の一つに数え上げられるにもかかわらず、私自身それを犯罪とは言い難いという思いが残っていることを告白しなければならない。おそらく、これは痛みを取り除くという、あくまでも一つの「治療」行為であることが、犯罪だと言い切ることにためらいを感じさせる要因なのだと思う。いずれにせよ、これはグレーゾーンに位置すると言わざるをえない。「意図」と付随的結果への「予見」という行為論的場面での区分の問題、つまりいわゆる「ダブル・エフェクト論」と絡めて、別稿にて検討すべき主題である。

第3章　生命倫理と死ぬ主体

（1）こうした近代的「人格」概念の重要な源泉の一つが、ジョン・ロックの人格概念にあることは疑問の余地はないだろう。私は、ロックの人格論についてすでに見解を発表している。一ノ瀬（1997）参照。その主な論点は、本書第1章でも触れた。もっとも、もし、たとえばかつてマッキンタイアが力強く提唱したような「徳の倫理学」の系譜が、たとえ潜伏した形にせよ、近代の道徳や倫理の根底に実は流れていたとするならば、話は若干異なるかもしれない。というのも、「徳の倫理学」での道徳主体は、必ずしも一個人対一個人の関係性のなかでのみ問題化されるわけではないからである。マッキンタイア（1993）参照。

（2）この辺りの事情については、林（1998）がとても参考になる。

（3）この辺りについては、小野（1995）を参照。

（4）品川（1989）が、こうした問題について知るのにとてもよい。

（5）『朝日新聞』二〇〇一年五月六日付朝刊。

（6）See Tooley (1998). ちなみに、私は、一九九九年にトゥーリー氏を日本学術振興会を通じて東京大学大学院人文社会系研究科に招聘し、「時間の哲学」に関する講演を行ってもらった。その際、トゥーリー氏は生命倫理の分野でも著名な方なので、日本の生命倫理研究の指導的立場にいる京都大学の加藤尚武氏に相談し、京都大学にてトゥーリー氏に生命倫理関係の講演をお願いすることになった。そして、その講演は、一九九九年六月五日に京大会館にて、上記のクローニングについての論文のプリントをあらかじめ配っておいた上で、それに基づいて行われたのである。私はここでは、その講演時に配布されたペーパーも参照している。

（７） 柳澤桂子によれば、たとえば、アメリカのオルガノジェネシス社では、ユダヤ教の割礼の手術で取り除かれた男の子の皮膚を増やして、全米に出荷しているし、同じくアメリカのプロジェネシス社は、細胞から人工膀胱を作る技術の独占権をもっているという。このように、臓器を作り出すクローン技術による再生医療は、かなりな程度まですでに実用化しているようである（柳澤 2001, p.114）。そしてもちろん、今日の文脈ではｉＰＳ細胞による再生医療への期待が極めて高いだろう。ただ、再生されて作られた臓器が癌になりやすいといったことへの技術的な対処の点ではなく、倫理的な点に限っても、問題がないわけではない。たとえば、再生といっても、果たして脳を再生してよいだろうか。この辺りに、まだまだ検討すべき課題が待ち構えているのである。このような再生医療の問題点については、橳島（2001）, pp.56-76 を参照。

（８） それどころか、私の考えでは、決定論それ自体も安直に受け入れるべきではない。決定論については、過去と未来の時制差を慎重に考慮に入れて、なぜそうした見方が成立してくるのかを見届ける必要がある。この点については、一ノ瀬（2001）序章および第四章、そして一ノ瀬（2006）, pp.70-100を参照。

（９） Pence（1998）, pp.123-26. なお、ペンスの議論については、河谷（2001）も参考にした。

（10） こうした、「脳死」の事情については、森岡（2001）, pp.29-40 から知ることができる。

（11） 「リベラル優生主義」については、桜井（2007）が徹底的に検討を加えており、大いに参考になる。

（12） こうした「責任主体」概念の変遷については、佐藤（1995）第三章参照。

（13） カントの人格論あるいは自由論に対して、「制度や言語」の契機を強く読み込むことには当然異論があるだろう。けれど、「現象界」の概念が「事実問題」と「権利問題」といったいわゆる「法廷モデル」による区分にのっとって枠づけられており、そしてその枠づけとの対照のもとで「叡知界」の概念が導入されていること、本来「規制的」と訳しても奇妙でない regulativ の概念の用法、こうした側面に注目したとき、カントの議論のなかに制度への考察視線が事態的に染み込んでいると見ることは、さほど的外れではないのではなかろうか。実際、カントが目指したような形而上学とは、ある種の見方（たとえばウィトゲンシュタイン的あるいは宗教言語論的観点）からすれば、言語の限界を超えるものへの語りであり、そうした意味で言語の限界性という制度的要因によって事実上促されているといえるだろうと思うのである。もっとも、だからといって私は、自由や責任をカント的に叡知界のような位相に位置づけることに納得しているわけではない。そうしたカント的戦略に対して、根本的な疑問を抱いているからである。その疑問とは「刑罰」に関してである。カントの考えに従うならば、「刑罰」はもちろん現象界ではなく叡知界においてのみ有意味となるはずである。けれど、死刑などを考えれば直ちに分かるように、「刑罰」

とは露骨に物質的な現象をその本体としている。そうした現象なしには「刑罰」たりえないのである。ならば、「刑罰」はまずもって現象界に現出するものなのではないか。とすれば、現象界と叡知界の区別基準は何なのか。私の理解する限り、『人倫の形而上学』を含めて考えても、この問題は完全に解消されえないように思われる。

(14) 正確にいえば、嬰児殺しに関してはすでに「パーソン論」が関与する余地はほとんどないというべきである。なぜなら、出生前診断の技術が進み、かつては嬰児殺しで対応していたようなケースについても、原則的に選択的人工妊娠中絶による処置に置き換えられつつあるからである。加藤（1999）, p.22 参照。

(15) この点については、終章において論じる。

(16) かつて一九八〇年代に、米本昌平は「ＤＮＡの不可侵」も基本的人権に含めるべきだという提言をしていたが、遺伝子概念の含意からすると、そうした提言を直ちに承認することができないことは明らかである。遺伝子は、古今の複数の人々、ひいては人類全体が関与しているものであって、個人のプライバシーとしてのみ扱うことはできない。実際、ユネスコのヒトゲノム宣言でもこの辺りが勘案され、第1条で「ヒトゲノムは人類が一体であることの基盤をなす。象徴的な意味で、それは人類の遺産である」と謳っている。けれども、そうはいっても、個々人の遺伝子は組み合わせの点でユニークさを持っていることも否定できない。では、遺伝子は誰のものなのか。遺伝子の「私的所有」はありえないのか。この問題には二つの方向からの応答がありうるだろう。一つは、本論で見たロックの議論からも窺われるように、もともと「私的所有」という概念は他者との共有のなかでの個人の暫定的な取り分を意味するのだから、遺伝子に関しても、多様な条件を勘案しながら、人類共有の部分と個人に帰属すると見なしてよい部分とをそのつど切り分けて対処していけばよい、という応答である。もう一つは、髪の毛や爪などに所有権概念が厳格に適用されることはないという現実からして、遺伝子の「私的所有」という概念は事実上機能しないし、自分の遺伝子は自分の労働の産物でもないので、遺伝子を所有権概念に依拠して扱うのは不適当である、とする応答である。しかし、ひるがえって、まさしく遺伝子の所有という問題をめぐって、所有権概念そのものの新しい見方が構築されていく、という可能性を見取ってもよいかもしれない。確かにここには興味深い主題がある。米本（1985）, pp.141-44参照。また、橳島（2001）, pp.148-57 も参照。

(17) 高橋（2000）, pp.190-91. ちなみに、こうした世評に対し高橋は、「事実」というものの射程の広さを見据え、そして「事実」に対する「反応」を丹念に努力して辿っていくことに「応用倫理」の積極的可能性を見ている。

(18) 自然科学の歴史性については、加藤（2001）が参考になる。また、野家（2007）も、「科学のナラトロジー」を追求し、自然科学方法論の中に、歴史について機能してきた「物語り論」を位置づけるという、大変に興味深い道筋を提示している。

第４章　殺人者の人格性

（1）たとえば、『文藝』一九九八年夏季号、永井・小泉（1998）、などからそうした状況を跡づけることができる。

（2）触法精神障害者の刑事責任の問題について私は、一ノ瀬（2008c）においてやや詳しく論じたので、同時に参照してほしい。そこで私は、「修復的司法」の考え方を混ぜ込みながら、責任能力についての判断を司法的判決の本体から除外して、判決内容の実行能力としてのみ捉え直す、というシステムを提起した。そのように論じる理由は明らかである。責任能力についての判断には限度を越えるような不確定性・不安定性が伴い、社会的な公平性を保てないのではないかと危惧するからである。

（3）私は、一ノ瀬（2001）のなかで、こうした他律的あり方を「因果的超越」という用語で押さえ、主題的に検討した。

（4）拙著『原因と結果の迷宮』で私は、実在概念はおしなべて制度的である、ということを表すため「制度的実在」という言い方をして、実在概念の捉え直しを少し試みた。しかし、そこでは実在と虚構という対比はまだ整理されてはいなかった。私自身の研究の展開からすると、本章はその欠損を埋める役目を担っている。

（5）Strawson（1959）．この本でストローソンは、Person を私たちの概念構成のなかで最も基本的で他に優先する特殊者と捉えて、議論を展開している。ストローソンの議論は、そう思われている以上に、豊かな広がりを持っている。

（6）『毎日新聞』二〇〇一年八月一四日付。

（7）『毎日新聞』二〇〇一年八月一五日付。

（8）『毎日新聞』二〇〇一年八月一七日付。

（9）『毎日新聞』二〇〇一年八月二一日付。

（10）進化理論における「自然選択」の問題について、私は、一ノ瀬（2011）第3章において、「決定論と偶然性」という主題のもと、「遺伝的浮動」との連関づけの中で詳しく検討した。そこで私は、「自然選択」という概念の持つ規範的含みについて析出することを試みた。しかし本書では、この問題については立ち入らない。

（11）もっとも、こうした父性の不確かさに基づく説明においても、子殺しの場合と妻殺しの場合は、前者がそのまま殺人者の適応度を上げると期待されると理解されるのに対して、後者の場合は、大抵は、妻を殺してしまったら元も子もないのだから、殺しは適応度を直接上げることに結びつかない行き過ぎた行為として捉えられる、という相違がある。なお、父性の不確かさという根源的条件が、妻の不倫への過度の猜疑心をもたらし、夫の妻への度を過ぎた嫉妬や暴力、ひいては妻殺しまでをも、誘引しがちであるという事情は、生物学者ロビン・ベイカーが提起したセンセーショナルな立場、すなわち、子孫繁栄のプロセスを男性の精子の働きに集約して理解する立場からも指摘される。ベイカーによれば、妻の不倫は、夫にとってまずは避けるべきものであり、また、もし妻が不倫をすでにしてしまったことが分かったときには、不倫相手の男性の精子に対して自分の精子を直ちにぶつけ、精子戦争をするよう強く促しもする。つまり、不倫直後であることが分かっている妻やパートナーに対して、男性は特別強い性的衝動に駆られるというのである。ベイカーの議論は必ずしも上品なものではなく、まるで、男性の行動の究極的動因は精子だ、という主張にさえ聞こえ、特に男性読者を意気消沈させてしまう。けれど、いささか露骨ではあるにしても、進化理論的に人間の繁殖そして行動一般を捉える立場が結局は行き着くであろう見地として、無視することはできないと思う。ベイカー（1997）特に第4章参照。

（12）私は、一ノ瀬（2001）において、こうした自己言及的事態を突き詰めて、「プロバブルな瞬間」という状態を指摘するに至った。それは、自分自身の主張の身分を問うなかで現れてくる、未来の非決定性を感覚する瞬間のことである。拙著第四章参照。

第5章　殺された人の非存在性

（1）ジョン・ウッズもまた、エピクロスの死無害説的な観点からの極端な帰結として、次の五つの主張がすべて否認される、という論点を挙げている。（1）「殺人は殺人された人に対してなされた悪事である」、（2）「何人かの人が死んでいる」、（3）「殺人はいつ起こったかの日付を特定できる出来事である」、（4）「死の恐怖は不合理ではない」、（5）「私たちは死ぬ」（Woods 1976, pp.160–162）。ウッズ自身は、こうした、常識からして十分に理解可能な語り口を保守するため、独自の逸脱論理・存在論を構築しながら、議論を進めている。この点、本文8節で少し触れる。

（2）本論では検討しなかったが、剥奪説を擁護する議論は他にも多々ありえる。たとえば、相澤（2009）などを参照。

（3）歴史の物語論、そしてそれに沿った歴史認識の問題や「逆向き因果」の位置づけなどについては、一ノ瀬（2006）第3章で詳しく論じた。

（4）義満が後小松の父であった可能性を指摘しているのは海音寺潮五郎である（『悪人列伝 中世篇』文春文庫、2006、pp.271–73）。井沢元彦『逆説の日本史⑦ 中世王権篇』（小学館文庫、2003、p.323）も参照。

（5）忠輝は徳川家康の六男だが、なぜか父家康や兄秀忠に疎まれ、永対面禁止、改易そして流罪となり、一六八三年に配流地にて死去した。しかし、およそ三〇〇年後の一九八四年に徳川恒孝によって赦免された。

（6）このような現代オントロジーの議論が、マイノング、ひいてはブレンターノ、ボルツァーノといった、いわゆる独墺学派の哲学に由来することは間違いない。倉田剛は、その博士学位論文「オーストリア哲学における命題的対象・モメント・非存在者――現代オントロジーの観点から」（2009）において、この流れの哲学を「オーストリア哲学」として括り、その展開の機微を詳しく分析している。この分野の日本語で書かれた希有な研究として、参照する価値がある。

（7）たとえば、本文中で挙げた「ガリレオ」に関する死後価値評価のような場合には、哀切の想いの勢いが相応に吹き返し、そうした死者に関わる「害グラデーション」が蘇っている、と考えることができるだろう。

（8）そういう特定時間のなかだけで位置づけられる個別的な存在者のありようからして、こうした死者に対する述定は、いわゆる「トロープ」（trope）を述定することと同じになるのではないか、という問題が提起されるかもしれない。大変に興味深い課題である。今後の検討に値するだろう。

（9）このことを実証するのは、我が国で「死後再審」というあり方が制度的に認められているという事実であろう。一九五三年に発生した「徳島ラジオ商殺人事件」がその最初の例として知られている。このとき、被害者の内妻が逮捕され、彼女は実刑判決を下され服役し、出所後の一九七九年に死亡した。その後、彼女の遺族が再審請求をし、再審が行われ、一九八五年に無罪判決が出されるに至った。こうした制度のありようは、残された遺族の名誉という利害からのみ捉え尽くすことができないと感じられるならば、ここでは、法制度においてさえ、「彼岸視点」が入り込んでいると言わなければならない。メタフィジカルな視点は私たちの日常にとってもリアルなのである。

（10）こうした議論の道行きには、第1章で、「現世視点」に立脚した「死刑不可能論」が提起されたことと齟齬をきたすのではないか、という疑念が涌きうるだろう。この点について、すでに触れたことを強調的に繰り返しておきたい。「人権」と「人格」は、事実上互いに相関するにせよ、概念的には独立である。ただ、「基本的人権の尊重」を謳う法システムを額面通りに受け取る限り（そうすべきであろう）、現世視点を採り、死刑は不可能だと断じなければならない、というのが私の「死刑不可能論」である。しかるに、「人権」をさしあたりかっこに入れて、「人格」に焦点を当てて法や道徳のシステムを捉え直すならば、かすかなすき間という形で、「彼岸視点」が忍び込んでくる、あるいは実際すでに忍び込んでいるという、そういう事実的側面がかい間見えてくる、というのが私の論旨である。

第6章　戦争という法外な殺戮

（1）平時の殺人と戦争での殺戮との間の相違は、一つの見方として、シンプルに、殺された人の人数の差であると捉えることができる。しかるに、平時の殺人はかなり厳格に罪に問われるが、戦争、とりわけ大量殺戮による圧倒的な勝利の場合は罪が問われることがまずない。実際、理論的にいって、自分以外のすべての人間を殺してしまった場合、原理的に罪に問われることはないだろう。罪を訴え糾弾する者が存在しなくなってしまうからである。しかしそうなると、理論的なパズルが招来される。一体果たして、何人殺すと戦争になり、罪が問われないのか。①「自分以外のすべての人間を殺したとき罪が問われない」ならば、②「自分ともう一人以外のすべての人間を殺しても罪に問われることはない」だろうと推定できる。なぜなら、①と②は事態としてほとんど違いがないからである。そして、①は承認できる。だとすると、「モードゥス・ポネンス」に従って、②「自分ともう一人以外のすべての人間を殺しても罪に問われることはない」が導出される。しかし、これを認めると、同様な理屈で、③「自分ともう二人以外のすべての人間を殺しても罪に問われることはない」も導出できてしまう。こうした連鎖はずっと続けることができるだろう。同じように、（1）「人間一人を殺すと罪になる」からはじめて、（2）「人間二人を殺すと罪になる」、（3）「人間三人を殺すと罪になる」、というように導いていくという、逆向きの連鎖も形成できる。すなわち、第2章でも言及した「ソライティーズ・パラドックス」がここに現出してしまうのである。言い方を換えれば、罪に問われない殺人と罪に問われる殺人との境界は曖昧であり、どちらかであると断定しがたい境界線事例が存在するということである。奇怪な事態ではあるが、戦争による法外な殺戮を黙認しつつ、一人や二人の殺害を厳しく糾弾するという、私たちの社会が抱える不可思議な不整合からは、こうしたパズルの可能性が開かれてしまっているのである。

（2）私は、二〇〇九年六月六日に行われた、グローバルＣＯＥ「死生学の展開と組織化」主催のワークショップ「戦争と戦没者をめぐる死生学」をオーガナイズして、第四セッション「戦争の倫理」のコメンテータを務めた。本章はそのときのコメントを基にした論考である。このワークショップの際、提題者であった韓国・延世大学の朴政淳氏が、私が触れたような、ウォルツァー正戦論に対する批判にのっとった平和主義的立場への回帰の方向性を提示した。また、もう一人の提題者であった小林正弥氏が、やはり私が触れたような、人類全体を単位とした上で正戦論を適用するという「地球的コミュニタリアニズム」の立場を提唱した。私の議論は、お二人の提題から多くの刺激を受けて立ち上がってきた。ここに感謝の意を表したい。

（3）吉川英治『新・平家物語』（十四）（講談社、1989）、pp.113-14。

第７章　動物たちの叫び

（1）「屠殺」という言葉は、今日マスコミなどでは自主規制用語とされており、使用が控えられているようである。けれども、たとえば日本の農水省や環境省のホームページから「屠殺」を検索すると、何件もヒットし、多くの正式文書に使用されていることが分かる。このことから窺われるように、「屠殺」は、動物を食肉にするなどの一定の目的のために殺すこと、という意味を客観的にもった、公的に使用されている言葉なのである。にもかかわらず、なぜマスコミでは自主規制するのだろうか。さまざまな差別、漢字にまつわるさまざまな表象など、いろいろ理由はあるだろうが、いずれにせよ、こうした直截な言葉を避けてオブラートに包んだような表現をしようとすることは、現実を隠蔽することであり、もとからあった秘匿構造が一層促され、「屠殺」の営みが後ろめたいものになりかねない。というより後ろめたいから自主規制するのだろうか。ならば一層事態は好ましくない。後ろめたい、自分ではしたくないし見たくもない、でもその結末は享受したい、だから発端は見えないようにして結果の快さだけを心おきなく楽しみたい、だから自主規制する。そういう、おそらく自分では認めたくないような深層心理によって規制がなされているのだとしたら、これはいびつに歪んだ欺瞞の構造である。あるいは、そうした心理を意識しながらの自主規制なのだとしたら、それは偽善以外の何ものでもないだろう。そもそも結果が快いのならば、その結果に至るプロセスもまた愛好の対象になるのが普通である。快適な芸術作品や、美しい衣装など、それら自体が快いならば、その制作過程もまた好ましいものとなる。してみれば、肉食の場合も、結果が快楽と感じられているならば、その制作過程も好ましいものになってしかるべきである。なぜ、そうならないのか。私には、まさしくここには道徳的問題が絡んでいるからこそ、結果の快楽がその制作過程に直接に反映されず、さらにそのことが潜在的には理解されているのだけれども、結果の快楽ゆえに、そうした理解を無意識的または意識的に封じ込めたいからこそ、「屠殺」という言葉を自主規制しようとしているのだと、そう思えてならない。私は、こうした転倒した事情が潜在しているのかもしれないという疑いを払拭できないので、問題提起の意味も込めて、ここであえて「屠殺」という用語を意識的に用いることにしたい。同様の論点は、本章19節でも展開した。

（2）ここでは「人体実験」については議論の範囲外とする。ただし私は、一定の条件が満たされたときに、人体実験のために自発的に自分を差し出す行為は、道徳に反しないような、「動物実験」の代替としての意味を原理的には持ちうるかどうか、検討するに値すると考える。実際私にはそれは、安楽死がどのように許容されうるか、という問題と似た構造をもつ事態だと思われるのである。もっとも、この問題が「死ぬ権利」と結びつけられるならば、自発的人体実験の道徳的正当化は困難であると考えている。第2章を参照してほしい。

（3）　私は特に、生物学で一般に語られるような動物のヒエラルキーを前提するものではない。私が焦点を合わせているのは、そうしたヒエラルキーについての知識に牽引されているのかもしれないにせよ、あるいはそうでないにせよ、私たちが現にそう思っているという記述的事態であって、その根拠への含意は特にない。

（4）　「義務」と「権利」の概念は、誰かが何かに対して「権利」があるならば、周囲はその「権利」を守ったり遂行させたりする「義務」がある、というように互いに相対的あるいは還元可能的なのではないか、したがって、「義務説」と「権利説」とを対立させることはミスリーディングではないか、という反論がありえよう。この点についてここでは深入りしないが、たとえば長谷川晃が論じるように、「慈善の義務」のような不完全義務には「権利」は対応していないし、借金返済における借り手の義務と貸し手の権利のように、それぞれの主体が別個であることがあり、そのことは権利と義務は道徳的属性を異にすることを示唆する、といった論点は指摘しておくことができるだろう。長谷川（1991）, pp.33-34.

（5）　リーガンは、「法的権利」（legal rights）と「道徳的権利」（moral rights）とを区別した上で、「動物の権利」を「道徳的権利」の一つとして論じようとしている。けれども、このリーガンの区別についてはただちにそのまま受け入れることはしにくい。というのも、そもそも「権利」の概念は伝統的に法的・政治的なものであり、よって「動物の権利」もむしろ最終的にはそうした法的・政治的場面で確立すべき権利なのだ、とする立場は十分に説得性があると感じられるからである。それゆえ、リーガンの二種の権利概念の区分についてはここではさしあたりペンディングにしておく。

（6）　苦痛を加えるのではなく、むしろ快楽を与える動物実験があるならば、それに対してはここの議論は当てはまらないだろう。動物がリラックスする条件を調べるために、いくつかの種類の快適な環境において、相互比較する、というような実験がそれに当たる。けれども、そのようにすること自体が動物の自然な生活仕方に対する侵害・干渉であると捉えられるならば、大きな観点からすれば、それも一種の苦痛を与える実験として捉えられることになるかもしれない。おそらく、こうした事例も「程度」を考慮すべき境界線事例なのではなかろうか。

（7）　「死ぬ権利」については、本書第2章で詳しく論じた。

（8）　ここでの「パーソン」が認識主体として考慮されるとき、それは認識というものが音楽的である、という主張と結びつくだろう。こうした発想に従って、私は「音楽化された認識論」というアプローチも展開している最中である。私の見込みでは、動物の「心」についての認識という問題もこうした文脈に沿って検討していくべきだと思っている。いずれにせよ、「音楽化された認識論」については、Ichinose（2007）を参照してほしい。

（9）「責任」つまり「responsibility」を字義通りに訳すとき、しばしば「応答可能性」という訳語が用いられるし、私自身もこれまでそう訳してきたが、よくよく考えるならば、これは誤解を呼ぶ種だと考え始めてきた。「-able」「-ible」という英語の接尾語には、「understandable」「edible」「audible」のように、もちろん「可能性」を含意する場合があるが、「desirable」のように、当為性を表す場合もあるからである。かつてフランケナが正当に指摘したように、「responsibility」は後者の代表である（Frankena 1973, p.72）。よって、厳密性を期すため、「応答可能性」ではなく、「応答当為性」という訳語をここで新たに提起したい。

（10）ただし、私自身は、ここでの「程度」が具体的には「責任能力」という場面で扱われていることに対して異論がある。私は、そもそも司法の問題全般に関して、「刑事司法」あるいは「応報的司法」の考え方だけではなく「修復的司法」の考え方をも同時に適用すべきだと思っており、その流れに沿って、ここでの「程度」は「修復実践能力」として捉えたいと思っている。この点について私は、一ノ瀬（2008c）にて議論を展開したので、参照してほしい。

（11）ここでの「苦痛」を感じる対象は、主として物理的な害だが、それ以外に恐怖、不安、不快感、後悔などの精神的な害も考慮されるべきだろう。したがって、健常な人間が他者を害してしまったときに感じる不快感や後悔も「苦痛」の対象となる。この点で、前段で触れたような心神喪失者や心神耗弱者の場合は、他者を害してしまったときの「苦痛」の程度という点で、「程度」が完全な状態よりも低まるのであり、その意味でパーソン性も弱まると、そのように考えられると思われる。

（12）このようなベイズ主義の適用、とりわけ責任の程度の問題に関しては、一ノ瀬（2006）第4章を参照されたい。そこで私は、ベイズ主義には多くの難点があるが、過去の行為の責任を判断するといった文脈の定まった課題については説得的に適用可能であると論じ、そうした適用可能性を責任度の概念に基づく「責任の論理」として多少なりとも追求した。動物のパーソン度という本論考での議論は「責任の論理」への補足となるだろう。

（13）私は一ノ瀬（2006）第4章にて、同様な考え方を「害悪量」（amount of harm）と規定して論じた。しかし、この「害悪量」を苦悶死に適用される「最大害悪量」で割ったならば、ここでいう「苦痛度」が出てくる。

（14）私は、本章の議論のあらましを、二〇一〇年四月二二日に、東京大学大学院人文社会系研究科での多分野交流演習「生命をめぐる科学と倫理」において口頭で報告した。そのとき、この「道徳的考慮度」（DMC）について多くの質問をいただいた。なかでも、竹内聖一氏から、こうした議論の立て方は倫理の問題を多数決で決めるという見方にほかならないではないか、という疑問を提示された。基本的かつ重要なポイントに関わる疑問なので、この註の場で二点触れておきたい。第一に、自明かと思われるが、ＤＭＣは、決して好き嫌いについての人気投票のような多数決ではなく、動物学や生命科学の専門家にも参加してもらう、しかも動物についての自然科学的知見を踏まえてもらった上で、不特定多数の主観確率の付与によって計られるものである。こうした計測は、ベイズ的手法や、医療的意思決定でも用いられる「デルファイ法」にも訴えるものであり、主観確率を用いる手法が獲得しうる限りの客観性をもちうる方法だと思う。実際、不特定多数の人々に間主観的に共通する「信念の度合い」に訴えるベイズ的手法は「客観的ベイズ主義」と呼ばれることがある。こうした、私のいうＤＭＣは、ある点で、今日盛んに論じられている「実験哲学」（experimental philosophy）の手法と共通するところがあるかもしれない。しかし第二に、そもそも、専門家であれそうでない人であれ、人々の主観確率を集計して倫理的な問題の解決を図るということそれ自体に悪しき問題性があるのではないか、というように疑問を持つ人がいるかもしれない。これは、第6章でも触れた、「事実」としての「である」（is）と「規範」としての「べきである」（ought to）とを混同してはならない、あるいは「である」から「べきである」を導いてはならない、なぜならば「べきである」は定義できないのだから、とするＧ・Ｅ・ムーア以来の「自然主義的誤謬」（naturalistic fallacy）の議論の観点からすれば、もっともな疑問であるともいえよう。人々が何らかの事態の成立に関して特定の主観確率をもつというのは、事柄としては「事実」の水準に属するのに、そこから「道徳的考慮」という「規範」的な判断を導こうとしているように、もしかしたらＤＭＣは読めるからである。これについて私は、ＤＭＣは、さしあたり規範的な判断を導くための材料を提示する機能を果たすことが期待されている概念である、と答えたい。ＤＭＣの値から、どういう規範的判断を下すかは、ＤＭＣだけでは決まらないと私も捉えているのである。しかし、規範の問題が、いかなる意味でも事実と独立の次元で論じられなければならないとすると、動物の倫理に関しても、何らか独断的かつ教条的、あるいは原理主義的な命法が頭ごなしに押しつけられる、という恐れなしとしない。私には、やはり、道徳規範の問題を論じるときにも、事実はどのようなのか、という事実認識は、それが規範的判断に直結するとは言えないとしても、必要なのではないかと感じられるのである。

（15）　前述の註（14）でも触れた、二〇一〇年四月二一日での多分野交流演習の場で、竹内整一氏と伊藤由希子氏から、私の肉食論は誰に対して訴えているものなのか、たとえば、環境的な制約からアザラシを殺してその肉を食べているイヌイットのような人たちにも語るべき議論なのか、という質問を受けた。これもまた重要な問いなので、ここに記して答えておきたい。私の議論は、普遍的に、どのような環境に生きる人たちにも当てはまるものとして展開されている。よって、イヌイットのような人たちにも、少なくとも一旦は語られるべきだと思っている。そもそも、どのようなものを食べているかという食文化は、前述の註（14）で触れた「自然主義的誤謬」の議論に照らせば、「事実」に属す事柄であり、そのことをもって、そうした食文化が維持される「べきだ」という帰結を直ちに導くのは、やはり理論的には受け入れがたい。この点は、本文でも触れたが、古代ギリシアの市民にとって奴隷を使用してきたのは彼らの「文化」だからといって、奴隷を使用し続けていく「べきだ」という道徳的判断が導けないのと同様である。しかも、私たち人類の積み重ねた経験に照らせば、多くのベジタリアンが普通の生活を大過なく過ごしていることからして、動物性タンパクがなければ生命に関わるということはない。良質の植物性タンパクを取れば、健康には支障がない。ならば、なおさら、現在特定の人々が肉食をし続けている、という事実から、それを道徳的に善しとすることは理論的に困難だろう。けれども、こうした論点をもって、イヌイットのような人々に直ちに肉食を止めるよう促すのは、実際上荒唐無稽なことだろう。すぐに、ほかの栄養源を安定的に供給できる状況でないときに、唯一とも言えるような食物を食べることは道徳的に好ましくない、などと説く議論は、それ自体がかえって道徳的に好ましくないようにさえ聞こえる。こうした状況に照らして私は、暫定的に、「自分で屠殺できるならば食べてよい」、とする基準がさしあたり妥当かもしれないと感じている。しかし、これはあくまで暫定的にであって、長いスパンで考えた場合は、奴隷解放と同様に、動物も解放されることが望ましいことだと考える。

これに関連して、同じ多分野交流演習の場で、動物たち相互の間の肉食はどう理解したらよいのか、という質問が自然発生的に出てきた。虎やライオンなどの肉食獣が、他の動物を食べるということを倫理的にどう考えるか、という問いである。これは実に難しい問題である。哺乳類に相応の「パーソン度」をあてがうというのが私の議論なのだから、「自体的」ではなく「派生的」にだとしても、哺乳類も倫理の問題に巻き込まれなければならない。正直、この点について私は明確な考えを述べられない。さしあたり、前段で述べたように、動物たちに対しても「自分で屠殺できるならば食べてよい」とする暫定的格率を当てはめる、といった辺りが現況での落としどころかもしれない。将来の課題としたい。

(16)　私の勤務校での演習のなかで、ある学生がレポートの中で、肉食の問題について興味深い論点を提起した。クローン技術を使って動物の食用になる臓器や筋肉部分だけを再生させて（つまり意識などもたないようにして）、それを食べれば、道徳的問題は生じないだろう、というのである。同じことは動物実験にも妥当しよう。こうした手法は、クローン技術が発展し、iPS細胞が開発されている現状に照らすならば、技術的に十分に可能なのではないかと思う。あるいは、すでにもう実施されているのかもしれない。まるで「肉畑」のようなイメージである。おそらく現状では食肉としての安全性や質という点で疑問符が付くやもしれないが、いわば現代技術を逆手に取る逆転の発想として、将来的に考慮する価値があるのではないだろうか。ただ、そこまでして肉食をしようという発想には、私個人は感性的についていけない。

終章　死に基づく認識論

（1）こうした自然主義的認識論についての私の議論は、一ノ瀬（2011）第1章において、自然科学での観察文に宿る「曖昧性」と「ソライティーズ・パラドックス」に焦点を合わせる形で、展開されている。

（2）もちろん、しかし、そうした意図性の度合いはさまざまである。衝動的と記述すべき自殺もあるだろうし、喫煙を長年続けるというような、緩慢な自殺行為もあるだろう。ここには大なる曖昧性があり、それがゆえに「ソライティーズ・パラドックス」が発生する機構が潜在している。よって、論の進め方では、日常的営みのすべてが自殺行為であると見なされもしうるだろう。しかし、ここでの私のポイントは、そうした曖昧な広がりもすべて含めて、自殺行為と見なされるものには、その人のパーソン性が顕現しているということなのである。どのような生き様をするかだけでなく、どのような死に様をするかが、その者のそのパーソン性を形成していく。この点は、第1章の冒頭で触れた議論と対応している。

（3）こうした点で、私は、認識論の根底に特有の不確実性がデフォルトとしてあることを見据えるべきだと主張したい。それがゆえに、拙著（一ノ瀬 2006, 特に序論）で私は、「不確実性の認識論」という言い方を使用したのである。こうした立場は、確実性とか必然性とか、そうした伝統的な概念を基軸にした認識論のモデルとはそろそろ決別しなければならないという表明でもある。そうした路線を展開する際、私は、さしあたり、「確率」と「曖昧性」に即した形で不確実性を扱った。けれども、生と死を貫く同一性という、この根源的な次元にまで議論が及んだとき、果たして「確率」と「曖昧性」という道具立てで対応ができるのか、という疑問が湧かないでもない。こうした点の追求は、私の次なる、そして困難なる課題である。

補章　死の害についての「対称性議論」

（1）See Möller 2012. メラーは、リスク概念について少なくとも五つの異なる意義を指摘しているが、害と確率とを乗じた期待値としてのリスク概念を最重要と捉え、そこに焦点を合わせている。さしあたり、私もそうした方向性に従いたい。

（2）もちろん、ここで言う「エピクロス説」は、第5章での「死無害説」（the harmlessness theory of death）と同じである。ここでは、単に、エピクロスとルクレティウス自身の考え方に一層寄り添うという姿勢を取りたかったので、「エピクロス説」

と称しただけである。「死無害説」と称している第5章は、「エピクロス説」を一般化して検討したいという姿勢で論じた。

（3）　非常に遠い未来における自身の非存在が恐怖の対象にはなりえないという捉え方から、ソライティーズの議論を用いることによって、どんなに直近の未来の死すなわち非存在も恐怖の対象にならないことを導く、という議論の立て方の可能性が、マルコム・スコフィールドによって示唆されたという報告をウォレンがしている。「剝奪説」と「ソライティーズ・パラドックス」をリンクさせる問題提起として、慎重な考察に値する主題である。See Warren 2006, p.72, note 23.

（4）　個人的なことを正直に告白すれば、私は、南北朝時代に、一旦九州に落ちた足利尊氏が再び京に攻め上ってくる局面で、楠木正成が、南朝の中枢部の人々に、一旦洛外に出て、その後新田義貞を見限って尊氏と結ぶべきだと提言したときに、南朝の幹部たちがせせら笑って正成の提言を拒絶した、という話を聞いたとき、なんて南朝の貴族たちは愚か者なのだろうと思ったものである。こうした負の評価を歴史上の人々に与えることは珍しくはないのではなかろうか。けれども、だからといって、愚か者呼ばわりされた人々が、いま生きている人々が罵倒されたときと同じ仕方で、害された、とは捉えにくい。この辺り、本章の最後の議論に関わる。

（5）　たとえば、カウフマンはネーゲルの立場を支持する議論を展開しているし（Kaufman 1996）、ブリックナーとフィッシャーはそうした議論を批判している（Brueckner & Fischer 1998）。この論争は二一世紀の今日まで続いており、たとえば、Belshaw（2000），Johansson（2013），Timmerman（2017）などが誕生前非存在と死後非存在の相違についての新しい視点を打ち出し、「対称性議論」に反論しようとしている。

（6）　フリッシュは、時間対称的だと想定されているほとんどの物理法則に対比的に、原因と結果の関係性が非対称的であると私たちはなぜ考えるのかについて探究し、デイヴィッド・アルバートの議論に言及しながら、「熱力学の第二法則」に手がかりを求めていく（Frisch 2007）。私の考えでは、対称性・非対称性の問題を論じるこうした文脈においては、議論の水準が、時間、因果、反事実的条件文、その他のメタレベルの条件、などのどこに設定されているのかについて、注意深く区別していくことが肝要なのだと思う。おそらく、死についての「対称性議論」を吟味する文脈に関して確かなことは、時間の非対称性はそこでは問題ではない、ということではないか。なぜなら、もし時間の非対称性が問題だとするなら、死についての「対称性議論」は最初から成立する余地がなくなってしまうからである。この点で、パーフィット型の「対称性議論」に対する反論は的を外しているのではないかと、私は疑っている。というのも、そうした反論は結局のところ時間の非対称性に基づいているように思われるからである。

（7） E.g. see The Cosmogasmic Person. https://thecosmogasmicperson.wordpress.com/2017/08/20/its-all-the-same-electron/（二〇一九年二月二八日閲覧）

（8） ただし、一点但し書きを加えておきたい。戦時中に苦労した生活を送った人が「もっと遅く、戦後に生まれたかった」というように「遅い誕生」を望む場合もありうる。これはおそらく、安楽死を望む人が「早い死」を望んでいることと対称的な事態であろう。しかし、たとえこうした事態の可能性があるとしても、本文中で述べたような、「遅い誕生」を害として感じることがあるという論点は動かない。その意味で、「対称性議論」に対するわずかな反例はやはり存在するのである。

（9） https://www.telegraph.co.uk/news/worldnews/northamerica/usa/10439273/Black-teen-execut ed-for-murder-in-1944-may-get-posthumous-retrial.html （二〇一九年二月二八日閲覧）

（10） ここで触れた二例以外に印象的なものは、徳川家康六男の徳川忠輝の例であろうか。忠輝は、なぜか父の家康に疎まれて、対面禁止という勘当処分を受けた。しかし、忠輝死後およそ三〇〇年を経て、一九八四年に徳川宗家より赦免された。これもまた、忠輝が死後もずっと気の毒な状態に留まり続けていた、という捉え方に基づいていると考えることができる。それ以外には、イングランド国教会が二〇〇八年に、一九世紀にダーウィンの進化論を拒絶したことについて謝罪したという出来事も、ローマ教会のガリレオへの謝罪に似た事例として挙げることができるだろう。See. https://www.theguardian.com/world/2008/sep/15/ anglicanism.evolution （二〇一九年二月二八日閲覧）

（11） 本章の議論は、第5章の「害グラデーション」の議論と、後に述べるように連携しつつも、やや視点を異にはしている。一つには、本章の議論は「害グラデーション説」が射程に入れていなかった誕生前非存在を扱っていること、また逆に、「害グラデーション説」は、「パーソン」概念との連関を通じて「響き」という概念を強調することにより、一層普遍的な理論を志向している、という二つの点が、あえて言えば、第5章と本章との違いである。しかし、実際的には、本章の議論は、「害グラデーション説」を「対称性議論」という特定の議論に適用したものであり、とりわけ、オントロジカルな場面での害益帰属可能な存在性を（きわめてかすかな程度においてだとしても）量的に図示する方向性を示した点で、「害グラデーション説」の展開形である。

（12） 加えて言えば、「CCモデル」は、いつ死ぬと「早い死」と呼ばれ有害だとされるのか、という問いに関して「ソライティーズ・パラドックス」がなぜ発生してしまうかの説明も与えることができる。註（3）でも触れたが、ウォレンはマルコム・スコフィールドの次の発言を引いている。「はるか遠い未来における自分の非存在を嘆き悲しむことは不合理である」

（Warren 2006, p.72, note 23）。これは、「ソライティーズ・パラドックス」がもたらす不合理の一例であろう。「CCモデル」は、死後の「被害可能性」量の急激な降下線によって「ソライティーズ・パラドックス」発生の機微を示すことができる。ただし、「CCモデル」では、本文中で触れた浅田真央の例が示唆するような、誕生前非存在あるいは「遅い誕生」がもたらしうる有害性については、端的な形では表現できない。その有害性は、早い死の有害性がその死から平均的な人の死までに発生する被害可能性（を積分した量）によって表象可能であるのとは対照的に、誕生前の被害可能性には対応しておらず、生存中に発生する有害性だからである。この点は、しかし、「害グラデーション」にのっとって、誕生前に位置づけられる被害可能性が「原因」となって、生存中のどこかの被害可能性が奪われる、という解釈をすれば説明できるかもしれない。いずれにせよ、「「CCモデル」は、ウォレンの言う「バージョン1」にはぴったり対応するけれども、「バージョン2」に関しては、「害グラデーション説」を適用しなければ十全な対応づけができない。その点、注記しておきたい。

（13）次の佐藤勝彦のインタビューを参照。http://prc.nao.ac.jp/fukyu/cosmic-light/article/018_2.html

（14）私の議論と、ライプニッツの「モナドロジー」との連関可能性については、私自身うすうす感じていたのだが、私の教え子の野上志学との対話によって明確な自覚に至った。ここに謝意を記したい。

人名索引

あ 行

か 行

は　行

ま　行

や　行

ら　行

事項索引

（「死」,「死の所有」は除く）

た　行

ら　行

わ　行

アルファベット，数字

参考文献

欧文文献

Albert, D. (2000). *Time and Chance*. Harvard University Press.

Baird, R. M. and Rosenbaum, S. E. eds.(1988). *Philosophy of Punishment*. Prometheus Books.

——— (1995). *Punishment and the Death Penalty*. Prometheus Books.

Beatty, J.(1984). "Chance and Natural Selection". *Philosophy of Science* 51 : 183-211.

Beauchamp, T. L. and Perlin, S. eds. (1978). *Ethical Issues in Death and Dying*. Prentice Hall.

Belshaw, C. (2000). "Later Death/Earlier Birth". *Midwest Studies in Philosophy* 24: 69-83.

Berns, W.(1988). "The Morality of Anger". In Baird and Rosenbaum, eds.(1988). 85-93.

Brueckner, A. L. and Fischer, J. M.(1993). (originally published in 1986.) "Why Is Death Bad?". In Fischer ed.(1993a). 221-229.

Brueckner, A. L. and Fischer, J. M. 1998. "Being born earlier". *Australasian Journal of Philosophy* 76(1): 110-114.

Callahan, D.(1992). "When Self-Determination Runs Amok". In Kuhse and Singer (1999), 327-331. [from *Hastings Center Report*, 1992, 22.2 : 52-55.]

Calvert, B.(1993). "Locke on Punishment and the Death Penalty". *Philosophy* 68 : 211-229.

Cone, E.T.(1974). *The Composer's Voice*. University of California Press.

Conway, D. A.(1995). "Capital Punishment and Deterrence : Some Considerations in Dialogue Form". In Simmons, Cohen, Cohen, and Beitz, eds.(1995). 261-273.

Cumming, N.(2000). *The Sonic Self*. Indiana University Press.

Daly, M. and Wilson, M.(1988). *Homicide*, Aldine de Gruyter.(『人が人を殺すとき』長谷川眞理子・長谷川寿一訳，新思索社，1999)

Davies, C.(1995). "Safely Executed". In Baird and Rosenbaum, eds. (1995). 219-221.

DeGrazia, D.(2002). *Animal Rights: A Very Short Introduction*. Oxford University Press.(『動物の権利』戸田清訳，岩波書店，2003)

Diogenes Laertius.(1925). *Lives of Eminent Philosophers*. Vol.II. with an English translation by R. D. Hicks. The Loeb Classical Library. William Heinemann Ltd.(『エピクロス——教説と手紙』出隆・岩崎允胤訳，岩波文庫，1959)

Ehrlich, I.(1975). "The Deterrent Effect of Capital Punishment: A Question of Life or Death". *American Economic Review* 65 : 397-417.

Engelhardt, H. T.(1974). "The Disease of Masturbation: Values and the Concept of

Health". *Bulletin of the History of Medicine* 48 : 234-248.
————(1978). "Medicine and the Concept of Person". In Beauchamp & Perlin (1978), 271-284.(「医学における人格の概念」久保田顕二訳, 『バイオエシックスの基礎』加藤尚武・飯田亘之編, 東海大学出版会, 1988, 19-32)
Feinberg, J.(1974). "Noncomparative Justice". *Philosophical Review* 83 : 297-338.
Fischer, J. M. ed.(1993a). *The Metaphysics of Death*. Stanford University Press.
————(1993b). "Introduction: Death, Metaphysics, and Morality". In Fischer ed.(1993a). 3-30.
————(2007). "Compatibilism". In *Four Views on Free Will*, eds. J. M. Fischer, R. Kane, D. Pereboom, and M. Vargas, Oxford: Blackwell Publishing Ltd. 44-84.
Fletcher, J.(1960). "The Patient's Right to Die" *Harper's Magagine* 221 : 139-143.
Francione, G. L. (2008). *Animals as Persons: Essays on the Abolition of Animal Exploitation*. Columbia University Press.
Frankena, W. K.(1973). *Ethics*. Prentice-Hall, Inc.(『倫理学』杖下隆英訳, 培風館, 1973)
Frisch, M. (2007). "Causation, Counterfactuals, and Entropy". In *Causation, Physics, and the Constitution of Reality: Russell's Republic Revisited*. Oxford at the Clarendon Press.
Geach, P.(1969). *God and the Soul*. Routledge and Kegan Paul.
Hardwig, J.(1997). "Is There a Duty to Die?" In Kuhse and Singer(1999). 339-348. [from *Hastings Center Report*, 1997, 27.2: 34-42]
Hart, H. L. A. and Honoré, T.(1959). *Causation in the Law*. Oxford University Press.
Hawking, S. W. (1988). *A Brief History of Time: From the Big Bang to Black Holes*. Bentam Books. (『ホーキング, 宇宙を語る——ビッグバンからブラックホールまで』林一訳, 早川書房, 1989)
Humphry, D. and Wickett, A.(1986). *The Right To Die*. The Bodley Head.
Ichinose, M. (2007). "Remarks on Epistemology Musicalized". *Philosophical Studies*, vol.25. Department of Philosophy, Graduate School of Humanities and Sociology, The University of Tokyo. 1-12.
Johansson, J. (2013). "Past and Future Non-Existence". *The Journal of Ethics* 17: 51-64.
Kant, I.(1965). *Grundlegung zur Metaphysik der Sitten*. Felix Meiner Verlag.(『人倫の形而上学の基礎づけ』野田又夫訳, 『世界の名著32　カント』中央公論社, 1977)
————(1968). *Die Metaphysik der Sitten*. Kants Werke Akademie Textausgabe, Walter de Gruyter & Co., Bd.VI. 203-494. (「人倫の形而上学」樽井正義・池尾恭一訳, 『カント全集　11』岩波書店, 2002)
Kaufman, F. (1996) "Death and Deprivation; or, Why Lucretius' Symmetry Argument Fails". *Australasian Journal of Philosophy* 74(2): 305-312.
Kitcher, P.(1998). "Whose self is it, anyway?" In *Flesh of My Flesh: The Ethics of Cloning Humans*, ed. G. E. Pence, Rowman & Littlefield, 67-75.
Knobe, J. and Nichols, S.(2008). "An Experimental Philosophy Manifesto". In *Experimental Philosophy*,(2008), eds. J. Knobe and S. Nichols, Oxford University Press. 3-14.

Kuhse, H.(1996). "Voluntary euthanasia and other medical end-of-life decisions: Doctors should be permitted to give death a helping hand". In Thomasma and Kushner(1996), 247-258.

———(1998). "Why Killing is Not Always Worse – and Sometimes Better – Than Letting Die". In Kuhse and Singer (1999), 236-239. [from *Cambridge Quarterly of Healthcare Ethics*, 1998, 7.4: 371-374.]

Kuhse, H. and Singer, P. eds.(1999). *Bioethics: An Anthology*. Blackwell.

Leibniz, G. W. (1969). *Vernunftprinzipien der Natur und der Grade, Monadologie*, Verlag von Felix Meiner.(「モナドロジー」『世界の名著25　スピノザ・ライプニッツ』清水冨雄・竹田篤司訳，中央公論社，1969)

Lewis, C. T. and Short, C.(1975). *A Latin Dictionary; Founded on Andrew's Edition of Freund's Latin Dictionary*. Oxford at The Clarendon Press.

Locke, J.(1954). *Essays on the Law of Nature*. ed. W. V. Leyden. Oxford University Press.

———(1960). *Two Treatises of Government*. ed. P. Laslett. Cambridge University Press.(『統治論』宮川透訳，中公クラシックス，2007)

———(1975). *An Essay concerning Human Understanding*. ed. P. H. Nidditch. Oxford University Press.(『人間知性論』(一)～(四)，大槻春彦訳，岩波文庫，1972-77)

Lucretius.(1924). *De Rerun Natura*. ed. T. E. Page, The Loeb Classical Library. William Heinemann Ltd.(『物の本質について』樋口勝彦訳，岩波文庫，1961)

Lucretius. (1951). *On the Nature of the Universe*. translated by R. E. Latham. Penguin Books.

Mautner, T. ed. (1996). *The Penguin Dictionary of Philosophy*. Penguin Books.

McLean, S. and Britton, S.(1997). *The Case for Phyisian Assisted Suicide*. An Imprint of Harper Collins Publishers.

Möller, N. (2012). "The Concepts of Risk and Safety", In *Handbook of Risk Theory Volume 1: Epistemology, Decision Theory, Ethics, and Social Implicarion of Risk*, eds. S. Roeser, R. Hillerbrand, P.Sandin. and M. Peterson, Springer, 55-85.

Nagel. T. (1979). *Mortal Questions*. Cambridge University Press. (『コウモリであるとはどのようなことか』永井均訳，勁草書房，1989)

Nathanson, S.(1995). "Does It Matter If the Death Penalty Is Arbitrarily Administered?" In Simmons, Cohen, Cohen, and Beitz, eds, (1995), 308-323.

Nesbitt, W.(1995). "Is Killing No Worth Than Letting Die?" In Kuhse and Singer (1999), 231-235. [from *Journal of Applies Philosophy* 1995, 12.1: 101-105.]

Noonan, H.(1989). *Personal Identity*. Routledge.

Nozick, R.(1974). *Anarchy, State, and Utopia*. Basic Books.

Oderberg, D. S.(2000). *Applied Ethics*. Blackwell.

Panikkar, R.(1982). "Is the Notion of Human Rights a Western Concept?". *Diogenes* 120 : 75-102.

Parfit, D.(1984). *Reasons and Persons*. Oxford University Press. (『理由と人格』森村進

訳，勁草書房，1998）
Parsons, T.(1980). *Nonexistent Objects.* Yale University Press.
Pence, G.(1998). "Will cloning harm people?" In *Flesh of My Flesh: The Ethics of Cloning Humans*, ed. G. E. Pence. Rowman & Littlefield. 115-127.
Quine, W. V. O.(1978). "Physical Objects". typescript at the Western Washington University Philosophy Colloquium.
Rachels, J.(1975). "Active and Passive Euthanasia". In Kuhse and Singer(1999), 227-230. [from *New England Journal of Medicine*, 9 January 1975, 78-80.]
Radelet, M. L., Bedau, H. A. and Putnam, C. E.(1995). "In Spite of Innocence: Erroneous Convictions in Capital Case". In Baird and Rosenbaum, eds.(1995), 141-149.
Regan, T.(2004). *The Case for Animal Rights.* University of California Press.
Reiman, J. H.(1995). "Justice, Civilization, and the Death Penalty: Answering van den Haag". In Simmons, Cohen, Cohen, and Beitz, eds.(1995), 274-307.
Rodin, D.(2003). *War and Self-Defence.* Oxford University Press.
Rosenbaum, S. E.(1993). (originally published in 1986.) "How to Be Dead and Not Care: A Defense of Epicurus". In Fischer ed.(1993a), 119-134.
Ruben, D. H.(1988). "A Puzzle About Posthumous Predication". *The Philosophical Review* 97 : 2, 211-236.
Russell, B.(1956). "On the Notion of Cause". In *Mysticism and Logic*, Allen & Unwin.
Salmon, W. C.(1984). *Scientific Explanation and the Causal Structure of the World.* Princeton University Press.
Savulescu, J.(2007). "Gene therapy, transgenesis and chimeras: Is the radical genetic alteration of human beings a threat to our humanity?". In *In Quest of Ethical Wisdom*, J. Savulescu, ed.(2007) The Oxford Uehiro Centre for Practical Ethics. 3-20.
Silverstein, H. S.(1993). (originally published in 1980.) "The Evil of Death". In Fischer ed.(1993a), 95-116.
Simmons, A. J.(1994). "Locke on the Death Penalty". *Philosophy* 69:471-477.
Simmons, J., Cohen, M., Cohen, J. and Beitz, C.R. eds.(1995). *Punishment.* Princeton University Press.
Singer, P.(1975). *Animal Liberation.* Avon Books. (『動物の解放』戸田清訳，技術と人間，1988）
———(1993). *Practical Ethics, Second edition.* (1993). Cambridge University Press. (『実践の倫理［新版］』山内友三郎・塚崎智監訳，昭和堂，1999）
———(1994). *Rethinking Life & Death.* Oxford University Press (『生と死の倫理』樫則章訳，昭和堂，1998）
———(2002). *Animal Liberation.* HarperCollinsPublishers.
Sorensen, R.(2009). "Hearing Silence: The Perception and Introspection of Absences". In *Sounds and Perception : New Philosophical Essays.*(2009), eds. M. Nudds and C. O'Callaghan. Oxford University Press. 126-145.

Steinbeck, B. ed.(1980). *Killing and Letting Die*. Englewood Cliffs, Prentice-Hall.
Strawson, G.(2008). "The Impossibility of Ultimate Moral Responsibility". In *Real Materialism*, Oxford University Press. 319-331.
Strawson, P. F.(1959). *Individuals*. Methuen.
Thomasma, D. C. and Kushner, T. eds.(1996). *Birth to Death*. Cambridge University Press.
Timmerman, T. (2017). "Avoiding the Symmetry Problem". *Ratio* 31: 88-102.
Tooley, M.(1972). "Abortion and Infanticide". *Philosophy and Public Affairs* 2, No.1. Princeton University Press. 37-65.(「嬰児は人格を持つか」森岡正博訳,『バイオエシックスの基礎』加藤尚武・飯田亘之編, 東海大学出版会, 1988, 94-110)
———(1980), "An irrelevant consideration: killing and letting die". In Steinbeck (1980), 56-62.
———(1983). *Abortion and Infanticide*, Oxford University Press.
———(1998). "The Moral Status of Cloning of Humans". In *Biomedical Ethics Review: Human Cloning*, ed. by J, Humber and R. Almeder. Human Press. 65-101.
van den Haag, E.(1995a). "Refuting Reiman and Nathanson". In Simmons, Cohen, Cohen, and Beitz, eds. (1995), 324-335.
———(1995b). "On Deterrence and the Death Penalty". In Baird and Rosenbaum, eds. (1995), 125-135.
van den Haag, E. and Conrad, J. P.(1983). *The Death Penalty: A Debate*. Plenum Press.
Walzer, M.(1977). *Just and Unjust War*. Basic Books.(『正しい戦争と不正な戦争』萩原能久監訳, 風行社, 2008)
———(2004). *Arguing about War*. Yale University Press.(『戦争を論ずる』駒村圭吾・鈴木正彦・松元雅和訳, 風行社, 2008)
Warnock, M.(2002). "Interview: Mary Warnock, The Anti Human Rights Campaigner". *The Philosophers' Magazine* 20 : 25-27.
Warren, J. (2004). *Facing Death: Epicurus and his Critics*. Oxford at the Clarendon Press.
Wiktionary.(2010). http://en.wiktionary.org/wiki/persona
Williams, B.(1993). (originally published in 1973.) "The Makropulos Case: Reflections on the Tedium of Immortality". In Fischer ed. (1993a), 73-92.
Williamson, T.(1994). *Vagueness*. Routledge.
Woods. J.(1976). "Can Death Be Understood?". In *Values and the Quality of Life*. (1976), eds. J. King-Farlow and W. R. Shea. Science History Publication. 57-176.
Yourgrau, P.(1993). "The Dead". In Fischer ed. 137-156.
Zalta, E. N.(1988). *Intensional Logic and the Metaphysics of Intentionality*. The MIT Press.

邦文文献

相澤康隆 (2009).「死は本人にとって悪いものか――エピクロス的死生観に対する反論の試み」『論集』第27号，東京大学大学院人文社会系研究科哲学研究室，154-167.

浅野幸治 (2009).「遺産相続権の道徳的正当化」『豊田工業大学ディスカッションペーパー』第 3 号，1-70.

アムネスティ・インターナショナル日本支部（編著）(1999).『知っていますか？　死刑と人権　一問一答』解放出版社.

伊勢田哲治 (2001).「動物の心と動物解放論」『生命・環境・科学技術倫理研究Ⅵ－1』千葉大学，176-184.

――――(2008).『動物からの倫理学入門』名古屋大学出版会.

一ノ瀬正樹 (1997).『人格知識論の生成――ジョン・ロックの瞬間』東京大学出版会.

――――(2000).「『観念』再考――経験論の源泉へ」『西洋哲学史の再構築に向けて』渡邊二郎監修，昭和堂，278-338.

――――(2001).『原因と結果の迷宮』勁草書房.

――――(2005).「自然主義的認識論のゆらぎ」『自然主義と反自然主義』哲学雑誌第120巻792号，哲学会編，有斐閣，1-28.

――――(2006).『原因と理由の迷宮――「なぜならば」の哲学』勁草書房.

――――(2008a).「個人と人格との相克――刑事責任に見る近代の自律的人間観の陥穽とその脱却」『論集』第26号，東京大学大学院人文社会系研究科哲学研究室，38-53.

――――(2008b).「生命現象における決定性と偶然性――遺伝子決定論から自然選択／遺伝的浮動の対比まで」『哲学研究論集』第 5 号，東京大学大学院人文社会系研究科哲学研究室，1-64.

――――(2008c).「加害と被害をめぐる生死の境界」『死生学 5　医と法をめぐる生死の境界』高橋都・一ノ瀬正樹編，東京大学出版会，145-164.

――――(2010a).『功利主義と分析哲学――経験論哲学入門』放送大学教育振興会.

――――(2010b).「生命現象に基づく「自由」理解についての一考察」『哲学研究論集』第 6 号，東京大学大学院人文社会系研究科哲学研究室，1-27.

――――(2011).『確率と曖昧性の哲学』岩波書店（上記の（2005），（2008b），（2010b）も収める）.

江川滉二 (2001).『がん治療第四の選択肢』河出書房新社.

エピクロス (1959).『エピクロス 教説と手紙』出隆・岩崎允胤訳，岩波文庫.

大塚公子 (1993).『死刑執行人の苦悩』角川文庫.

大槻春彦 (1980).「解説イギリス古典経験論と近代思想」『世界の名著27　ロック・ヒューム』中央公論社，7-60.

小野滋男 (1995).「生殖技術」『バイオエシックス入門』第二版，今井道夫・香川知晶編，東信堂，82-101.

香川知晶 (2006).『死ぬ権利――カレン・クインラン事件と生命倫理の転回』勁草書房.

樫則章 (2006).「動物解放論と利益の平等な配慮」『哲學』第57号，日本哲学会編，法政大学出版局，43-58.

加地大介 (2008).『穴と境界――存在論的探究』春秋社.
加藤尚武 (1999).『脳死・クローン・遺伝子治療』PHP 新書.
――――(2001).『価値観と科学／技術』岩波書店.
――――(2003).『戦争倫理学』ちくま新書.
河谷淳 (2001).「クローニングの何が倫理的問題なのか」『駒沢大学　文化』第20号, 75-95.
カント (2002).「コリンズ道徳哲学」御子柴善之訳,『カント全集20　講義録Ⅱ』岩波書店.
菊田幸一 (1999).『新版　死刑――その虚構と不条理』明石書店.
木村亀二 (1972).『全訂新刑法読本』法文社.
京都大学文学部西洋史研究室（編）(1974).『西洋史辞典』東京創元社.
熊野純彦 (2000).「生死・時間・身体――生命倫理のいくつかの論点によせて」『応用倫理学の転換』川本隆史・高橋久一郎編, ナカニシヤ出版, 22-52.
蔵田伸雄 (1998).「パーソン論――概念の説明」『生命倫理学を学ぶ人のために』加藤尚武・加茂直樹編, 世界思想社, 97-108.
小松美彦 (1996).『死は共鳴する』勁草書房.
斎藤静敬 (1999).『新版　死刑再考論』第二版, 成文堂.
坂部恵 (2007).「仮面と人格」『坂部恵集3』岩波書店.
桜井徹 (2007).『リベラル優生主義と正義』ナカニシヤ出版.
佐藤幸治他 (2000).『デイリー六法』三省堂.
佐藤直樹 (1989).『共同幻想としての刑法』白順社.
――――(1993).『大人の＜責任＞, 子どもの＜責任＞』青弓社.
――――(1995).『＜責任＞のゆくえ』青弓社.
沢登佳人 (1976).『刑事法における人間の虚像と実像』大成出版社.
ザングウィル, ニック (2008).「否定的性質」島村修平・宮園健吾訳,『日本語の哲学』哲学雑誌第123巻795号, 哲学会編, 有斐閣.
重松一義 (1995).『死刑制度必要論』信山社.
品川哲彦 (1989).「新しい生殖技術と社会」『生命倫理の現在』塚崎智・加茂直樹編, 世界思想社, 188-205.
島田荘司・錦織淳 (1998).『死刑の遺伝子』南雲堂.
下川潔 (2000).『ジョン・ロックの自由主義政治哲学』名古屋大学出版会.
白井駿 (1984).『犯罪の現象学』白順社.
高橋久一郎 (2000).「「応用倫理学とは何なのか」と問う必要があるだろうか」『応用倫理学の転換』川本隆史・高橋久一郎編, ナカニシヤ出版, 190-221.
高柳信一 (1968).「近代国家における基本的人権」『基本的人権1　総論』東京大学社会科学研究所編, 東京大学出版会.
田中正司 (1975).『増補　ジョン・ロック研究』未来社.
谷口義明 (2006).『宇宙を読む』中公新書.
団藤重光 (1995).『死刑廃止論』第四版 有斐閣.

鶴田静 (2002).『ベジタリアンの文化誌』中公文庫.
トマス，キース (1989).『人間と自然界――近代イギリスにおける自然観の変遷』山内昶監訳，法政大学出版局.
永井均・小泉義之 (1998).『なぜ人を殺してはいけないのか？』河出書房新社.
中川恵一・養老孟司・和田秀樹 (2007).『命と向き合う』小学館.
中山千夏 (1996).『ヒットラーでも死刑にしないの？』築地書館.
難波紘二 (2001).『生と死のおきて』渓水社.
橳島次郎 (2001).『先端医療のルール』講談社現代新書.
野家啓一 (2007).「物語り論の可能性」『シリーズ物語り論 1　他者との出会い』宮本久雄・金泰昌編，東京大学出版会，1-23.
萩野仁志・後野仁彦 (2004).『「医師」と「声楽家」が解き明かす発声のメカニズム』音楽之友社.
長谷川晃 (1991).『権利・価値・共同体』弘文堂.
林真理 (1998).「病気概念の社会性」『科学基礎論研究』第90号，科学基礎論学会，1-6.
ヒルシュベルガー , J. (1967).『西洋哲学史［Ⅰ古代］』高橋憲一訳，理想社.
福島章 (2005).『犯罪精神医学入門』中公新書.
プリングル，ローレンス (1995).『動物に権利はあるか』田邉治子訳，日本放送出版協会.
ベイカー，R.(1997).『精子戦争』秋川百合訳，河出書房新社.
ヘーゲル (1978).『法の哲学』『世界の名著』35，藤野渉・赤澤正敏訳，中央公論社.
ペック，M. スコット (1996).『平気でうそをつく人たち』森英明訳，草思社.
マッキンタイア，A. (1993).『美徳なき時代』篠崎榮訳，みすず書房.
水谷雅彦 (1989).「生命の価値」『生命倫理の現在』塚崎智・加茂直樹編，世界思想社，131-147.
宮本倫好 (1998).『死刑の大国アメリカ』亜紀書房.
村井実 (1984).『人間の権利』講談社現代新書.
森岡正博 (2001).『生命学に何ができるか――脳死・フェミニズム・優生思想』勁草書房.
モンターギュ，アシュレイ. (1986).『暴力の起源』尾本恵市・福井伸子訳，どうぶつ社.
柳澤桂子 (2001)『いのちの始まりと終わりに』草思社.
米本昌平 (1985).『バイオエシックス』講談社現代新書.
ルクレーティウス (1961).『物の本質について』樋口勝彦訳，岩波文庫.
ローレンツ，コンラート (1970).『攻撃』日高敏隆・久保和彦訳，みすず書房.

著者略歴
1957年　茨城県土浦市に生まれる
1981年　東京大学文学部卒業
1988年　東京大学大学院人文科学研究科博士課程（哲学専攻）単位取得
東洋大学文学部専任講師，助教授，
東京大学大学院人文社会系研究科・文学部助教授，のちに教授
英国オックスフォード大学 the 2010 Uehiro Lecturer などを歴任
博士（文学）
現　在　東京大学名誉教授，オックスフォード大学名誉フェロウ，
武蔵野大学教授

主要著書
『人格知識論の生成――ジョン・ロックの瞬間』（東京大学出版会，1997年，第10回和辻哲郎文化賞・第6回中村元賞受賞）
『原因と理由の迷宮――「なぜならば」の哲学』（勁草書房，2006年）
『確率と曖昧性の哲学』（岩波書店，2011年）
『放射能問題に立ち向かう哲学』（筑摩選書，2013年）
『東大ハチ公物語――上野博士とハチ，そして人と犬のつながり』（共編，東京大学出版会，2015年）
『英米哲学入門――「である」と「べき」の交差する世界』（ちくま新書，2018年）
"Normativity, probability, and meta-vaguness" (*Synthese*, 194: 10, 3879-3900, 2017)

死の所有　死刑・殺人・動物利用に向きあう哲学
増補新装版

2011年 1月25日　初　　版第1刷
2020年 5月25日　増補新装版第2刷

［検印廃止］

著　者　一ノ瀬正樹（いちのせまさき）

発行所　一般財団法人　東京大学出版会
代表者　吉見俊哉
153-0041東京都目黒区駒場4-5-29
http://www.utp.or.jp/
電話 03-6407-1069　Fax 03-6407-1991
振替 00160-6-59964

組　版　有限会社プログレス
印刷所　株式会社ヒライ
製本所　牧製本印刷株式会社

ISBN 978-4-13-010142-4　Printed in Japan